STARK

KOMPAKT-WISSEN
BIOLOGIE

Rottmann · Höfer

Fachbegriffe der Biologie

STARK

Umschlagbild: © Christian Delbert – Fotolia.com

ISBN 978-3-86668-335-8

Inhalt

Autoren: Prof. Dr. Oswald Rottmann und Dr. Paul Höfer

Vorwort

Liebe Schülerin, lieber Schüler,

die Biologie (griech. *bios* Leben, *logos* Lehre) ist die Lehre von den Lebensvorgängen, also von den Strukturen und Funktionen der Organismen. Sie hat in den letzten Jahrzehnten eine ungeheuere Wissensexpansion erfahren, die sich auch in einem eigenen, teilweise neu geschaffenen Wortschatz niederschlägt. Zudem verwendet die **moderne Biologie** zahlreiche abstrakte Begriffe, deren komplexe Bedeutung in einem klassischen Lehrbuch selten zusammengefasst dargestellt wird.
Zum oftmals nötigen **Nachschlagen** ist daher das vorliegende Werk gedacht. Es ist ein **praktischer, informativer und handlicher Begleiter** für Schülerinnen und Schüler. Der Umfang dieses Buches wurde auf die wichtigsten Stoffgebiete beschränkt – besonders in Hinblick und **Abstimmung auf die Lehrpläne** und Richtlinien der Bundesländer.

- Die Fachbegriffe wurden neun Kapiteln zu den verschiedenen **Themenbereichen der Biologie zugeordnet** und innerhalb dieser **alphabetisch sortiert**.
- Besonderer Wert wurde auf die **Erklärung der Wortbedeutung und -herkunft** der einzelnen Begriffe gelegt, die ihren Ursprung meist in den klassischen Sprachen haben. Wenn man weiß, wie und woher sich die Fachtermini ableiten, ist es leichter, sie zu erfassen und zu behalten.
  Zu jedem Begriff findet sich außerdem der **englische Fachausdruck**. Dies ist insbesondere für eine weiterführende Auseinandersetzung mit der Thematik wichtig, da Englisch die Sprache der modernen Wissenschaft ist.
- Für die **Begriffsklärung** wurde weitestgehend die Fachsprache beibehalten und zu den Fachtermini, wenn nötig, ein dafür gängiger deutscher Begriff ergänzt, damit jeder Absatz in sich verständlich ist. Der Leser wird so in die Lage versetzt, die wissenschaftliche Sprache kompetent anzuwenden.
- **Verweise** ermöglichen Ihnen das **schnelle und gezielte Nachschlagen** von Begriffen.

Wir wünschen Ihnen viel Erfolg bei der Prüfungs- und Abiturvorbereitung mit diesem Band!

Prof. Dr. Oswald Rottmann und Dr. Paul Höfer

In diesem Band werden folgende Abkürzungen verwendet:

Adj. = Adjektiv
arab. = arabisch
Bsp. = Beispiel
bzw. = beziehungsweise
ca. = circa
d. h. = das heißt
engl. = englisch
eigtl. = eigentlich
etc. = et cetera
evtl. = eventuell
franz. = französisch
griech. = griechisch
lat. = lateinisch
i. d. R. = in der Regel
i. e. S. = im engeren Sinne
inkl. = inklusive
i. S. v. = im Sinne von
i. w. S. = im weiteren Sinne
Jhd. = Jahrhundert
Mio. = Millionen
Mrd. = Milliarden
o. Ä. = oder Ähnliches
Plur. = Plural
sog. = so genannt
spec. = Spezies, Art
u. a. = und andere
u. Ä. = und Ähnliches
ursprüngl. = ursprünglich
usw. = und so weiter
u. U. = unter Umständen
vgl. = vergleiche
z. B. = zum Beispiel
z. T. = zum Teil

1 Zellen und Stoffwechsel

Adenosindiphosphat, -monophosphat, -triphosphat
→ ATP (1 Zellen und Stoffwechsel S. 7)

aerob (griech. *aer* Luft, hier: Sauerstoff, *bios* Leben; engl. *aerobic*) Beschreibung für alle Lebensvorgänge, die in Anwesenheit von Sauerstoff ablaufen. Gegenteil: anaerob.

aktiver Transport (engl. *active transport*) Der Transport einer Substanz durch eine biologische Lipidmembran entgegen ihres Konzentrations- oder elektrochemischen Gradienten mittels Energiezufuhr und spezifischen Transportmolekülen. Beispielsweise werden die für die Erregungsleitung bei Nervenzellen verantwortlichen Ionen wie Na^+ und K^+ nach einem Nervenimpuls wieder in die ursprünglichen Konzentrationsunterschiede zwischen intra- und extrazellulärem Raum unter Energieaufwand mithilfe der in der Zellmembran verankerten Na^+-K^+-ATPase „zurückgepumpt".

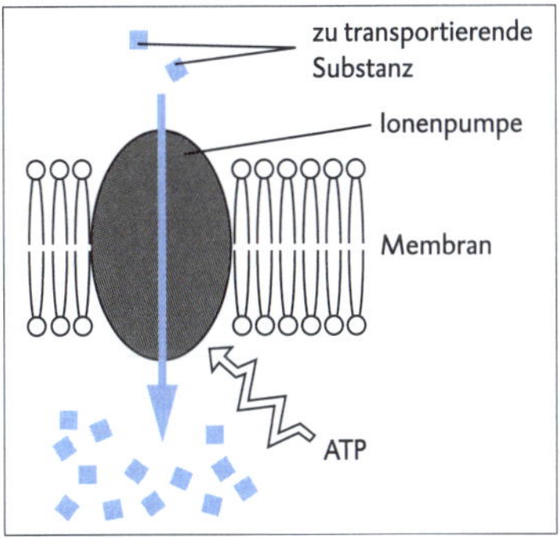

Beispiel eines aktiven Transports (schematische Übersicht)

Aktivierungsenergie (engl. *activation energy*) Energie, die zum Auslösen einer chemischen Reaktion erforderlich ist. Durch Hinzufügen eines Enzyms als (Bio-)Katalysator lässt sich die Aktivierungsenergie erniedrigen. Enzyme lagern sich vorübergehend an ihr Substrat an und formen so einen neuen Molekülkomplex mit einer niedrigeren Aktivierungsenergie. Deswegen können viele Reaktionen bei den in Zellen herrschenden Temperaturen überhaupt erst mit der nötigen Geschwindigkeit ablaufen. Wenn das Produkt gebildet ist, löst sich das Enzym unverändert ab.

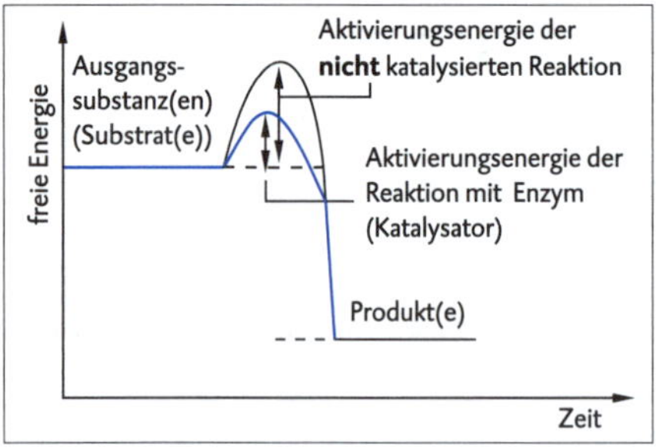

Schematische Darstellung zur Wirkungsweise von Katalysatoren in Bezug auf die Erniedrigung der Aktivierungsenergie zur Substratumsetzung

allosterische Hemmung → Enzymhemmung (1 Zellen und Stoffwechsel S. 17)

Aminosäure (engl. *amino acid*) Aminosäuren sind die elementaren Bausteine der Eiweiße (Synonym: Proteine, Polypeptide). Allen gemeinsam ist, dass an einem zentralen Kohlenstoffatom eine Amino- bzw. Ammoniumgruppe ($-NH_2$ / $-NH_3^+$), eine Carboxyl- bzw. Carboxylatgruppe ($-COOH$/$-COO^-$), eine organische Säuregruppe, ein Wasserstoffatom sowie eine Seitengruppe (R) gebunden sind. Alle 20 bei höheren Lebewesen vorkommenden Aminosäuren (siehe Abb. 1) unterscheiden sich nur in dieser Seitengruppe. Die Seitengruppe ist auch für teilweise völlig unterschiedliche Eigenschaften der Aminosäuren (z. B. fett- oder wasserlöslich) verantwortlich. Aminosäuren werden an den Ribosomen der Zelle über je eine Amino- und Carboxylgruppe unter Wasserabspaltung (Peptidbindung, siehe Abb. 2) zu Ketten (Polypeptide) verknüpft, wobei ihre Reihenfolge und die Länge der Kette von einer spezifischen mRNS vorgegeben wird (Translation). Die unterschiedlichen Seitengruppen und die Aminosäuren-Reihenfolge verursachen in solchen Ketten Faltungen und Windungen, die letztendlich die charakteristische dreidimensionale Form der Peptidkette bzw. des Proteins ergeben (Proteinstruktur). Die Form oder Struktur wiederum ist ausschlaggebend für die Funktion des Peptides bzw. Eiweißes. Auf diese Weise werden in jedem höheren Organismus von der DNS als genetischem Informationsträger und den 20 Aminosäuren mehr als 30 000 verschiedene „Werkzeuge" (z. B. Enzyme) oder Baumaterialien (z. B. Strukturproteine für Bindegewebe oder Haare) in Form von Proteinen hergestellt (Spezialfall: Antikörper). Ihr Zusammenwirken ermöglicht letztendlich die Existenz eines Individuums.

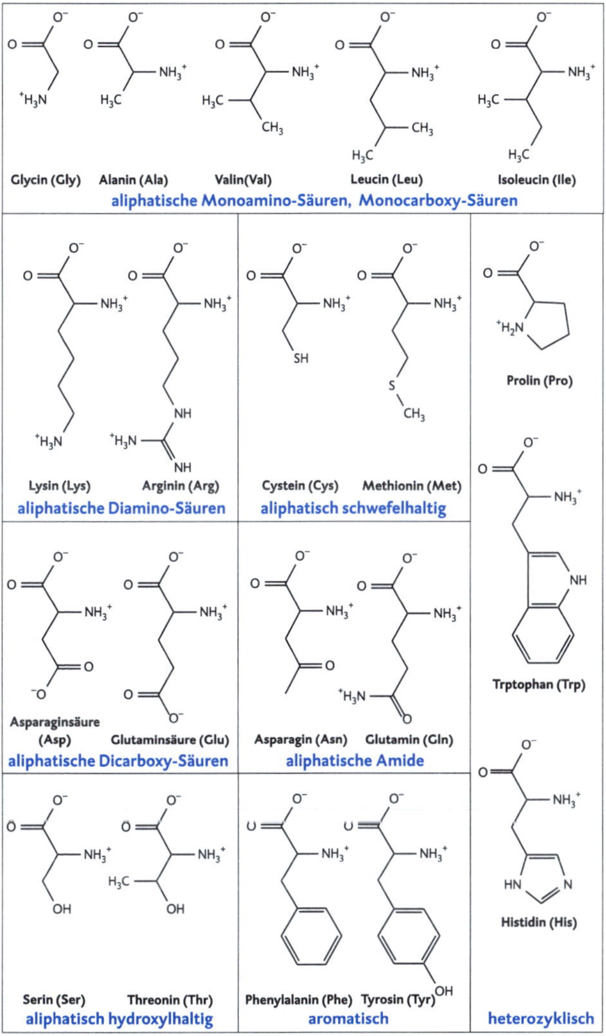

Abb. 1: Strukturformeln der Aminosäuren

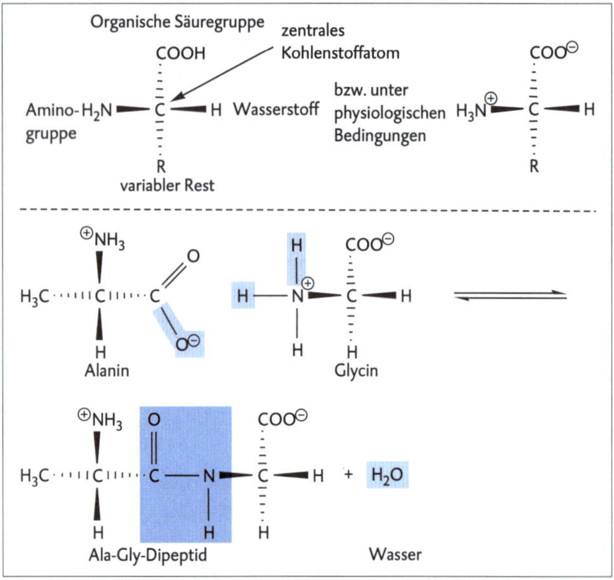

Abb. 2: oben: Allgemeines Bauschema einer L-Aminosäure. Die Aminogruppe und das gegenüberliegende H-Atom sind dem Betrachter zugewandt, die beiden anderen Bindungspartner abgewandt
unten: Die Reaktion zweier Aminosäuren zu einem Dipeptid unter Wasseraustritt (hellblau) und Bildung einer Peptidbindung (dunkelblau)

Anabolismus (griech. *anaballein* hinaufwerfen; engl. *anabolism*) Die Energie verbrauchende Synthese von komplexen Molekülen aus einfacheren Vorläufern zum Aufbau und Ansetzen von Körpersubstanz (Aufbaustoffwechsel), speziell körpereigenen Eiweißes. Substanzen, die einen derartigen Effekt bewirken, werden als Anabolika bezeichnet. Gegenteil: Katabolismus

anaerob (griech. *a(n)-*, un-, nicht-, *aer* Luft; engl. *anaerobic*) Bezeichnung für alle Lebensvorgänge, die unter Ausschluss von Sauerstoff ablaufen. Strikte Anaerobier (einige Bakterienarten) können in Gegenwart von Sauerstoff nicht leben. Gegenteil: aerob

Antibiotika (griech. *anti* gegen, *bios* Leben; engl. *antibiotics*) Bezeichnung für unterschiedlichste Substanzen, die für lebende Systeme giftig sind. Im eigentlichen Sinne versteht man darunter Medikamente, die für mikrobielle Krankheitserreger möglichst stark giftig, für den Wirt dieser Erreger (z. B. Mensch) möglichst ungiftig sein sollen. Viele Antibiotika werden von Mikroorganismen produziert, und zwar zu dem Zweck, andere Mikroorganismen zu verdrängen. Der Produzent selbst ist gegen „sein Antibiotikum" resistent. Das bekannteste Beispiel ist Penicillin, das von dem mikrobiellen Pilz *Penicillium* hergestellt wird. Sein Wirkprinzip richtet sich gegen bakterielle Zellwandstrukturen. Da Eukaryoten wie der Mensch (und auch Pilze) über keine bakteriellen Zellwandstrukturen verfügen, wirkt Penicillin sehr gezielt gegen Bakterien, ohne deren Wirt, den die Bakterien krank machen, zu schädigen. In zunehmendem Maße gibt es jedoch Antibiotika-Resistenzen der Krankheitserreger, die aufgrund einer Mutation oder durch Aufnahme eines bestimmten Plasmids unempfindlich gegen ein bestimmtes Antibiotikum geworden sind, sowie allergische Reaktionen auf Antibiotika.

Apoptose (griech. *apo* weg, *ptosis* der Fall; engl. *apoptosis*) Programmierter Zelltod. Der Abbau und das Entfernen von Zellen in Geweben zu einer bestimmten Zeit in der Embryogenese, der Metamorphose, beim Zellersatz im differenzierten Gewebe oder auch bei bestimmten Erkrankungen. Beim Fadenwurm *Caenorhabditis elegans* z. B. sterben im Verlauf der Entwicklung durch einen genetisch gesteuerten Vorgang etwa 12 % der Zellen ab. Experimentell kann man diese Gene ausschalten, sodass die Zellen weiterwachsen.

Assimilation (lat. *ad* hinzu, *similis* ähnlich; engl. *assimilation*)
(1) Im Sinne von Aufnahme der Nahrungsstoffe, Abbau und Resorption der Bruchstücke im Verdauungssystem, deren Aufbau zu körpereigenen Molekülen sowie Einbau in die Körpersubstanz. Wird körpereigenes Eiweiß aufgebaut, so spricht man im engeren Sinne von Anabolismus.
(2) Ein grundlegender Stoffwechselvorgang in Pflanzen. Der wichtigste Weg zur Bildung organischer Stoffe aus anorganischen ist die Kohlenstoffassimilation: aus Kohlenstoffverbindungen (primär in Form von CO_2) und Wasser wird mithilfe des grünen Blattfarbstoffes Chlorophyll unter Energiezufuhr (Licht oder bei einigen Mikroorganismen auch durch chemische Energie und daher ohne Chlorophyll) Zucker synthetisiert. Gegenteil: Dissimilation

Atmung (engl. *respiration*) Die **innere** Atmung, **Respiration** oder **Zellatmung** beschreibt einen in allen lebenden Organismen ablaufenden Prozess zur Energiegewinnung (primär in Form von ATP). Dabei fungieren Elektronen bzw. Wasserstoffprotonen energetisch hochwertiger Moleküle, wie z. B. Zucker, als Energiequelle. Diese Elektronen/ Protonen gelangen dabei schrittweise auf ein energetisch niedrigeres

Niveau und werden schließlich auf die sog. terminalen Akzeptoren (meist O_2) oder organische Verbindungen, bei einigen Mikroorganismen aber auch auf Nitrat, Schwefel oder Sulfat) übertragen. Ein Teil des dabei erzielten Energiegewinnes (bei höheren Organismen etwa 40 %) wird in Form von ATP gespeichert und steht so den Zellen zur Verfügung. Findet dieser Prozess unter Zuhilfenahme von O_2 als terminalem Elektronen- und Protonenakzeptor (Oxidation zu H_2O) statt, so bezeichnet man ihn als **aerobe** Atmung (alle anderen Wege werden zur **anaeroben** Atmung gezählt). In allen höher entwickelten Lebewesen beginnt der Energiegewinnungsprozess aus Zucker durch die Glykolyse, deren Endprodukt Pyruvat dann über sog. aktivierte Essigsäure (= Acetyl-CoA) in den Zitronensäurezyklus eingespeist wird. Die dort gewonnenen Energieäquivalente, hauptsächlich in Form von Wasserstoffpaaren, werden in der Atmungskette wiederum in ATP umgewandelt.

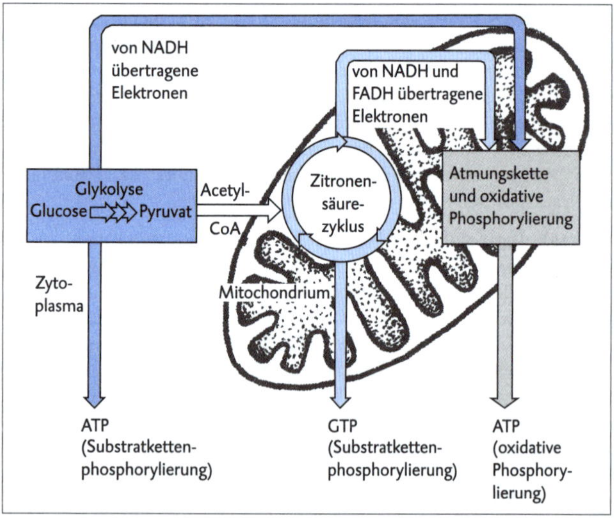

Überblick über die Zellatmung (= innere Atmung)

Atmungskette (engl. *respiratory chain*) Die Kopplung der Elektronentransportkette mit der oxidativen Phosphorylierung bezeichnet man als Atmungskette. In Eukaryoten laufen diese Vorgänge in den Mitochondrien ab.

ATP, Adenosintriphosphat (engl. *adenosine triphosphate*)
Wichtigstes energiehaltiges Molekül der Zellen. Durch Bindung eines Phosphatrestes am Adenosindiphosphat (ADP + P) wird Energie in Form von energetisch höherem ATP gespeichert. Durch Übertragung bzw. Abspaltung des Phosphatrestes von ATP wird diese Energie wieder freigesetzt. Die durchschnittliche Menge ATP im Körper eines Erwachsenen beträgt etwa 35 g, wobei ein einzelnes ATP-Molekül – statistisch gesehen – nur für weniger als eine Minute existiert. Insgesamt werden daher pro Tag etwa 85 kg ATP auf- und wieder abgebaut.

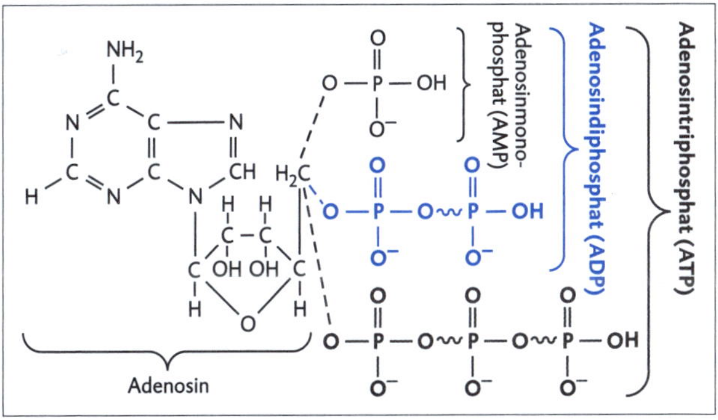

Strukturformel der Adenosin-Phosphate

autotroph (griech. *auto* selbst, *trophein* ernähren; engl. *autotrophic*)
„Selbsternährend". Autotrophe Organismen können aus anorganischen Substanzen unter Energieverbrauch körpereigene organische Substanzen aufbauen. Die Energie dafür kann auf zwei Wegen bezogen werden:
(1) **Foto(auto)trophe** Organismen gewinnen die dazu benötigte Energie aus Licht. Beispiel: Grüne Pflanzen synthetisieren damit aus anorganischem CO_2 energetisch hochwertige Glucose:

$$6\,CO_2 + 12\,H_2O \longrightarrow C_6H_{12}O_6 + 6\,O_2 + 6\,H_2O$$

Auf ähnlichem Weg erzeugen auch purpurfarbene Schwefelbakterien Glucose:

$$6\,CO_2 + 12\,H_2S \longrightarrow C_6H_{12}O_6 + 12\,S + 6\,H_2O$$

(2) **Chemoautotrophe (lithotrophe)** Organismen gewinnen die benötigte Energie für die Synthese energetisch hochwertiger Moleküle durch die Oxidation anorganischer Stoffe. Beispiel: siehe Tabelle.

Bakterien	energieliefernde Reaktion
Nitratbakterien	$2\,NO_2^- + O_2 \longrightarrow 2\,NO_3^-$
Nitritbakterien	$2\,NH_4^+ + 3\,O_2 \longrightarrow 2\,NO_2^- + 2\,H_2O + 4\,H^+$
Eisenbakterien	$4\,Fe^{2+} + O_2 + 4\,H^+ \longrightarrow 4\,Fe^{3+} + 2\,H_2O$
Knallgasbakterien	$2\,H_2 + O_2 \longrightarrow 2\,H_2O$

Einige chemoautotrophe Organismen und die Reaktionen, aus denen sie ihre Energie gewinnen

Bakterien (griech. *bakteria* Stab, Stäbchen; engl. *bacteria*) Einzellige, selbstständig lebensfähige Mikroorganismen, die als Prokaryoten im Gegensatz zu den höheren Einzellern (Eukaryoten) über keinen Zellkern verfügen. Ihre DNS ist ringförmig und liegt frei in der Zelle vor. Bakterien sind meist von einer sehr widerstandsfähigen Zellwand umgeben. Die Bakterien umfassen eine äußerst heterogene Gruppe von Mikroorganismen mit unterschiedlichen Formen und verschiedenartigsten Stoffwechselarten. Viele dienen heute als Rohstofflieferanten oder „Werkzeuge“ in biotechnologischen Prozessen. Einige von ihnen gehören zu den Krankheitserregern des Menschen (z. B. Verursacher von Scharlach, Wundstarrkrampf, Cholera).

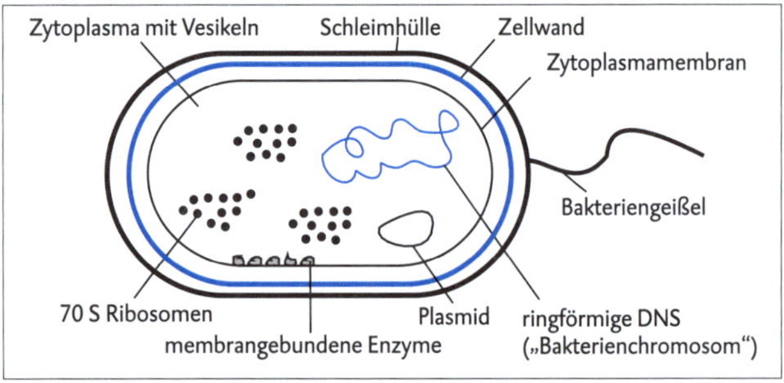

Schematische Abbildung einer Bakterienzelle

Biomembran, Lipiddoppelmembran, -schicht (engl. *lipid bilayer*) Sie besteht hauptsächlich aus Lipiden (vor allem Phospholipide) und Proteinen. Die einzelnen Membranbestandteile sind nicht starr miteinander verbunden (Fluid-Mosaik-Modell). Alle lebenden biologischen Systeme besitzen derartige Membranen, die sie von der Umgebung abgrenzen und das Zytoplasma „zusammenhalten“. Die Membranen sind keine vollständigen Barrieren, zudem verfügen sie über Pumpen und Kanäle aus Proteinen, die den selektiven Stoffaustausch mit der Außenwelt ermöglichen. Daher werden sie als semipermeabel bezeichnet. Eukaryotische Lebewesen haben darüber hinaus Zellkompartimente (abgegrenzte Bereiche wie Endoplasmatisches Retikulum, Mitochondrien, Chloroplasten, Zellkern usw.), die ebenfalls von einer oder zwei Doppelmembranen umgeben sind.

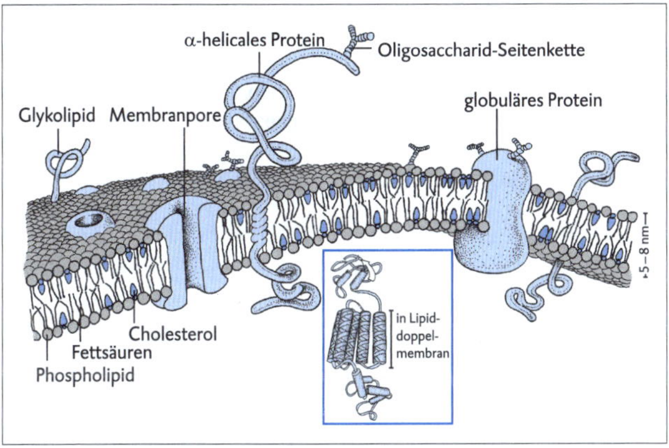

Schematische Darstellung einer biologischen Membran und der Detailstruktur (Bildeinschub) eines Transmembran-Proteins, das mit fünf helikalen Bereichen in der Membran verankert ist

Bruttofotosynthese, Bruttoassimilation (engl. *gross production*) Gesamte Assimilationsleistung einer Pflanze. Mit steigender Lichtintensität erhöhen die Pflanzen ihre Fotosyntheseleistung. Daneben laufen lichtunabhängig Dissimilationsvorgänge ab, bei denen Biomasse abgebaut wird. Bei einer bestimmten Lichtintensität sind Auf- und Abbau gleich **(Lichtkompensationspunkt)**.

C_3-Pflanzen (engl. *C_3-plants*) Pflanzen, die für die ersten Schritte des Einbaus von atmosphärischem Kohlenstoffdioxid (CO_2) in organische Substanz den Calvin-Zyklus verwenden, wobei Ribulose-1,5-bisphosphat als CO_2-Akzeptor dient und ein C_3-Körper (3-Phosphoglycerat) als erstes stabiles Zwischenprodukt entsteht. Der Prozess insgesamt ist energieaufwendig. Für die Synthese von einem Hexosemolekül (Zuckermolekül mit 6 C-Atomen) werden netto 12 $NADPH+H^+$- und 18 ATP-Moleküle verbraucht. Aufgrund physikalischer Faktoren (Höhe der Sonneneinstrahlung usw.) ist dieser Prozess bei Temperaturen unter etwa 28 °C besonders leistungsfähig. C_3-Pflanzen wie Getreide dominieren daher in den gemäßigteren Klimazonen.

C_4-Pflanzen (engl. *C_4-plants*) Pflanzen, bei denen dem Calvin-Zyklus Reaktionen vorausgehen (C_4-Dicarbonsäurezyklus), durch die atmosphärisches Kohlenstoffdioxid (CO_2) an einen C_3-Körper (Phosphoenolpyruvat, PEP) gebunden wird und der entstehende C_4-Körper Malat als „Speicher" dann CO_2 für den Calvin-Zyklus liefert. Dieser CO_2-Fixierungsprozess erfordert einen zusätzlichen Energieaufwand. Für die Synthese eines Hexosemoleküls (Zuckermolekül aus 6 C-Atomen) werden netto 12 $NADPH+H^+$- und 30 ATP-Moleküle verbraucht. Bei starker Sonnenbestrahlung und relativ hohen Temperaturen stehen diese Energieträger jedoch zur Verfügung. C_4-Pflanzen herrschen daher im tropischen Klima vor. In den europäischen Breiten stellt der Mais die bekannteste C_4-Pflanze dar (er stammt aus den tropischen Gebieten Süd- und Mittelamerikas).

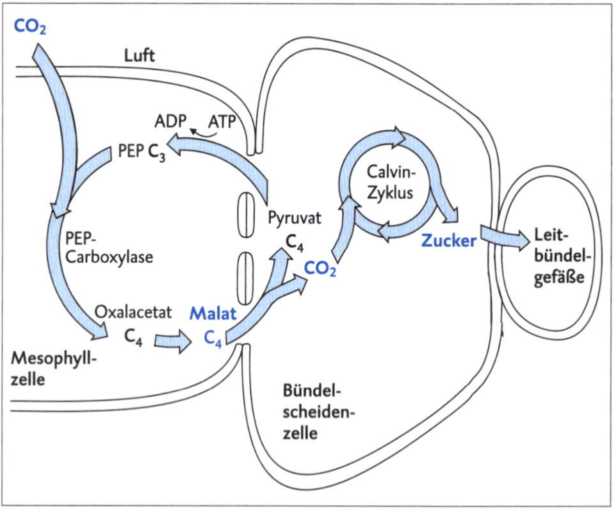

Übersicht über den C_4-Stoffwechsel

Calvin-Zyklus (engl. *Calvin cycle*) Der auf die Lichtreaktionen folgende, zweite der beiden Hauptabschnitte der Fotosynthese, die **Dunkelreaktion**. In dessen Verlauf bindet atmosphärisches CO_2 an Ribulose-1,5-bisphosphat mithilfe Ribulose-1,5-bisphosphat-Carboxylase (Rubisco), das dann über Zwischenstufen zwei C_3-Moleküle (3-Phosphoglycerat) ergibt. Auf diese Weise wird atmosphärisches CO_2 zu Kohlenhydrat reduziert und somit in die fotosynthetisch aktiven Lebewesen

„eingebunden" (fixiert). Bei der Dunkelreaktion wird die bei den Lichtreaktionen gewonnene chemische Energie dazu genutzt, energiearme anorganische Moleküle wie CO_2 oder HCO_3^- in energiereiche organische Moleküle, letztendlich Zucker, zu überführen.

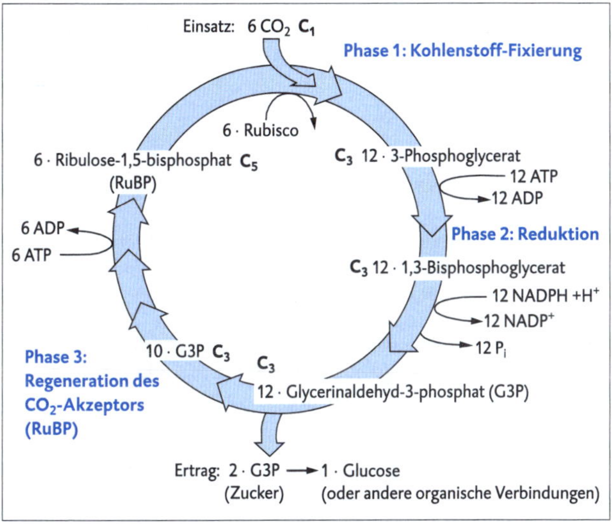

Schema des Calvin-Zyklus

CAM-Pflanzen (engl. *Crassulacean-acid-metabolism, CAM-plants*) Pflanzen, die den Crassulaceen-Säurestoffwechsel nutzen, eine Anpassung der Fotosynthese an trockene (aride) Bedingungen, die zuerst in der Familie *Crassulaceae* (z. B. die heimische Hauswurz) entdeckt wurde. Kohlenstoffdioxid wird nachts durch geöffnete Stomata (Spaltöffnungen) aufgenommen und in Form von Carbonsäuren fixiert, die tagsüber, wenn die Stomata geschlossen sind, CO_2 für den Calvin-Zyklus freisetzen. Es handelt sich also auch um eine Art C_4-Pflanzen, die das atmosphärische CO_2 nicht direkt in den Calvin-Zyklus einbauen. Der Vorteil der zeitlichen Trennung zwischen Energiegewinnung und CO_2-Fixierung der Fotosynthese liegt darin, dass der Wasserverlust durch Transpiration wegen der tagsüber geschlossenen Stomata stark reduziert und die Fotosynthese-Aktivität trotzdem nicht durch CO_2-Mangel beschränkt wird. CAM-Pflanzen sind äußerst effektiv an trockene bzw. salzreiche Standorte mit hohen Tages- und niedrigen Nachttemperaturen angepasst.

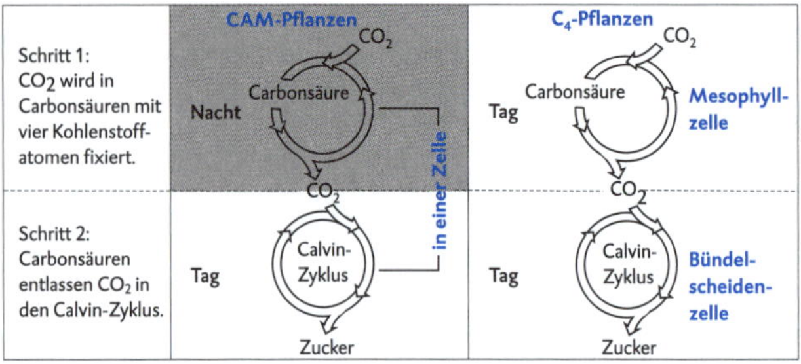

Kohlenstofffixierung bei CAM-Pflanzen (unter Trockenheit) im Vergleich zu C_4-Pflanzen

chemiosmotische Theorie (engl. *chemiosmotic theory*) Sie erklärt, wie Energie unterschiedlichen Ursprungs zur ATP-Synthese genutzt werden kann. Am Beispiel der mitochondrialen Energiegewinnung besagt diese Theorie, dass Elektronen oxidierbarer Substrate (z. B. NADH+H^+) an der inneren Mitochondrienmembran durch eine Reihe von Enzymen der Atmungskette fließen und dabei Protonen in den Intermembranraum gepumpt werden. Dadurch entstehen ein pH- und ein elektrischer Gradient zwischen Intermembranraum und Matrix. Die daraus resultierende protonenmotorische Kraft ermöglicht an den ATP-Synthasen die Bildung von ATP aus ADP und Phosphat, indem die im Intermembranraum angereicherten Protonen durch spezielle protonenspezifische Kanäle wieder in die Matrix zurückströmen.

Chlorophyll (griech. *chloros* grünlichgelb, *phyllon* Blatt; engl. *chlorophyll*) Blattgrün. Gruppe von Pigmenten in den Chloroplasten der Pflanzen, die Lichtenergie aufnehmen, sodass diese in chemische Energie umgewandelt werden kann (Fotosynthese). Chlorophyll a und b unterscheiden sich nur gering (CH_3- bzw. CHO-Gruppe) und setzen sich aus einem Porphyrinring mit einem zentralen Magnesiumion und einer Phytolkette zusammen. In Braunalgen findet man Chlorophyll c und d hauptsächlich in Rotalgen. Bakteriochlorophylle kennt man von den grünen Schwefelbakterien.

Chloroplast (griech. *plattein* bilden; engl. *chloroplast*) Chlorophyllhaltige Organellen der Pflanzenzellen. Chloroplasten stammen entwicklungsgeschichtlich vermutlich aus der Symbiose von mikrobiologischen, zellulären Urformen mit Cyanobakterien ab. Sie enthalten DNS und vermehren sich selbstständig. Insofern gleichen sie den Mitochondrien. Das hochkomplexe Membransystem in ihrem Inneren enthält chlorophyllhaltige Fotosysteme, die Lichtenergie in chemische Energie umwandeln.

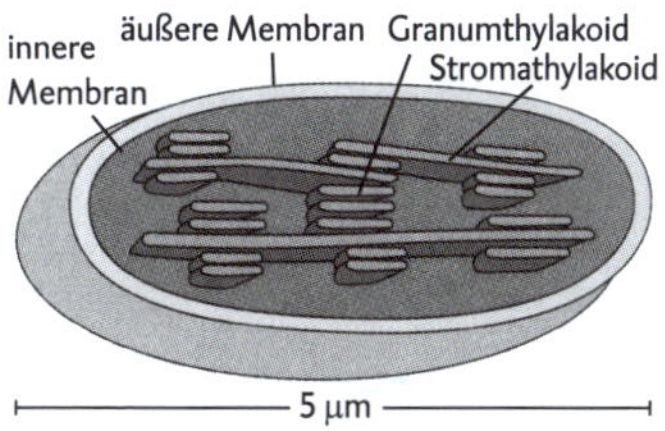

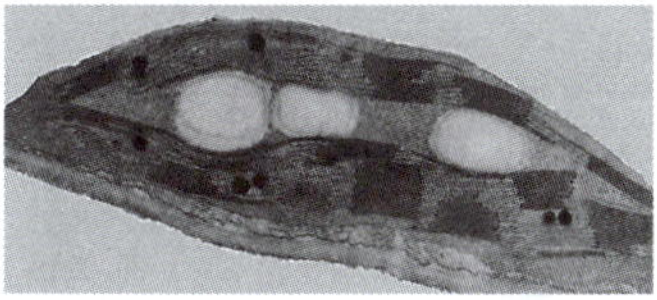

Schematische und mikroskopische Abbildung eines Chloroplasten. Ein Chloroplast enthält drei unterschiedliche Membranen (äußere, innere und Thylakoidmembran), die drei Räume abgrenzen (Innenmembranraum, Stroma und Thylakoidraum). In der Thylakoidmembran sind die Proteine verankert, die die Lichtenergie umwandeln. Im Stroma sind lösliche Enzyme, die das von den Thylakoiden synthetisierte NADPH und ATP zur Umwandlung von CO_2 in Zucker verwenden. Chloroplasten besitzen eine eigene DNS (in mehreren Kopien), die repliziert und exprimiert.

Cilien (lat. *cilium* Wimper; engl. *cilia*) Dünne, bewegliche, fadenartige Strukturen aus Proteinen auf der Oberfläche vieler ein- und mehrzelliger Eukaryoten (z. B. Wimpertierchen) oder auf bestimmten Epithelzellen. Ein Cilium wächst hier aus einem basalen Granulum (homolog der Zentriole) im äußeren Zytoplasma. Die koordinierte Bewegung der Cilien auf den Epithelzellen gleicht einem wogenden Ährenfeld und dient der Fortbewegung von Stoffen wie Schleim oder Flüssigkeiten (z. B. im Darm oder in den Nierentubuli). Für kleinere Eukaryoten dienen Cilien als Antriebsmechanismus zur Fortbewegung oder zum Herbeistrudeln von Nahrungsteilchen und Atmungswasser.

Cytochrome, Cytochrom-System (griech. *kytos* Zelle, *chroma* Farbe; engl. *cytochromes*) Cytochrome sind Katalysatoren der Zellatmung und kommen in den Mitochondrien praktisch aller Zellen vor. Sie sind aufgrund ihrer Lichtabsorption entdeckt worden, wonach mehrere Typen unterscheidbar sind. Das Cytochrom-System ist im Prinzip eine Elektronentransportkette mit einer Reihe von Molekülen, die als Wasserstoff- und Elektronenakzeptoren fungieren und schließlich durch die Übertragung der Elektronen auf Sauerstoff Wasser bilden. Die innerhalb der Elektronentransportkette frei werdende Energie wird zur Phosphorylierung von ADP zu ATP verwendet. In das System eingebrachte Elektronen kommen aus dem Zitronensäurezyklus.

Denaturierung → 5 Genetik S. 115

Denitrifikation, Nitratatmung (engl. *denitrification*) Bei der Denitrifikation reduzieren Mikroben das Nitrat unter anaeroben Bedingungen zu Stickoxiden oder zu elementarem N_2. Im Boden weitverbreitete Bakterien, z. B. *Pseudomonas*, verwenden zur Energiegewinnung das Nitrat als Wasserstoffakzeptor. Die Denitrifikation führt daher bei anaeroben Bedingungen (etwa Staunässe) zu Verlusten von für das Pflanzenwachstum essenziellem Stickstoff.

Destruenten, Abbauorganismen, Zersetzer (lat. *destruere* zerstören; engl. *decomposer*) Mikroorganismen, vor allem bestimmte Pilze und Bakterien, die sich von toter organischer Substanz ernähren und diese zu energieärmeren, anorganischen Verbindungen abbauen.

Dissimilation (lat. *dis* auseinander, *similis* ähnlich; engl. *dissimilation*)
Abbau der körpereigenen Substanzen, die durch Assimilation in die Gewebe eingebaut wurden. Bei der Dissimilation wird Energie freigesetzt. Beim Abbau speziell körpereigenen Eiweißes spricht man von Katabolismus.

Doping → 3 Nerven, Sinne und Hormone S. 71

Dunkelreaktion → Calvin-Zyklus (1 Zellen und Stoffwechsel S. 10)

Elektronen-Carrier (engl. *electron carrier*) Enzym, wie etwa ein Flavoprotein oder Cytochrom, das Elektronen reversibel aufnehmen und abgeben kann.

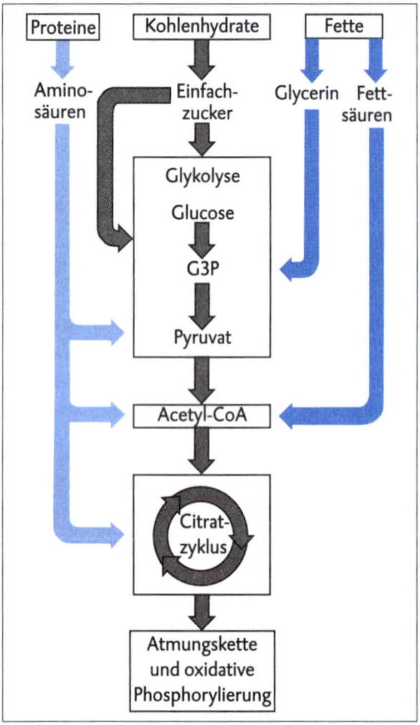

Dissimilation wichtiger körpereigener Substanzen

Elektronentransportkette (engl. *electron transport chain*) Eine Gruppe von Molekülen, bei Eukaryoten in der inneren Mitochondrienmembran oder Thylakoidmembran der Chloroplasten, die mittels einer exergonischen (Freisetzung von Energie) Übertragung von Elektronen einen H^+-Gradienten an den Membranen aufbauen. Die einzelnen Moleküle interagieren dabei über Redoxreaktionen: Ein Elektronenakzeptor-Molekül, das ein Elektron aufgenommen hat (reduziert wurde), kann dieses Elektron wiederum – nun als Elektronendonator – an ein anderes Molekül abgeben, welches über eine entsprechend höhere Elektronenakzeptanz verfügt. Dieser Prozess kann sich über mehrere Moleküle fortsetzen, bis das Elektron zu einem sehr niedrigen (positiven) Potenzial gelangt ist. Der stufenweise Abfall der Elektronenenergie über mehrere benachbarte Moleküle kann dazu genutzt werden, die „stückweise" frei werdende Energie in Form energetisch hochwertiger Verbindungen (z. B. ATP) zu speichern. Diese Kaskade nennt man Elektronentransportkette.

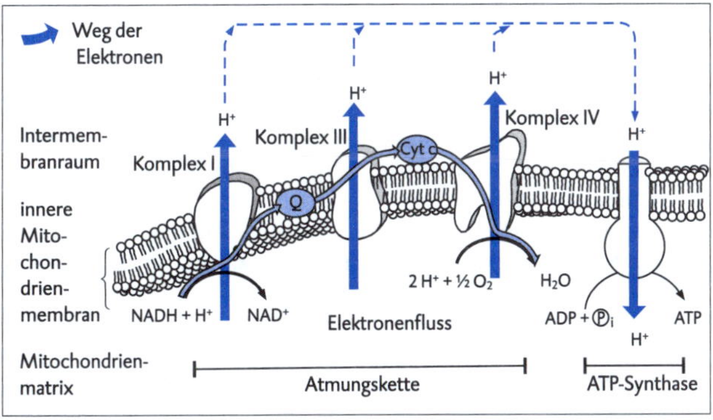

Elektronentransportkette am Beispiel der Atmungskette an der inneren Mitochondrienmembran: Die Elektronen des $FADH_2$ werden über den Komplex II (nicht dargestellt) in die Transportkette eingeschleust.

Endoplasmatisches Retikulum, ER (lat. *rete* Netz, also kleines Netz im Zytoplasma; engl. *endoplasmatic reticulum*) Membransystem mit Blatt- und Vesikelformen im Zytoplasma vieler Zellen. An manchen Stellen geht das ER in die Plasma- und auch in die Kernmembran über. Wenn die äußere Oberfläche des ER mit Ribosomen besetzt ist, spricht man von einem **rauen** ER, wenn nicht, von einem **glatten** ER. Am rauen ER findet die Proteinsynthese statt. Proteine, die von der Zelle nach außen abgegeben werden sollen, werden in das ER „hineinproduziert", um dann in Form von Vesikeln (mit einer Membran umgeben) an die Zellmembran transportiert und schließlich sekretiert zu werden. Bei der Muskelzelle spricht man vom **sarkoplasmatischen** Retikulum.

Endosymbionten-Hypothese → 2 Evolution und Taxonomie S. 46

Endoxidation (engl. *endoxidation*) In der inneren Mitochondrienmembran befindet sich die Elektronentransportkette (= Atmungskette), welche den aus dem Zitronensäurezyklus gewonnenen, energetisch hochwertigen Wasserstoff sowie Elektronen über die oxidative Phosphorylierung letztendlich mit dem atmosphärischen Sauerstoff (O_2) zu H_2O verbindet. Dieser Vorgang wird als Endoxidation bezeichnet.

Endozytose (griech. *endon* innen, *zytos* Zelle; engl. *endocytosis*) Aufnahme von Partikeln, Flüssigkeiten oder Makromolekülen durch Zellen. Die Aufnahme erfolgt entweder durch **Phagozytose**, die Aufnahme größerer Molekülkomplexe, oder durch **Pinozytose**, die Aufnahme kleiner Flüssigkeitströpfchen oder Partikel.

Enzym (griech. *zyme* Sauerteig; engl. *enzyme*) Es handelt sich um Moleküle bzw. Molekülkomplexe, die eine beschleunigte Umwandlung (Katalyse) von Substanzen (Substrate) bis zum chemischen Gleichgewicht unter körpereigenen (physiologischen) Bedingungen bewirken (= „Biokatalysatoren“). Enzyme erniedrigen die Aktivierungsenergie einer chemischen Reaktion.
Viele Enzyme bestehen aus Komplexen, wobei das eigentliche Enzym (= **Holo**enzym) aus einem Proteinanteil (= **Apo**enzym) und einer niedermolekularen, abdissoziierbaren, sogenannten prosthetischen Gruppe (= **Ko**enzym, Kofaktor) zusammengesetzt ist.
Für nahezu alle biochemischen Reaktionen gibt es ganz spezielle Enzyme. Das aktive Zentrum eines Enzyms kann man sich als Vertiefung auf seiner Oberfläche vorstellen, in welche die entsprechenden Substrate passen **(Substratspezifität)**. Durch die Komplexbindung kommt es zu einer räumlichen Änderung der Molekülstruktur (als wenn man durch Hineindrehen einer Schraube einen Dübel spreizt), und durch diese Änderung kommen die beiden Reaktionspartner (Substrate) so nahe zusammen, dass eine chemische Bindung erfolgt. Eine Substratspaltung verläuft ähnlich, wobei meist ein kleines Molekül (H_2O) an eine bestimmte Stelle eines größeren Moleküls eingebaut wird und so die Spaltung (in diesem Fall wird die Reaktion Hydrolyse genannt) bewirkt. Als Enzym bezeichnet man jedes Protein, das eine spezifische biochemische Reaktion katalysiert **(Wirkungsspezifität)**, ohne dass es selbst verbraucht wird. Enzyme sind meist an der Wortendung „ase“ erkenntlich; z. B. DNase, ein DNS abbauendes Enzym, Proteinase, ein Protein abbauendes Enzym.

Enzymhemmung, Enzyminhibierung (engl. *enzyme inhibition*) Die Unterdrückung der Aktivität von Enzymen trotz Gegenwart ihres entsprechenden Substrates. Die Wirkungsweise eines Enzyms, ein Substrat über eine kurzfristige Komplexbildung in ein Produkt umzuwandeln, erklärt auch die Mechanismen, mit denen eine Hemmung (Aktivitätserniedrigung) eines Enzyms möglich ist. Hemmung erfolgt fast immer über bestimmte kleine Moleküle oder Ionen (sog. **Inhibitoren** = Hemmstoffmoleküle), spezifisch für das jeweilige Enzym. Die biologischen Systeme selbst nützen z. T. solche Hemmmechanismen zur Enzymregulation.

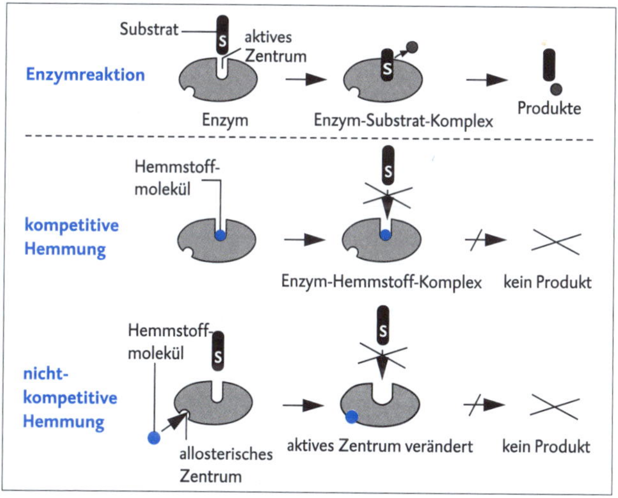

Schematische Darstellung einer Enzymreaktion (oben) und zwei Möglichkeiten ihrer Hemmung

(1) Die **reversible** Hemmung wird wiederum in eine kompetitive und nichtkompetitive Hemmung unterteilt. Bei der **kompetitiven** Hemmung konkurrieren das Substrat und der Inhibitor um die Bindungsstelle am Enzym, das sog. aktive Zentrum. Je besser der Inhibitor an das aktive Enzymzentrum bindet und je höher seine Konzentration im Vergleich zur Substratkonzentration ist, desto geringer wird die Chance eines Substrats, an das Enzym zu binden. Dies führt zu einem entsprechend verringerten spezifischen Substratumsatz des Enzyms. Sinkt die Konzentration des Inhibitors, so steigt die spezifische Enzymaktivität wieder an (daher reversible Hemmung), beispielsweise die Wirkung von

Malonat als Inhibitor auf das Enzym Succinat-Dehydrogenase. Eine **nichtkompetitive** (allosterische) Hemmung liegt vor, wenn der Inhibitor an eine Region außerhalb des aktiven Zentrums des Enzyms bindet, dadurch die räumliche Struktur des Enzymmoleküls u. a. am aktiven Zentrum verändert und so die Bindung des Substrates an das Enzym nicht immer verhindert, jedoch die Substratumsetzung gestört wird. Auch hier steigt die Enzymaktivität wieder an, wenn die Konzentration des Inhibitors sinkt.
(2) Bei der **irreversiblen** Hemmung bindet der Inhibitor so fest an das Enzym (an das aktive Zentrum oder einen anderen Bereich), dass er sich selbst nach starker Konzentrationsabnahme nicht mehr oder nur extrem langsam vom Enzym löst. Bekannte Beispiele sind einige Vertreter der chemischen Nervenkampfstoffe, welche die Acetylcholinesterase dauerhaft inhibieren.

Erythrozyten → 9 Bau und Funktion von Organismen S. 270

Eukaryoten (griech. *eu* gut, *karyon* Kern; engl. *eukaryotes*)
Häufig auch im Deutschen mit **Eukaryonten** bezeichnet. Alle Organismen (Einzeller oder Vielzeller), die einen echten Zellkern mit Kernmembran besitzen und sich durch geschlechtliche Vermehrung i. e. S. (= Meiose) fortpflanzen können. Die Zellteilung erfolgt durch Mitose. Eukaryoten haben Mitochondrien als Hauptenergieerzeuger. Taxonomische Einteilung in vier Reiche: Protoctista, Pilze, Tiere, Pflanzen.

Exozytose (griech. *exo* außen; engl. *exocytosis*) Ausschleusen von Zellmaterial aus einer Zelle durch reverse Endozytose.

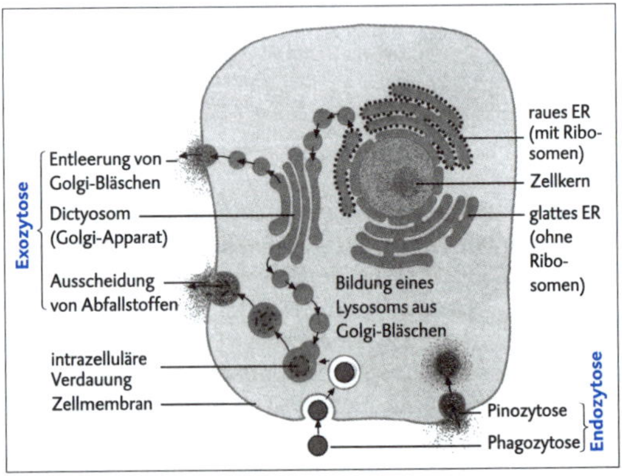

Schematische Darstellung des Stoffaustauschs einer Zelle durch Endozytose (rechts) und Exozytose (links)

FAD ($FADH_2$), Flavinadenindinukleotid (engl. *flavin adenine dinucleotide*) Koenzym mit der Funktion, Elektronen hohen Potenzials zu übertragen. Die oxidierte Form FAD kann aus der Glykolyse, dem Zitronensäurezyklus oder der Fettsäureoxidation ein Paar Elektronen hohen Potenzials übernehmen, dabei zwei H^+ binden und so zum reduzierten $FADH_2$ werden. Dieses Elektronenpaar wird über die oxidative Phosphorylierung schließlich auf O_2 übertragen. Dabei werden pro Oxidation eines $FADH_2$-Moleküls (wird wieder zu FAD) zwei Moleküle ATP (aus ADP + P) erzeugt.

Feedback-Inhibition, Feedback-Hemmung (engl. *feedback inhibition, end product inhibition*) Regelmechanismus mit negativer Rückkopplung, d. h. ein Endprodukt einer Reaktion wirkt sich bremsend (inhibierend) auf weitere derartige Reaktionen aus. Feedback-Inhibition findet sich z. B. im Stoffwechsel als sog. Endprodukthemmung (Endproduktrepression), wobei das Endprodukt einer enzymatischen Reaktion mit steigender Konzentration mehr und mehr das Enzym hemmt und dadurch seine eigene Herstellung reguliert.

Fermentation (lat. *fervere* kochen; engl. *fermentation*) Energieliefernder, enzymatischer Abbau von Zuckermolekülen in Bakterien und Hefen unter anaeroben Bedingungen (in Abwesenheit freien Sauerstoffs). In der Biotechnologie heute allgemein als Prozess verstanden, bei dem man in einer entsprechenden Apparatur, dem Bioreaktor oder Fermenter, Mikroorganismen oder mit diesen bestimmte Proteine (auch in sauerstoffhaltiger Atmosphäre) herstellt.

Fett (engl. *fat*) Glycerolester der Fettsäuren. Energiespeicherform des Körpers.

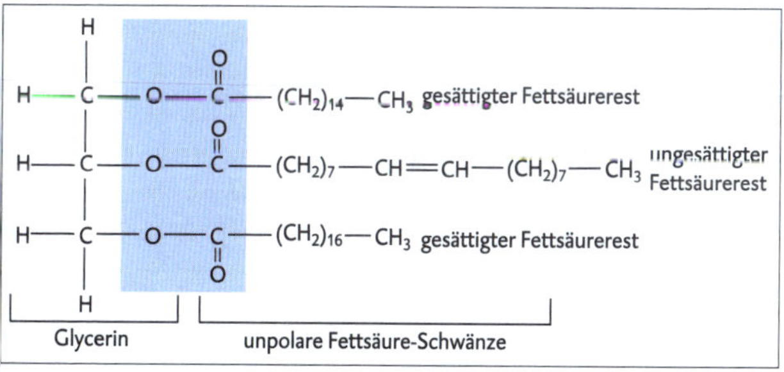

Beispielhafter Bau eines Fettmoleküls, auch Neutralfett oder Triglycerid genannt: Blau hinterlegt sind die Esterbindungen der Fettsäuren mit dem Glycerinmolekül.

Fettsäuren (engl. *fatty acids*) Typ organischer Säuren, die in Lipiden (Fetten) vorkommen. Fettsäuren unterscheiden sich nach Zahl ihrer Kohlenstoffatome (C_2 bis C_{34}), nach Lage und Anzahl der Doppelbindungen (0 = gesättigte, 1 und mehr = ungesättigte Fettsäuren).

Fluid-Mosaik-Modell → Biomembran (1 Zellen und Stoffwechsel S. 8)

Fotolyse des Wassers (engl. *photolysis*) In der Lichtreaktion des Fotosystems II der Chloroplasten werden Wassermoleküle gespalten. Dabei werden Protonen (Wasserstoffionen) und Elektronen freigesetzt. Der im Wassermolekül gebundene Sauerstoff wird als O_2 von den Pflanzen ausgeschieden. Man nimmt heute an, dass der gesamte atmosphärische Sauerstoff letztendlich der Fotolyse des Wassers entstammt:

$$2\,H_2O \xrightarrow{h \cdot \nu} 4\,H^+ + 4\,e^- + O_2\uparrow$$

Fotorespiration, Lichtatmung (lat. *respirare* (aus)atmen; engl. *photorespiration*) Bei vielen Pflanzen gibt es unter hoher Temperatur, hoher Lichteinstrahlung und verminderter Wasserzufuhr Stoffwechselprozesse, bei denen molekularer Sauerstoff aufgenommen und Kohlenstoffdioxid ausgeschieden wird. Wegen der Ähnlichkeit dieser Reaktion mit der eigentlichen Dunkelatmung der Pflanzen (in der Dunkelheit „atmen“ Pflanzen O_2 ein und CO_2 aus), bezeichnet man dies als Lichtatmung. Die zugrunde liegenden Prozesse stehen jedoch im Zusammenhang mit der Fotosynthese und sind mit dem Stickstoffmetabolismus verbunden. Die eigentliche Erklärung für die biologische Funktion der Fotorespiration steht noch aus.

Fotosynthese (griech. *phos* Licht, *syntithemai* ich stelle zusammen; engl. *photosynthesis*)

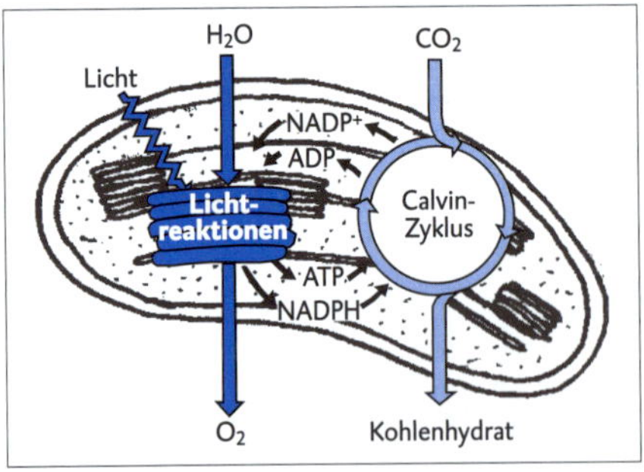

Zusammenwirken von Lichtreaktion (dunkelblau) und Calvin-Zyklus (hellblau) bei der Fotosynthese in einem Chloroplasten

Enzymatische Umwandlung der Lichtenergie (h · ν) in chemische Energie in grünen Pflanzenzellen, wobei aus Kohlenstoffdioxid und Wasser Sauerstoff und Zucker (Kohlenhydrate) entstehen:

$$6\,CO_2 + 12\,H_2O \xrightarrow{h \cdot \nu} C_6H_{12}O_6 + 6\,H_2O + 6\,O_2$$

In grünen Pflanzen erfolgt die Fotosynthese durch 2 Arten von Lichtreaktionen in den Fotosystemen I und II.

Fotosysteme (engl. *photosystems*) Die Fotosynthese von Organismen, die Sauerstoff freisetzen (wie alle grünen Pflanzen), benutzt zwei voneinander abhängige Fotosysteme, I und II. Beide sitzen in den Thylakoidmembranen der Chloroplasten. Das aus einem komplizierten Molekülkomplex (u. a. Chlorophylle) zusammengesetzte **Fotosystem I** wird von Licht mit einer Wellenlänge <700 nm angetrieben und erzeugt energetisch hochwertige Elektronen, die bei der nichtzyklischen Fotophosphorylierung in Form von NADPH „gespeichert" werden (als sog. Reduktionsäquivalente). Beim alternativen Weg der zyklischen Fotophosphorylierung werden die Elektronen vom Fotosystem I ohne Beteiligung des Fotosystems II ausschließlich zur ATP-Bildung verwendet (jedoch ohne O_2-Freisetzung). Das ebenfalls sehr komplexe **Fotosystem II** benötigt Licht von einer Wellenlänge <680 nm und erzeugt ein starkes Oxidationsmittel (Plastochinon), das zur Freisetzung von Sauerstoff aus Wasser führt. Schließlich werden niederenergetische Elektronen von H_2O in 2 Schritten zuerst über Fotosystem II und dann Fotosystem I mittels Lichtenergie auf ein sehr energiereiches Niveau angehoben. Zugleich wird durch die in den Thylakoidmembranen verankerten Fotosysteme ein transmembraneller Protonengradient aufgebaut (das Innere des Thylakoidmembransystems reichert vor allem aus der Spaltung von H_2O mit O_2-Freisetzung immer mehr H^+ an, sodass der pH-Wert sinkt). Dieser H^+-Gradient wird von membranständigen ATPasen zur ATP-Synthese genutzt. Der Umwandlungsprozess von Lichtenergie in energiereiche chemische Verbindungen ist letztendlich die Grundlage allen Lebens auf der Erde.

fototroph (griech. *photos* Licht, *trophein* ernähren; engl. *phototrophic*) Organismen, die Licht als Energiequelle primär zur Synthese von ATP nutzen, z. B. alle grünen Pflanzen sowie einige Bakterien (z. B. Cyanobakterien, früher als Blaualgen bezeichnet). Grüne Pflanzen bauen dabei aus CO_2 energetisch hochwertige Kohlenhydrate auf und werden deshalb als fotoautotroph bezeichnet, als ausschließlich auf Licht und anorganischen Kohlenstoff angewiesene Lebewesen.

Fructose (engl. *fructose*) Zuckermolekül; Hexose (Monosaccharid mit 6 C-Atomen)

Gärung, Fermentation (engl. *fermentation*) Ein Stoffwechselprozess, bei dem durch den Abbau von Glucose ohne Beteiligung einer Elektronentransportkette ATP produziert wird und ein charakteristisches Endprodukt entsteht, etwa Alkohol oder Milchsäure. Beispielsweise baut die Bierhefe *Saccharomyces cerevisiae* bei Sauerstoffmangel (daher keine Beteiligung der Elektronentransportkette) die Glucose mittels der Glykolyse zu Pyruvat und dann nur bis zum Alkohol ab:

$$C_6H_{12}O_6 \longrightarrow 2\,C_2H_5OH + 2\,CO_2$$

Der Energiegewinn bei dieser **alkoholischen Gärung** ist dabei für die Hefe jedoch deutlich niedriger als bei der Endoxidation von Sauerstoff zu Wasser.

Milchsäurebakterien bauen Zucker zu Milchsäure ab. Der Vorgang der **Milchsäuregärung** läuft unter anaeroben Bedingungen auch im arbeitenden Muskel ab. Der während der Glykolyse freigesetzte Wasserstoff wird auf Pyruvat übertragen und diese dadurch zu Milchsäure reduziert:

$$C_6H_{12}O_6 \longrightarrow 2\,CH_3{-}CHO{-}COOH$$

Keine echte Gärung ist die **Essigsäuregärung**. Verschiedene Arten von Essigbakterien oxidieren Ethanol unter Anwesenheit von freiem Sauerstoff zur energieärmeren Essigsäure. Dieser Vorgang dient der Herstellung von Essigsäure und Speiseessig:

$$C_2H_5OH + O_2 \longrightarrow CH_3COOH + H_2O$$

Glucose (griech. *glykys* süß; engl. *glucose*) Zuckermolekül mit sechs Kohlenstoffatomen (Hexose). Weitverbreitet in Pflanzen, Mikroorganismen und im Tierreich mit zentraler Bedeutung im Stoffwechsel. Komponente der disacchariden Saccharose und in Polysacchariden in verschiedenen (anomeren) Zustandsformen vorhanden wie als α-D-Glucose bei Stärke und Glykogen oder als β-D-Glucose bei Cellulose.

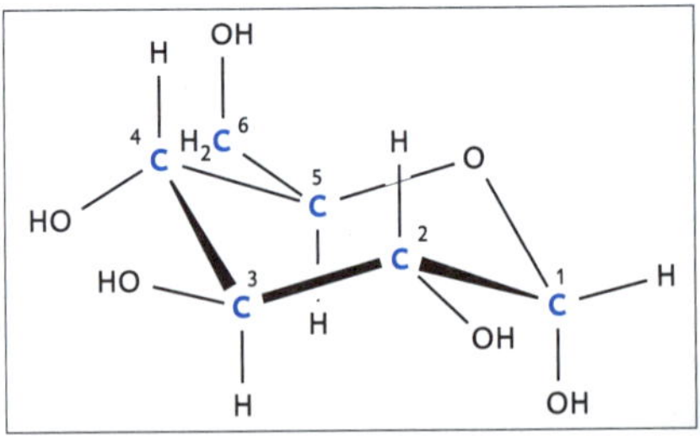

Sesselform der α-D-Glucose

Glykolyse (griech. *lyein* lösen; engl. *glycolysis*) Kohlenhydratabbau über eine Reihe von enzymatischen Reaktionen. Im Allgemeinen versteht man unter Glykolyse den Abbau von Glucose zu Brenztraubensäure (Pyruvat), der ohne Beteiligung von Sauerstoff (also anaerob) abläuft. Der anaerobe Abbau liefert effektiv nur je 2 Moleküle ATP und NADH pro Glucosemolekül.

Golgi-Apparat (engl. *Golgi apparatus*) Gesamtheit aller Dictyosomen, Zellorganellen aus dicht gepackten Zisternen und kleinen Vesikeln, die im Elektronenmikroskop zu erkennen sind. Im Unterschied zum ER findet man im Golgi-Apparat Membranvesikel und keine Ribosomen. Das System sammelt, bearbeitet und schließt Moleküle ein, die vom ER synthetisiert werden. Benannt nach dem italienischen Pathologen C. Golgi (1843–1926).

Grundumsatz (engl. *basal metabolic rate*) Die minimale Energiemenge (Einheit in Joule), die ein ruhender tierischer Organismus in einem bestimmten Zeitraum verbraucht, um die Körperfunktionen aufrechtzuerhalten. Beim erwachsenen Menschen rechnet man mit einem durchschnittlichen Grundumsatz von 5 800–7 500 kJ/Tag (1 400–1 800 kcal/Tag).

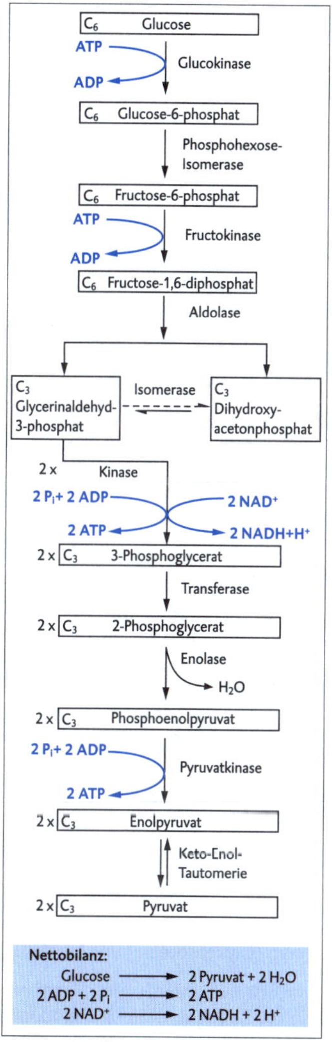

Vereinfachter Überblick über den Ablauf der Glykolyse und deren Nettobilanz

heterotroph (griech. *trophein* ernähren; engl. *heterotrophs*) Beschreibt Organismen, die energiereiche organische Moleküle wie Glucose oder Aminosäuren benötigen, um daraus Energie zu gewinnen und komplexe Makromoleküle aufzubauen (z. B. alle Tiere). Gegenteil: autotroph (z. B. Pflanzen, die aus Licht alle lebensnotwendige Energie beziehen)

Insulin → 3 Nerven, Sinne und Hormone S. 77

Ionenkanal → 3 Nerven, Sinne und Hormone S. 77

irreversible Hemmung → Enzymhemmung (1 Zellen und Stoffwechsel S. 18)

Katabolismus (griech. *kataballein* hinabwerfen; engl. *catabolism*) Abbaustoffwechsel, besonders Abbau der körpereigenen Proteine. Gegenteil: Anabolismus

Koenzym, Kofaktor → prosthetische Gruppe (1 Zellen und Stoffwechsel S. 34)

Kohlenhydrate, Saccharide (engl. *carbohydrates*) Allgemein auch als **Zucker** bezeichnet. Neben den Proteinen, Nukleinsäuren und Lipiden bilden sie die vierte große Gruppe der biologisch bedeutsamen Substanzen. Es handelt sich chemisch gesehen um Aldehyde oder Ketone mit vielen Hydroxylgruppen. Je nach Zusammensetzung unterscheidet man Monosaccharide (z. B. Glucose), Disaccharide (z. B. Saccharose, Lactose), Oligosaccharide (z. B. Maltotriose) und Polysaccharide (z. B. Glykogen, Cellulose). Kohlenhydrate lassen sich funktionell in 4 Gruppen einteilen:

- Energieträger in Form von Speichern (z. B. Polysaccharide wie Glykogen), Brennstoffe (z. B. Glucose) und Metaboliten (z. B. Ribose in ATP).
- Als Polysaccharide bilden sie die Hauptkomponenten der Zellwände von Bakterien, Pilzen und Pflanzen, sowie die Außenskelette der Gliederfüßer (u. a. Krebse und Insekten). Die Cellulose der Pflanzen ist die häufigste organische Verbindung auf der Erde.
- Die Monosaccharide Ribose und Desoxyribose bilden (zusammen mit Phosphat) die Stützstruktur („Rückgrat“) der RNS und DNS.
- Kohlenhydrate liegen in mannigfaltigen Formen verbunden mit Proteinen (Glykoproteine) und Lipiden (Glykolipide) vor.

Kompartimentierung (engl. *compartmentalization*) Alle eukaryotischen Zellen sind durch Lipiddoppelmembranen in verschiedene Bereiche (Kompartimente) innerhalb des Zytoplasmas untergliedert, die verschiedene Aufgaben nur durch derartige Abtrennungen erfüllen können (Zellkern, Mitochondrien, Endoplasmatisches Retikulum usw.).

Kompetition (lat. *competitor* Mitbewerber; engl. *competition*) Sich gegenseitig ausschließende Bindung zweier verschiedener Moleküle an dieselbe Bindungsstelle eines dritten Moleküls. So kompetitieren („wetteifern") z. B. Folsäure und Aminopterin um bestimmte Bindungsstellen an verschiedenen Folsäure-abhängigen Enzymen. Sauerstoff und Kohlenstoffmonoxid (CO) konkurrieren um die gleiche Bindungsstelle im Häm-Molekül. Befindet sich zu viel CO in der Atemluft, erstickt man, weil CO etwa 300-fach besser an Hämoglobin bindet als O_2. Dadurch verdrängt CO den Sauerstoff vom Hämoglobin und vermindert so die O_2-Transportkapazität des Blutes (zusätzlich hemmt CO die Atmungskette). Auch beim Kompetitions-Enzymimmunassay bzw. Radioimmunassay wird das Prinzip der Kompetition genutzt.

kompetitive Hemmung → Enzymhemmung (1 Zellen und Stoffwechsel S. 17)

Krebs → 5 Genetik S. 149

Lactose → 5 Genetik S. 151

Leben (engl. *life*) Die entscheidenden Eigenschaften, die Leben bzw. einen lebenden Organismus charakterisieren, sind Stoffwechsel (Aufnahme, Assimilation, Dissimilation und Ausscheidung von Substanzen), Wachstum und Vermehrung (inkl. Vererbung). Vor allem bei tierischen Organismen rechnet man noch die Reizbarkeit und Bewegungsfähigkeit hinzu. All diese Eigenschaften benötigen als minimale Organisationsstufe die Zelle. Demnach verfügen Viren, die selbst lebende Zellen für Stoffwechsel, Wachstum und Vermehrung benötigen, nicht über ein eigenes Leben.

Lichtatmung → Fotorespiration (1 Zellen und Stoffwechsel S. 20)

Lichtreaktionen (engl. *photosynthetic electron-transfer reaction, light reaction*) In dem Prozess der Fotosynthese wird Lichtenergie durch Pigmente, wie z. B. Chlorophyll, aufgenommen und in chemisch gebundene Energie überführt. Die Fotosynthese kann in zwei Abschnitte eingeteilt werden: Lichtreaktionen und Dunkelreaktionen. Die Lichtreaktionen bei höheren Pflanzen laufen in zwei großen Molekülkomplexen (Fotosysteme I und II, bestehend aus zahlreichen Proteinen und einigen hundert Chlorophyllmolekülen) ab, die sich in einer bestimmten räumlichen Anordnung in speziellen Membranen (Thylakoidmembranen) der Chloroplasten befinden. Hier wird die absorbierte (aufgenommene)

Lichtenergie dazu verwendet, Wasser in Wasserstoff und Sauerstoff zu trennen (Fotolyse des Wassers) und die dabei anfallenden Wasserstoffatome und Elektronen in eine energiereiche Bindung an ein geeignetes Molekül zu überführen. Der frei werdende Sauerstoff wird als O_2 von den Pflanzen „ausgeatmet". Durch die hohe Produktion von H^+ aus der Fotolyse des Wassers steigt die H^+-Konzentration innerhalb des Thylakoidlumens auf einen pH-Wert von 4,5. Dies entspricht in etwa der 3 000-fach höheren H^+-Konzentration als außerhalb (im Stroma des Chloroplasten herrscht ein pH-Wert von 8,0). Dieser H^+-Gradient treibt die in der Thylakoidmembran verankerte ATPase zur ATP-Synthese im Stroma des Chloroplasten an.

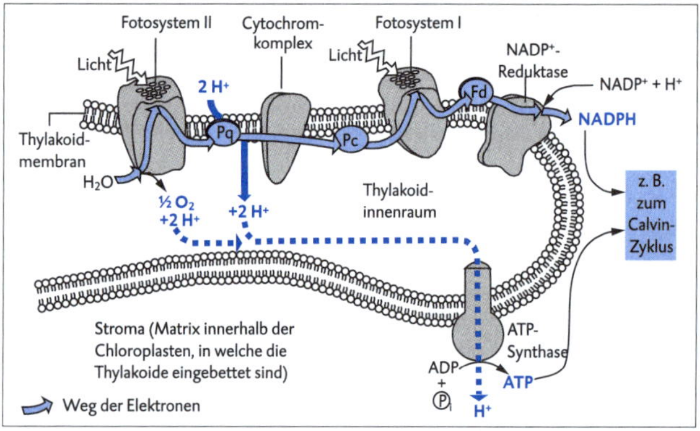

Vereinfachtes Modell des Thylakoidmembranbaues (Querschnitt) und des Elektronenflusses bei den Lichtreaktionen. Pq, Pc und Fd: Elektronen weiterleitende Moleküle der Thylakoidmembran

Lipid (griech. *lipos* Fett; engl. *lipid*) Gruppe biochemischer Verbindungen, die in organischen Lösungsmitteln (z. B. Alkohole, Chloroform) gut löslich, in wässrigen dagegen nicht löslich sind, wie z. B. Fett, Öle, Wachse, Sterole, Phospholipide, Glykolipide. Einige davon, wie die Phospholipide, sind die Hauptbestandteile aller Biomembranen.

Liposomen (griech. *lipos* Fett, *soma* Körper; engl. *liposomes*) Sehr kleine, künstliche Lipidvesikel (Bläschen), die mit einer wässrigen Phase gefüllt sind und in einer wässrigen Außenphase schweben. Zu ihrer Bildung sind sog. membranbildende Lipide erforderlich. Diese können natürlichen Ursprungs oder synthetisch sein. In der Regel wird das in allen Zellmembranen vorkommende Phosphatidylcholin verwendet, das aus Eidotter oder Sojabohne isoliert wird. Werden solche Lipide in Wasser fein verteilt (dispergiert), bilden sie spontan sog. Lipiddoppelschichten, die unter Energieeintrag die Form einer Hohlkugel annehmen (= Liposom). Der Durchmesser von Liposomen bewegt sich zwischen 30 nm und 20 µm. Bestimmte, vor allem kleine Liposomen sind biologischen Vesikeln ähnlich, wie z. B. den Neurotransmitter übertragenden Vesikeln der Synapsen. Durch die Ähnlichkeit der Lipiddoppelschicht eines Liposoms (= Liposomenmembran) mit biologischen Zellmembranen werden diese als Membranmodelle in der Forschung eingesetzt.

Lyse, Lysis (griech. *lyo* ich löse; engl. *lysis*) Zerstörung der Zellmembran, sodass der Inhalt „ausläuft". Lytische Ursachen sind von außen einwirkende physikalische Kräfte, Chemikalien oder pathogene Organismen (z. B. virulentes Virus, lytische Bakteriophagen).

Membran → Biomembran (1 Zellen und Stoffwechsel S. 8)

Metabolismus (griech. *metaballein* verändern; engl. *metabolism*) Die Gesamtheit aller physikalischen und chemischen Prozesse, die im lebenden Organismus ablaufen und durch die Energie für diesen bereitgestellt wird.

Michaelis-Menten L. Michaelis (1875–1949) und M. Menten (1879–1960) untersuchten die Geschwindigkeit der Substratumwandlung durch Enzyme. 1913 beschrieben sie, dass bei dieser Katalyse kurzzeitig ein spezieller **Enzym-Substrat-Komplex** auftreten muss, der dann in das Produkt/die Produkte und das freie, unveränderte Enzymmolekül zerfällt. Die Umwandlungsgeschwindigkeit bei konstanter Enzymmenge hängt von der Substratkonzentration ab. Bei hoher Substratkonzentration nähert sich die Reaktionsgeschwindigkeit einer Maximalgeschwindigkeit (v_{max}) asymptotisch an. Der entsprechende hyperbolische Kurvenverlauf kann mit der sog. **Michaelis-Menten-Gleichung** beschrieben werden. Diejenige Substratkonzentration, bei welcher die halbmaximale Geschwindigkeit der Substratumwandlung erreicht wird, bezeichnet man als **Michaelis-Menten-Konstante** (K_M).

Mikrotubuli → 5 Genetik S. 159

Mitochondrium (griech. *mitos* Faden, *chondros* Korn; engl. *mitochondrion*) Eine selbstreproduzierende Organelle im Zytoplasma aller Eukaryoten. Jedes Mitochondrium ist von einer Doppelmembran umgeben. Die innere Membran ist stark eingebuchtet und bildet kammerartige Räume (Cristae). In den Mitochondrien befinden sich die Enzyme des Zitronensäurezyklus, die Molekülkomplexe der Atmungskette und dort findet neben der Fettsäureoxidation vor allem die oxidative Phosphorylierung statt, deren Ergebnis die Synthese des ATP ist. Mitochondrien sind daher die Kraftwerke der Zelle. Mitochondrien können jedoch nicht für sich alleine funktionieren. Vielmehr müssen alle von mtDNS nicht codierten, also fehlenden Enzyme aus dem Zytoplasma in die Mitochondrien transportiert werden. Man nimmt an, dass Mitochondrien aus aeroben Bakterien (Bakterien, die Sauerstoff benötigen) entstanden sind, die eine Symbiose mit den frühen primitiven Vorfahren der Eukaryoten eingegangen sind.

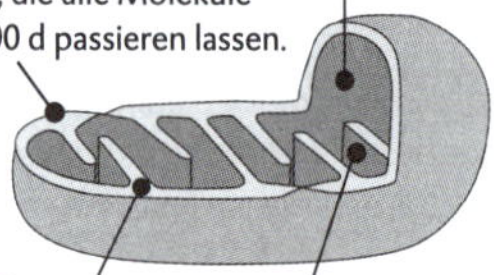

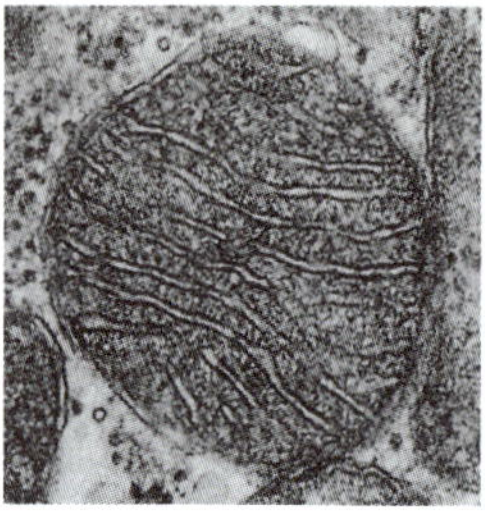

oben: Elektronenmikroskopische Aufnahme vom Querschnitt durch ein Mitochondrium; links: Schematische Darstellung der „Aufgabenteilung" der verschiedenen mitochondrialen Strukturen

NAD^+ (NADH), Nicotinamidadenindinukleotid (engl. *nicotinamide adenine dinucleotide*) Koenzym mit der Funktion, Elektronen hohen Potenzials zu übertragen. Die oxidierte Form NAD^+ kann aus der Glykolyse, der Fettsäureoxidation oder dem Zitronensäurezyklus ein Paar Elektronen hohen Potenzials übernehmen, dann ein H^+ binden und wird dabei zum reduzierten NADH. Dieses Elektronenpaar wird über die oxidative Phosphorylierung letztendlich auf O_2 (bzw. 1/2 O_2 wird zu O^{2-}) übertragen. Dabei werden pro Oxidation eines NADH-Moleküls (wird wieder zu NAD^+) drei Moleküle ATP (aus ADP + P) erzeugt.

$NADP^+$ (NADPH), Nicotinamidadenindinukleotidphosphat (engl. *nicotinamide adenine dinucleotide phosphate*) Koenzym mit der Funktion als Elektronenüberträger (-donor) bei vielen Redoxreaktionen und zur Energiespeicherung aus dem Fotosystem I. Das $NADP^+$ kann Elektronen hohen Potenzials aufnehmen und wird dabei zur reduzierten Form des NADPH. Im Gegensatz zu NADH dienen diese Elektronen nicht der ATP-Erzeugung in der Atmungskette, sondern NADPH fungiert als Elektronendonor bei biochemischen Synthesen, in denen reduzierende Schritte erforderlich sind, wie z. B. in der Fettsäuresynthese.

Natrium-Kalium-Pumpe, Na^+-K^+-ATPase → 3 Nerven, Sine und Hormone S. 80

negative Rückkopplung → Feedback-Inhibition (1 Zellen und Stoffwechsel S. 19)

Nettoprimärproduktion → 6 Ökologie S. 220

nicht kompetitive Hemmung → Enzymhemmung (1 Zellen und Stoffwechsel S. 18)

nichtzyklische Fotophosphorylierung (engl. *noncyclic photophosphorylation*) Beim energieliefernden, fotochemischen Prozess der Lichtreaktionen der Fotosynthese wird ADP zu ATP phosphoryliert. Da dies nur bei Lichtzufuhr geschieht und im Gegensatz zur oxidativen Phosphorylierung (= Zellatmung) hier weder O_2 gebraucht noch energiereiche, organische Stoffe verbraucht werden, bezeichnet man diese Art der ATP-Erzeugung als Fotophosphorylierung. Zudem werden bei der Fotosynthese durch die Lichtenergie die Elektronen des im Wasser gebundenen Wasserstoffes von einem sehr niedrigen Energieniveau auf ein sehr hohes Niveau in dem Molekül NADPH+H^+ gehoben und bilden sog. Reduktionsäquivalente; der dabei anfallende Sauerstoff wird von den Pflanzen „ausgeatmet". Da die Elektronen auf diesem Weg nur in einer Richtung fließen, es also zu keinem Rückfluss zum Ausgangspunkt kommt (nichtzyklischer Elektronenfluss), spricht man von einem „nichtzyklischen" Prozess und demzufolge bezeichnet man den damit gekoppelten Vorgang der ATP-Synthese als nichtzyklische Fotophosphorylierung, um ihn vom alternativen Prozess der zyklischen Fotophosphorylierung abzugrenzen.

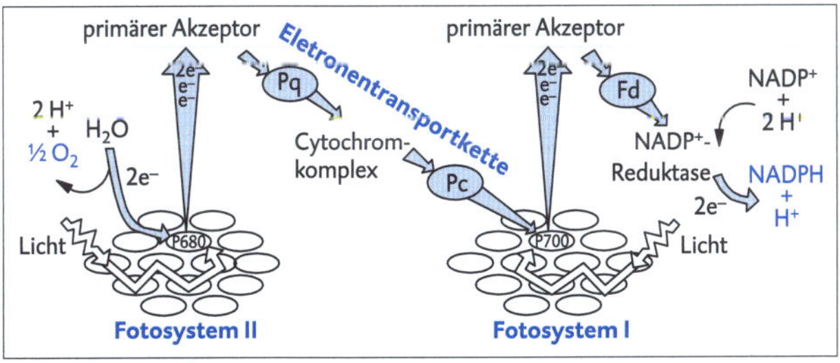

Elektronenfluss während der nichtzyklischen Fotophosphorylierung bei den Lichtreaktionen. Pq, Pc und Fd: Elektronen weiterleitende Moleküle der Thylakoidmembran

Nitratatmung → Denitrifikation (1 Zelle und Stoffwechsel S. 14)

Nitrifikation (engl. *nitrification*) Umwandlung von Ammonium zu Nitrat. Mikroorganismen oxidieren Ammonium (NH_4^+) über Nitrit (NO_2^-; z. B. Bakterien der Gattung *Nitrosomonas*) zu Nitrat (NO_3^-; z. B. *Nitrobacter*). Dazu ist eine gute Bodendurchlüftung (aerob) und ein möglichst neutraler pH-Wert erforderlich. Die Nitrifikation kann durch bestimmte Verbindungen künstlich blockiert werden, um die Umwandlung in das leicht auswaschbare Nitrat zu verzögern.

Nukleolus (lat. *nucleus* Kern, kleiner Kern; engl. *nucleolus*) Kernkörperchen. Organell im Zellkern, in dem die rRNS-Synthese (diejenigen RNS-Moleküle, die Bestandteil der Ribosomen sind) abläuft. Er besteht aus Fibrillen, die von Granula umgeben sind. An den Fibrillen wird die rRNS von der DNS transkribiert. Die Granula bestehen aus Ribonukleoprotein-Molekülen, in denen die rRNS angehäuft ist. Nukleoli stehen in Verbindung mit bestimmten Chromosomenbereichen. Diese Strukturen werden Nukleolus-Organizer genannt.

Nukleus (engl. *nucleus*), **Kern**, **Zellkern** Die kugelförmige Organelle jeder eukaryotischen Zelle, in der die Chromosomen enthalten sind. Er ist von einer doppelten Membran mit Kernporen (60–100 nm Durchmesser) umgeben, durch welche größere Moleküle in den und aus dem Kern transportiert werden. Die Öffnungen werden von ringförmigen Proteinen, eingebettet in die Kernmembran, gebildet. Die Kerndoppelmembran ist stellenweise mit dem Endoplasmatischen Retikulum verbunden.

Organelle (engl. *organelle*) Kleines „Organ". Komplexe Struktur innerhalb einer Zelle mit charakteristischem Aussehen und spezieller Funktion, wie etwa der Golgi-Apparat oder der Zellkern. Alle Organellen haben spezifische Aufgaben, die sie nur dann erfüllen können, wenn sie vom Rest der Zelle einigermaßen abgetrennt sind. Organellen sind daher stets durch Lipidmembranen von ihrer unmittelbaren Umgebung abgegrenzt.

Osmoregulation (griech. *osmos* Antrieb, Schub; engl. *osmoregulation*) Alle lebenden Systeme basieren auf Wasser, in dem die lebenswichtigen Moleküle (z. B. Ionen, Zucker, Eiweiße) gelöst vorliegen. Lösungen, in denen solche Moleküle vorkommen, üben eine physikalische Kraft gegenüber Lösungen mit anderer Molekülzusammensetzung (anderer Osmolarität) aus. Befindet sich zwischen zwei solch unterschiedlichen Lösungen eine semipermeable Membran (wie etwa die Zellmembran, die nur für einen Teil der Substanzen durchlässig ist), so tendieren die beiden Lösungen dazu, durch Übertritt einiger der Substanzen (primär von Wassermolekülen) ein Gleichgewicht herzustellen. Beispielsweise nimmt eine Zelle in einem hypoosmotischen (hypotonen) Medium (z. B. destilliertem Wasser) so viel Wasser durch ihre Plasmamembran hindurch auf, bis sie platzt. Das gegenüber dem Außenmedium hyperosmotische (hypertone) Zytoplasma der Zelle versucht also, durch Verdünnung die gleiche niedrige Osmolarität wie seine Umgebung zu erhalten, wobei es zwangsläufig zur Ausdehnung und Überdehnung der Plasmamembran kommt. Zellen, selbst ganze Organismen, haben jedoch die Möglichkeit, unter Energieaufwand über spezifische, in die Plasmamembran integrierte Pumpmechanismen auch gegenüber einem osmotisch unterschiedlichen Außenmilieu bestehen zu können. Diese Fähigkeit nennt man Osmoregulation. So können Fische im Meerwasser überleben, obwohl ihr Blut dem Außenmilieu gegenüber deutlich hypoton ist. Ohne Osmoregulation würden sie stark schrumpfen. Bei Süßwasserfischen verhält es sich umgekehrt. Pflanzenzellen verfügen über einen zusätzlichen Regulationsmechanismus in ihrem Zytoplasma: die Vakuole. Zudem erlauben ihre starren Zellwände einen inneren, teilweise weit über dem äußeren Milieu liegenden osmotischen Druck, den Turgor, aufzubauen.

Osmose (griech. *osmos* Antrieb; engl. *osmosis*) Diffusion eines Lösungsmittels, z. B. Wasser, durch eine semipermeable Membran, die sich zwischen zwei unterschiedlich konzentrierten Lösungen befindet. Es gibt natürliche semipermeable Membranen, wie die Zellmembran, und künstliche, wie z. B. den Dialyseschlauch. Das Lösungsmittel fließt immer in Richtung der höheren Konzentration der gelösten Substanz. Wenn beispielsweise rote Blutkörperchen in destilliertes Wasser gebracht werden, dringt dieses durch die Zellmembran in die Zellen ein (die Zellen enthalten gegenüber dem extrazellulären Milieu mehr gelöste Substanzen), sie schwellen deshalb an und platzen schließlich. Bei Pflanzenzellen können intrazellulär hohe osmotische Drücke aufgebaut werden, da die starren Zellwande ein Platzen verhindern.

Oxidation → Redoxreaktion (1 Zellen und Stoffwechsel S. 35)

oxidative Decarboxylierung (engl. *oxidative decarboxylation*) Die Abspaltung eines Kohlenstoffatoms in Form von CO_2 und gleichzeitige Übertragung von Elektronen auf NAD^+ bei der enzymatischen Umwandlung von Pyruvat zu Acetyl-CoA, Isocitrat zu α-Ketoglutarat und α-Ketoglutarat zu Succinyl-CoA.

oxidative Phosphorylierung (engl. *oxidative phosphorylation*) Die enzymatische Anlagerung von Phosphat an ADP (Adenosindiphosphat) in der Atmungskette, das damit zu der sehr energiereichen Form des ATP (Adenosintriphosphat) wird. ATP ist die wichtigste Energieform aller Zellen. Beim Abbau energiereicher Substanzen wie beispielsweise Zucker oder Fette entstehen energiereiche Moleküle wie NADH und $FADH_2$, die Elektronen hohen Potenzials weitergeben können. Bei der Übertragung dieser Elektronen auf molekularen Sauerstoff (Oxidation) wird die in der mitochondrialen Elektronentransportkette stufenweise freigesetzte Energie äußerst effektiv zur ATP-Erzeugung genützt. Diese Form der Phosphorylierung des ADP zu ATP wird oxidative Phosphorylierung genannt. Sie läuft bei Eukaryoten in den Mitochondrien ab.

passiver Transport (engl. *passive transport*) Biologische Membranen sind semipermeabel, d. h. sie bilden für bestimmte Substanzen eine mehr oder weniger unüberwindliche Barriere, speziell für Ionen und die meisten polaren Moleküle. Wasser als polare Substanz stellt jedoch eine Ausnahme dar und kann relativ ungehindert eine biologische Membran passieren. Gewisse Substanzen können eine Membran leicht durchdringen, spontan und ohne Energiezufuhr; man nennt dies den passiven Transport. Für manche Substanzen existieren bestimmte Proteinporen (in die Membran eingefügte Proteine, die eine Art verschließbare Öffnung besitzen), die bei Öffnung einen energiefreien Durchfluss bestimmter Moleküle oder Ionen dem Konzentrationsgefälle folgend ermöglichen. Auch diese Art der Permeabilität wird zum passiven Transport gerechnet. Für den Transport von Substanzen, die nur schwer eine biologische Membran durchdringen können, muss Energie aufgewendet werden: Man spricht von aktivem Transport.

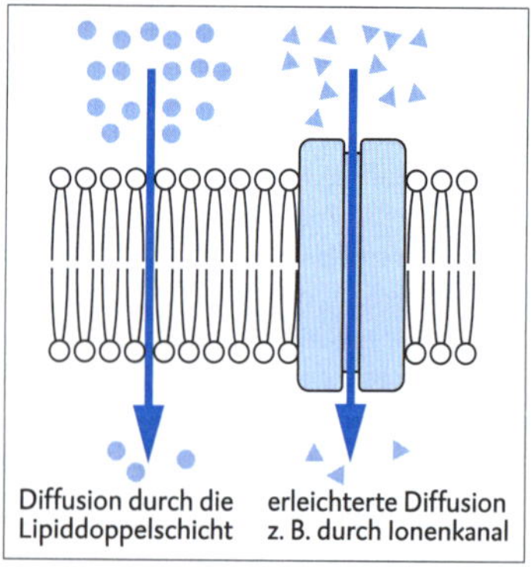

Beispiele für zwei passive Transportformen durch biologische Membranen (schematische Übersicht)

Peptid (griech. *peptein* verdauen; engl. *peptide*) Abbauprodukt oder Teil eines Proteins; auch als Eiweißsyntheseprodukt. Verbindung aus zwei oder mehr Aminosäuren: 2 Aminosäuren = Dipeptid; 3 Aminosäuren = Tripeptid; viele Aminosäuren = Polypeptid.

Peptidbindung (engl. *peptide bond*) Kovalente Bindung zwischen zwei Aminosäuren, indem die Aminogruppe der einen an die Carboxylgruppe der anderen Aminosäure unter Freisetzung von Wasser bindet. Umgekehrt kann durch Einbringung von Wasser unter Zuhilfenahme von Enzymen (Peptidasen) eine Peptidbindung wieder getrennt (hydrolysiert) werden.

Permeabilität (lat. *permeare* hindurchgehen; engl. *permeability*) Fähigkeit einer Membran, Moleküle einer bestimmten Größe oder Art passieren zu lassen bzw. zurückzuhalten. Im Zusammenhang mit biologischen Membranen auch als Semipermeabilität zu beschreiben.

Phagosom (griech. *phagein* fressen, *soma* Körper; engl. *phagosome*) Durch eine Membran abgegrenzte Organelle im Zytoplasma eukaryotischer Zellen. Sie entsteht durch lokales Einstülpen der Zellmembran (Phagozytose). Unmittelbar nach der Phagozytose werden Partikel in Phagosomen abgekapselt in die Zelle aufgenommen. Dort können die Phagosomen mit Vesikeln, die abbauende Substanzen enthalten (sog. Lysosomen), fusionieren, wodurch der Phagosomeninhalt zerstört bzw. „verdaut" wird.

Phagozytose (engl. *phagocytosis*) Einverleibung von festen Partikeln durch Zellen mittels Einstülpen der Plasmamembran, Umschließen des Partikels von dieser Einstülpung und letztendlich vollständiger Umhüllung und Aufnahme ins Zytoplasma. Die Aufnahme von Mikroorganismen erfolgt z. B. durch Phagozyten, meist Makrophagen.

Phospholipid (griech. *lipos* Fett; engl. *phospholipid, phosphatide*) Ein lipidhaltiger Phosphatester von Glycerin oder Sphingosin. Phospholipide sind die Hauptbestandteile aller eukaryotischen Zellmembranen.

pH-Wert, pH (lat. p *pondus* Gewicht; latinisiert H *hydrogenium* Wasserstoff; engl. *pH-value*) Maß für die Wasserstoffionenkonzentration $[H^+]$ einer Lösung: $pH = -{}^{10}\log [H^+]$. Bei einem pH von 7,0 ist die Lösung neutral, unter 7 sauer und über 7 bis 14 basisch.

Pigment (lat. *pigmentum* Farbe; engl. *pigment*) Farbstoffe oder Farbkörperchen biologischen Ursprungs, beispielsweise Melanin.

Pinosom (griech. *pinein* trinken, *soma* Körper; engl. *pinosome*) An der Plasmamembran durch Einstülpung entstandenes zytoplasmatisches Vesikel, durch das im Gegensatz zum Phagosom ein Flüssigkeitströpfchen aufgenommen wird. Pinozytierte Tröpfchen werden durch die Pinosomen innerhalb der Zelle zu ihrem Bestimmungsort transportiert.

Pinozytose (griech. *kytos* Zelle; engl. *pinocytosis*) Einschluss und damit Aufnahme kleiner Tröpfchen durch die Plasmamembran mithilfe von Pinosomen. An der Plasmamembran bildet sich eine Eindellung, die sich stetig vertieft und letztendlich mit extrazellulärer Flüssigkeit gefüllt ein Membranbläschen (Vesikel) in das Zytoplasma hinein abschnürt.

Plasma (griech. *plasma* das Geformte; engl. *plasma*) Flüssiger, wässriger Teil von Zellen.

Plasmamembran, Plasmalemma, Zytoplasmamembran, Zellmembran (engl. *plasma membrane, plasmalemma, cell membrane*) Doppelschicht vor allem aus Phospholipiden (Biomembran), die als Barriere, Selektions- und Kommunikationssystem aller Zellen fungiert. In ihr sind auch Membranproteine (z. B. MHC-Moleküle) verankert. Ferner sind beispielsweise Ionenpumpen darin integriert, wie die Natrium-Kalium-Pumpe, die dafür sorgen, dass im Zellinneren stets die richtigen Ionenkonzentrationen herrschen.

Plasmolyse (engl. *plasmolysis*) Loslösen (von der Zellwand) und Schrumpfen des Protoplasmas (Zytoplasmas) einer Pflanzenzelle durch Wasserentzug (Osmose aufgrund einer hypertonen Lösung).

Plastid (engl. *plastid*) Selbst replizierende (sich aufgrund eigener DNS selbst vermehrende) zytoplasmatische Organelle bei Pflanzen, wie etwa Chloroplasten, Chromoplasten und Leukoplasten.

Polypeptid → 5 Genetik S. 171

Primärproduktion → 6 Ökologie S. 222

Primärreaktion → Lichtreaktionen (1 Zellen und Stoffwechsel S. 25)

prosthetische Gruppe, Koenzym, Kofaktor (griech. *prostithemi* ich füge hinzu; engl. *prosthetic group, cofactor*) Der Teil eines Proteinkomplexes, der kein Polypeptid ist, beispielsweise das Häm des Hämoglobins. Die prosthetische Gruppe ist der eigentlich aktive Teil eines solchen Proteins (z. B. bindet das Häm im Hämoglobin den Sauerstoff).

Protease (griech. *protos* der erste (Stoff); engl. *protease*) Ein Enzym, das Proteine spaltet (= verdaut, hydrolysiert).

Protein → 5 Genetik S. 173

Proteosom (griech. *soma* Körper; engl. *proteosome*) Großer Proteinkomplex im Zytoplasma eukaryotischer Zellen, der Protein auflösende Enzyme enthält. Diese „Entsorgungsmaschinen“ spalten Eiweiße nur dann in kleine Bruchstücke, wenn sie ubiquitiniert worden sind. Ubiquitin ist ein saures Protein, das als Erkennungszeichen solchen „Abfallproteinen" angehängt wird.

protonenmotorische Kraft → chemiosmotische Theorie (1 Zellen und Stoffwechsel S. 12)

Protoplasma (griech. *protos* der erste, *plasma* das Geformte; engl. *protoplasm*) Gesamter Inhalt, der von der äußeren Zellmembran (= Plasmamembran) umschlossen wird. Entspricht dem Zellkern mit dem Karyoplasma und dem ihn umgebenden Zytoplasma.

Protoplast (griech. *plasma* das Geformte; engl. *protoplast*) Pflanzen- oder Mikroorganismenzelle, bestehend aus Kern bzw. Nukleoid, Zytoplasma und Plasmamembran, aber ohne die Zellwand. Protoplasten können experimentell hergestellt werden, indem die feste Zellwand mit Enzymen abgelöst wird. Bestimmte zellwandlose Bakterien (z. B. Mykoplasmen) sind in diesem Sinne Protoplasten.

Pyruvat (griech. *pyr* Feuer; engl. *pyruvate*) Salz der Brenztraubensäure. Zwischenstufe des Glucoseabbaus bzw. Endstufe der Glykolyse. Das Molekül mit drei Kohlenstoffatomen ist die Vorstufe von Lactat, Ethanol oder Acetyl-Coenzym A, das in den Zitronensäurezyklus eingeht.

Redoxreaktion (engl. *redox reaction*) Den Entzug von Elektronen bezeichnet man allgemein als **Oxidation**, die Aufnahme von Elektronen als **Reduktion**. Demzufolge befindet sich ein Molekül, das ein Elektron abgegeben hat (Elektronendonator) im oxidierten, ein Molekül, das ein Elektron aufgenommen hat (Elektronenakzeptor) im reduzierten Zustand. Beide Moleküle können ein sog. Redoxsystem bilden, wobei ein Elektron vom Donatormolekül (Reduktionsmittel) auf ein Akzeptormolekül (Oxidationsmittel) übertragen wird. Dabei wird der Elektronendonator oxidiert und der Elektronenakzeptor reduziert. Jeder Elektronendonator zeigt eine ihm eigene, charakteristische Neigung, die Elektronen stärker oder schwächer abzugeben. Man spricht vom Elektronendruck. Umgekehrt weist ein bestimm-

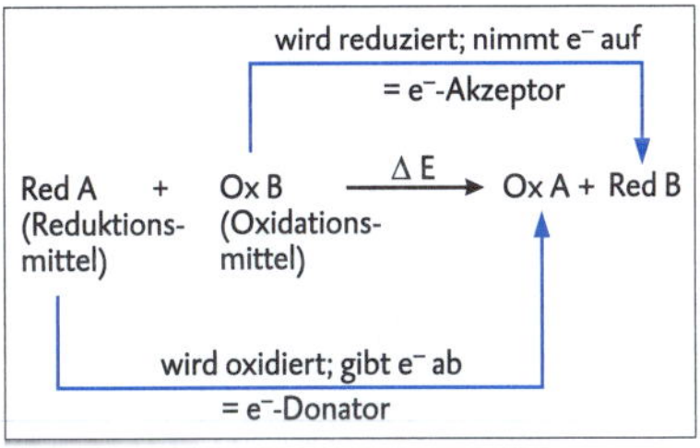

Allgemeines Schema einer Redoxreaktion

ter Elektronenakzeptor seine ihm eigene Stärke auf, mit der er ein „fremdes" Elektron annimmt. Diese Neigung zur Abgabe und Aufnahme von Elektronen zwischen zwei Molekülen kann man als elektrisches Potenzial (elektromotorische Kraft ΔE) messen (es fließt ein Strom). Das Potenzial (= **Redoxpotenzial**) ist umso größer, je stärker der Elektronendonator sein Elektron abgibt und je „williger" der Elektronenakzeptor dieses aufnimmt (die Elektronenübertragung wird auch noch von Gegebenheiten wie pH-Wert, Temperatur beeinflusst).

Rezeptor (lat. *recipere* empfangen; engl. *receptor*) Ein Molekül (meist ein Protein), an das ein anderes (Ligand) bindet, wodurch eine bestimmte Reaktion ausgelöst wird.

RGT-Regel (**R**eaktions**g**eschwindigkeits-**T**emperatur-Regel; engl. *reaction-rate-temperature rule*) Die Gesetzmäßigkeit, nach der die Stoffwechselprozesse eines Organismus bei einer Temperaturerhöhung um 10 °C etwa zwei- bis dreimal schneller ablaufen. Grund dafür ist die starke Temperaturabhängigkeit der Enzyme, die alle Stoffwechselprozesse steuern. Der meist tolerierte Temperaturbereich liegt zwischen 0 und 45 °C, mit einem Optimalbereich von 30–40 °C. Ist es zu kalt oder zu warm, werden die Proteine (besonders Enzyme) denaturiert, d. h., ihre Struktur und Funktion wird irreversibel zerstört. Einige Organismen können auch bei extremen Temperaturen (bis über 100 °C) leben, wie etwa Bakterien (speziell die Archaebakterien) in Thermalquellen.

Ribosom → 5 Genetik S. 184

sarkoplasmatisches Retikulum (griech. *sarx* Fleisch; lat. *reticulum* kleines Netz; engl. *sarcoplasmic reticulum*) Spezielle Form des Endoplasmatischen Retikulums im Muskel.

Schlüssel-Schloss-Prinzip Das Prinzip, dass zwei komplementäre Strukturen räumlich zueinander passen wie ein Schlüssel zum Schloss und dadurch ihre biologische Funktion erfüllen können, z. B. Enzym und Substrat.

Sekretion (lat. *secernere* ausscheiden; engl. *secretion*) Die Ausschleusung von Molekülen, die in einer Zelle oder einem Gewebe (z. B. Milchdrüsen) synthetisiert wurden. Sie kann sowohl innerhalb als auch außerhalb des Körpers erfolgen.

Sekundärreaktion → Calvin-Zyklus (1 Zellen und Stoffwechsel S. 10)

selektive Permeabilität (engl. *selective permeability*) Biologische Membranen, die alle lebenden Organismen/Zellen umgeben, stellen

Barrieren dar, durch die verschiedene Moleküle unterschiedlich gut hindurchtreten können. Generell gilt: Je größer und besser wasserlöslich ein Molekül ist, desto langsamer kann es eine Biomembran durchdringen (außer Wasser selbst). Auch für Ladungsträger wie Ionen stellen Biomembranen Hindernisse dar. Von einer echten Selektion der Permeabilität kann man jedoch nur bei den in biologische Membranen integrierten Porenproteinen sprechen, die je nach Typ nur ganz bestimmte Moleküle oder Ionen passieren lassen. Für die selektive Durchlässigkeit biologischer Membranen hat sich der Begriff **Semipermeabilität** eingebürgert.

somatische Zelle, Somazelle (griech. *soma* Körper; engl. *somatic cell*) Jede Zelle eines eukaryotischen Organismus, die sich nicht zu einer Geschlechtszelle (Keimzelle) entwickelt (hat). In diploiden Organismen enthalten die meisten Somazellen 2N Chromosomen (Erythrozyten der Säugetiere z. B. enthalten keinen Zellkern und damit auch keine Chromosomen), in tetraploiden Organismen 4N etc.

Spaltöffnung, Stoma → 9 Bau und Funktion von Organismen S. 273

Stammzelle → 5 Genetik S. 191

Stickstofffixierung, -assimilation, -bindung (engl. *nitrogen fixation*) Der Einbau von atmosphärischem Stickstoff in Humus oder in Mikroben, wo er den Pflanzen zur Verfügung steht. Stickstoff als elementarer Bestandteil aller Organismen liegt zum größten Teil in der chemisch sehr stabilen Form des N_2 in der Atmosphäre vor (79 % Anteil). Diesen Stickstoff nutzen bzw. für biologische Systeme nutzbar machen können nur einige hoch spezialisierte Prokaryoten, sog. Stickstofffixierer, die über das Schlüsselenzym **Nitrogenase** verfügen. Damit wird N_2 zu NH_4^+ reduziert. Es gibt frei lebende Stickstofffixierer und solche, die in Symbiose mit höheren Pflanzen leben (z. B. Wurzelknöllchenbakterien beim Luzerne-Klee). Bei solchen Symbiosegesellschaften hat man einen Stickstoffgewinn der Biomasse von bis zu 250 kg pro Hektar und Jahr ermittelt.

Stoffkreislauf → 6 Ökologie S. 224

Stoffwechsel → Metabolismus (1 Zellen und Stoffwechsel S. 27)

Substrat(ketten)phosphorylierung (engl. *substrate-level phosphorylation*) Die Phosphorylierung von ADP oder GDP zu den energiereichen Verbindungen ATP und GTP ohne direkte Beteiligung der Atmungskette. So fallen bei der Glykolyse beim Abbau von Glucose zu Pyruvat netto 2 Moleküle ATP an und im Zitronensäurezyklus selbst wird pro 1 Acetyl-CoA 1 Molekül GTP (bzw. ATP) hergestellt.

Toxin → 3 Nerven, Sinne und Hormone S. 92

Tumor → Krebs (5 Genetik S. 149)

Turgor (lat. *turgere* anschwellen; engl. *turgor*) Spannungszustand des Gewebes. Aufgrund osmotischer Unterschiede zwischen intra- und extrazellulärem Raum entsteht vor allem in pflanzlichen, aber auch tierischen Zellen durch einströmendes Wasser ein intrazellulärer, osmotischer Druck, der von innen gegen die Zellmembran und Zellwände (bei Pflanzen, Pilzen und Bakterien) drückt. Dieser hydrostatische Druck wird als Turgor bezeichnet. Bei Pflanzen wird der Druck durch die Zentralvakuole reguliert, kann aber bedingt durch den Gegendruck der festen Zellwände eine erhebliche Stärke erreichen, ohne dass die Zelle platzt oder einen anderen Schaden nimmt.

Vakuole, Zellsaftvakuole, Zentralvakuole (lat. *vacuus* leer; engl. *(central) vacuole*) Zentraler, häufig mit einer hohen Konzentration an gelösten Stoffen befüllter und mit einer Lipidmembran umgebener Bereich im Zytoplasma der meisten Pflanzenzellen. Durch die gegenüber dem Zytoplasma und der extrazellulären Umgebung erhöhte Konzentration an gelösten Stoffen nimmt die Zentralvakuole so lange Wassermoleküle auf, bis die pflanzliche Zellwand dieser Expansion ein Ende setzt. Die pflanzliche Zelle gewinnt durch diesen Innendruck zusätzliche Stabilität. Die Zentralvakuole kann aber auch als Depot für Speichersubstanzen (z. B. Kohlenhydrate oder Proteine) oder die Funktion eines Verdauungssystems übernehmen, wobei sich dann Verdauungsenzyme in ihrem Inneren finden.

Vesikel (lat. *vesicula* Bläschen; engl. *vesicle*) In der Biologie versteht man darunter subzelluläre Organellen (wesentlich kleiner als Zellen), in denen spezielle Reaktionen ablaufen. Zu ihnen gehören beispielsweise die Lysosomen, welche Verdauungsenzyme enthalten und die mit einem phagozytierten Objekt intrazellulär fusionieren und es damit verdauen oder unschädlich machen können.

Zellatmung → Atmung (1 Zellen und Stoffwechsel S. 5)

Zelle (lat. *cella* Raum; engl. *cell*) Kleinste Einheit (eines Organismus), die sich (unabhängig) vermehren kann, die Fähigkeit zu Stoffwechselleistungen hat und alle lebensnotwendigen Strukturelemente enthält. Die fundamentale Bedeutung der Zelle erkannte der deutsche Pathologe Rudolf Virchow (1821–1902) und formulierte dies erstmalig

1855 mit seinem berühmten Satz „*omnis cellula e cellula*" (Jede Zelle entsteht wiederum nur aus einer Zelle). Zellen sind von einer Lipiddoppelmembran umgeben (Pflanzen-, die meisten Bakterien- und Pilzzellen zusätzlich von einer Zellwand) und haben ein Zytoplasma und bei Eukaryoten einen Zellkern, in dem sich die Chromosomen befinden. Im Zytoplasma von Eukaryoten wirken viele Zellorganellen, wie etwa Mitochondrien, Golgi-Apparat, Lysosomen, Endoplasmatisches Retikulum u. a., zusammen, um Energie aus der Nahrung zu gewinnen, Eiweiße zu produzieren und Wachstum zu ermöglichen.

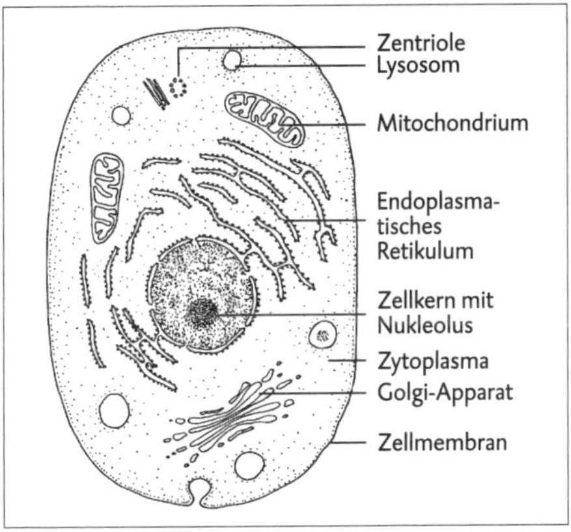

Schematische Zeichnung einer tierischen Zelle

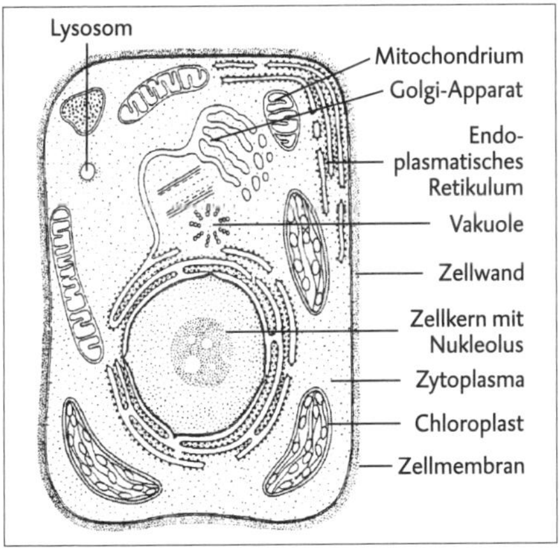

Schematische Zeichnung einer pflanzlichen Zelle

Zellkern → Nukleus (1 Zellen und Stoffwechsel S. 30)

Zellkultur (engl. *cell culture*) Die Haltung von Zellen außerhalb eines Organismus in entsprechenden Gefäßen (in vitro). Im eigentlichen Sinn versteht man darunter die Kultivierung eukaryoter Zellen von mehrzelligen Organismen.

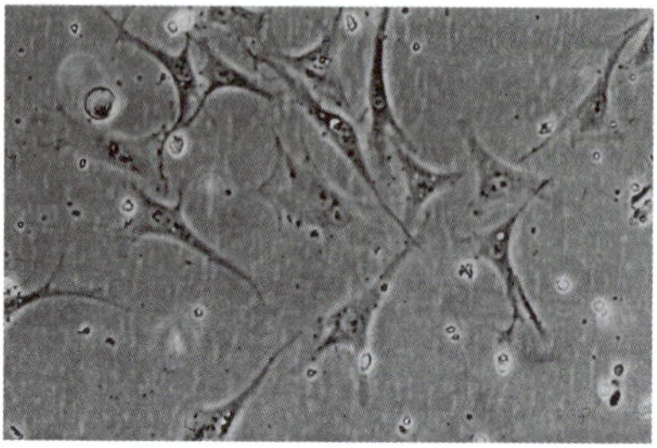

Mikroskopische Aufnahme einer Zellkultur von Bindegewebszellen (Fibroblasten)

Zellmembran → Plasmamembran (1 Zellen und Stoffwechsel S. 34)

Zellteilung (engl. *cell division*) Genetisch gesteuerter und sehr komplizierter Vorgang, durch den aus einer Elternzelle zwei Tochterzellen entstehen. (1) Bei Prokaryoten heißt die Zellteilung auch **binäre Fission**, (2) bei Eukaryoten **Mitose**. Zellteilung ist ein wesentlicher Bestandteil des Wachstums.

Zelltod (engl. *necrocytosis, cell death*) Funktionsbehinderung und/oder Zerstörung einer Zelle durch äußere Einflüsse wie Gifte oder physikalische Kräfte. Daneben gibt es auch den programmierten Zelltod, der gezielt bestimmte Zellen eliminiert (= Apoptose).

Zellwand (engl. *cell wall*) Relativ starre Hülle aus beispielsweise Cellulose und Lignin, die zusätzlich zur Zellmembran die Pflanzenzelle umgibt. Die Zellwand der Pilze enthält vor allem Chitin, die der Bakterien Peptidoglykane (Verbindung aus Peptiden und Zuckern).

Zentriole (lat. *centrum* Mittelpunkt; engl. *centriole*) Eine sich selbst reproduzierende Zellorganelle mit zylinderartiger Form. Die Tochterzentriole wächst aus der „Mutterzentriole", bis sie die gleiche Größe erreicht hat. Die Zentriolen bewegen sich auf die Zellpole zu und sind Teil des Spindelapparates für die Kernteilung. Eine formgleiche Organelle findet man in den Basalkörperchen der Cilien. In den Zellen der höheren Pflanzen kommen keine Zentriolen vor.

Zitronensäurezyklus (engl. *citric acid cycle, tricarboxylic acid cycle, Krebs cycle*) Auch Tricarbonsäure-, Zitrat- oder Krebszyklus nach dem Entdecker Sir Hans Adolf Krebs (1937) genannt. Zusammenspiel einer Reihe von Enzymen, bei dem Acetylcoenzym A (Acetyl-CoA) oxidiert und die dadurch frei werdende Energie in Form energiereicher chemischer Verbindungen gespeichert wird, die letztendlich durch die oxidative Phosphorylierung in ATP umgewandelt werden. Ein Molekül Acetat (als der energetisch verwertbare Teil des Acetyl-CoA) ergibt im Zitronensäurezyklus 2 CO_2, 1 GTP (das ohne Energieverlust in 1 ATP umgewandelt wird) und 8 hochenergetische Elektronen/Protonen (sog. Reduktionsäquivalente) in Form von NADH und $FADH_2$. Die Reaktionen laufen in den Mitochondrien ab. Ferner werden durch den Abbau des Acetyl-CoA intermediäre Stoffwechselprodukte hergestellt, die als Grundstoffe für die Synthese anderer Moleküle wie Aminosäuren (viele leiten sich von α-Ketoglutarat und Oxalacetat ab), Fettsäuren oder Zucker dienen.

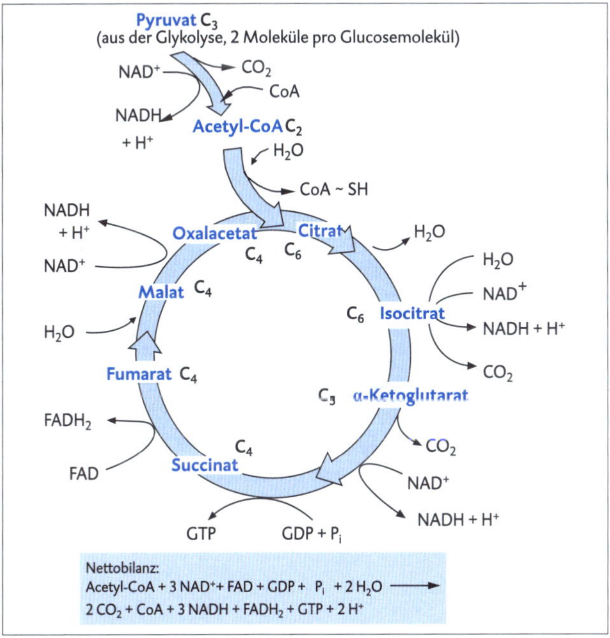

Der Zitronensäurezyklus im Überblick

Zucker → Kohlenhydrate (1 Zellen und Stoffwechsel S. 24)

zyklische Fotophosphorylierung (engl. *cyclic photophosphorylation*) Der zur nichtzyklischen Fotophosphorylierung alternative Weg, bei dem mit ausschließlicher Beteiligung des Fotosystems I die durch Lichtenergie energetisch angehobenen Elektronen nicht auf $NADP^+$, sondern auf einen Cytochrom-Komplex übertragen werden. Dieser in der Thylakoidmembran der Chloroplasten verankerte Cytochrom-Komplex erzeugt durch die hochenergetischen Elektronen aus dem Fotosystem I an der Membran einen Protonengradienten, der wiederum durch membranständige ATPasen zur ATP-Synthese genutzt wird. Die Elektronen kehren niederenergetisch aus dem Cytochrom-Komplex zum Reaktionszentrum des Fotosystems I zurück und der Kreislauf kann mit entsprechender Lichtenergie erneut beginnen (zyklischer Elektronenfluss). Daher der Name zyklische Fotophosphorylierung. Es wird also kein NADPH gebildet und, da das Fotosystem II nicht beteiligt ist, auch kein O_2. Dieser alternative Weg wird dann von der Fotosynthese eingeschlagen, wenn ein Großteil des vorhandenen $NADP^+$ bereits in der reduzierten Form NADPH vorliegt.

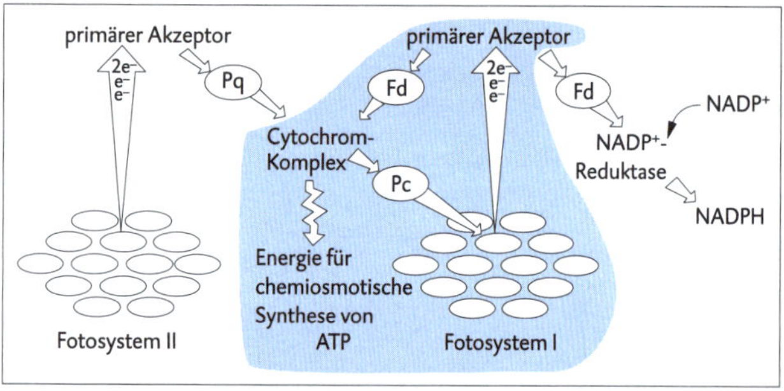

Ablauf des zyklischen Elektronenflusses (blau hinterlegt) bei der zyklischen Fotophosphorylierung

Zytoplasma, Zytosol (griech. *kytos* Zelle, *plasma* Gebilde; engl. *cytoplasm*) Bei Eukaryoten der mit den Zellorganellen versehene Flüssigkeitsraum innerhalb der Zellmembran, aber ohne den Zellkernbereich.

2 Evolution und Taxonomie

Aberration (lat. *aberratio* Abweichung; engl. *aberration*) Allgemeine Bezeichnung für die Abweichung, die übliche Variation, eines Organismus innerhalb eines bestimmten Arttypus, z. B. Albino.

Adaptation (lat. *adaptare* anpassen; engl. *adaptation*) Jede entwicklungsmäßige, verhaltensmäßige, anatomische oder physiologische Anpassung eines Organismus an seine Umgebung mit der Folge, dass er besser überleben und sich fortpflanzen kann. Beispielsweise „gewöhnen" sich Sinneszellen oder -organe infolge wiederholter Reizung an einen Reiz und können sich durch die Abnahme der Erregbarkeit den Umwelt- und Reizbedingungen anpassen. Es handelt sich hierbei um keinen Lernvorgang. Eindrucksvolles Beispiel ist die Wanderung der Lachse aus dem Meer ins Süßwasser.

adaptive Radiation (lat. *radiari* strahlen, sich ausbreiten; engl. *adaptive radiation*) Evolution einer einfacheren Art in spezialisierte Arten, von denen jede an eine bestimmte Lebensform angepasst ist. Mutationen einer Ausgangsart können veränderte oder freie ökologische Nischen besetzen und nach Isolation neue Arten bilden.

Bekanntes Beispiel für adaptive Radiation ist die – geologisch gesehen – in relativ kurzer Zeit erfolgte Artenentwicklung bei den Darwinfinken auf den Galapagosinseln. Die heute vorliegenden Arten spezialisierten sich je nach Futter- und Umweltart in erstaunlich kurzer Zeit und stammen alle von einer ursprünglich auf die Inseln gelangten Finkenart ab.

allopatrische Verbreitung, allopatrische Speziation, Allopatrie (griech. *allon* anders, lat. *patria* Vaterland; engl. *allopatric speciation*) Entwicklung einer neuen Art durch Differenzierung in geografischer Isolation. Allopatrie bedeutet, dass (ähnliche) Arten in unterschiedlichen Gebieten leben, getrennt durch Barrieren wie Gebirgszüge oder Wüsten. Gegenteil: parapatrische Verbreitung, sympatrische Spezies

Analogie (griech. *ana* gemäß, *logos* Wort; engl. *analogy*) Gleichartigkeit, Entsprechung. Gleiche Funktion von Organen unterschiedlicher entwicklungsgeschichtlicher Herkunft, z. B. die Flügel einer Fliege und eines Vogels.

Anthropogenese (engl. *anthropogenesis*) Die evolutive Entstehung des Menschen, also die Menschwerdung.

Archaeopteryx → Brückentiere (2 Evolution und Taxonomie S. 45)

Art (Spezies) (engl. *species*) Kleinste Einheit ähnlicher Individuen im System der Lebewesen. Arten werden gemäß der binären Nomenklatur (z. B. *Homo sapiens*) benannt und durch zwei verschiedene Methoden abgegrenzt:
(1) Nach der biologischen Definition gehören alle Individuen, die sich unter natürlichen Bedingungen miteinander paaren und fruchtbare Nachkommen zeugen können, zu einer Art.
(2) Nach der morphologischen Definition gehören alle Individuen zu einer Art, die aufgrund von anatomischen, physiologischen und verhaltensbiologischen Merkmalen übereinstimmen.

Atavismus (lat. *atavus* Vorfahr, Ahnherr; engl. *atavism*) Wiederauftreten eines Merkmals in einem Individuum nach mehreren Generationen. Ursache sind rezessive oder komplementäre Allele. Ein Individuum mit einem solchen Merkmal wird auch „*throwback*" genannt. Beispiele dafür sind beim Menschen ein manchmal auftretendes, schwanzartig verlängertes Steißbein, eine extrem starke, fellartige Körperbehaarung oder eine geteilte Gebärmutter.

Australopithecinen → Palä(o)anthropologie (2 Evolution und Taxonomie S. 55)

Bedecktsamer, Angiospermae (griech. *angion* Behälter, *speiro* ich säe, erzeuge; engl. *angiosperms*) Bedecktsamige Pflanzen. Diese Unterabteilung der Spermatophyten unterscheidet sich von den beiden weiteren Unterabteilungen der *Gymnospermae* und *Cycadophytina* (Fiederblättrige Nacktsamer) durch die in Fruchtblätter eingeschlossenen Samenanlagen. Zu den *Angiospermae* gehören die Klassen der ein- und zweikeimblättrigen Blütenpflanzen (*Mono-* und *Dicotyledones*), welche die überwiegende Mehrheit aller derzeit lebenden höheren Pflanzen einschließen.

binäre Nomenklatur (engl. *binominal nomenclature*) Die Verwendung zweiteiliger Namen zur wissenschaftlichen Benennung der Organismen. Der meist aus dem Griechischen und/oder Lateinischen abgeleitete Name einer Spezies (Art) besteht aus dem Gattungsnamen und dem nachgestellten, spezifischen Artnamen, z. B. *Homo sapiens* für Mensch, wie dies von Carl von Linné 1735 erstmals vorgeschlagen wurde.

Biodiversität → 6 Ökologie S. 210

Brückentiere, missing link Fehlendes Bindeglied. Unbekannte oder vermutete Lebensform(en) in der evolutiven Reihe von Fossilien, auf die schon Darwin hingewiesen hat. Bekanntestes Beispiel für ein früheres missing link ist der etwa 150 Mio. Jahre alte „Urvogel" Archaeopteryx, dessen versteinerte Abdrücke erstmals 1861 im Jura-Gestein bei Solnhofen (Bayern) gefunden wurden. Er stellt nach heutiger Einschätzung eine Übergangsform (*connecting link*, **Bindeglied**) zwischen den Raubsauriern aus der Linie der Theropoden und den Vögeln dar. Die Vogelmerkmale sind Federn und das für die Flugfähigkeit wichtige Gabelbein an der Brust, Merkmale, welche die eigentlichen Dinosaurier bis zu diesem Zeitpunkt nicht entwickelt hatten. Die überwiegenden anderen Merkmale des Skelettes sowie die Bezahnung des „Schnabels" deuten auf eine sehr nahe Verwandtschaft mit den Theropoden hin. Diese unterschiedliche Entwicklungsgeschwindigkeit einzelner Organstrukturen nennt man **Mosaikevolution**, d. h. dass jede Art sowohl stammesgeschichtlich alte wie auch neue Merkmale trägt.

Darwinismus (engl. *Darwinism*) Lehre von der biologischen Evolution durch natürliche Auslese der in der momentanen Umwelt nicht lebens- bzw. fortpflanzungsfähigen Individuen, und Fortpflanzung der bestangepassten Nachkommen. Veröffentlicht wurde die Idee des Darwinismus durch das von Charles Darwin (1809–1882) verfasste und erstmals 1859 erschienene Buch *„On the Origin of Species by Means of Natural Selection"*. Das Wesen seiner Aussage ist, dass sich die Arten wegen individueller Variabilität und lebensraumabhängiger Selektion verändern.

Deszendenztheorie (lat. *descendere* hinabsteigen; engl. *theory of evolution*) Ursprüngliche Bezeichnung für die Theorie Charles Darwins über die Abstammung der Arten. Diese heute allgemein akzeptierte

Theorie wurde nach A. Weismann (1902) weiterentwickelt. Demzufolge gingen alle Lebewesen aus früheren Lebewesen hervor, wobei nicht nur die zellkernständigen (sog. nukleäre) Gene, sondern auch das Keimplasma eine Rolle spielen.

Divergenz (lat. *di* auseinander, *vergere* sich neigen; engl. *divergence*) Die verschiedenen Abwandlungen einer Grundstruktur des Körperbaus, die im Laufe der stammesgeschichtlichen Entwicklung von einer gemeinsamen Stammform bzw. einem Grundbauplan entstanden. Gegenteil: Konvergenz

Drift → genetische Drift (2 Evolution und Taxonomie S. 49)

Einzeller, Protozoa, Protozoen (griech. *protos* erster, *zoon* Tier; engl. *protozoa*) „Urtiere". Unterreich in der Taxonomie, das die einzelligen heterotrophen Eukaryoten umfasst. Gemeinsam sind ihnen spezielle Ribosomen (80 S). Zu ihnen gehören u. a. die Amoeben, Strahlentierchen und die Erreger von Malaria, z. B. *Plasmodium malariae, P. vivax*.

Endosymbionten-Hypothese (griech. *endo* innen, *syn* mit, *bios* Leben; engl. *endosymbiont theory*) Die Annahme, dass sich aus einfachen Zellen durch Phagozytose von kleineren, unverdauten Prokaryoten die eukaryotischen Zellen mit ihren Mitochondrien, Geißeln, Zentriolen und bei Pflanzen auch die Chloroplasten im Laufe der Evolution entwickelt haben.

Erdzeitalter Zeitabschnitte der Erdgeschichte (siehe Abb. S. 47)

Eukaryoten → 1 Zellen und Stoffwechsel S. 18

Evolution (lat. *evolvere* entwickeln; engl. *evolution*) Allmählich fortschreitende Entwicklung bei Lebewesen, von niederen, einfachen zu höheren, komplexeren Formen. Erste schriftliche Grundgedanken teilte Darwin befreundeten Wissenschaftlern bereits 1844 mit, zögerte aber 14 Jahre lang, diese zu veröffentlichen. Dann publizierten Darwin und Wallace zeitgleich (1858) erstmals den konkret dargestellten Vorgang, bei dem sich alle Lebewesen unter dem Einfluss der natürlichen Auslese aus einer ursprünglichen Form entwickelt haben. Evolution ist auch bei anorganischer Materie und auf kultureller Ebene zu beobachten. Im genetischen Sinne unterscheidet man eine (potenziell reversible) Änderung der Allelhäufigkeiten im Genpool einer Population (Mikroevolution) und drei Formen der Makroevolution: (1) Irreversible Änderungen in Stammeslinien, phyletische oder auch vertikale Evolution, (2) Aufspaltung in zwei Arten, (3) Auftreten neuer Wesensmerkmale, woraus ein neues Taxon entsteht. Nach Darwin sind Überlebens- und Fortpflanzungsfähigkeit bei den Individuen am höchsten, deren genetisch bedingter Phänotyp am besten mit der Umwelt zurechtkommt (*survival of the fittest*). Die bestadaptierten Allele überleben in einer Population, indem sie an die Nachkommen weitergegeben werden können, schlechtere sterben mit ihren Trägern (dem einzelnen Organismus) aus. Vor dem Darwinismus entstand der Lamarckismus, nach dessen Vorstellung erworbene Merkmale vererbt werden. Die darwinistische Evolutionstheorie konnte bisher nicht widerlegt werden. Als gegenteilige Weltanschauung existiert der Kreationismus.

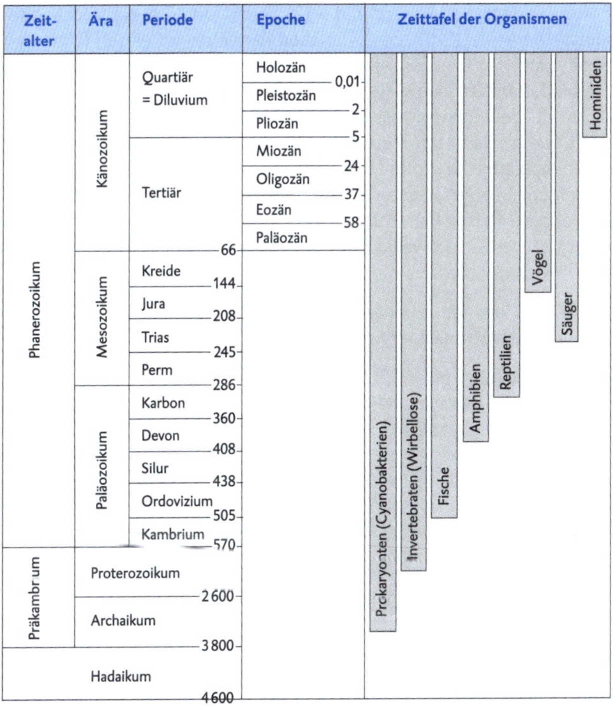

Erdzeitalter (alle Zahlenangaben in Jahrmillionen)

Evolutionsfaktoren (engl. *evolutionary factors*) Mutation, Selektion, Migration und Drift. Grundsätzlich bewegen Variation und Selektion die evolutive Entwicklung der Lebewesen: (1) Variation. Kein Individuum ist identisch mit einem anderen. Neben den umweltbedingten Einflüssen auf den Phänotyp eines Organismus wirkt die genetische Variabilität. Sie kommt zustande durch **Mutation** und durch Rekombination. Letztere beruht auf der Meiose, in der die Genome neu zusammengestellt werden. Die Verpaarung der durch die Rekombination genetisch individuellen Gameten ergibt eine weitere Steigerung der Variabilität. Da sich evolutive Vorgänge über Generationen erstrecken, lassen sie sich weniger am einzelnen Individuum als vielmehr auf Populationsebene beschreiben. Dementsprechend ist auch die **Migration** (Genfluss) eine Art der Gametenneukombination. Als wesentlicher äußerer Faktor kommt zur Variation die (2) **Selektion**, die natürliche oder künstliche Auslese, d. h. das Überleben der an die jeweiligen (Umwelt-) Bedingungen am besten angepassten Individuen. In einer solchen neuen Population findet man diejenigen Allele, welche unter den gegebenen (Umwelt-)Bedingungen die besten Überlebenschancen gewährleisten. Evolution ist demnach die langfristige Änderung der Allelhäufigkeiten einer Population. In großen Populationen geschieht dies i. d. R. langsam, in kleinen hingegen können Allele durch Zufall plötzlich verloren gehen (genetische **Drift**). Extremes Beispiel ist das Überleben eines einzigen Paares nach einer Umweltkatastrophe, wo alle Allele außer den maximal vier Allelen der „überlebenden" Genloci ausgelöscht sind.

Extinktion (lat. *extinguere* auslöschen; engl. *extinction*) Aussterben einer evolutionären Linie (Art).

Familie (engl. *family*) Eine Kategorie der Systematik, die mehrere Gattungen umfasst.

Klasse	*Mammalia* (Säugetiere)
Ordnung	*Artiodactyla* (Paarhufer)
Unterordnung	*Ruminantia* (Wiederkäuer)
Familie	*Bovidae* (Hornträger)
Unterfamilie	*Caprinae* (Ziegenartige)
Gattung	*Oves* (Schafe)
Art	z. B. *Ovis aries* (Hausschaf)
Rasse	z. B. Heidschnucke, Bergschaf

Systematische Einordnung der Familie der Hornträger in die Klasse der Säugetiere

Fitness (engl. *fitness*) (1) Die Fähigkeit eines Individuums zu überleben. (2) Eignung; direkte Fitness ist der genetische Beitrag eines Individuums zur nächsten Generation durch eigene Fortpflanzung.

Fossilien (lat. *fossa* Graben; engl. *fossils*) Überreste von Lebewesen meist ausgestorbener Arten oder deren Abdrücke, versteinerte Knochen, Schalen, Blätter, Fußspuren, auch Mikrofossilien. Bekannte Fossilien sind die des *Archaeopteryx* (Urvogel), der Dinosaurier, der Ammoniten, des Urpferdchens oder die verschiedenen Schädel und Knochen der menschlichen Urformen wie die von „Lucy" *(Australopithecus afarensis)*.

Gattung, Genus (engl. *genus*)
Taxonomische Einheit (Tier- und Pflanzengattungen), die häufig mehrere verwandte Arten (Spezies) oder wie z. B. Genus *Homo* nur einen lebenden Vertreter mit der Art *H. sapiens* umfasst. Die Vertreter einer Gattung stammen von einer gemeinsamen Vorläuferart ab.

generalisiert (engl. *generalized*)
Begriff der Evolutionstheorie, der ein nicht spezialisiertes Merkmal (oder einen Zustand) beschreibt, das größere Entwicklungsmöglichkeiten hat als ein spezialisiertes. Einfache Merkmale sind gewöhnlich generalisiert. Gegenteil: spezialisiert

genetische Drift, Sewall-Wright-Effekt (engl. *genetic drift*)
Umfassender Begriff für die Verschiebung von Allelhäufigkeiten innerhalb von Populationen. Obwohl in allen Populationen möglich, werden die Auswirkungen besonders in kleinen Populationen deutlich. Eine Interpretation war oder ist noch die zufällige Fixierung von Allelen, die als solche jedoch keine evolutive Bedeutung hat. Eine extreme Position bezog S. Wright 1955, nach der alle Evolution auf genetischer Drift beruht, während T. Dobzhansky 1951 die zufällige Fluktuation der Allelhäufigkeit hervorhebt, die in kleinen Populationen manifest wird.
Man kann nach E. Mayr (1967) fünf Kategorien der Drift unterscheiden:
(1) Zufällige Fluktuationen, die zur Fixierung führen *(accidents of sampling)*, die abhängig von der Eignung der Gene und von der effektiven Populationsgröße ist.
(2) Fixierung durch den Gründereffekt. Im Extremfall ist es ein einziges Gründerpaar, das dann verantwortlich für die genetische und phänotypische Einheitlichkeit ist.
(3) Fluktuation durch schnelle Änderung der Populationsgröße und die damit verbundene Verschiebung des Selektionsdrucks. Dieser nimmt ab bei Erweiterung der Population und nimmt zu bei Verkleinerung, sodass Allele bevorzugt werden, die auch unter Bedingungen zunehmender Inzucht im Vorteil sind.
(4) Korrelierte Wirkung kryptischer Selektion: Stetige, langsame Änderung des Phänotyps kann die korrelierte Antwort auf einen systematischen Selektionsdruck gegenüber dem Genotyp sein (keine Drift).
(5) Selektive Gleichwertigkeit von Genotypen. Es ist möglich, dass unterschiedliche Genotypen Phänotypen hervorbringen, die in gleicher Weise auf einen gegebenen Selektionsdruck reagieren.

geografische Isolation, Separation (engl. *geographic isolation*) Situation, in der bedingt durch geografische Barrieren (z. B. Gebirge, Inseln) Individuen einer (Teil-)Population oder Spezies keinen Individuen der anderen (Haupt-)Population oder Spezies begegnen oder sich nicht mit ihnen paaren. Durch eine derartige Isolation können neue Arten entstehen. Darwin erkannte die evolutive Bedeutung der geografischen Isolation auf seiner Reise zu den Galapagos-Inseln.

Gründereffekt (engl. *founder effect*) Tatsache, dass eine kleine Gruppe von Individuen aus einer großen Population nur einen Teil der Allelvielfalt der Elternpopulation mitnimmt, wenn sie zu einer neuen, isolierten Einheit wird. Die Evolutionspfade der Elternpopulation und der abgespaltenen Population(en) werden sich aufgrund der verschiedenen Selektionsdrücke unterscheiden. Die Populationen entwickeln sich genetisch auseinander und werden u. U. zu neuen Arten.

Hominide, Hominoide, Homo → Palä(o)anthropologie (2 Evolution und Taxonomie S. 55)

Homologie (griech. *homos* gleich, *logos* Wort; engl. *homology*) Grundsätzliche Ähnlichkeit einer Struktur oder eines Vorgangs in verschiedenen Organismen aufgrund eines gemeinsamen Vorfahrens. Homologe Strukturen haben den gleichen evolutionären Ursprung, obwohl ihre Funktionen sehr unterschiedlich sein können. Delfinbrustflosse und Flügel der Fledermaus sind z. B. homologe Strukturen.

horizontale Evolution, Kladogenese, horizontale Speziation (engl. *horizontal evolution*) Vorgang der Artentstehung, wobei eine Population oder Art in zwei oder mehrere Untergruppen (Rassen, Subpopulationen) aufsplittert, aus denen im Laufe der Zeit neue Arten entstehen (z. B. Darwinfinken). Gegenteil: vertikale Evolution

Industriemelanismus (griech. *melas* schwarz; engl. *industrial melanism*) Häufiges Auftreten von dunklen Exemplaren verschiedener Tierarten in Industrieregionen. Die Farbe wird durch Pigmente (Melanin) hervorgerufen, etwa bei Motten. Die Überlebenschance dunkler Individuen ist durch Anpassung an verschmutzten Untergrund höher.

Invertebraten, Evertebraten (lat. *e-*, *in-* ohne, *vertebra* Wirbel; engl. *invertebrates*) Metazoa (Vielzeller) ohne Wirbelsäule; wirbellose Tiere, **Wirbellose** (z. B. Mollusken).

Kladogramm (griech. *klados* Zweig, *graphein* schreiben; engl. *cladogram*) Eine schematische, grafische Darstellung der phylogenetischen Verwandtschaftsverhältnisse zwischen Taxa. Die Darstellung basiert auf einer Merkmalsanalyse, z. B. auf dem Vergleich der Nukleotidsequenz eines bestimmten Gens.

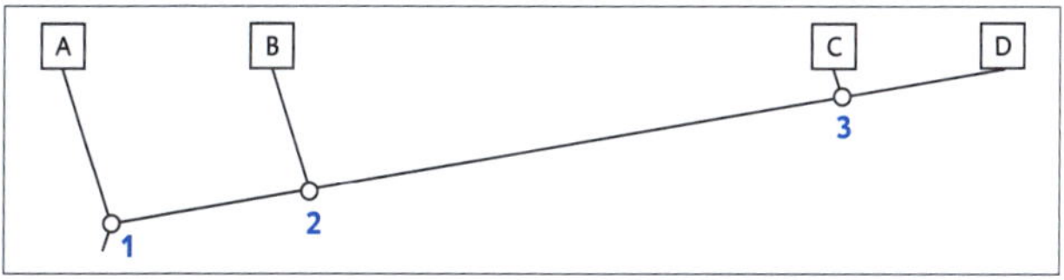

A, B, C und D sind verschiedene Arten und 1, 2 und 3 stellen die Abspaltungsereignisse zwischen zwei Arten (Speziation) dar. C und D haben demnach mehr Gemeinsamkeiten (d. h. weniger Unterschiede) miteinander, sind phylogenetisch näher verwandt als mit B oder A. Im Kladogramm sind die Abstände zwischen den Verzweigungspunkten relativ im Gegensatz zu einem Stammbaum, der eine Zeitachse hat, bei dem also der Zeitpunkt der Speziation bekannt ist.

Klasse (engl. *class*) Taxonomische Gruppierung. Ihr übergeordnet steht ein Phylum. Klassen sind in Ordnungen unterteilt.

Koadaptation (lat. *cum* mit, *aptare* anpassen; engl. *coadaptation*) Selektionsvorgang, durch den harmonisch interagierende, sich ergänzende Allele verschiedener Genloci im Genpool einer Population angehäuft werden. Anpassungen, die aufgrund von Wechselwirkungen entstanden sind, beispielsweise die auf vielen verschiedenen Genloci basierenden Verteidigungsstrategien bestimmter Nachtfalter (Hörorgan für Ultraschall, Behaarung) gegenüber ihren Fressfeinden, den Fledermäusen.

Koevolution (lat. *cum* mit, *evolvere* entwickeln; engl. *coevolution*) Die gleichzeitige Evolution von Eigenschaften einer (oder mehrerer) Art(en) und einer anderen Art infolge ihrer Abhängigkeit voneinander. Eine solche „reziproke adaptive Evolution" prägt z. B. das Verhältnis zwischen Wirtspflanzen und Insekten. Auch Parasiten entwickeln sich oft zusammen (evolvieren) mit ihren Wirten.

Konvergenz (lat. *cum* zusammen, *vergere* gerichtet sein; engl. *convergence*) Unabhängige Evolution ähnlicher Merkmale unverwandter Spezies in ähnlichen adaptiven Lebensräumen, wobei sich Körperstrukturen entwickeln, die sich oberflächlich gleichen, z. B. die Flügel von Vögeln und Fledermäusen. Gegenteil: Divergenz

Kreationismus (lat. *creator* Schöpfer; engl. *creationism*) Erklärungsmodell zur Entstehung der Artenvielfalt. Der Glaube, dass die Welt und die Lebewesen erschaffen wurden, wie die Bibel beschreibt. Im Gegensatz dazu steht die Evolutionstheorie nach Darwin und Wallace.

K-Strategie → r- und K-Selektionstheorie (2 Evolution und Taxonomie S. 59)

Lamarckismus (engl. *Lamarckism*) Evolutionstheorie, benannt nach J.-B. de M. Lamarck (1744–1829), die historisch zwar bedeutend, wissenschaftlich aber nicht haltbar ist. Sie besagt, dass Individuen ihre durch Umwelteinflüsse erworbenen Merkmale vererben. Arten verändern sich demnach graduell in neue Arten durch kumulative Effekte von Gebrauch oder Nichtgebrauch von Körperteilen.

lebende Fossilien → Stasis (2 Evolution und Taxonomie S. 62)

Linie (engl. *line, strain*) Durch Reinzucht entstandene, weitgehend homozygote Population, die sich phänotypisch von anderen Populationen einer Art unterscheidet. Eine Art (Spezies) kann nach Unterarten, diese nach Populationen, diese nach Rassen, diese nach Linien (Schläge, Typen), bei Labormäusen oft Stämme genannt, und schließlich Individuen unterschieden werden.

Linné, Linnaeus Carl von Linné (Linnaeus) führte das Linnäische System ein, das in seiner binären Nomenklatur (2 Namen) noch heute verwendet wird; z. B. *Homo sapiens* (Mensch). Linné verstand die Art noch als konstant unveränderlich, was mehr als hundert Jahre später von Charles Darwin widerlegt wurde.

Merkmal → 5 Genetik S. 158

Migration → 5 Genetik S. 158

Mikroevolution (griech. *mikros* klein; engl. *microevolution*) Evolutionsmuster, das während einer relativ kurzen Zeit abläuft und deshalb beobachtet werden kann, wie etwa die Änderung der Genfrequenzen in einer Population (z. B. Industriemelanismus).

Miller'scher Simulationsversuch (engl. *Miller experiments*) *In vitro* durchgeführtes Experiment zum Beweis, dass sich aus anorganischen Molekülen unter Energiezufuhr organische Verbindungen wie Aminosäuren (und Nukleinsäurebasen in späteren Experimenten) bilden können. Stanley Miller hat 1953 erstmals gezeigt, wie aus einer Art von Uratmosphäre der Erde, die mit Methan (CH_4), Ammoniak (NH_3) und Wasserdampf gesättigt war sowie Wasserstoff (H_2) enthielt und in der ständig elektrische Entladungen (Blitze) stattfanden, die Grundbausteine für Leben entstehen konnten. In einem Versuchsgefäß wurden die anorganischen Verbindungen elektrischen Ladungen ausgesetzt. Bereits nach wenigen Tagen bildete sich eine Vielfalt organischer Moleküle, die die grundlegenden Eigenschaften des Lebendigen ermöglichen

(z. B. Aminosäuren). Mit weiterentwickelten Versuchsanordnungen wurden in den Folgejahren selbst Grundbausteine der DNS und RNS wie Nukleinbasen sowie Zucker hergestellt. Lebendige Strukturen konnten jedoch bis heute nicht *de novo* („aus dem Nichts") erzeugt werden.

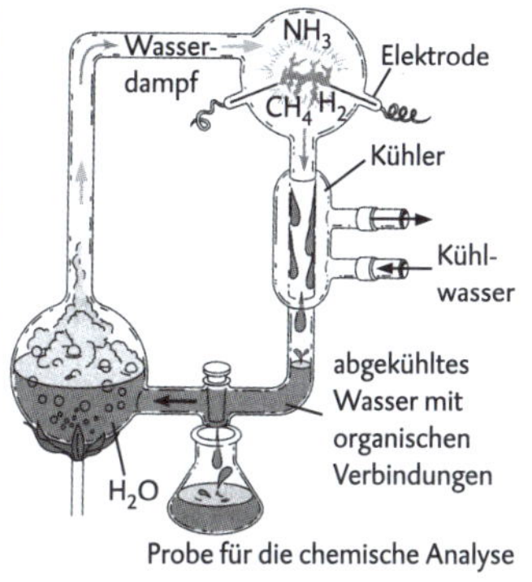

Simulationsversuch zur Entstehung organischer Verbindungen in einer Art von Uratmosphäre

Mimese (griech. *mimeomai* ich ahme nach; engl. *mimesis*) Erwerb eines Phänotyps, besonders hinsichtlich Gestalt und Färbung, mit dem sich Tiere ihrer Umgebung (belebten oder unbelebten Formen) anpassen (z. B. Stabheuschrecke).

Mimikry (griech. *mimeomai* ich ahme nach; engl. *mimicry*) Nachahmung von Signalen zweier Arten, wodurch die eine Art oder beide vor Räubern geschützt sind. Man unterscheidet (1) die Bates'sche Mimikry (eine von zwei Arten ist wehrhaft, z. B. Hornissen und Hornissenschwärmer; durch die Ähnlichkeit mit der wehrhaften Art ergibt sich der Schutz vor Fraßräubern; (2) die Müller'sche Mimikry (beide Arten sind wehrhaft, sodass ein gegenseitiger Schutz vor Fraßräubern entsteht, z. B. Korallenschlangen und deren Nachahmer).

missing link → Brückentiere (2 Evolution und Taxonomie S. 45)

monophyletische Gruppe (griech. *phylon* Stamm; engl. *monophyletic group*) Systematische Einheit, die sich aus zwei oder mehr Arten zusammensetzt. Sie enthält ursprüngliche Arten (bekannt oder vermutet) und alle aus ihnen entstandenen Arten. Die Mitglieder einer monophyletischen Gruppe sind Schwester-Spezies, z. B. die durch Darwin berühmt gewordene Finkenpopulation auf den Galapagos-Inseln. Gegenteil: polyphyletische Gruppe

Morphe (griech. *morphe* Gestalt; engl. *morph*) Ein bestimmtes, durch eine oder mehrere Besonderheiten charakteristisches Exemplar einer Population. Ein Individuum einer polymorphen Population, auch eine phänotypische oder genotypische Variante.

Morphologie (engl. *morphology*) Wissenschaftsrichtung, die sich mit den sichtbaren Strukturen von Organismen beschäftigt sowie mit der Entwicklung und dem evolutionären Hintergrund dieser Strukturen.

Nacktsamer, Gymnospermae (griech. *gymnos* nackt; engl. *gymnosperms*) Die Unterabteilung der *Gymnospermae* unterscheidet sich von den anderen Unterabteilungen *Angiospermae* (Bedecktsamer) und *Cycadophytina* (Fiederblättrige Nacktsamer) vor allem durch ihre „nackten" Samenanlagen, die nicht in Fruchtblätter und Narben eingeschlossen sind. Hierzu gehören u. a. die Nadelhölzer oder der Gingko.

natürliche Selektion (engl. *natural selection*) Die unterschiedliche Fortpflanzungsfähigkeit (ohne Eingriff des Menschen) zwischen Geschlechtspartnern einer Spezies mit anpassungsfähigen Merkmalen und solchen ohne diese Merkmale in Wechselwirkung mit der Umwelt. Das fundamentale Theorem der natürlichen Selektion wurde von R. A. Fisher entwickelt und besagt, dass der Fitnessanstieg einer Population zu einer gegebenen Zeit direkt proportional zu der genetischen Varianz der Individuen ist.

Neo-Darwinismus (engl. *neo-Darwinism*) Theorie, die erklärt, dass die Arten durch natürliche Selektion aufgrund ihres anpassungsfähigen Genotyps evolvieren (sich im Verlauf der Zeiten entwickeln). Der Genotyp wiederum ist durch Mutationen der Gene entstanden. Zu Darwins Zeiten war der Genbegriff noch nicht bekannt, weshalb die natürliche Selektion allgemeiner beschrieben wurde. Das Wesen der Gene entdeckte Gregor Mendel (1865) zwar kurz nach Veröffentlichung der Darwin'schen Theorie, jedoch blieb diese Vorstellung bis 1900 unbemerkt, bis de Vries, Correns und Tschermak die Vererbungsgesetze neu und unabhängig voneinander veröffentlichten. R. A. Fisher gilt als der Begründer des Neo-Darwinismus mit seinem Werk *„The Genetical Theory of Natural Selection"* von 1930, in dem er das Konzept der Darwin'schen Auslese mit dem der partikulären Natur der Gene verband und die Populationsgenetik entwickelte.

ökologische Isolation (engl. *ecological isolation*) Ein vor der Verpaarung wirksamer Isolationsmechanismus, indem sich Individuen einer Spezies selten, wenn überhaupt, treffen. Da Vertreter einer Art entweder vorzugsweise in unterschiedlichen Gebieten leben oder eine andere Fortpflanzungsperiodik/Blütezeit besitzen, ist eine wechselseitige Befruchtung nicht möglich.

opportunistische Art (engl. *opportunistic species*) Eine Spezies, die aufgrund ihrer Fähigkeit, sich rasch zu reproduzieren und größere Entfernungen zu überwinden, neu verfügbare Lebensräume (Habitate) besetzt. Beispielsweise die Wanderratte *(Rattus norvegicus)* oder die Türkentaube *(Streptopelia decaocto)*.

origin of species, Ursprung der Arten, Entstehung der Arten Kurzform des Titels von Charles Darwins berühmtem Buch, in dem er das Phänomen der Evolution dokumentiert und eine Theorie erarbeitet, die ihren Mechanismus erklärt: *On the Origin of Species by Means of Natural Selection or the Preservation of Favored Races in Struggle for Life.* Die Erstausgabe wurde 1859 veröffentlicht. Keine biologische Abhandlung vorher und seither hatte eine vergleichbare Wirkung auf die Gesellschaft. Die 1 250 Exemplare der Erstausgabe waren am ersten Tag vergriffen. Insgesamt wurden von Darwin sechs Ausgaben aufgelegt. Darwin wagte in diesem Werk jedoch nicht, den Menschen einzuschließen. Lediglich am Schluss des Buches fügte er den Satz hinzu: „Licht wird auf den Ursprung des Menschen und auf seine Geschichte fallen." Erst 1871 veröffentlichte er sein Buch über „Die Abstammung des Menschen". Darwins Theorie über die Evolution war aber schon Jahre vor dieser Publikation öffentlich von anderen Wissenschaftlern wie T. H. Huxley, C. Vogt, E. Haeckel, F. Rolle, H. Schaafhausen und L. Büchner auf den Menschen übertragen worden. Obwohl die Theorie der Evolution in der Biologie völlig neu war, sind ähnliche Gedanken bereits im 18. Jhd. in bestimmten Theorien der sozialen Entwicklung vorweggenommen worden. Etwa um die gleiche Zeit wurde, unbemerkt von der Öffentlichkeit, eine andere epochale Entdeckung gemacht: 1865 veröffentlichte der Abt Gregor Mendel die nach ihm benannten Gesetze der Vererbung.

Palä(o)anthropologie (griech. *palaios* alt, *anthropos* Mensch, *logos* Lehre; engl. *paleoanthropology*) Teilbereich der Anthropologie (Menschenkunde), der sich mit der Evolution des Menschen befasst. Nach heutigen Erkenntnissen erfolgte die Menschwerdung aus affenähnlichen Vorfahren (den *Dryopithecinen*) mit Bildung der frühen *Australopithecinen* als erste ***Hominiden*** (aufrecht gehend) vor über 4 Mio. Jahren in Afrika. Aus einem grazilen Zweig der ***Australopithecinen*** entwickelte sich dann, gekennzeichnet vor allem durch ein größeres Gehirnvolumen (ca. 600 cm^3), die erste als ***Homo*** bezeichnete Gattung vor etwa 2,3 Mio. Jahren. Ab diesem Zeitpunkt setzte eine rasche Weiterentwicklung ein; 1,8 Mio. Jahre vor unserer Zeit sind die als *Homo erectus* bezeichneten Menschen außerhalb Afrikas nachweisbar (differenzierte Werkzeugherstellung). Aus diesem Typus entwickelten sich nach heutiger Lehrmeinung vor etwa 200 000 Jahren zwei Arten des *Homo sapiens*, von denen der Neandertaler *(Homo sapiens neanderthalensis)* vor etwa

40 000 Jahren ausstarb, und der andere zum Stammvater aller lebenden Menschenrassen wurde (*Homo sapiens sapiens*).

Paläontologie (griech. *palaios* alt, *on* Wesen; engl. *paleontology*) Wissenschaft von ausgestorbenen Lebensformen, von denen nur fossile Überreste (Knochen, Abdrücke) vorhanden sind. Die Lehre von den Lebewesen der vergangenen Erdzeitalter.

parapatrische Verbreitung, semigeografische Speziation, Parapatrie (lat. *patria* Vaterland; engl. *parapatric speciation*) Bezieht sich auf Arten oder Populationen in benachbarten Gebieten mit Überlappung, in denen Hybridisierung (Kreuzung) erfolgt. Parapatrische Speziation ist eine graduelle Form der Artentstehung. Gegenteil: allopatrische Verbreitung, sympatrische Spezies

Pflanzen (engl. *plants, plantae*) Pflanzenreich; alle Mitglieder sind Eukaryoten und enthalten in ihren Zellen grüne Plastiden, in denen die Fotosynthese abläuft. Pflanzenzellen haben im Unterschied zu tierischen Zellen außerhalb der Zellmembran starre Zellwände beispielsweise aus Cellulose, Pektinen und Lignin.

phylogenetischer Baum (engl. *phylogenetic tree*) Diagramm, das die vermutlichen genealogischen Verbindungen zwischen Ahnen und Nachkommen auf Individuen-, Populations- oder Taxa-Ebene darstellt. Die Arten und Populationen werden durch Linien repräsentiert. Die Punkte an den Verzweigungen bedeuten ein Speziationsereignis (die Aufspaltung der Arten). Wenn möglich, wird die lineare Darstellung in Beziehung zur geologischen Zeitskala gesetzt.

Phylogenie (griech. *phylon* Stamm, *gignomai* ich entstehe; engl. *phylogeny*) Stammesgeschichte von Lebewesen; die Verwandtschaft von Gruppen aufgrund ihrer Evolutionsgeschichte.

Phylum (griech. *phylon* Stamm; engl. *phylum*; Plur. Phyla)
Synonym: **Stamm**; taxonomische Einheit der Einordnung (Klassifikation) der Lebewesen, die zur Zeit in fünf Reiche aufgeteilt werden: *Bacteria, Protoctista, Fungi, Animalia* und *Plantae*. Die nächste Untergliederung erfolgt in Unterreiche und dann in Phyla. Im Tierreich (*Animalia*) z. B. gibt es das Phylum *Mollusca* (Weichtiere), das Phylum *Arthropoda* (Gliederfüßer) und das Phylum *Chordata* (Chordatiere). Dann erfolgt die Untergliederung in Subphyla, danach in Klassen.

Pilze (lat. *fungus* Pilz; engl. *fungi*) Eigene Abteilung eukaryotischer Organismen, die Sporen bilden, in keinem Stadium des Lebenszyklus *Flagellae* aufweisen und meist von einer Zellwand umgeben sind.

polyphyletische Gruppe (griech. *phylos* Stamm; engl. *polyphyletic group*) Gruppe aus mehreren Arten, die man aus einem bestimmten Grund zusammen klassifiziert, wobei die Mitglieder verschiedene evolutionäre Ursprünge haben. Gegenteil: monophyletische Gruppe

Population → 6 Ökologie S. 222

Präadaptation → 5 Genetik S. 172

Primaten (lat. *primarius* einer der ersten; engl. *primates*)
Carl von Linné stellte als Erster in der 10. Auflage seiner *Systema Naturae* 1758 den Menschen zusammen mit den Affen (und Fledermäusen) in eine Ordnung (Ordo) seines taxonomischen Systems und nannte diese Ordnung *Primates*, was so viel wie „Herrentiere" bedeutet. Diese Ordnung beinhaltet heute die Halbaffen (z. B. Spitzhörnchen, Lemuren) und echten Affen, die wiederum in die Breitnasen-/Neuweltaffen und die Schmalnasen-/Altweltaffen unterteilt werden. Die Schmalnasenaffen umfassen die *Cercopithecoidea* (Hundskopfartige, z. B. Pavian) und die *Hominoidea* (Menschenähnliche), letztere Überfamilie beinhaltet die Menschenaffen und den Menschen selbst (Familie *Hominidae* mit der einzigen lebenden Gattung *Homo*, Art *Homo sapiens sapiens*).

Prokaryoten (griech. *pro* vor, *karyon* Kern; engl. *prokaryotes*)
Häufig im Deutschen auch als **Prokaryonten** bezeichnet. Alle Mikroorganismen (vor allem Bakterien), die keinen echten Zellkern enthalten, ebenso keine Zentriolen, mitotische Spindel, Plastiden und Mitochondrien. Die DNS liegt in einem Zellbereich ohne Kernmembran.

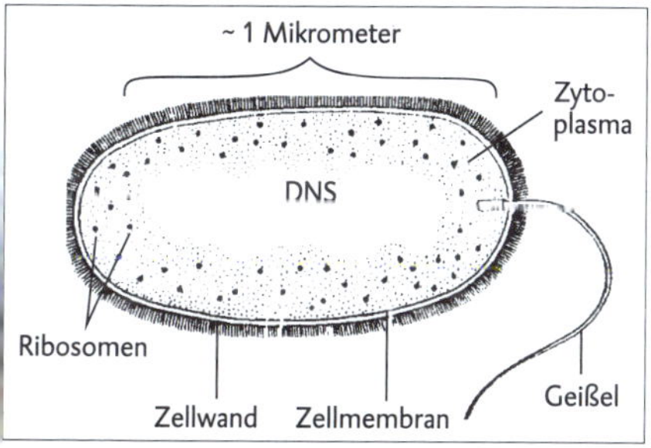

Schematische Zeichnung einer prokaryotischen Zelle

Punktualismus (lat. *punctum* Punkt; engl. *punctuated equilibrium*)
Variante der Evolutionstheorie, nach der sich Arten nur in kurzen Zeiträumen, in denen ihre Umwelt sich ändert, sprunghaft entwickeln und in neue Arten aufspalten. Die übrige Zeit (ohne die entsprechenden

Umweltveränderungen) bleiben die Arten nahezu unverändert. Die heute vielfach akzeptierte Theorie des Punktualismus geht davon aus, dass beispielsweise nach globalen Naturkatastrophen durch Zerstörung ganzer Ökosysteme die Evolution in kurzer Zeit erhebliche, „sichtbare" Sprünge durchführen kann. Die Paläontologie liefert dafür einige Beispiele, wovon der Übergang zwischen Kreide- und Tertiärzeit (etwa vor 65 Mio. Jahren) das bekannteste ist. Über das ursächliche Ereignis herrscht noch keine Einigkeit unter den Experten. Als mögliche Katastrophen werden, genau in diese Zeit datiert, ein großer Meteoriteneinschlag auf der Halbinsel von Yukatan (Mexiko) und/oder riesige Lavaausbrüche (vor allen in Indien) diskutiert. In dieser sog. Kreide-/Tertiär-Übergangszeit *(C/T boundary)* starben etwa 2/3 aller höheren Organismen, darunter die Dinosaurier, aus. Bis zu diesem Zeitpunkt führten die Säuger eine Art Schattendasein unter den alle größeren Ökosysteme beherrschenden Dinosauriern. Als diese verschwanden, übernahmen die Säuger und auch die Vögel mit einer ungeheueren Artentwicklung binnen weniger Jahrmillionen die Macht über die Erde. Letztendlich hat daher auch der Mensch seine Existenz einer globalen Katastrophe am Ende der Kreidezeit zu verdanken.

Rasse (engl. *race, breed*) Eine phänotypisch und/oder geografisch unterscheidbare Gruppe einer einzelnen Art. Die Individuen einer Rasse leben unter natürlichen Bedingungen in einer geografisch und/oder ökologisch definierten Region, besitzen gleiche phänotypische Merkmale und Allele, durch die sie von anderen Rassen unterschieden werden können. Rassenkreuzungen sind fruchtbar (fertil), da sie immer der gleichen Art angehören. Die großen Menschenrassen sind die Europiden (im engl. Sprachraum „*Caucasians*"), Negriden und Mongoliden.

Reich (engl. *kingdom*) Weitumfassende taxonomische Bezeichnung, wie etwa das Tier- und Pflanzenreich, die in Phyla, Klassen, Ordnungen, Familien, Gattungen und Arten unterteilt werden.

rezent (lat. *recens* noch frisch; engl. *recent*) Bezieht sich auf lebende Organismen(arten). Gegenteil: extinkt (ausgestorben)

r-Strategie → r- und K-Selektionstheorie (2 Evolution und Taxonomie S. 59)

Rudimente, rudimentäre Organe (lat. *rudimentum* Rest; engl. *rudiments, rudimentary organs*) Während der Evolution einer Spezies zu meist funktionslosen Teilen rückentwickelte Strukturen/Organe. Bsp: Beckenknochen bei Walen und Schlangen.

r- und K-Selektionstheorie (engl. *r and K selection theory*) Theorie der Populationsökologie. Wenn eine Population einen Lebensraum besiedelt, in dem das Nahrungsangebot sehr stark schwankt (Hochwassergebiete, Pfützen), sind Arten im Vorteil, die sich schnell und zahlreich vermehren, sog. r-Strategen. Die K-Selektion ist wirksam, wenn Arten in einer relativ stabilen Umwelt leben, sich langsamer vermehren und eine geringe Nachkommenzahl haben. Die r-Selektion wirkt also bei Populationen mit hohen Wachstumsraten (r), kurzem Generationsintervall, vielen Nachkommen, kleinen Organismen, und solchen mit einem großen Verbreitungspotenzial. Bei der K-Selektion finden sich eine geringe Wachstumsrate, lange Generationsintervalle, wenig Nachkommen – dafür Tiere mit Brutpflege, große Organismen mit geringem Verbreitungspotenzial.

Selektion, Auslese, Zuchtwahl (lat. *seligere* auslesen; engl. *selection*) Die Möglichkeit für bestimmte Individuen, sich fortzupflanzen, wobei natürliche Gegebenheiten (natürliche Selektion) oder der Mensch (künstliche Selektion) bestimmen, welche Individuen (Organismen) sich paaren können. Nur diese geben ihr Erbgut an die nächste Generation weiter im Gegensatz zu den Individuen, die nicht zur Fortpflanzung kommen und deren Allele bzw. Allelkombinationen verloren gehen. Das Gegenteil der Selektion ist das genetische Gleichgewicht, wenn also keine Änderung der Allelhäufigkeiten auftritt. Grundsätzlich ergeben sich aus den Auswirkungen der Selektion 3 Möglichkeiten (vgl. Abbildung):
(1) **Stabilisierende Selektion** (**zentripetale** Selektion; engl. *normalizing, stabilizing* oder *centripetal selection*). Sie strebt ein einzelnes Optimum der Population an. Umwelt und Population sind stabil, letztere gut adaptiert; extreme Allele sind verloren gegangen; ein einheitlicher Phänotyp ist vorhanden (z. B. gleiche Fellfarbe).
(2) **Gerichtete** Selektion (auch **progressive** Selektion; engl. *directional selection*) Sie richtet sich auch auf ein einzelnes Optimum, bewirkt aber eine systematische Verschiebung der Allelfrequenz (in der Natur in einer sich ändernden Umwelt). Der Populationsmittelwert verschiebt sich (z. B. Größenzunahme).
(3) **Disruptive** Selektion (**zentrifugale** Selektion; engl. *disruptive selection*) Sie begünstigt mehr als ein Optimum in einer Population in einem heterogenen Habitat. Die jeweils extremen Phänotypen können sich besser fortpflanzen, sodass nach einigen Generationen zwei unterschiedliche Populationen vorhanden sind, wie etwa nach Selektion auf lange/dünne und kurze/dicke Reiskörner.

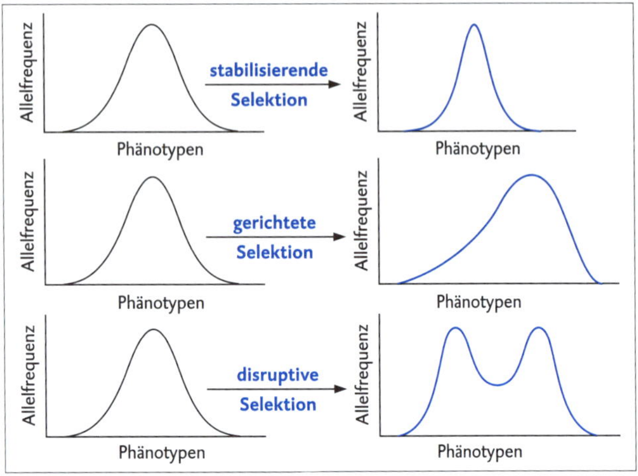

Vergleich der Verschiebung der Phänotypen unter drei verschiedenen Möglichkeiten der Selektion

Unter **balanzierter Selektion** (engl. *balanced selection*) versteht man eine Art der Selektion, welche die Heterozygoten begünstigt, die balanzierten Polymorphismus aufweisen, d. h., es gibt (an bestimmten Genloci) heterozygote Individuen, die beiden Homozygoten gegenüber überlegen sind. Heterozygote Patienten mit Sichelzellenanämie z. B. sind gegen Malaria resistent. **Gruppenselektion, Familienselektion** (engl. *group selection, kin selection*) ist eine Art der Selektion, bei der Merkmale (Eigenschaften) begünstigt werden, die mehr für die Gruppe (Gemeinschaft) als für das Individuum von Vorteil sind. W. D. Hamilton hat 1964 die Theorie des Sozialverhaltens aufgestellt, wonach eine Handlung von der Selektion begünstigt ist, wenn sie die „inklusive Fitness" des Individuums steigert. Die inklusive Fitness umfasst die eigene Fitness des Individuums und seine Auswirkung auf die Fitness seiner Verwandten. Wenn etwa eine Arbeiterbiene (die sich nicht fortpflanzen kann) durch Mutation selbst hungert, ihre Königin aber besser füttern würde, so erhöhte sie die inklusive Fitness, weil sie die Fitness ihrer fruchtbaren Verwandten (Königin, Schwester oder Mutter) steigert, obwohl ihre eigene Fitness sinkt.

Bei der **sexuellen Selektion** (engl. *sexual selection*) unterscheidet man eine **intrasexuelle** und epigame **Selektion**. Erstere bedeutet die Fähigkeit eines männlichen Tieres, einen Konkurrenten um die Weibchen durch Kraft und Kampf auszuschalten. Die Beobachtung und Formulie-

rung dieser Auslese geht auf Darwin zurück. Bei der **epigamen Selektion** wählt das Weibchen seinen Favoriten aus einer Reihe von Männchen, die sich durch besondere Attribute (z. B. auffällige Befiederung) unterscheiden.
Bei der **künstlichen Selektion** (engl. *artificial selection*) in der Nutztier- oder Versuchstierzucht, wo der Mensch nach seinen Maßstäben das Zuchtziel (z. B. ein elegantes, gut gängiges Reitpferd) festlegt, bezieht sich der Begriff Familienselektion mehr auf die Art, wie die Verwandtschaftsverhältnisse genutzt werden, um Information über ein Individuum zu erhalten, mit dem gezüchtet werden soll. Wenn keine Information über den Kandidaten vorliegt, kann die Selektion auf Grundlage der Leistungsdaten seiner Geschwister beruhen oder auf Leistung seiner Eltern (bzw. Großeltern), mit denen er mindestens 25 % (bzw. 12,5 %) seiner Allele gemeinsam hat. **Individualselektion** hingegen beruht auf Bewertung von Eigenleistungen für die Selektion als Zuchttier. Hier kann u. a. nicht zwischen dominanten Homozygoten und Heterozygoten unterschieden werden.

Selektionsdruck (engl. *selection pressure*) Die Effektivität der natürlichen Selektion. Diejenigen Phänotypen, die in der gegebenen Umwelt am besten zurechtkommen, können ihre Gene (richtiger: Allele) an die nächste Generation weitergeben. Individuen, die in der gegebenen Umwelt benachteiligt sind, besitzen Allele, die nicht oder nur in geringerem Maße weitergegeben werden.

Selektionsfaktoren (engl. *selection factors*) Selektionsfaktoren sind Lebensraum, Nahrung und Konkurrenz, gegen die sich das einzelne, erfolgreiche Individuum behauptet und dann Nachkommen hat. Bei der Zuchtwahl, die der Mensch bei Tier und Pflanze betreibt, sind die natürlichen Selektionsfaktoren weniger bedeutsam.

Soziobiologie → 4 Verhalten S. 102

Spermatophyten, Spermatophyta, Samenpflanzen (engl. *spermatophytes*) Bezeichnung für eine Abteilung (Phylum) des Pflanzenreiches, welches die Unterabteilungen der *Angiospermae* (Bedecktsamer), *Cycadophytina* (Fiederblättrige Nacktsamer) und *Gymnospermae* (Nacktsamer) umfasst. Samenpflanzen zeigen einen heteromorphen Generationswechsel (unterschiedliche Gestalt von Gametophyt und Sporophyt) mit einem entsprechenden Kernphasenwechsel zwischen haploidem und diploidem Stadium.

spezialisiert (engl. *specialized*) Bezieht sich auf Organismen/Individuen mit geringer Toleranz für Umwelteinflüsse. Im Zuge der Evolution haben die Lebewesen verschiedene Strategien entwickelt, den Kampf um das Überleben zu meistern. Ein Weg ist die Spezialisierung auf bestimmte Nahrungsressourcen (z. B. Ameisenbär) oder auf bestimmte klimatische, geografische Bedingungen (z. B. Eisbär). Der Vorteil der Spezialisierung ist die Vermeidung von Konkurrenz durch andere Spezies, jedoch sind Spezialisten zu ihrem Nachteil Arten mit geringen Zukunftschancen unter sich ändernden Umweltbedingungen. Im krassen Gegensatz hierzu steht der Mensch, der nach Auffassung des Verhaltensforschers Konrad Lorenz (1903–1989) als „unspezialisiertes Neugierwesen" über keine der bisher für die Evolution bedeutungsvollen Hochspezialisierungen verfügt: Wir können weder schnell laufen, kaum schwimmen, von Natur aus nicht fliegen, aber unter fast allen klimatischen und geografischen Bedingungen leben sowie nahezu alles essen. Wir sind mehr noch als Sperling und Wanderratte Generalisten. Gegenteil: generalisiert

Spezies, Art (lat. *species*; engl. *species*) Die systematische Kategorie unterhalb der Gattung (Genus). (1) Biologische (genetische) Art: „Paarungsgemeinschaft", eine reproduktiv (z. B. geografisch) isolierte Population. (2) Taxonomisch-morphologisch-phänotypische Art: phänotypisch (an Merkmalen) von anderen unterscheidbaren Individuen, die in Gemeinschaft leben. (3) Mikrospezies: asexuell sich fortpflanzende Organismen (hauptsächlich Bakterien) mit ähnlicher Morphologie und Physiologie. (4) Biosystematische Art (Ecospezies; Coenospezies): Populationen, die mehr durch ökologische als durch ethologische Faktoren isoliert sind.

Spieltheorie → 4 Verhalten S. 102

Stamm → Phylum (2 Evoltuion S. 56)

Stasis (griech. *stasis* Stand, Stellung; engl. *stasis*) Überleben einer Art über geologische Zeiträume ohne größere Veränderungen ihres Geno- und Phänotyps, z. B. sog. lebende Fossilien wie Pfeilschwanzkrebs oder Quastenflosser.

Subspezies, Unterart (engl. *subspecies*) Taxonomisch unterscheidbare Gruppe einer Art; auch geografische oder ökologische Unterteilungen einer Art mit jeweils typischen Merkmalen.

survival of the fittest, Überleben des Passendsten bzw. des am besten Angepassten Nach Darwins Theorie der natürlichen Selektion werden diejenigen Individuen einer Population frühzeitig eliminiert oder pflanzen sich nicht fort, die mit den gegebenen Umweltbedingungen nicht zurechtkommen. Es überleben und vermehren sich die am besten Angepassten.

Symbiose → 6 Ökologie S. 224

sympatrische Spezies (griech. *patros* Vater; engl. *sympatric species*) Arten, die im gleichen Lebensraum (Habitat) vorkommen oder deren Lebensräume sich überlappen. Beim Haus- und Feldsperling überlappen diese z. B. in den Außenbezirken von Städten bzw. in ländlichen Wohngegenden. Innerhalb der Population bestehen jedoch Fortpflanzungsbarrieren. Gegenteil: allopatrische Verbreitung, parapatrische Verbreitung

Synthetische Evolutionstheorie (engl. *synthetic theory (of evolution)*) Erweiterte Evolutionstheorie nach Darwin unter Einbeziehung der Erkenntnisse der neueren Genetik, Ökologie und Verwandtschaftsforschung. Sie erklärt auch, wie die Artbildung mittels kleiner Evolutionsschritte letztendlich doch zu größeren Evolutionsprozessen führen kann.

Tarnfärbung (engl. *concealment (cryptic) coloration*) Farbangleichung an die Umgebung, um die äußere Gestalt möglichst unauffällig zu machen; sie dient dem Schutz vor Feinden oder der Tarnung gegenüber Beutetieren. Die Tarnfärbung kann dauerhaft sein wie bei Eisbären, jahreszeitlich sich ändern, wie das braune Sommer- und weiße Winterfell der Schneehasen oder sofort den wechselnden Gegebenheiten angepasst werden, wie bei den Chamäleons oder den Tintenfischen.

Taxonomie (griech. *nomos* Gesetz; engl. *taxonomy*), **Systematik** Wissenschaft der Klassifikation von Lebewesen. Die klassische Taxonomie befasst sich mit der Beschreibung, der Namensgebung und der Einordnung aufgrund morphologischer Merkmale. Das heute noch gültige taxonomische System basiert auf der erstmalig 1735 erschienenen Arbeit „*Systema Naturae*" von Carl von Linné. Die neuere Taxonomie analysiert zudem die Variationsmuster von Taxa, versucht evolutionäre Einheiten (ESU, *evolutionary significant units*) zu identifizieren und die genetischen Beziehungen (unter Berücksichtigung der Umwelt) zwischen solchen Einheiten zu bestimmen. Jedoch gibt es bis heute kein allgemein akzeptiertes einheitliches Gesamtsystem für alle Lebewesen.

Tiere (engl. *animals*) Lebewesen des systematischen Reichs *Animalia*, die sich heterotroph ernähren und aus einer Blastula/Blastozyste entwickeln. Alle Tiere sind Eukaryoten. Vom Tierreich unterscheidet man die Reiche der Pflanzen *(Plantae)*, Pilze *(Fungi)* und Prokaryoten.

Variabilität → 5 Genetik S. 203

Variation → 5 Genetik S. 203

Varietät (engl. *variety*) Intraspezifische Gruppe von Organismen bzw. Individuen.

Verbreitungsgebiet → 6 Ökologie S. 225

Vertebraten, Wirbeltiere (engl. *vertebrates, Vertebrata*) Die höchst entwickelte Tiergruppe, die durch ein festes Innenskelett (Wirbelsäule) mit einem Schädel und einem Gehirn gekennzeichnet ist. Die niedrigstentwickelten Vertreter gehören zur Klasse der Rundmäuler (z. B. das Flussneunauge), die höchstentwickelten stellt die Unterklasse der Plazentatiere, zu der auch die Primaten gehören.

vertikale Evolution, Anagenese, phyletische Evolution (lat. *verticalis* senkrecht; engl. *vertical evolution*) Prozess einer fortlaufenden Veränderung einer Art ohne Aufspaltung; ihre Merkmale sind nach langer Zeit dann so verändert, dass eine neue Art definiert wird (z. B. große Teile der Hominidenentwicklung). Gegenteil: horizontale Evolution

Vielzeller, Mehrzeller, Metazoa (griech. *meta* nach, *zoon* Lebewesen; engl. *metazoan*) Die vielzelligen Tiere bauen sich im Unterschied zu den einzelligen Protozoa aus mehreren bis vielen Zellen auf, und zwar aus verschiedenen Körperzellen und den Keimzellen.

Warnfärbung (engl. *warning coloration*) Auffällige Farben oder Muster giftiger oder ungenießbarer Tiere. Die evolutive Entwicklung solcher Färbungen erklärt man so, dass Fressräuber lernen können, die auffällige Beute zu verschmähen.

3 Nerven, Sinne und Hormone

Acetylcholin (engl. *acetylcholine*) Einer der wichtigsten Überträgerstoffe im zentralen Nervensystem mit erregender Wirkung. Dieses Amin wird an den Nervenenden freigesetzt, ändert z. B. die Durchlässigkeit der motorischen Endplatten von Muskelzellen und verursacht dadurch eine Kontraktion.

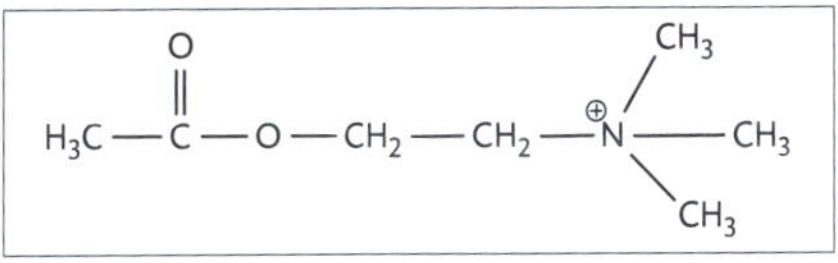

Strukturformel von Acetylcholin

Acetylcholinesterase, AChE (engl. *acetylcholinesterase*) Enzym, das den Neurotransmitter Acetylcholin spaltet. Nervenimpulse werden von einer Nervenzelle auf die andere oder auf eine Muskelzelle (neuromuskuläre Synapsen) über bestimmte Verbindungen, die sog. synaptischen Spalten, übertragen. In diesen Verbindungen wird der elektrochemische Impuls, der das Axon entlangwandert, durch chemische Moleküle, sog. Neurotransmitter, weitergeleitet. Einer der häufigsten Transmitter ist das Acetylcholin. Es wird am Ende des Axons, der präsynaptischen Membran, bei Eintreffen eines Impulses in Vesikeln (Bläschen) verpackt in den synaptischen Spalt ausgeschüttet, diffundiert dann in kürzester Zeit an die andere Seite des Spaltes, zur postsynaptischen Membran, und erzeugt dort über spezielle Rezeptormoleküle, die Acetylcholinrezeptoren, eine kurzzeitige Veränderung des Membranpotenzials. Damit dieser Impuls auf die anschließende Nerven- oder Muskelzelle ebenfalls nur sehr kurzfristig ausfällt (sodass der nächste Impuls unter Umständen rasch folgen kann), muss das gesamte Acetylcholin im synaptischen Spalt inaktiviert werden. Dies geschieht durch das Enzym Acetylcholinesterase, das an die postsynaptische Membran gebunden ist. Es spaltet den Transmitter in ein Acetat- (Essigsäure-) und ein Cholinmolekül. Zur Behandlung einiger Erkrankungen des Menschen (z. B. Alzheimer) werden Hemmstoffe für dieses Enzym eingesetzt, um eben die Wirkung des Acetylcholins zu verstärken. Sehr starke Hemmstoffe der AChE (z. B. Sarin und Tabun) wurden als chemische Kampfstoffe entwickelt.

Acetylcholinrezeptor (engl. *acetylcholine receptor*) Spezielle Bindungsstellen an der neuromuskulären Synapse für Acetylcholin.

ACTH, adrenocorticotropes Hormon, Corticotropin (engl. *adrenocorticotropic hormone*) Proteo(Eiweiß-)hormon der Hirnanhangdrüse, welches vor allem die Sekretion von Nebennierenhormonen (wie den Glucocorticoiden) erhöht. Bei Mensch und Tier führen beispielsweise potenziell schädigende Reize wie Stress zu einer erhöhten ACTH-Sekretion.

Adaptation → 2 Evolution und Taxonomie S. 43

adäquater Reiz (lat. *adaequare* gleichstellen, hier: passend; engl. *adequate stimulus*) Derjenige physikalische oder chemische Reiz einer bestimmten Mindeststärke, auf den eine Sinneszelle anspricht. Da jede Sinneszelle auf „ihren" Reiz spezialisiert ist, können in ihr bei normaler Reizstärke eben nur adäquate Reize entsprechende Nervenimpulse auslösen.

Adrenalin, Epinephrin (lat. *ad* bei, *renes* Nieren; engl. *epinephrine*) Hormon des Nebennierenmarks mit zahlreichen physiologischen Wirkungen wie z. B. Erhöhung der Pulsfrequenz und des Blutdrucks.

adrenerge Übertragung (lat. *ad* bei, *renes* Nieren; griech. *ergon* Tat; engl. *adrenergic transmission*) Die Übertragung von Nervenimpulsen durch Nervenzellen, die Adrenalin oder Noradrenalin als Neurotransmitter in den synaptischen Spalt freisetzen. Im Unterschied z. B. zur cholinergen Übertragung durch Acetylcholin.

afferente Nervenleitung (lat. *afferre* hinbringen; engl. *afferent nerve conduction*) Zuführende Nervenbahnen. Werden von Nervenzellen oder -bahnen aus der Peripherie, wie z. B. von den Extremitäten, Signale etwa bei der Muskeldehnung zu einem höheren neuronalen Verarbeitungszentrum (z. B. Ganglion) oder dem ZNS geschickt, so spricht man von einer afferenten Nervenleitung. Zur Unterscheidung: Sinneszellen der Haut übermitteln ihre Informationen auf ähnlichem Weg, jedoch bezeichnet man diese als **sensorische** Nervenbahnen.

Agonist (griech. *agonistes* Kämpfer; engl. *agonist*) In der Arzneimittellehre eine Substanz, welche die Wirkung eines Signalmoleküls (z. B. Neurotransmitter oder Hormon) nachahmt oder verstärkt. **Antagonisten** wirken den Wirkstoffen (Agonisten) entgegen.

Aktin → 9 Bau und Funktion von Organismen S. 268

Aktionspotenzial, AP (lat. *actio* Handlung, *potentia* Kraft; engl. *action potential*) Die kurzfristige Umpolung der Spannung an der Zellmembran einer erregten Nervenzelle von z. B. –70 mV auf +35 mV. Ausgelöst werden Aktionspotenziale durch Zellreizungen, die eine Ladungsumkehr an der Oberfläche der Zellmembran bedingt durch den Ein- bzw. Ausstrom von Ionen (vor allem Natrium, Kalium) bewirken und damit zu einer Änderung des Membranpotenzials führen. Dieses System folgt einer **Alles-oder-Nichts-Regel**, d. h., ein Reiz führt ab einer bestimmten Stärke unweigerlich zu einem Aktionspotenzial. Bleibt die Reizstärke unter diesem Wert, passiert „nichts". Vor einem Aktionspotenzial (AP) zeigt das Zellinnere ein negatives Potenzial von meist etwa –70 mV. Bei Herannahen eines Impulses (durch vorauseilende Stromschleifen) öffnen sich die spannungsgesteuerten Na^+-Kanäle. Durch die Tendenz zum Konzentrations- und Ladungsausgleich strömen vermehrt Na^+-Ionen ein und es kommt zuerst zu einer schwachen Depolarisation auf ca. –55 mV. Nach diesem Schwellenwert folgt nun durch weiteren Na^+-Einstrom eine rasche, starke Depolarisation auf +35 mV. Zeitlich verzögert beginnen sich die ebenfalls spannungsgesteuerten K^+-Kanäle zu öffnen und aufgrund eines K^+-Ausstromes erfolgt nun die Repolarisation. Schließlich kommt es zu dem etwas länger andauernden Nachpotenzial (Hyperpolarisation), worauf wieder das Ruhemembranpotenzial (RP), das Ausgangsniveau, folgt.

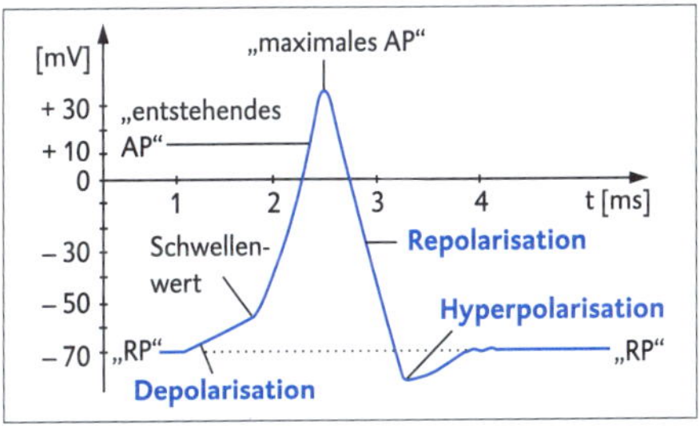

Verlauf eines Aktionspotenzials am Beispiel eines depolarisierenden Impulses

aktiver Transport → 1 Zellen und Stoffwechsel S. 1

Androgene (griech. *aner* Mann, *gignesthai* entstehen; engl. *androgens, androgenic hormones*) Männliche Sexualhormone, welche die Ausbildung sekundärer, männlicher Geschlechtsmerkmale (z. B. männliches Muskelwachstum und Bartwuchs) fördern und den Gesamtstoffwechsel anabol beeinflussen. Sie werden von Hoden und Nebennieren gebildet. Der bekannteste Vertreter ist Testosteron.

animales, somatisches, cerebrospinales Nervensystem (lat. *animal* Tier; engl. *cerebrospinal (somatic) nervous system*) Teilbereich des peripheren Nervensystems. Dieses ist im Wesentlichen – im Gegensatz zum vegetativen Nervensystem – durch den Willen beeinflussbar. Hauptaufgabe ist die Auseinandersetzung mit der Umwelt, und so definiert man für das animale Nervensystem zwei Untersysteme: (1) Das **motorische System**, welches die willkürliche Muskeltätigkeit steuert, und (2) das **sensorische System**, welches die Aufnahme, Weiterleitung und Verarbeitung der Information, die von Sinnesorganen oder Sinneszellen kommt, bewerkstelligt.

Antagonist → Agonist (3 Nerven, Sinne und Hormone S. 66)

Arbeitsgedächtnis (engl. *working memory*)
Vorübergehendes, zeitlich limitiertes Gedächtnis für Informationen, das Handlungen in der näheren Zukunft ermöglichen soll.

autonomes, vegetatives Nervensystem (griech. *autonomos* unabhängig; engl. *autonomic nervous system*) Die Gesamtheit der dem Willen und Bewusstsein entzogenen Nervenzellen der Wirbeltiere, die der Regelung der Lebensfunktionen wie Atmung, Sekretion, Verdauung und Wasserhaushalt dienen. Das autonome N. steht in enger Wechselwirkung mit dem animalen N. Beide Systeme stellen jedoch eine untrennbare funktionelle Einheit dar. Zwei Hauptbereiche des autonomen N. umfassen das sympathische und parasympathische N., die sich zum größten Teil antagonistisch verhalten. So wird die Pupille durch Aktivierung der sympathischen Nerven erweitert, durch Aktivierung der parasympathischen Nerven verengt.

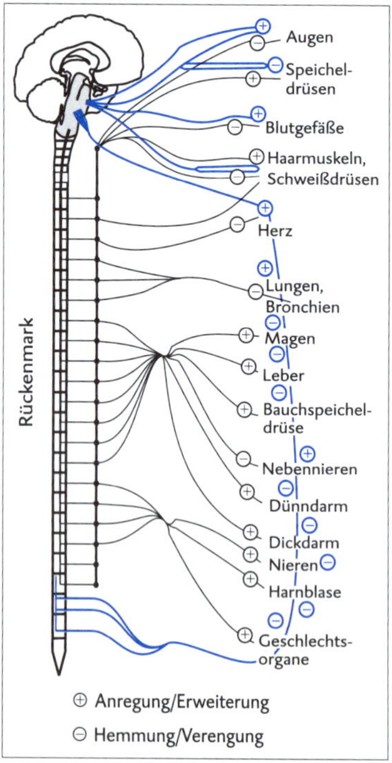

Das autonome Nervensystem: Antagonismus von Sympathikus (——) und Parasympathikus (——)

Axon, Neurit (griech. *axon* Achse; engl. *axon, neurite*) Das Axon ist ein wesentlicher Teil (neben den Dendriten) einer Nervenzelle und leitet die Signale vom Zellkörper zu den Synapsen weiter. Zum Größenvergleich: Wenn ein Neuron die Größe eines Apfels hätte, würden manche Axone über 1 km Länge erreichen.

BSE, bovine spongiforme Enzephalopathie (lat. *bos* Rind, *spongia* Schwamm; griech. *enkephalos* Gehirn, *pathos* Leiden; engl. *bovine spongiform encephalopathy, mad cow disease*) Rinderwahnsinn. Vermutlich durch strukturell veränderte Prionen verursachte schwere Erkrankung des zentralen Nervensystems, die immer tödlich verläuft.

cAMP (engl. *cyclic adenosine monophosphate*) Zyklisches Adenosinmonophosphat, bei dem die Phosphatgruppe intern an dem Zuckermolekül gebunden ist, sodass sich ein Ringmolekül bildet. Es entsteht aus ATP durch das an der Plasmamembran gebundene Enzym Adenylat-Zyklase. cAMP setzt die „Befehle“ von bestimmten Hormonen, die von außen an die Zelle gelangen, als sog. **second messenger** in den Zellen um. Es ist daher sowohl in Pro- als auch Eukaryoten aktiv an der Genexpression beteiligt.

cholinerge Übertragung (griech. *ergon* Tat; engl. *cholinergic transmission*) Die Übertragung von Nervenimpulsen durch Nervenzellen, die Acetylcholin als Neurotransmitter in den synaptischen Spalt freisetzen (im Unterschied etwa zur adrenergen Übertragung).

Creutzfeldt-Jakob-Krankheit, CJK (engl. *Creutzfeldt-Jakob disease, CJD*) Immer tödlich verlaufende Krankheit des Menschen durch Zersetzung des Gehirns (Enzephalopathie), welches eine schwammartige Struktur bekommt. Vermutlich lösen bestimmte Prionen diese Enzephalopathie aus, die erst im fortgeschrittenen Alter des Patienten auftritt. Charakteristisch ist die lange Inkubationszeit. In England wurde zu Beginn der 90er-Jahre eine Variante der CJK (nvCJK) gefunden, die auch bei Jugendlichen nach relativ kurzer Inkubationszeit ausgebrochen ist und mit dem Verzehr von Rindfleisch in Verbindung gebracht wird, das von BSE-erkrankten Tieren stammt. Eine genetische Veranlagung wird diskutiert, da CJK-Patienten heterozygot im natürlicherweise beim Menschen vorkommenden Prionmolekül an Aminosäureposition 129 ein Methionin und ein Valin haben. Patienten der neuen CJK hingegen sind homozygot für Valin an dieser Stelle des Proteins.

Curare (indianisch-spanisch; engl. *curare*) Pfeilgift verschiedener Indianerstämme Südamerikas. Je nach pflanzlicher und geografischer Herkunft lassen sich verschiedene Arten unterscheiden, deren Hauptwirkstoffe alle sog. quartäre Ammoniumverbindungen sind. Sie binden an bestimmte Acetylcholinrezeptoren (nicotinische Acetylcholinrezeptoren), die im synaptischen Spalt für die Nervenimpulsweitergabe (Depolarisation der postsynaptischen Membran) nach Ausschüttung von Acetylcholin verantwortlich sind. Die Wirkstoffe des Curare verhindern, dass der Nervenimpuls weitergeben wird, da sie den Acetylcholinrezeptor im Gegensatz zum Acetylcholin trotz der Bindung nicht aktivieren. Ein mit solchen Synapsen verbundener Muskel kann sich daher trotz entsprechender Nervenimpulse unter Curare nicht mehr zusammenziehen. Er verhält sich so, als würde er keine derartigen „Befehle" mehr erhalten. Der Muskel bleibt entspannt. In der Chirurgie wird Curare daher seit Jahrzehnten als sog. Muskelrelaxans eingesetzt, um bei Operationen die Muskulatur völlig ruhig zu stellen.

Dendrit (griech. *dendron* Baum; engl. *dendrite*) Einer der vielen Fortsätze eines Neurons. Vom Zellkörper einer Nervenzelle gehen zwei Arten von Zellausläufern aus: Die meist kurzen, zahlreichen Dendriten, welche über Synapsen von anderen Neuronen Eingangssignale zum Zellkörper leiten, und das manchmal sehr lange, einzelne Axon, welches die Signale vom Zellkörper weiterleitet (als Ausnahme gilt, dass bei den Sinneszellen der Wirbeltiere die Axone die Signale aufnehmen und zum Zellkörper leiten). Dendriten können je nach Nervenzelle eine unterschiedliche Gestalt, beispielsweise unverzweigt oder baumartig verästelt, besitzen.

Depolarisation, Depolarisierung (lat. *de* weg, *polus* Pol, Himmel; engl. *depolarization*) Ein Absenken des Ruhepotenzials einer Zellmembran (z. B. –70 mV) aufgrund einer Erregung. Die Membranspannung wird in Richtung einer Spannung mit dem Wert null abgesenkt. Für eine Depolarisation werden je nach Zelltyp verschiedene Benennungen verwendet: (1) Rezeptorpotenzial bei Sinneszellen, (2) Generatorpotenzial bei Nerven- und Muskelzellen.
Das durch Konzentrationsunterschiede von Ladungsträgern zwischen intra- und extrazellulärem Raum an einer Lipiddoppelmembran vorliegende elektrische Potenzial (= Ruhe(membran)potenzial) kann durch Einwirkungen auf die Membran bzw. ihre Bestandteile geändert werden. Da das Zellinnere stets negativ geladen ist, kommt es durch den Einstrom positiver Ladungen (Na^+) in die Zelle zur Erniedrigung (= schwache Depolarisation) bzw. Überschießen in den positiven Ladungsbereich des Membranpotenzials (= starke Depolarisation, Aktionspotenzial).

Doping (engl. *dope* Stoff, Rauschgift, Dopingmittel; engl. *doping*) Die verbotene Verwendung von Substanzen (z. B. Anabolika) und Methoden (z. B. Bluttransfusionen) zur Leistungssteigerung von Sportlern nach Richtlinien des Internationalen Olympischen Komitees. Doping kann zu schweren gesundheitlichen Schäden durch die Nebenwirkungen der verabreichten Substanzen oder durch Überwindung der körperlichen Leistungsgrenzen führen.

Drüsen (engl. *glands*) Drüsen bestehen aus epithelialen Zellen. In ihnen werden Substanzen hergestellt, deren Abgabe (= Sekretion) an den Körper entweder exokrin oder endokrin erfolgt. Bei endokrinen Drüsen, wie beispielsweise allen Hormondrüsen, treten die Substanzen direkt in die Blutbahn bzw. Lymphbahn über.

efferente Nervenleitung (lat. *efferre* hinaustragen; engl. *efferent nerve conduction*) Werden vom Zentralnervensystem Signale an untergeordnete Nervenzentren (z. B. Ganglien) oder an die Peripherie geschickt, so bezeichnet man diese Nervenleitung als efferent.

Eigenreflex (engl. *endogenous (proprioceptive) reflex*) Eine Art der Muskelkontraktion unter Beteiligung einer einzigen Synapse. Wird ein Skelettmuskel (ein Muskel, der für die Bewegung von Knochen zuständig ist) gedehnt, so kommt es zu einer Muskelkontraktion, Muskeleigenreflex genannt. Dabei registrieren Muskelspindeln als Rezeptoren den Dehnungsreiz und leiten die Information direkt an die denselben Muskel versorgenden Motoneurone. Diese Nervenzellen wiederum geben dem Muskel den Befehl zu kontrahieren. Der Reflexbogen umfasst also die Aktivitäten von nur zwei über eine einzige synaptische Verbindung zusammengeschalteten Neuronen, einem sensiblen Neuron mit seinen in die Muskelspindeln reichenden sensorischen Nervenendigungen und einem Motoneuron im Rückenmark, dessen Ausläufer über seine motorischen Endplatten die Muskelkontraktion herbeiführt.

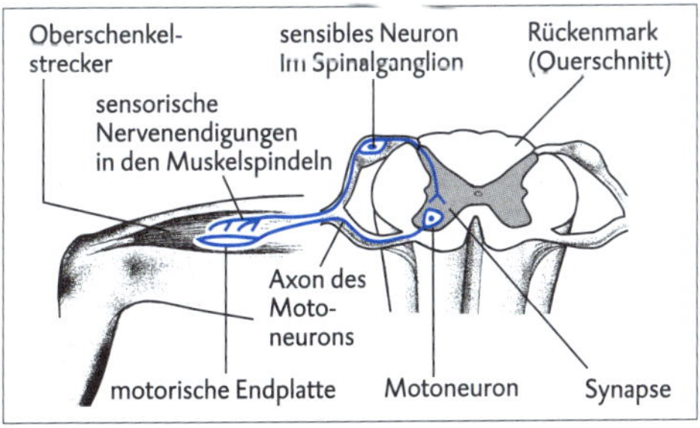

Schaltschema bei einem Eigenreflex

Ein Beispiel für einen Eigenreflex ist z. B. der Reflex der Patellarsehne (über die Kniescheibe laufende Sehne des Oberschenkelstreckmuskels). Das Neuron, das den Schlag auf die Patellarsehne und damit die Dehnung des Oberschenkelmuskels registriert, sitzt in eben diesem Muskel, der sich als Erfolgsorgan reflexartig zusammenzieht.

endokrines System (griech. *endon* innen, *krinein* abscheiden; engl. *endocrine system*) Komplexer Regelmechanismus der ganglosen Drüsen (z. B. Hypophyse, Nebenniere), die Metabolismus und Fortpflanzung steuern, indem Hormone von ihnen synthetisiert und in den Blutkreislauf abgegeben werden. Ihre Wirkung erzielen die Hormone weit ab von ihrem Herstellungsort.

Endorphine (griech. *Morpheus* Gott des Schlafes; engl. *endorphins*) Eine Gruppe von Peptidhormonen der Säuger. Endorphine werden durch Spaltung eines 29 kd Prohormons (Pro-Opiocortin) freigesetzt. β-Endorphine werden in der Hirnanhangdrüse gefunden und sind wirksame Analgetika (schmerzlindernde Mittel). Endorphine binden an die gleichen Nervenzell-Rezeptoren wie Morphine (Hauptalkaloide des Opiums) und erzeugen ähnliche physiologische Effekte.

EPSP, exzitatorisches postsynaptisches Potenzial (lat. *excitare* erregen; engl. *excitatory postsynaptic potential*) Bei Synapsen (sog. chemische Synapsen), die Signale mittels Transmittermolekülen, wie Acetylcholin, auf die postsynaptische Membran übertragen, können zwei Arten von postsynaptischen Potenzialen (Reaktionen) hervorgerufen werden. Zum einen kommt es zur Erhöhung der Permeabilität (Durchlässigkeit) der postsynaptischen Membran primär für Natriumionen. Dies kann durch Depolarisation des Membranpotenzials zu einer fortgeleiteten Erregung, einem Aktionspotenzial, führen. Darum bezeichnet man diese Form der Signalleitung als EPSP. Die andere Form führt zu einer Unterdrückung eines Signals (IPSP). Eine einzelne Synapse kann entweder nur EPSP oder nur IPSP auslösen.

Erregungsleitung (engl. *conduction of stimulus (excitation)*)
(1) **Kontinuierliche** Erregungsleitung: Die Erregungsleitung in Nervenzellen bzw. von deren Ausläufern erfolgt durch Ein- und Ausströmen von Ionen durch die Membran. An einer Stelle der Membran gestartet, bewegt sich dieser lokale Ein- und Ausstrom von Ionen wie ein „Wirbel“ (in der Abb. „Kreisströmchen“) entlang der Membran und bildet so den Aktionsstrom (das sich vorwärtsbewegende Aktionspotenzial). Die Geschwindigkeit dieser Art der Stromleitung kann mehrere Meter pro Sekunde betragen.

(2) **Saltatorische** Erregungsleitung (lat. *saltare* springen): Bei den mit Myelinscheiden isolierten Axonen der Säugetiere und Vögel kann das Ein- und Ausströmen der Ionen nur an denjenigen Stellen erfolgen, an denen die Isolation der Myelinscheiden unterbrochen ist (Ranvier'sche Schnürringe). Im Durchschnitt befinden sich diese Unterbrechungen etwa in 1 mm Abstand entlang des Axons. Die durch Ioneneinund -ausstrom induzierten Stromschleifen „überspringen" daher die Bereiche zwischen den Schnürringen. Diese Form der Erregungsleitung kann wesentlich höhere Leitungsgeschwindigkeiten (als bei nichtmyelinisierten Axonen) von mehr als 100 m pro Sekunde erreichen.

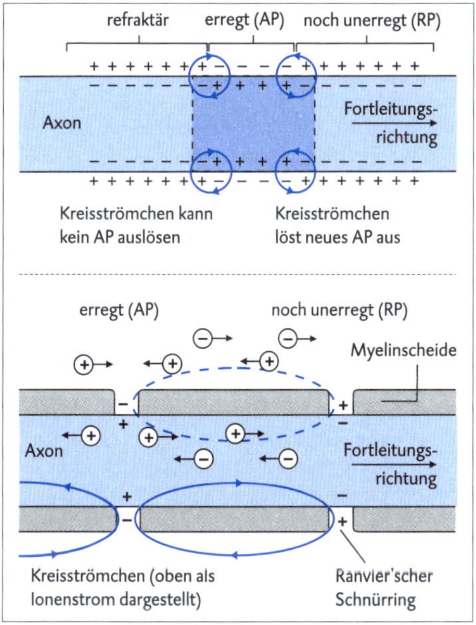

Gegenüberstellung von kontinuierlicher (oben) und saltatorischer (unten) Erregungsleitung: AP = Aktionspotenzial, RP = Ruhepotenzial

Feedback-Inhibition, Feedback-Hemmung (engl. *feedback inhibition, end product inhibition*) Regelmechanismus mit negativer Rückkopplung, d. h. ein Endprodukt einer Reaktion wirkt sich bremsend (inhibierend) auf weitere derartige Reaktionen aus. Komplizierte auf diesem Prinzip basierende Mechanismen steuern z. B. die hormonellen Regelkreise. Es erfolgt keine weitere Ausschüttung des Hormons, wenn es eine bestimmte Konzentration erreicht hat.

Fremdreflex (engl. *exogenous reflex*) Beim Fremdreflex handelt es sich um einen polysynaptischen Reflex. Im Gegensatz zum Eigenreflex sind bei der Verarbeitung der Information über alle anderen Reize mehrere Nervenzellen und synaptische Verbindungen involviert. Die entsprechenden Reflexbögen weisen komplexe Verzweigungen zwischen diesen Verbindungen auf. Trifft beispielsweise ein Luftstrahl auf das Auge bzw. die sensiblen Nervenfasern in der Hornhaut, so wird die Muskulatur des Augenlides reflexartig aktiviert und führt zum Lidschluss.

Ganglion (griech. *ganglion* Knoten; engl. *ganglion*) Ansammlung von Nervenzellen. Je nach Komplexität des Nervensystems der Tiere wird der Begriff für unterschiedliche Strukturen eingesetzt. (1) Bei Wirbellosen übernimmt ein Ganglion bzw. ein Ganglienpaar sogar die Funktion des Gehirnes (z. B. Cerebralganglion bei der Schnecke), während bei (2) Wirbeltieren Ganglien ausschließlich außerhalb des Gehirns auftretende Nervenzellenansammlungen darstellen. Ganglien sind dort Teil des peripheren Nervensystems.

Gedächtnis (engl. *memory*) Fähigkeit eines Nervensystems (bzw. seiner Teile), Informationen zu speichern und als solche wieder von diesem Speicher abrufen zu können. Primitive Arten eines Gedächtnisses sind bei nahezu allen vielzelligen Tieren nachweisbar. Die Leistungen des Gedächtnisses nehmen jedoch mit zunehmender Komplexität des Zentralnervensystems zu und gipfeln in der Leistungsfähigkeit des menschlichen Gehirns. Beim menschlichen Gehirn sind drei Formen des Gedächtnisses unterscheidbar: Das **Kurzzeit**gedächtnis mit bis zu 25 sec Dauer, das **mittelfristige** Gedächtnis mit einer Dauer von Minuten bis Stunden und das **Langzeit**gedächtnis mit bis zu lebenslanger Dauer. Alle drei Formen sind funktionell eng miteinander verknüpft, denn über das Kurzzeitgedächtnis erfolgt die Langzeitspeicherung. Ein Gedächtnis lässt sich selbst bei Organismen mit äußerst einfach gebautem Nervensystem und sogar an isolierten peripheren Nervenzellansammlungen, den Ganglien, nachweisen. So kann an einem Bruchstück des Brustsegmentes von Insekten mit einem Ganglion gezeigt werden, dass selbst nur ein Bein in relativ kurzer Zeit „lernt“, einen Elektroschock zu meiden.

Gehirn (engl. *brain*) Organ als Sitz geistiger Funktionen speziell bei Wirbeltieren. Es ist eine je nach Tierart mehr oder weniger große Ansammlung von Nerven- aber auch anderen Zellen, meist deren größte Ansammlung im Körper überhaupt. Es wird in fünf Teile gegliedert: vom Rückenmark kommend Nach-, Klein-, Mittel-, Zwischen- und Vorderhirn, welches sich bei den Säugern zur Großhirnrinde entwickelte.

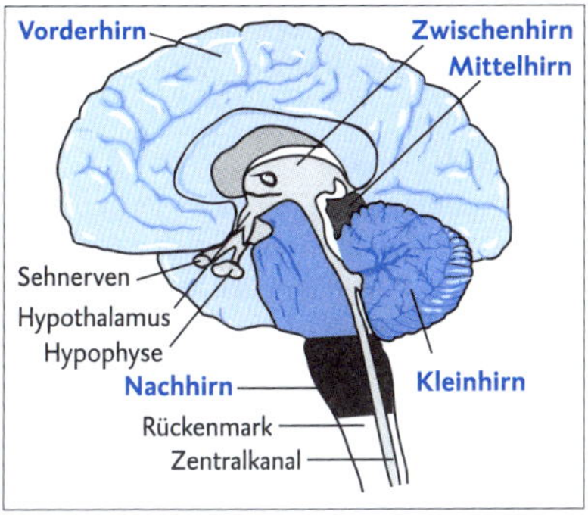

Übersicht über die fünf Teile des menschlichen Gehirns

Geschlechtshormone → Sexualhormone (3 Nerven, Sinne und Hormone S. 89)

Gestagene (lat. *gestatio* Schwangerschaft; engl. *gestagens*)
Steroidhormone, die primär der Entstehung und Erhaltung der Schwangerschaft dienen. Bekanntester Vertreter ist das natürlich vorkommende Gelbkörperhormon Progesteron. Nach einem Eisprung, der sog. Ovulation, wandelt sich der Gewebeteil des Ovars (Eierstock), in dem sich das Ei befand (Graaf'scher Follikel), in den Gelbkörper (*Corpus luteum*) um, der dann Progesteron sekretiert. Dieses Hormon unterstützt den Aufbau der Gebärmutterschleimhaut. Wird die Eizelle jedoch nicht befruchtet, bildet sich der Gelbkörper binnen zwei Wochen zurück und leitet damit die nächste Menstruation ein. Bei einer Schwangerschaft, wenn sich also das befruchtete Ei in die Gebärmutterschleimhaut einnistet, bleibt beim Menschen der Gelbkörper bis zum 4. Schwangerschaftsmonat erhalten und produziert Progesteron. Im weiteren Verlauf der Schwangerschaft übernimmt die Plazenta (Mutterkuchen) diese Funktion.

Gleitfilamentmodell → 9 Bau und Funktion von Organismen S. 270

Gliazellen (griech. *glia* Leim; engl. *glia cells, gliocytes*)
Das Nervengewebe der höheren Vielzeller besteht stets aus zwei Zelltypen: den Neuronen (Nervenzellen) und den Gliazellen. Im Zentralnervensystem der Wirbeltiere gibt es bis zu 50-fach mehr Gliazellen als Neurone. Gliazellen treten in verschiedenen Formen auf und übernehmen Stützfunktionen, bilden die Myelinscheiden um Axone und beseitigen abgestorbene Zellen. Eine wesentliche Funktion erfüllen sie im Stoffwechsel des Nervengewebes. So können sie durch ihre Anlage-

rung an Kapillaren (feinste Äderchen) diese durch Anschwellen ihres Zellkörpers verengen und damit die Durchströmung des Gehirns mit Sauerstoff und Nährstoffen regulieren.

Gonadotropine, gonadotrope Hormone (griech. *gone* Geschlecht, *tropos* Richtung; engl. *gonadotropins, gonadotropic hormones*) Eiweißhormone, welche die Funktion der Gonaden (Hoden, Eierstock) und damit auch die Produktion der Sexualhormone regulieren und stimulieren. Primärer Produzent ist die Hirnanhangdrüse. Bekannte Beispiele sind das Follikel-stimulierende Hormon (FSH), welches u. a. das Wachstum von Follikeln im Eierstock und die Produktion von Östrogen anregt, sowie das luteinisierende Hormon (LH), welches im weiblichen Geschlecht u. a. die Follikelreifung und den Follikelsprung (Öffnen des Follikels mit Freisetzung des Eies) sowie die Entwicklung des Gelbkörpers mit daraus resultierender Sexualhormonproduktion bewirkt. Ein sekundärer Produzent ist der Mutterkuchen (Plazenta), der während der Schwangerschaft große Mengen an Gonadotropinen, z. B. humanes Choriongonadotropin (HCG), erzeugt. Im männlichen Geschlecht stimuliert LH das Wachstum bestimmter Zellen des Hodens und regt die Bildung von Androgenen an.

Hormon (griech. *hormao* ich treibe an; engl. *hormone*) Organische Verbindung, die in einem bestimmten Teil des Körpers endokrin (durch Drüsen mit innerer Sekretion ohne speziellen Drüsengang; endokrines System) produziert wird und zu anderen, auch weit im Körper entfernten Zellen/Organen (bei Tieren z. B. meist über das Blut) transportiert wird, wo sie spezifische, auch lang anhaltende Reaktionen auslöst. Man unterscheidet Peptid-, Proteo- und Steroidhormone. Bsp.: Wachstumshormon, Insulin, Phytohormone, Sexualhormone.

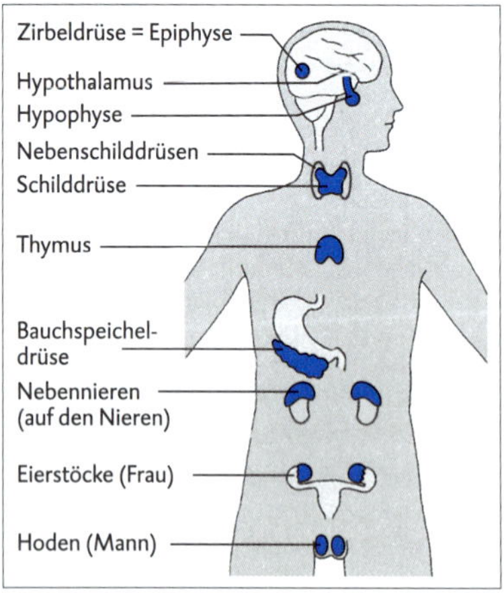

Lage menschlicher Hormondrüsen

Hyperpolarisation (griech. *hyper* über; engl. *hyperpolarization*) Überpolarisierung. An einer Zellmembran liegt wegen ihres hohen elektrischen Widerstandes (Isolator) und durch die Konzentrationsunterschiede von Ladungsträgern zwischen intra- und extrazellulärem Raum ein elektrisches Potenzial vor, das durch Änderungen von Membranbestandteilen verändert werden kann. Bei einer Erhöhung der Permeabilität der Zellmembran für Chlorid- und Kaliumionen (durch Ionenkanäle) kommt es zu einer Erhöhung des Membranpotenzials. Es wird kurzzeitig stärker negativ, da entsprechend dem Konzentrationsgradienten K^+-Ionen die Zelle verlassen (weniger positive Ladungen) und Cl^--Ionen in die Zelle strömen. Eine solche Hyperpolarisation an einer Zelle (z. B. Neuron) verhindert oder reduziert die Wahrscheinlichkeit für die Erzeugung eines Aktionspotenzials (Nervenimpulses) dieser Zelle. Eine Hyperpolarisation wirkt daher inhibitorisch.

Hypophyse, Hirnanhangdrüse (griech. *hypo* unter, *phyomai* ich wachse; engl. *pituitary gland*) Wichtige endokrine Drüse im Gehirn aller Wirbeltiere. Sie wird in einen Vorder-, Zwischen- und Hinterlappen unterteilt. Im Hypophysenvorderlappen werden u. a. das Wachstumshormon, das Follikel-stimulierende Hormon und luteinisierendes Hormon gebildet und ausgeschüttet.

Hypothalamus (griech. *hypo* unter, *thalamos* Höhle, hier: unterhalb des Thalamus, einem Gehirnareal, gelegenes Areal; engl. *hypothalamus*) Teil des Zwischenhirns, in dem sich auch die dem vegetativen Nervensystem übergeordneten Zentren befinden, die letztendlich u. a. für die Atmungs- und Wärmeregulation sowie die Wach- und Schlafmechanismen zuständig sind. Zudem werden im Hypothalamus die Hormone gebildet, die die Hormonproduktion des Hypophysenvorderlappens steuern.

Insulin (lat. *insula* Insel; engl. *insulin*) Polypeptidhormon (Proteinhormon aus zwei Untereinheiten), das in den β-Zellen der Langerhans'schen Inseln der Bauchspeicheldrüse gebildet wird. Insulin verursacht eine Erhöhung der Zuckeraufnahme der Zellen und damit einen Abfall der Blutzuckerkonzentration. Unterproduktion oder Fehlen des Hormons bewirken die Symptome der Zuckerkrankheit (Diabetes).

intrinsische Faktoren → 5 Genetik S. 142

Ionenkanal (engl. *ionic channel*) Viele Zellen verfügen über transmembranale Proteine (Eiweiße oder Eiweißkomplexe, die in die Plasmamembran eingebaut sind und aus dieser auf beiden Seiten herausragen), die einen passiven Transport von Ionen ihrem Konzentrationsgradienten folgend durch die Zellmembran hindurch ermöglichen. Diese Ionenkanäle können in drei verschiedenen Funktionszuständen vorliegen: Entweder **aktiv**, dann fließen Ionen hindurch, **ruhend**, d.h. geschlossen und aktivierbar, oder aber **refraktär**, d.h. sie sind geschlossen und nicht aktivierbar. Die meisten Ionenkanäle lassen entweder negativ geladene oder positiv geladene Ionen selektiv hindurchtreten. Bei Nervenzellen sind derartige Ionenkanäle für die Änderungen des Membranpotenzials verantwortlich.

IPSP, inhibitorisches postsynaptisches Potenzial (engl. *inhibitory postsynaptic potential*) Bei Synapsen (sog. chemischen Synapsen), die Signale mittels Transmittermolekülen (z. B. Acetylcholin) auf die postsynaptische Membran übertragen, können zwei Arten von postsynaptischen Potenzialen (Reaktionen) hervorgerufen werden. Bei der einen Art kommt es zur Erhöhung der Permeabilität (Durchlässigkeit) der postsynaptischen Membran für Chlorid- und/oder Kaliumionen. Den Konzentrationsgradienten entsprechend strömen K^+-Ionen aus der Zelle und Cl^--Ionen in die Zelle. Dadurch wird das ohnehin intrazellulär negative Membranpotenzial noch negativer. Dies führt zur Hyperpolarisation des Membranpotenzials und kann deshalb zur Inhibition (Hemmung) einer Nervenzelle führen, an der gleichzeitig über andere Synapsen ein Aktionspotenzial ausgelöst wird. Darum bezeichnet man diese hyperpolarisierende synaptische Form der Signalweitergabe als IPSP. Die zweite depolarisierende Form führt zur Erzeugung eines Signals (EPSP). Eine einzelne Synapse kann entweder nur EPSP oder nur IPSP auslösen.

Juvenilhormon, JH (engl. *juvenile hormone, allatum hormone*) Bei Arthropoden (Gliederfüßer, u. a. Insekten) produzieren die *Corpora allata* (neurosekretorische Zellen des Gehirns) das Juvenilhormon, welches in Abhängigkeit von Ecdyson über die Art der Häutung (Abstreifen der alten Außenhülle) entscheidet. Bei hohen JH-Konzentrationen führt die Häutung zu einem weiteren Larvenstadium, bei niedrigen JH-Konzentrationen wird die Metamorphose zum geschlechtsreifen Insekt induziert. Durch künstliche Implantation von *Corpora allata* in das letzte Larvenstadium eines Schmetterlings können so „Riesenschmetterlinge" erzeugt werden.

Kybernetik (griech. *kybernetes* Steuermann; engl. *cybernetics*) Wissenschaft der Informationsübertragung und -kontrolle im Gehirn, Nervensystem und in Maschinen (Regelkreise).

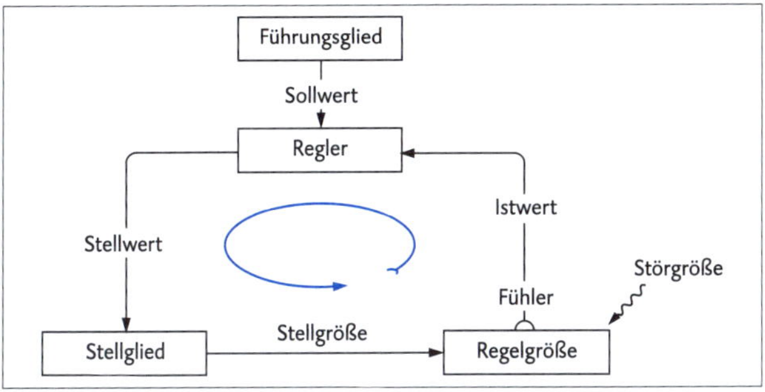

Allgemeine Darstellung eines einfachen Regelkreises im Blockschaltbild

laterale Hemmung, laterale Inhibition (engl. *lateral inhibition*) In der Neurophysiologie die spezielle Verschaltung von Nervenzellen, wobei die Aktivierung eines Neurons gleichzeitig zur Hemmung der Nachbarneurone führt. Eine derartige laterale Hemmung beispielsweise bei den Fotorezeptoren nachgeschalteten Neuronen führt zu einer erheblichen Verstärkung des Bildkontrastes.

ligandengesteuerter Ionenkanal → transmittergesteuerter Ionenkanal (3 Nerven, Sinne und Hormone S. 92)

Membranpotenzial (engl. *membrane potential*) Spannungszustand der Zellmembranen. Biologische Membranen bilden vor allem für geladene Moleküle und Ionen eine Barriere. Zudem haben sie die Eigenschaft eines Isolators (hoher elektrischer Widerstand). In die Membranen (vor allem Plasmamembran) integrierte Ionenpumpen führen zu einem Ungleichgewicht der Ionen zwischen innen und außen. Diese sog. Potenzialdifferenz (da es sich um Ladungsträger handelt, kann man sie als elektrisches Potenzial in mV messen) erzeugt zusammen mit den Konzentrationsgefällen der einzelnen Ionenarten ein elektrochemisches Potenzial (eine Kraft) an der Zellmembran, welches Zellen nutzen, um z. B. mithilfe spezieller Membranproteine bestimmte andere Moleküle selektiv durch die Membran zu transportieren. Nervenzellen nutzen diese Eigenschaft zur Erregungsleitung.

monosynaptischer Reflex → Eigenreflex (3 Nerven, Sinne und Hormone S. 71)

Motoneuron (lat. *movere* bewegen; engl. *motoneuron, motor neuron*) Nervenzelle, die über die sog. motorischen Endplatten (spezielle, neuromuskuläre Synapsen) Muskelzellen innerviert. Damit überträgt sie die Information „Bewegung" auf die Muskulatur.

motorische Endplatte (engl. *motor endplate, myoneural junction*) Bereich an der Oberfläche einer Muskelzelle, über den eine axonale Nervenendigung mittels einer neuromuskulären Synapse Kontakt zur Muskelzelle hat. In einer motorischen Endplatte, speziell an der muskulären Seite des synaptischen Spaltes, der postsynaptischen Membran, sitzen zahlreiche Acetylcholinrezeptoren. Diese werden durch das ausgeschüttete Acetylcholin, welches durch einen Nervenimpuls in den synaptischen Spalt freigesetzt wird, aktiviert und führen zur Depolarisation der Muskelzellmembran. Damit wird das Signal (Nervenimpuls) der Nervenzellendigungen auf die Muskelzelle übertragen. Die motorischen Endplatten der Wirbeltiermuskelzellen verfügen über eine spezielle Art von Acetylcholinrezeptoren, die sog. nicotinischen Acetylcholinrezeptoren. Diese werden durch das pflanzliche Gift Curare gehemmt.

Muskelfaser → 9 Bau und Funktion von Organismen S. 272

Myelinscheide (griech. *myelos* Mark; engl. *myelin sheath (of neuron))* Markscheide der peripheren Nerven. Die Ausläufer der Nervenzellen, die Axone, welche die Nervenimpulse weiterleiten, sind vor allem bei Säugetieren und Vögeln von einer Isolierschicht aus Lipidmembranen (Lipiden und Proteinen) umgeben. Sie werden aus der Plasmamembran der Gliazellen hergestellt: Bei zentral gelegenen Nervenzellen durch die Oligodendrozyten und bei peripheren Nervenzellen durch die sog. Schwann'schen Zellen (ebenfalls Gliazellen).

Myosin → 9 Bau und Funktion von Organismen S. 272

Nachpotenzial (engl. *after potential*) Am Ende eines Aktionspotenzials folgt, bevor das Ausgangspotenzial der Nervenzellmembran wieder erreicht ist, die Phase des Nachpotenzials. Es handelt sich dabei um eine schwache Hyperpolarisation, wenn eine Depolarisation der Nervenzelle vorausgegangen ist, bzw. eine schwache Depolarisation, wenn der Nervenimpuls über eine Hyperpolarisation weitergetragen wurde.

Natrium-Kalium-Pumpe, Na^+-K^+-ATPase (engl. *sodium-potassium pump*) Die meisten tierischen Zellen weisen im Zellinneren eine höhere Kalium- und niedrigere Natriumionenkonzentration als im Milieu außerhalb der Plasmamembran auf. Diese Ionenkonzentrationsdifferenz (Ionengradient) wird durch einen in der Plasmamembran verankerten Molekülkomplex unter Energieaufwand (ATP) aufrechterhalten, indem K^+ aktiv in die bzw. Na^+ aus der Zelle geschleust wird. Dafür benötigt diese sog. Natrium-Kalium-Pumpe in vielen Fällen etwas mehr als ein Drittel des gesamten ATP, das eine Zelle im Ruhezustand umsetzt. Der erzeugte Ionengradient dient zur Regulation des Zellvolumens, bei Nerven- und Muskelzellen darüber hinaus der elektrischen Erregbarkeit und betreibt den aktiven Transport von Aminosäuren und Zuckern durch die Plasmamembran.

Nebennieren (engl. *adrenal glands, subrenal glands*) Auf jeder Niere aufsitzende Hormondrüsen, die sich in das Nebennierenmark (NNM) und die Nebennierenrinde (NNR) gliedern und zusammen mehr als 40 Hormone produzieren. Beispielsweise sekretiert das NNM Glucocorticoide und die NNR Adrenalin. Die Hormonausschüttung wird primär über die Hirnanhangdrüse (Hypophyse) gesteuert.

negative Rückkopplung → Feedback-Inhibition (1 Zellen und Stoffwechsel S. 19)

Nervensystem (engl. *nervous system*) Gesamtheit aller Nervenzellen, die aus einer Steuerzentrale, dem Zentralen Nervensystem (Gehirn und Rückenmark), und vielen Nerven(strängen) besteht. Man unterscheidet speziell bei Wirbeltieren eine anatomische und eine funktionelle Einteilung. **Anatomisch** (also von der Lage her) wird in Zentralnervensystem und peripheres Nervensystem aufgespalten. **Funktionell** trennt man das animale vom vegetativen Nervensystem. Eine eigentliche Trennung der Bereiche existiert nicht. Sie wird lediglich aus didaktischen Gründen vollzogen. So findet sich z. B. ein Großteil der Aufgaben des vegetativen Nervensystems (Innervierung der Organe) sowie dessen zelluläre Strukturen im peripheren Nervensystem.

Neurit → Axon (3 Nerven, Sinne und Hormone S. 69)

neuromuskuläre Synapse (griech. *neuron* Nerv, *synhaptein* verbinden; engl. *neuromuscular synapsis*) Kontaktstelle, mit der ein Motoneuron eine Muskelzelle an der motorischen Endplatte innerviert (die Verbindung mit einem Nervenfortsatz herstellt). Der Überträgerstoff (Transmitter) ist hierbei Acetylcholin.

Neuron (engl. *neuron(e)*) Nervenzelle. Hochspezialisierte Zelle der meisten Metazoa (Vielzeller) für die Übertragung von elektrochemischen Reizen. Nervenzellen haben einen Zellkörper, in dem sich der Zellkern befindet, und gewöhnlich ein Axon, das bis zu einem Meter lang sein kann und sich an seinem Ende verzweigt, sowie mehrere Dendriten. Über das Axon gelangen die Signale der Zelle in andere Zellen, über die Dendriten kommen Signale von anderen Zellen in das Neuron.

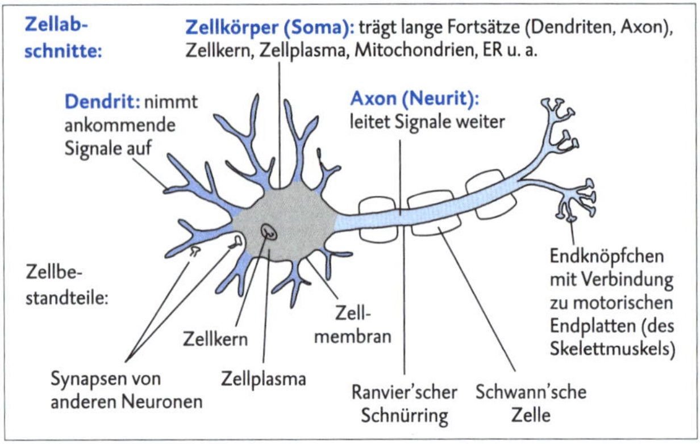

Schemazeichnung eines Motoneurons

Neurotransmitter (engl. *neurotransmitter, neural transmitter*) Nervensignale werden in den Synapsen von Zelle zu Zelle übertragen, wobei bestimmte chemische Überträgermoleküle den Synapsenspalt überbrücken. Diese Neurotransmitter werden von der Nervenzellendigung freigesetzt und binden an Rezeptoren der postsynaptischen Zellmembran. Die bekanntesten Transmittermoleküle sind Acetylcholin und Glutamat für eine schnelle Erregung, sowie GABA (Gammaaminobuttersäure) und Glycin für eine schnelle Hemmung.

Östrogene (lat. *oestrus* Brunst; griech. *gennao* ich erzeuge; engl. *estrogens*) Steroidhormone des Ovars (Eierstock); verantwortlich für die Entwicklung sekundärer Geschlechtsmerkmale bei weiblichen Individuen. Sie bereiten auch den Uterus (Gebärmutter) der Säugetiere für die Einnistung (Implantation) des Embryos in die Gebärmutterschleimhaut vor.

parasympathisches Nervensystem (griech. *sympathikos* mitempfindend; engl. *parasympathetic nervous system*) Teilbereich des vegetativen Nervensystems, der antagonistisch zum sympathischen Nervensystem agiert. Die Funktionen sind willentlich nicht steuerbar. Die Aktivitäten des parasympathischen Nervenssystems führen u. a. einerseits zur Verlangsamung der Herzaktivität sowie Verengung (Konstriktion) von Herzkranzgefäßen und Bronchien. Andererseits regen sie die Drüsentätigkeit und Peristaltik („Bewegung") des Magens, des Dünn- und Dickdarmes an. Das parasympathische Nervensystem spielt bei der Erholungsfunktion eine große Rolle.

passiver Transport → 1 Zellen und Stoffwechsel S. 32

peripheres Nervensystem (engl. *peripheral nervous system*) Das gesamte Nervensystem wird anatomisch in die zwei Bereiche Zentralnervensystem (Gehirn und Rückenmark) und das periphere Nervensystem mit allen anderen Nerven und Ganglien unterteilt.

Pheromone (griech. *pherein* tragen, *hormao* ich treibe an; engl. *pheromones*) Niedermolekulare Substanzen als chemische Botenstoffe, die ziemlich flüchtig sind und sich deswegen leicht über relativ weite Entfernungen verbreiten können. Sie dienen der Kommunikation zwischen Individuen einer Art und werden von einem Individuum in die Umwelt abgegeben. Ihre Wirkung zielt spezifisch wie ein Hormon auf das Verhalten und die Physiologie anderer Individuen. Pheromone haben einen Signalcharakter, im Unterschied zu anderen Hormonen werden sie jedoch von exokrinen Drüsen (Drüsen mit Ausführgängen) produziert und vor allem nach außen abgegeben. Ein bekanntes Beispiel sind die leichtflüchtigen Sexuallockstoffe von Nachtfalterweibchen, die es Geschlechtspartnern erlauben, über große Entfernungen zusammenzufinden. Die männlichen Falter haben dafür sehr große Antennen (Geruchsorgane) entwickelt.

Phytohormon, Pflanzenhormon (griech. *phyton* Pflanze; engl. *plant hormone, phytohormone*) Von Pflanzen selbst hergestellte Substanzen, die ihre Wirkung entfernt vom Syntheseort entfalten (meist indem sie Gene aktivieren). Sie erfüllen wichtige Aufgaben als Wachstumsfaktoren, wirken in geringster Konzentration und werden über Leitungssysteme transportiert. Wichtigste Beispiele sind die Auxine und Gibberelline. Da verschiedene Pflanzen unterschiedlich stark auf von außen zugegebene Phytohormone ansprechen, lassen sich in bestimmten Monokulturen solche Substanzen zur Unkrautbekämpfung (als Herbizid) einsetzen, da sie die unerwünschten Pflanzen durch überstarkes Wachstum zum Absterben bringen.

polysynaptischer Reflex › Fremdreflex (3 Nerven, Sinne und Hormone S. 74)

postsynaptisches Potenzial, PSP (engl. *postsynaptic potential*) Die Ausschüttung von Neurotransmittermolekülen nach Eingang eines synaptischen Signals erzeugt in der postsynaptischen (subsynaptischen) Membran ein PSP, welches wie bei den Sinneszellen unterschiedlich stark sein kann und sich nicht nach dem Alles- oder-Nichts-Gesetz eines Aktionspotenzials verhält. Es breitet sich passiv über die postsynaptische Membran aus. Dies bedeutet, dass seine Stärke mit zunehmendem

Abstand vom Punkt seiner Erzeugung (an der Grenzfläche Synapse – postsynaptische Membran) immer schwächer wird. Je nach den Eigenschaften der postsynaptischen Membran wirkt das PSP erregend (EPSP) oder hemmend (IPSP).

Prion (engl. *prion*) „Infektiöses" Protein, das beispielsweise Scrapie auslöst, die Traberkrankheit des Schafes, oder BSE (*bovine spongiforme Enzephalopathie*), den Rinderwahnsinn. Das Wort ist zusammengesetzt aus **Pr**otein und **I**nfekt**ion**. Früher verstand man darunter „langsame Viren". Jedoch konnten in den infektiösen Agentien bislang keine Nukleinsäuren gefunden werden. Nach einer derzeit gängigen Theorie handelt es sich bei den für die Erkrankungen verantwortlichen Prionen um natürlich vorkommende, aber veränderte Proteine (Mutation des entsprechenden Genes). Dabei kann selbst die orale Aufnahme von Prionen (ohne defektes Gen) zur Erkrankung führen. Vermutlich dienen die aufgenommenen Prionen als eine Art Kondensationskeim im Gehirn und führen dort zur weiteren Anlagerung von ähnlichen Proteinen, die dabei strukturell umgeformt werden. Die daraus entstehenden Aggregate führen dann zu dem krankhaften Geschehen. Die Funktion der natürlichen Prionen in den (Nerven-) Zellen ist noch nicht bekannt.

Progesteron (lat. *pro* für, *gestatio* Schwangerschaft; engl. *progesterone*) Ein Gestagen. Steroidhormon des Gelbkörpers (*Corpus luteum*) im Eierstock und der Plazenta, das die Schwangerschaft (Trächtigkeit) aufrechterhält.

Proteohormon (engl. *proteohormone*) Hormone auf Proteinbasis (z. B. Wachstumshormon, Gonadotropine).

Ranvier'scher Schnürring, Ranvier-Schnürring (engl. *Ranvier's node*) Die von bestimmten Gliazellen gebildeten Myelinscheiden (Isolierschichten) um die Axone werden in Abständen von etwa 1 mm als sog. Ranvier'sche Schnürringe unterbrochen. Da nur an diesen Stellen die Membran des Axons ohne Isolierung freien Zugang zum extrazellulären Raum hat, kann es auch nur dort zu einem Ein- und Ausstrom von Ionen im Sinne eines Aktionspotenzials kommen. Durch den außerordentlich hohen elektrischen Widerstand der Myelinscheiden ziehen sich Stromschleifen von Schnürring zu Schnürring und die Erregung in Form eines Aktionspotenzials springt dabei von einem dieser Schnürringe zum nächsten. Dadurch erhöht sich die Leitungsgeschwindigkeit (gegenüber nicht-myelinisierten Axonen) und es wird weniger Energie zum Zurückpumpen der Ionen auf das Ausgangsniveau des Membranpotenzials verbraucht.

Reflex (lat. *reflectere* zurückbiegen; engl. *reflex*) Schnelle und sicher eintretende Reaktion eines Erfolgsorganes auf einen Sinnesreiz. Reflexe haben sehr starre Reiz-Reaktions-Beziehungen und festliegende Nervenbahnen. Wenn die Reiz-Reaktions-Beziehung auf erblicher Grundlage beruht (Speichelflussreflex, Klammerreflex, Pupillenreflex u. a.), spricht man von einem **unbedingten** Reflex. Ein **bedingter** Reflex kommt durch Konditionierung zustande, im Sinne von erfahrungsbedingt.

Reflexbogen (engl. *reflex arc*) Kurzfristige Beantwortung eines Reizes. Wirkt ein genügend starker Reiz auf ein Sinnesorgan/eine Sinneszelle ein, so liefert diese ein Aktionspotenzial auf eine oder mehrere Nervenzellen (meist im Gehirn oder Rückenmark), von wo aus ein weiteres Aktionspotenzial **unmittelbar** an ein Erfolgsorgan (ausführendes Organ, wie z. B. Muskel) weitergegeben wird.

Refraktärzeit, -stadium, -phase, -periode (lat. *refractarius* widerspenstig; engl. *refractory period*) Zeitlich unmittelbar nach einem Aktionspotenzial (Nervenimpuls) folgt an einer erregbaren Membran (z. B. eines Axons) eine Periode, innerhalb derer kein erneutes Aktionspotenzial möglich ist (= Refraktärstadium). Der Grund dafür ist, dass die Ionenpumpen erst das Membranpotenzial vor dem nächsten Aktionspotenzial wiederherstellen müssen und die zuständigen spannungsgesteuerten Ionenkanäle sich deshalb noch in einem inaktivierten Zustand befinden. Die Refraktärzeit wird in zwei Stadien aufgeteilt: Für einen Zeitraum von etwa 1 msec unmittelbar nach der Depolarisation kann die Membran selbst durch noch so starke Depolarisationen nicht zu einer Permeabilitätserhöhung für Na^+ angeregt werden. Diese Phase wird als **absolutes** Refraktärstadium bezeichnet. Danach ist die Membran für einen Zeitraum von 1 bis 2 msec durch entsprechend hohe Depolarisationen (z. B. Stromimpulse) für Na^+ aktivierbar. Diese Phase wird **relative** Refraktärzeit genannt.

Regelkreis → Kybernetik (3 Nerven, Sinne und Hormone S. 78)

Reiz (engl. *stimulus*) (1) Allgemein eine Energieänderung im Umfeld einer Zelle, worauf die Zelle reagiert. Sinneszellen sind hoch spezialisiert, eine einzige Energieform aufzunehmen, etwa Licht oder mechanische Energie wie Druck, und besitzen dafür eine sehr niedrige Reizschwelle. Man nennt z. B. Licht einen **adäquaten** Reiz für die Fotorezeptoren (Licht-Sinneszellen). Auf andere Reize reagieren sie nur, wenn diese Fremdreize besonders intensiv sind. Sinneszellen wandeln die adäquate Energie in elektrochemische Signale um (Rezeptor-Potenzial), die ins Gehirn weitergeleitet und dort verarbeitet werden. (2) Auf der

Ebene des Individuums bedeutet Reiz einen physischen Zustand eines Lebewesens, der zu physikalisch oder chemisch messbaren Veränderungen (Erregung von Sinneszellen) führt.

Reizfilterung (engl. *stimulus filtering*) Fähigkeit von Sinnes- und Nervenzellen und dem zentralen Nervensystem, manche Reize und Eindrücke aus der Umwelt oder dem eigenen Körper weiterzuleiten und zu verarbeiten, andere hingegen weniger oder nicht. Beispielsweise kann man trotz lauter Geräuschkulisse, wenn viele Personen durcheinanderreden, ein einzelnes Gespräch „herausfiltern".

Rezeptor (lat. *recipere* empfangen; engl. *receptor*) (1) Ein Molekül (meist ein Protein), an das ein anderes (Ligand) bindet, wodurch eine bestimmte Reaktion ausgelöst wird. Beispielsweise gelangen **Proteohormone** auf dem Weg durch die Blutbahn an ihre Zielzellen, in die sie nur eindringen können, wenn auf der Plasmamembranoberfläche der Zelle ein Eiweißmolekül (der Rezeptor) verankert ist, an welches der Ligand (das Hormon) bindet. Der Rezeptor erkennt diese Bindung und gibt die Information in das Innere der Zelle weiter, wodurch ein oder mehrere bestimmte Gene angeschaltet werden und die Zelle entsprechende Proteine synthetisiert. Bei den fettlöslichen **Steroidhormonen**, die Lipidmembranen durchdringen können, befinden sich die Rezeptoren wahrscheinlich im Zellkern, wo beide eine Bindung eingehen und dort eine Genexpression durch Bindung an eine spezifische DNS-Sequenz veranlassen. Das System funktioniert auch auf DNS-Ebene, wo z. B. Schwermetalle an eine Rezeptorsequenz binden und damit die Synthese eines Proteins auslösen, das ihre Entgiftung bewerkstelligt. (2) Auch als Kurzform für Rezeptor- oder Sinneszelle gebraucht.

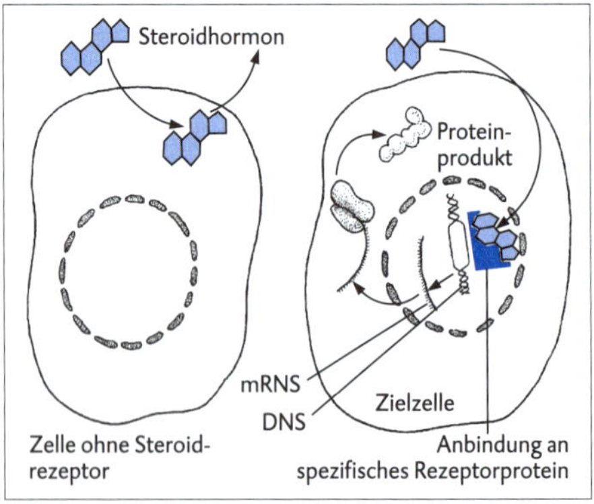

Modell zur Erklärung der spezifischen Wirkung eines Steroidhormons. Es werden nur solche Zellen durch das Hormon zur weiteren Genaktivität angeregt, die einen Rezeptor in Form eines Proteins bilden, der sich mit dem Hormon verbindet (Zielzelle).

Rezeptorpotenzial, Generatorpotenzial (engl. *generator potential*) Ein adäquater Reiz löst in einer Sinneszelle (Rezeptor) bzw. deren Ausläufern, den Dendriten, eine Änderung des Membranpotenzials aus. Bei den meisten Sinneszellen kommt es dann zu einer geringfügigen Depolarisation der gereizten Rezeptorregion (bei einigen Sinneszellen kann auch eine Hyperpolarisation eintreten). Diese Depolarisation wird als Rezeptorpotenzial bezeichnet. Es handelt sich im Gegensatz zur Erregungsleitung (mit Aktionspotenzial) um ein sog. lokales Potenzial, denn es nimmt mit zunehmender Entfernung vom Ort der Entstehung rasch ab. Die Art der Ausbreitung wird als passiv bezeichnet, da sie die Membraneigenschaften nicht ändert. Ferner ist die Höhe des Rezeptorpotenzials proportional zur Reizstärke. Man spricht daher von einem graduierten Potenzial. Die entsprechende Sinneszelle wandelt bei einem genügend hohen Rezeptorpotenzial dieses in einen Nervenimpuls (Aktionspotenzial) um und schickt diesen weiter. Ähnliches geschieht bei der Impulsweitergabe von Neuron zu Neuron. Der Bereich, in dem ein Neuron Rezeptorpotenziale empfängt, wird Rezeptorregion genannt, welche primär den Bereich der Dendriten und den Zellkörper umfasst, nicht aber das Axon und den axonalen Teil des Neurons.

Rhodopsin, RHO (griech. *rhodon* Rose, *opsis* Auge; engl. *rhodopsin*) Lichtempfindliches Eiweiß (Fotorezeptor) in der Zellmembran der Stäbchenzellen in der Retina (Netzhaut des Auges), auch Sehpurpur oder Erythropsin genannt. Rhodopsin besteht aus Opsin und Retinal. Unter Lichteinwirkung bleicht es zunächst zu einer gelblichen Verbindung aus, was durch einen veränderten Ladungszustand zustande kommt. Dieser löst an der Synapse der Fotorezeptorzelle ein Signal aus, das an das Zentralnervensystem weitergeleitet wird, und Teil der Farbwahrnehmung ist. Das RHO-Gen liegt beim Menschen auf Chromosom 3.

Ruhepotenzial, -spannung, -membranpotenzial (engl. *resting potential*) Das Membranpotenzial einer Zelle, speziell bei Nerven- und Muskelzellen, im nicht aktiven Zustand. Das Charakteristikum und die Hauptursache dieses Ruhepotenzials ist die gegenüber dem extrazellulären Milieu relativ hohe intrazelluläre Konzentration an Kaliumionen, die niedrige intrazelluläre Konzentration an (Chlorid- und) Natriumionen und dem sich daraus ergebenden negativen Ladungsüberschuss. Da die Zellmembran jedoch nicht völlig undurchdringlich für Na^+ und vor allem K^+ ist, müssen zellmembranständige Ionenpumpen ständig unter Energieaufwand das Ruhepotenzial erhalten. Bei den meisten Nerven- und Sinneszellen der Säugetiere beispielsweise liegt dieses Ruhepotenzial (intrazellulär negativ gegenüber dem extrazellulären Raum) bei etwa –70 mV.

Schlüssel-Schloss-Prinzip Das Prinzip, dass zwei komplementäre Strukturen räumlich zueinanderpassen wie ein Schlüssel zum Schloss und dadurch ihre biologische Funktion erfüllen können, z. B. Transmitter und Rezeptor.

Schwann'sche Zelle, Schwann-Zelle (engl. *Schwann's cell*) Die zu den Gliazellen gehörenden Schwann-Zellen bilden die Myelinscheiden um die Axone der Nervenzellen des peripheren Nervensystems.

Schwellenwert, Schwelle (engl. *threshold*) Das Membranpotenzial von Nerven-/Sinneszellen beginnt erst dann ein Aktionspotenzial (einen Nervenimpuls) zu erzeugen, wenn durch gleichzeitig eingehende synaptische Erregung von anderen Nervenzellen bzw. kurze Impulsfolge einer Synapse oder Reize ein bestimmter Schwellenwert der Depolarisation überschritten wird. Erst dann tritt schlagartig und kurzfristig eine maximale Permeabilitätssteigerung für Na^+ und K^+ der Nervenzellmembran ein und damit ist ein Aktionspotenzial erzeugt (generiert): ein Nervenimpuls kann sich ausbreiten.

second messenger Sekundärer Botenstoff. Hormone oder Neurotransmitter stellen eine Art primären, chemischen Nachrichtenübermittler dar *(primary messenger)*. Sie können jedoch ihre Nachricht nicht unmittelbar in die Zellen (Zellkern) einbringen. Zwischen dem Ort ihrer Freisetzung (z. B. aus der Hirnanhangdrüse in die Blutbahn oder aus der präsynaptischen Membran in den synaptischen Spalt) und ihrem Zielort (z. B. Zellkern) steht für die wasserlöslichen (hydrophilen) Botenstoffe die nahezu unüberwindbare Barriere der Zellmembran. Sie binden daher an spezielle Proteinrezeptoren in der Plasmamembran, aktivieren diese (sie ändern die räumliche Struktur des Proteinteils, der ins Zytoplasma ragt) und initiieren damit die Erzeugung von sog. *second messenger* (zweiter Nachrichtenübermittler) innerhalb der Zelle. So gelangt ein chemischer „Befehl" aus einer wässrigen Phase durch eine wasserabstoßende Lipiddoppelmembran hindurch wiederum in die wässrige Phase des Zytoplasmas. Einer der bekanntesten *second messenger* ist das cAMP. Lipophile Steroidhormone benutzen einen anderen Mechanismus, denn sie können in Zellmembranen eindringen.

sensorische Nervenleitung → afferente Nervenleitung (3 Nerven, Sinne und Hormone S. 66)

Serotonin (engl. *serotonin*) Hormon; zyklische organische Verbindung, aus der Aminosäure Tryptophan entstanden. Serotonin bewirkt die Kontraktion der glatten Muskulatur und die Durchlässigkeit der Kapillaren (Permeabilitätserhöhung der Kapillarwandungen). Die Symptome der Anaphylaxie (akute, pathologische Reaktion des Immunsystems auf chemische Reize) sind großteils auf Serotonin zurückzuführen, das von den Blutplättchen und Mastzellen freigesetzt wird. Auch im Metabolismus des Zentralnervensystems spielt es eine bedeutende Rolle.

Sexualhormone (griech. *hormao* ich treibe an; engl. *sex hormones, gonadal hormones*) Steroidhormone der Wirbeltiere, die primär von den Gonaden (Hoden, Eierstock) produziert werden und für die Ausbildung und Funktion der sekundären Geschlechtsmerkmale verantwortlich sind. Daneben haben sie auch Einfluss auf zahlreiche andere körperliche Funktionen wie etwa Stoffwechsel (anabole Wirkung der vom Hoden produzierten Androgene) oder auf den Haarwuchs. Östrogene und Gestagene werden im Eierstock hergestellt. Die Produktion der Sexualhormone wird durch die Gonadotropine gesteuert. Chemisch modifizierte weibliche Steroidhomone werden zur Empfängnisverhütung eingesetzt („die Pille“).

Sinnesreiz (engl. *sensory stimulus*) Die Erregung von Sinneszellen. Unabhängig von der Art der erregten Sinneszelle wird die Information „Reiz“ stets in Form elektrischer Signale an das Zentralnervensystem (Gehirn und Rückenmark) gesandt.

Sinneszellen (engl. *sensory cells*) Alle Sinneszellen sind sensible Neuronen (Nervenzellen) und werden auch **Rezeptorzellen** oder **Rezeptoren** genannt. Je nach Art des Reizes, auf den sie ansprechen, unterscheidet man z. B. Chemo-, Mechano-, Foto- und Thermorezeptoren. Bei einigen Fischarten kommen auch noch Elektrorezeptoren vor. Der Informationstransfer von Sinneszellen zum (Zentral-)Nervensystem erfolgt stets durch Nervenleitungen.

spannungsgesteuerter Ionenkanal (engl. *voltage-gated ionic channel*) Durch Änderung des Membranpotenzials werden spannungsgesteuerte Ionenkanäle aktiviert, d. h. sie lassen den selektiven Durchfluss von bestimmten Ionen als eine Art passiver Transport zu. Die Ionen folgen dabei ihrem Konzentrationsgefälle zwischen intra- und extrazellulärem Raum. Spannungsgesteuerte Ionenkanäle der Nervenzellen sind für Natrium-, Kalium- oder Calciumionen durchlässig. Ihr mengenmäßiges Verhältnis untereinander in der Zellmembran ist entscheidend dafür, wie ein Neuron auf ein eingehendes Signal reagiert. Spannungsgesteuerte Na^{+}-Ionenkanäle (und selten auch Ca^{2+}-Ionenkanäle) sind primär für die Erzeugung des Aktionspotenzials in Neuronen verantwortlich.

Sprachzentrum (engl. *speech centre, language centre*) Bestimmte Regionen der Hirnrinde, die für die Bildung der Sprache verantwortlich sind. Sie befinden sich bei Rechtshändern in der linken Großhirnrinde. Man unterscheidet ein motorisches, sog. Broca-Zentrum, und ein sensorisches Sprachzentrum, sog. Wernicke-Zentrum, die untereinander und mit anderen Gehirnzentren in Verbindung bzw. Wechselwirkung stehen.

Strickleiternervensystem (engl. *stepladder nervous system*) Nervensystem der Würmer und Gliedertiere, deren Körpersegmente je ein Paar Ganglien enthalten, die durch eine Kommissur (Nervenfaserquerverbindung) querverbunden und durch Konnektive (Nervenfaserlängsverbindungen) längs über den ganzen Körper verbunden sind, wodurch dieses System einer Strickleiter ähnelt.

Summation (lat. *summa* Summe; engl. *summation*) Additive Wirkung mehrerer Impulse auf eine Nervenzelle, die eine Depolarisation der Membran und ein Aktionspotenzial hervorrufen (können). Überträgt eine Synapse einen Impuls auf eine Nervenzelle, so ist dieser allein nicht stark genug, eine Depolarisation der gesamten Zellmembran und damit eine Impulsweiterleitung zu bewirken. Zudem kann eine Nervenzelle über ihre Dendriten mit mehreren Tausend Synapsen (bis zu 50 000) vieler Neuronen verbunden sein. (1) Da jeder Impuls für einen kurzen Zeitraum (wenige Millisekunden) ein begrenztes Areal der Nervenzellmembran leicht depolarisiert (passive Ausbreitung), kommt es bei nahezu gleichzeitiger Impulsübertragung (EPSP) mehrerer Synapsen zur „echten" Depolarisation, die erst nach Überschreiten des Schwellenwertes zu einem Aktionspotenzial führt. Diesen Effekt bezeichnet man als **räumliche** Summation. (2) Des Weiteren kann auch eine einzelne Synapse bei schneller Impulsweitergabe die schwachen Einzeldepolarisationen dadurch aufaddieren, dass die Impulsübertragung rascher erfolgt, als die schwachen Einzeldepolarisationen der postsynaptischen Membran direkt unterhalb der Synapse „verschwinden" können. Bei jeder einzelnen Impulsübertragung summieren sich die Resteffekte der vorangegangenen schwachen Depolarisationen so auf, dass es letztendlich nach Überschreiten des Schwellenwertes zur „echten" Depolarisation und damit zu einem Aktionspotenzial kommt. In diesem Fall spricht man von einer **zeitlichen** Summation.
Von Synapsen erzeugte Hyperpolarisationen (IPSP) wirken genau entgegengesetzt und „subtrahieren" ihren Beitrag von den „summierten" schwachen Depolarisationen der EPSPs.

sympathisches Nervensystem (griech. *sympathikos* mitleidend; engl. *sympathetic nervous system*) Teilbereich des vegetativen Nervensystems, der größtenteils zum peripheren Nervensystem gehört. Seine Funktionen sind willentlich nicht steuerbar. Die Aufgaben können als Spiegelbild zu denen des parasympathischen Nervensystems gesehen werden. So werden durch Aktivitäten des sympathischen Nervensystems Herzschlag und Atmung beschleunigt. Die glatte Muskulatur der Arteriolen (kleine Blutgefäße mit O_2-reichem Blut) wird kontrahiert, wodurch der Blutdruck steigt, Drüsen und Darmtätigkeit werden reduziert. Dies alles sind Hinweise auf eine Alarmbereitschaft des Körpers, auf Stress.

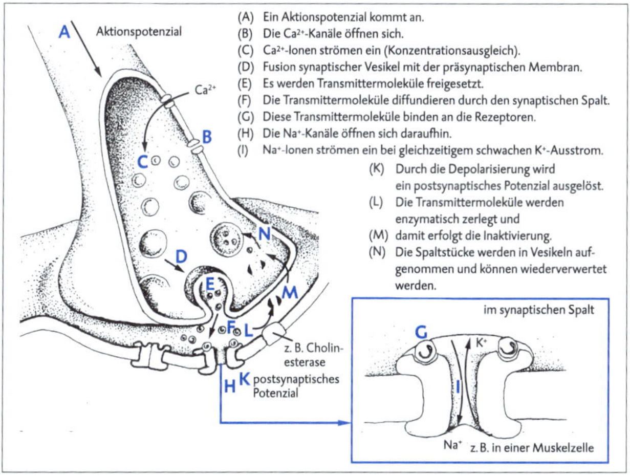

Zeitliche Abfolge der Vorgänge bei der Erregungsübertragung in einer Synapse

Synapse (griech. *syn* mit, *haptomai* ich berühre; engl. *synapse*) Die Kontakt- und Umschaltstelle zwischen einer Nervenzelle und einer anderen Zelle, wobei das elektrische Signal der Nervenzelle über den sog. synaptischen Spalt mittels chemischer Substanzen (Neurotransmitter) wie Acetylcholin weitergeleitet wird. Einen Spezialfall **chemischer Synapsen** stellen die Verbindungen zwischen Axonen und Muskelzellen, die neuromuskulären Synapsen, dar. Bei den *Gap Junctions* der Ringelwürmer und Gliederfüßer sowie auch einigen speziellen Synapsen der Säuger findet die Erregungsübertragung nicht durch Transmittermoleküle, sondern auf elektrischem Wege statt **(elektrische Synapsen)**.

Im menschlichen Gehirn gibt es schätzungsweise 10^{14} Synapsen, die für die entsprechende Anzahl an Verbindungen zwischen den ca. 100 Milliarden (10^{11}) Neuronen sorgen.

synaptischer Spalt (griech. *synhaptein* verbinden; engl. *synaptic cleft*) Lücke oder Raum in einer Synapse zwischen der Endmembran eines Axons (präsynaptische Membran) und der postsynaptischen Membran eines anderen Neurons (Dendriten oder Zellkörper) oder einer Muskelzelle (neuromuskuläre Synapse). Der Abstand zwischen den beiden Membranen beträgt 20–40 nm und wird bei Impulsweitergabe durch die Neurotransmittermoleküle in kürzester Zeit überbrückt.

Taxis (griech. *tassein*, ordnen, sich aufstellen; engl. *taxis*)
Die gerichtete, aktive, durch äußere Reize hervorgerufene Fortbewegung. Augentierchen (*Euglena*, tierische Einzeller) schwimmen aus der Dunkelheit auf eine Lichtquelle zu, was als positive **Fototaxis** bezeichnet wird. Das Fliehen dieser Einzeller vor einer zu intensiven Lichtquelle heißt negative Fototaxis. **Chemotaxis** nennt man die aktive Bewegung auf ein Ziel, die durch bestimmte Stoffe bewirkt wird, z. B. werden die Spermatozoiden (Spermien) der Moose durch organische Moleküle zur Eizelle gelockt.

Testosteron (engl. *testosterone*)
Das maskulinisierende (zu einem männlichen Phänotyp führende) Steroidhormon aus den Interstitialzellen der Hoden. Testosteron bewirkt auch die Bildung sekundärer männlicher Geschlechtsmerkmale (Penis, Wuchs, Haarwuchs u. a.).

Toxin (griech. *toxikon pharmakon* Pfeilgift; engl. *toxin*) Giftstoff biologischen Ursprungs mit spezifischer Wirkung auf Zellen.

Transmitter → Neurotransmitter (3 Nerven, Sinne und Hormone S. 82)

transmittergesteuerter Ionenkanal, ligandengesteuerter Ionenkanal (engl. *transmitter-gated ionic channel*) Ein Ionenkanal, der durch Bindung einer Transmittersubstanz (z. B. Acetylcholin) aktiviert wird und damit den passiven Transport von bestimmten Ionen durch die Zellmembran, dem Ionenkonzentrationsgefälle folgend, zulässt. Transmittergesteuerte Ionenkanäle, die für Natrium- oder Calciumionen durchlässig sind, wirken bei Nervenzellen erregend und solche, die für Chlorid- oder Kaliumionen durchlässig sind, haben eine inhibierende Wirkung.

Tropismus (griech. *tropos* Richtung; engl. *tropism*)
Die Krümmungsbewegung von Pflanzen in eine bestimmte Richtung durch einen Reiz von außen, z. B. Foto- oder Heliotropismus als Wachstum des Sprosses zum Licht (oder Sonne, positiv) oder der Wurzel weg vom Licht (negativ). Positiver Geotropismus bezeichnet das Wachstum der Wurzel in Richtung Erdmittelpunkt, während der Spross negativen Geotropismus aufweist. Wachstumsbewegungen, die auf den Einfluss chemischer Stoffe zurückgehen, nennt man Chemotropismus, solche durch Feuchtigkeitsunterschiede Hydrotropismus.

vegetatives Nervensystem → autonomes Nervensystem (3 Nerven, Sinne und Hormone S. 68)

Vesikel (lat. *vesicula* Bläschen; engl. *vesicle*)
Im Bereich der Nervenzellen finden sich Vesikel vor allem zur Speicherung von Transmittermolekülen in den Synapsen. Erreicht ein Nervenimpuls das axonale Ende, an dem sich die Vesikel befinden, so führt dies zu einer Fusion der Vesikel mit der präsynaptischen Membran und der Inhalt der Vesikel wird in den synaptischen Spalt hinein ausgeschüttet (exozytiert).

Zentrales Nervensystem, ZNS (engl. *central nervous system*)
Das Gehirn und das Rückenmark der Wirbeltiere.

4 Verhalten

Abreaktion (engl. *redirected behavior*) Ableiten gestauter Aggression. Man unterscheidet Handlungen am Ersatzobjekt (z. B. Türen zuschlagen) und Ventilsitten, die friedliche Ableitung angestauter Energie (z. B. Sportwettkampf).

Adaptation → 2 Evolution und Taxonomie S. 43

Aggression (lat. *aggressio* Anlauf; engl. *aggression*)
Ausdruck sowohl für die Tendenz zum Angriff (= Aggressivität) wie auch für den Angriff (Kampf) selbst.

agonistisches Verhalten (engl. *agonistic behaviour*)
Soziale Wechselwirkung zwischen Mitgliedern einer Art oder zwischen Arten. Umfasst Aggression und Drohung auf der einen Seite und Rückzug und Aussöhnung auf der anderen. Man unterscheidet zwischen **interspezifischen** (zwischenartlichen) Verhaltensweisen wie Räuber-Beute-Beziehungen und **intraspezifischen** (innerartlichen) Verhaltensweisen wie Drohgebärden oder Imponiergehabe.

Altruimus (lat. *alter* der Nächste; engl. *altruism*)
Verhaltensweise eines Individuums, die für andere (scheinbar) hilfreich ist, während es selbst keine Vorteile oder sogar Nachteile aus diesem Verhalten hat.

Altruismus → reziproker Altruismus (4 Verhalten S. 101)

Antrieb → Motivation (4 Verhalten S. 100)

Appetenzverhalten (lat. *appetere* streben nach; engl. *appetitive behaviour*) Grundstimmung eines Individuums, die das (un-)gerichtete Suchverhalten nach einem Schlüsselreiz beschreibt. Ist die Suche erfolgreich, so wird anschließend eine Endhandlung ausgelöst.

assoziatives Lernen, Assoziationslernen (engl. *associative learning*) Die erworbene Fähigkeit, einen Reiz mit einem anderen zu verknüpfen (assoziieren). Ein Beispiel ist die **klassische Konditionierung** (nach dem russischen Wissenschaftler Pawlow, 1849–1936), bei der einem Hund gleichzeitig mit einem Futterangebot, das reflexartig eine Speichelsekretion auslöst, beispielsweise ein Tonsignal vorgespielt wird. Nach mehrmaliger Wiederholung dieser „Reiz-Kombination" erfolgt auch allein bei dem entsprechenden Tonsignal eine Speichelsekretion.

Attrappe (engl. *dummy*) Objekt, das eine Instinkthandlung auslöst, ohne der biologisch adäquate Reizauslöser zu sein. Beispielsweise kann man durch Vorhalten einer dunklen runden Papierscheibe, welche den Schatten des Altvogels imitiert, das Bettelverhalten (Sperren) der Jungvögel im Nest auslösen.

Auslösemechanismus (engl. *releasing mechanism*) Bezeichnung für alle Bereiche des Organismus (Nervensystems), die an der selektiven Auslösung einer Reaktion beteiligt sind mit Ausnahme der motorischen Bereiche. Der Auslösemechanismus ist ein Reizfilter, der die entscheidenden Reize durchlässt und in einer gegebenen Situation sinnvolle Aktionen verursacht (die Beutereize z. B. lösen den Angriff des Räubers aus).

Auslöser (engl. *trigger*) Schlüsselreiz oder eine Reizkombination, die als Kommunikationssignal zwischen Artgenossen dient (sozialer Auslöser). Schlüsselreize sind meist einfache Reizkonstellationen, die sich mittels Attrappen bestimmen lassen. Beispielsweise picken Silbermöwenküken nur an einen roten Fleck (Auslöser) und betteln so um Futter, wobei egal ist, ob sich dieser rote Fleck am Unterschnabel eines Elternvogels oder an ähnlicher Stelle auf einem Stück Papier willkürlicher Form befindet.

Balz (engl. *courtship*) Bezeichnung für die Verhaltensweisen von Männchen und Weibchen, die als Werbung der Paarung vorausgehen. Die Männchen versuchen bei der Balz die Weibchen paarungsbereit zu machen. Bei vielen Spezies müssen sie dabei Reaktionen der Weibchen umgehen, die eine Paarung verhindern würden. Beispielsweise betrachten viele Weibchen der Spinnen die Männchen als Beute und so müssen diese in der Balz entsprechend vorsichtig oder „besänftigend" auf die Weibchen einwirken.

Befriedungshandlung (engl. *appeasement behaviour*) Gegenteil des Drohverhaltens, bei dem unterlegene Tiere ein Befriedungs- bzw. Beschwichtigungsverhalten zeigen, um die Aggressionsbereitschaft eines Gegners zu mindern. Dabei wenden unterlegene Tiere ihre Waffen demonstrativ vom Gegner ab und/oder machen sich kleiner.

Behaviorismus (engl. *behaviorism*) Eine zu Beginn des 20. Jahrhunderts entwickelte Verhaltenslehre, bei der unter definierten Versuchsanordnungen (z. B. eine labyrinthartige Wegstrecke) das Verhalten von Tieren objektiv erfasst und statistisch ausgewertet wird, ohne auf eine etwaige „geistige Funktion" (z. B. intelligente Handlungsweisen) einzugehen. Grundlage aller Experimente war das vom amerikanischen Psychologen John Broadus Watson (1878–1958) entwickelte **Black-Box**-Modell: Alle lebenden Organismen werden als eine Art „schwarze Schachtel" betrachtet. Dabei werden nur die Beziehungen zwischen den einwirkenden Reizen und dem beobachtbaren Verhalten experimentell erfasst und ausgewertet. Das Vorhandensein angeborener Verhaltensweisen wird von den Behavioristen weitestgehend geleugnet. Diese Form der Verhaltensforschung wurde in den letzten Jahrzehnten zusehends von Versuchsansätzen verdrängt, bei denen „geistige Funktionen" mitberücksichtigt werden.

Beschädigungskampf (engl. *serious fighting*)
Kampfart, bei der Artgenossen wegen Festlegung der Rangordnung, Futterstreitigkeiten, Revierabgrenzungen oder im Wettstreit um Paarungspartner die Waffen einsetzen, mit denen sich das Tier auch gegen Artfremde verteidigt. Hierbei kommt es häufig zu Verletzungen. Beispiel: Auseinandersetzungen zwischen Hunden oder Katzen.

Brutpflege (engl. *care of offspring*) Alle angeborenen Verhaltensweisen, die nach der Geburt oder Eiablage beginnen und der Pflege, Aufzucht, Fütterung bzw. dem Schutz der Nachkommenschaft dienen.

Drang (engl. *urge*) Bereitschaft zu einem bestimmten Verhalten, aktivierter Trieb; Instinkthandlung. Der Drang zu einem artspezifischen Handeln beruht auf Erregungsvorgängen im Zentralnervensystem, die sich auch experimentell erzeugen lassen.

Dressur (engl. *training*) Vom Menschen gesteuerte Lernvorgänge, wobei das Tier eigene oder menschliche Verhaltensweisen ausbaut bzw. übernimmt. Wie bei der Konditionierung werden Bewegungen der Tiere mit Signalreizen (vom Menschen kommend) assoziiert, indem das Tier eine Belohnung bzw. Strafe für die entsprechende Leistung erhält.

Drohverhalten (engl. *threatening behaviour*) Drohverhalten wird von Tieren gegenüber Feinden oder Rivalen gezeigt. Es verwendet eine ähnliche/gleiche Symbolsprache wie das Imponierverhalten: Umrissvergrößerung und/oder akustische Signale. Die Katze beispielsweise zeigt einen „Katzenbuckel", sträubt die Nackenhaare und faucht. Das Drohverhalten beinhaltet häufig gleichzeitig die Tendenz zum Angriff und zur Flucht. So stellt sich eine drohende Katze quer zum Gegner und ist damit bereit, sowohl zu kämpfen wie zu fliehen.

Endhandlung (engl. *end act, consummatory act*)
Auf ein Appetenzverhalten folgt eine genetisch programmierte Verhaltensweise, die durch einen Schlüsselreiz ausgelöst wird.

Erbkoordination (engl. *instinctive movements, instinctive act(ion), fixed action pattern*) Artspezifische, angeborene Verhaltensweisen, die relativ starr sind und immer nach demselben Muster ablaufen. Als Auslöser ist ein Schlüsselreiz notwendig.

Ersatzhandlung (engl. *action against substitute object*) „Abreagieren" eines Individuums, indem die Endhandlung an einem Gegenstand oder einem Individuum versucht wird. Diese Ersatzhandlung stillt den zugrunde liegenden Trieb nicht, beschwichtigt ihn aber meist.

Ethogramm (griech. *ethos* Gewohnheit, Sitte; *graphein* schreiben; engl. *ethogramm*) Katalog aller beobachtbaren Verhaltensweisen eines Tieres bzw. einer Tierart, z. B. Brutpflege bei Stichlingen.

Ethologie (griech. *ethos* Sitte; engl. *ethology*) Wissenschaft vom Verhalten der Tiere und des Menschen; Verhaltensbiologie. Die Ethologie untersucht die Ursachen des Verhaltens (genetisch, erworben), seines biologischen Wertes und seiner stammesgeschichtlichen Entstehung und Entwicklung.

Extinktion (lat. *extinguere* auslöschen; engl. *extinction*) Die Auslöschung eines bedingten Reflexes, also einer Verhaltensweise, die durch klassische Konditionierung erlernt wurde.

Habituation (lat. *habitare* wohnen, etwas gewohnt sein; engl. *habituation*) Gewöhnungslernen. Gewöhnung als reizspezifische Ermüdung, zentralnervöse Adaptation: Fähigkeit, sich an Reize zu gewöhnen, die weder schaden noch nützen. Habituation wird auch als eine einfache Form des Lernens aufgefasst – allerdings wird hier nichts direkt Neues gelernt, sondern eine vorhandene Antwortbereitschaft abgebaut. Dabei tritt eine Gewöhnung an einen bestimmten, unschädlichen Reiz ein. Wird der Reiz in bestimmten Zeitabständen mit konstanter Reizstärke wiederholt, so werden die Reaktionen immer schwächer bis hin zur völligen Ignoranz. Seeanemonen z. B. zeigen auf einen mechanischen Reiz hin eine Krümmung ihrer Tentakel in Richtung des Reizverursachers. Wird dieser Reiz immer wieder ausgeführt, ignoriert ihn die Seeanemone. Kommt der gleiche Reiz nach einiger Zeit erneut, reagiert das Tier wieder. Die **Dishabituation** bezeichnet die Aufhebung einer Habituation (im Unterschied zur Extinktion) durch eine längere Pause oder nach der Präsentation anderer Reize als Reaktion auf einen früheren Reiz.

Handlungsbereitschaft → Motivation (4 Verhalten S. 100)

Handlungskette, Reaktionskette (engl. *action chain*) Programmartiger Verhaltensablauf, der aus einer Reihe von Einzelhandlungen mit weitgehend gleicher Abfolge besteht und meist mit einer Endhandlung endet. Handlungsketten findet man z. B. bei der Balz (Balzkette, engl. *courtship chain*), beim Kommentkampf, beim Honigsuchen der Biene oder beim Jagdverhalten vieler Arten.

Hospitalismus (lat. *hospitalis* gastlich; engl. *hospitalism*) In Heimen und Krankenhäusern erworbene psychische Schäden. Hospitalismus entsteht aufgrund mangelnder individueller Zuwendung besonders bei Kindern. Charakteristisch sind stereotype, sich ständig wiederholende Bewegungen.

Imponierverhalten, Imponiergehabe (lat. *imponere* herausstellen; engl. *display behaviour, impressive behaviour*) Um einen Gegner oder Geschlechtspartner zu beeindrucken, benutzen viele Tiere optische und/oder akustische Signale wie etwa eine Vergrößerung der Körpersilhouette durch Breitseitstellung (z. B. Rind), durch Zurschaustellung von Schmuckfedern (z. B. Pfau) oder durch Fauchen (z. B. Katzen). Eine spezielle Funktion erfüllt das Imponieren beim Drohverhalten.

Instinkthandlung → Erbkoordination (4 Verhalten S. 97)

Instinktverhalten (engl. *instinctive behaviour*) Abfolge bestimmter Verhaltensmuster. Der Ablauf eines Instinktverhaltens lässt sich häufig in drei aufeinanderfolgende Abschnitte untergliedern: (1) Das als **ungerichtetes Appetenzverhalten** beschriebene, oft unruhige Suchen nach einem Antriebsziel, z. B. Nahrung oder einen Geschlechtspartner. (2) Mit dem **gerichteten Appetenzverhalten** nähert sich das Tier einem entdeckten Antriebsziel an. (3) Nach Erreichen des Ziels beginnt die **Endhandlung** wie etwa Begattung oder Fressen.

Kindchenschema (engl. *baby/child schema*) Kindliche Körpermerkmale und Verhaltensweisen bei Mensch und Tier, deren Wahrnehmung beim Betrachter ein Fürsorgeverhalten dem Kind oder Jungen gegenüber auslöst.

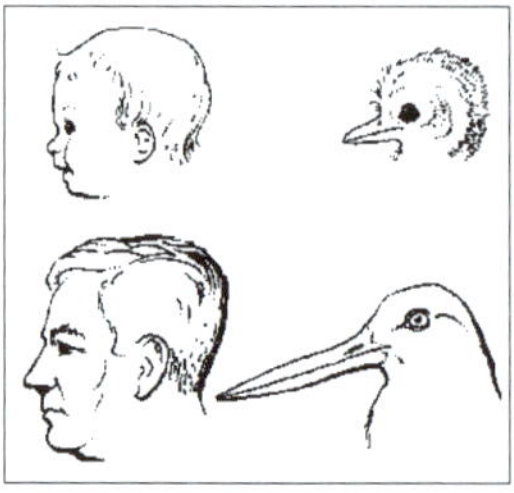

Merkmale des Kindchenschemas: Kopfproportionen junger Lebewesen (relativ großer Kopf, vorgewölbte Stirn und abgerundeter Hinterkopf, kleiner Gesichtsschädel mit Pausbacken, weit auseinander liegende und große Augen) im Vergleich zu den kantigen und länglichen Gesichtern von Erwachsenen

Kommentkampf (engl. *ritualized fight*)
Harmlose Kampfform, die im Gegensatz zum Beschädigungskampf nach festen Regeln abläuft. Der Kommentkampf dient zur Ermittlung der Rangordnung in einer Herde oder zum Verdrängen von Rivalen.

Konditionierung (engl. *conditioning*) Erwerb einer Verhaltensweise (Reaktion) durch bestimmte experimentelle Bedingungen.
(1) Bei der **klassischen** Konditionierung wird ein natürlicher Reiz mit einem künstlichen, zunächst indifferenten Signal verbunden (z. B. Futter und Glockenton). Nach einigen gemeinsamen Darbietungen vermag der Signalreiz allein die zugehörige Reaktion auszulösen, was als bedingter Reflex bezeichnet wird. Das Tier lernt passiv.
(2) Die **instrumentelle** oder **operante** Konditionierung benutzt keinen neuen Reiz, sondern eine spontane Bewegung, auf die eine Bedürfnisminderung folgt, wie das Stillen des Hungers. Erhält das Tier z. B. auf das zu Beginn zufällige Drücken einer Hebeltaste eine „Belohnung" (Futter), so werden beide eigentlich unabhängigen Ereignisse vom Tier in Zusammenhang gebracht und die betreffende Bewegung in entsprechender Situation (Hunger) vermehrt ausgeführt. Das Labyrinth oder die Skinnerbox z. B. wurden als Versuchsdesign für die experimentelle Konditionierung entworfen, die auch als **Dressur** bezeichnet wird. Generell spielen sich beide Lernvorgänge auch in der Natur ab, etwa bei Nahrungssuche oder Nestbau, wo jedes Tier seine Erfahrungen sammeln muss. Man spricht dann vom „Versuch und Irrtum"-Lernen oder vom „Lernen am Objekt".

Konfliktverhalten (lat. *conflictus* Zusammenstoß; engl. *conflict behaviour*) Handlungsablauf, der auftritt, wenn in einem Tier oder Menschen zwei Motivationssysteme (z. B. Furcht und Hunger) aktiviert sind.

Kooperation (lat. *cooperare* zusammenarbeiten; engl. *cooperation*)
Gegenseitige Hilfeleistung, bei der alle beteiligten Individuen einen Nutzen (alle Vorteile des Soziallebens) genießen, ohne dass damit Kosten (alle Nachteile des Soziallebens) verbunden wären, beispielsweise die Bildung von Herden oder Schwärmen als Schutzmechanismus oder auch zur gemeinsamen Jagd.

Leerlaufhandlung (engl. *vacuum activity*)
Spontan auftretende Verhaltensweise, die normalerweise durch Außenreize hervorgerufen wird. Leerlaufhandlungen folgen auf Schwellenwerterniedrigungen. Allerdings sind in der Praxis so schwache Reize, die eine Leerlaufhandlung auslösen, schwer festzustellen. Bekanntes Beispiel sind die Webervögel, welche die Nestbaubewegung manchmal auch ohne Nestbaumaterial ausführen.

Lernen (engl. *learning*) Verhalten, das nicht wie Instinkthandlungen durch ein festgelegtes genetisches Programm „vorgeschrieben" ist, sondern individuell durch bereits erfolgte, frühere Erfahrungen gesteuert wird. Lernen setzt demzufolge ein Gedächtnis voraus. Einfachste Lernvorgänge werden als sog. **Gewöhnungslernen** bezeichnet. Eine höhere Form des Lernens ist die **Konditionierung**. **Lernen durch Einsicht** schließlich nennt man die Fähigkeit eines höheren tierischen Organismus, in einer neuartigen Situation beim ersten Versuch durch Erfassen der Zusammenhänge das richtige/passende Verhalten zu zeigen.
Lernen stellt evolutiv gesehen einen bedeutenden Vorteil für die Lebewesen dar, denn es ermöglicht den Organismen, vorteilhaft auf Situationen zu reagieren, für deren Bewältigung sie genetisch eigentlich nicht „programmiert" waren. Nicht zuletzt aufgrund seiner überragenden Fähigkeit zu lernen entwickelte sich die Gattung Mensch zu dem, was sie heute ist (mit allen positiven und negativen Aspekten). Die Frage nach der Art und Weise, wie Lernen bzw. Gedächtnis molekularbiologisch funktionieren, wird intensiv untersucht. Nach einer gängigen Theorie kommt es durch wiederholte Erfahrungen (Eindrücke/Reize) zur Festigung (Etablierung, Verbesserung) bestimmter Nervenbahnen, Neuronen bzw. Synapsen, wodurch sich eine Art Schaltkreis (wie in der Elektronik) ergibt. Die etwa 10^{11} Neuronen des menschlichen Gehirns mit ihren 10^{14} synaptischen Verbindungen lassen erahnen, welche Möglichkeiten dieses neuronalen Netzwerks für das Gedächtnis und für das Lernen vorhanden und auch nutzbar sind.

Motivation, Antrieb, Handlungsbereitschaft (engl. *motivation*) Innerer Zwang, Handlungen auszuführen, die Wohlbefinden hervorrufen. Die Bereitschaft eines Tieres zur Ausführung einer bestimmten Handlung, die durch eine Reihe innerer und äußerer Faktoren aufgebaut wird. Die Motivation jeder Verhaltensweise hat zu einem gegebenen Zeitpunkt einen bestimmten Wert, deren Extreme die Habituation und eine maximale Reaktion auf einfache, inadäquate Reize sind. Durch Versuche mit ins Gehirn implantierten Elektroden wurde an Versuchstieren (und an Patienten) festgestellt, dass diese bei Aktivierung der Elektrode (geringer Stromfluss) durch Selbstbetätigung eines Hebels – je nach Sitz der Elektrode im Gehirn – entweder diesen Hebel immer wieder betätigen oder aber eine weitere Betätigung vermeiden. Wenn der Hebel wiederholt von den Tieren betätigt wird, „belohnen" sie sich damit. Sie motivieren sich immer mehr zu dieser Aktion, vergessen sogar Trinken und Fressen, bis sie zusammenbrechen. Ein derartiges Motivationssystem im Gehirn ist natürlicherweise für die Befriedigung körperlicher Bedürfnisse wie Hunger, Durst und Geschlechtstrieb verantwortlich.

Prägung (engl. *imprinting*) Irreversibles Festlegen (Lernform mit einer angeborenen Komponente) eines festen Verhaltensmusters während einer sensiblen (Jugend-)Phase.

Prinzip der doppelten Quantifizierung (engl. *principle of double quantification*) Nach dem Prinzip der doppelten Quantifizierung haben immer zwei Größen Einfluss auf das Zustandekommen und die Intensität einer Verhaltensreaktion, so beispielsweise die Stärke eines auslösenden Reizes **und** die Höhe der inneren Bereitschaft des darauf antwortenden Individuums.

proximate Ursache (lat. *proximus* der nächste; engl. *proximate factor (cause)*) Bezieht sich auf eine hypothetische Erklärung für die Begünstigung eines bestimmten Verhaltens durch die natürliche Selektion.

Rangordnung (engl. *social hierarchy, rank order*)
Soziales Gefüge in einer Tiergruppe, geregelt nach Dürfen und Nicht-Dürfen. Solche Rangabstufungen sind meist bei Säugern, Vögeln, Fischen und Reptilien zu beobachten, selten bei Wirbellosen. Zwischen lernfähigen Wirbeltieren, die innerhalb einer bestimmten räumlichen Umgebung zusammenleben, bilden sich über- und untergeordnete Verhältnisse (Rangordnungen) aus. Dies geschieht über Streit- bzw. Kampfsituationen etwa um Nahrung oder einen Paarungspartner. Ist eine Rangordnung einmal festgelegt, wird sie für längere Zeit beibehalten. Ranghohe Tiere verschaffen sich bevorzugt Zugang zu Wasser und Futter, zum Ruheplatz und zum Geschlechtspartner. Dominante Tiere haben i. d. R. die Rolle des Anführers, des Wächters oder Verteidigers. Die Rangordnung kann linear sein (z. B. die Hackordnung beim Huhn) oder ein Dreiecksverhältnis aufweisen, wobei ein Tier über ein zweites, dieses über ein drittes und das wiederum über das erste dominant (herrschend) sein kann. Eine biologische Rangordnung ist auch bei sympatrischen Arten zu beobachten, die auf dieselben Ressourcen angewiesen sind. Um diese kämpfen die Arten mehr oder minder erfolgreich, woraus sich ebenfalls eine Rangordnung ergibt.

reziproker Altruismus (engl. *reciprocal altruism*)
Altruismus bezeichnet das entgegengesetzte Verhalten zum Egoismus, wenn also ein Individuum unter (der Gefahr der) Verminderung des eigenen Wohlergehens das Wohlergehen eines anderen, nicht verwandten Individuums vergrößert. Man interpretiert den Nutzen dieses Verhaltens dahingehend, dass sich für das altruistisch handelnde Individuum in Zukunft eine reziproke (= umgekehrte) Situation ergeben könnte, bei der sich der Nutznießer mit einer ebenfalls altruistischen Handlung revanchiert.

Ritual (lat. *ritus* heiliger Brauch; engl. *ritual*)
Verhaltensmuster, das zu einer Signalhandlung für Artgenossen umgewandelt ist, unabhängig von seiner ursprünglichen Bedeutung. So bieten bei einigen Vogelarten die Männchen dem Vogelweibchen zur Balzzeit mitgebrachte Nahrung an, ein Ritual, welches sich aus der Brutfürsorge ableitet.

Schlüsselreiz, Signalreiz (engl. *key stimulus*)
Ein Außenreiz oder die Kombination mehrerer Reize, die ein bestimmtes Verhalten und manchmal auch die Orientierung der Verhaltensweise (Orientierungsreiz) oder die Stimmungslage (motivierender Reiz) eines Individuums auslösen. Äußere Reize, wie etwa bestimmte Moleküle oder Sinneseindrücke, die angeborene Verhaltensweisen auslösen. Da diese Reaktionen genetisch festgelegt sind, bezeichnet man sie als Erbkoordinationen.

sensible Phase, kritische Phase (engl. *sensitive phase*)
Abschnitt im Leben eines Individuums, währenddessen es besonders empfänglich ist für bestimmte Lernerfahrungen. Diese Erfahrungen haben meist besondere Auswirkungen auf die weitere Entwicklung des Verhaltens eines Individuums.

Soziobiologie (engl. *sociobiology*)
Die Erforschung des Sozialverhaltens nach den Prinzipien der Evolutionstheorie.

Spieltheorie (engl. *game theory*)
Die Anwendung eines Modells zur Untersuchung des adaptiven Wertes eines Merkmals. Besonders werden die Auswirkungen bestimmter Verhaltensweisen, die für die Fitness bedeutend sind, auf andere Individuen betrachtet.

Territorium → 6 Ökologie S. 225

ultimate Ursache (lat. *ultimus* der Letzte; engl. *ultimate factor (cause)*) Eine hypothetische Erklärung für die Existenz eines bestimmten Verhaltensmusters, abgeleitet aus Überlegungen der Evolutionsbiologie.

Ventilsitten (engl. *safety valve customs*)
Verhaltensweisen bei Mensch und Tier zur unblutigen Ableitung aufgestauter Aggression. Beim Menschen dienen etwa Kampfsportarten einer solchen unschädlichen Aggressionsableitung. Bei Naturvölkern wie den Eskimos werden durch „Gesangsduelle“ Auseinandersetzungen beigelegt.

5 Genetik

Aberration (lat. *aberratio* Abweichung; engl. *aberration*) In der Genetik Abweichungen, welche die Chromosomen (Zahl, Morphologie) betreffen.

AB0-Antigene, AB0-Blutgruppen-Antigene → 7 Immunbiologie S. 227

Adenin, A (engl. *adenine*) Die stickstoffhaltige organische Purin-Base ist sowohl ein Baustein der RNS als auch der DNS. In den Nukleinsäuren ist Adenin entweder mit Uracil (RNS) oder Thymin (DNS) über zwei Wasserstoffbrücken gepaart.

Adenoviren (engl. *adenoviruses*) Tierspezifische Viren, deren extrachromosomalen Replikationsmechanismus (die Art, wie diese ihr Erbmaterial vermehren) man nutzt und sie als Vektoren zur DNS-Vermehrung (Amplifikation, Klonierung) in Säugerzellen verwendet.

Agrobacterium tumefaciens (lat. *ager* Acker; griech. *bakteria* Stab, Stäbchen, lat. *tumefacere* schwellend machen) Art der weitverbreiteten Bodenbakterien, die bei zweikeimblättrigen Pflanzen *(Angiospermae)* ein krebsartiges Wachstum hervorruft. Eigentliche Ursache ist ein spezielles Plasmid (Ti = Tumor induzierend), welches von den Bakterien über Verletzungen auf die Pflanzen übertragen wird. Dieser natürliche Übertragungsvektor wird in der pflanzlichen Gentechnik intensiv für den experimentellen Gentransfer genutzt.

Gewisse Arten von Agrobakterien infizieren Pflanzen, wobei sie Wurzelhalsgallen, Kalli aus Tumorgewebe, hervorrufen. Das Tumor induzierende Agens ist ein Plasmid (das Ti-Plasmid), das einen Teil seiner DNS (die transformierende oder T-DNS) in die Chromosomen der Wirtszelle integriert.

akrozentrisch (griech. *akron* Spitze, *kentron* Mittelpunkt; engl. *acrocentric*) Bezeichnung für Chromosomen, deren Zentromer an einem Ende liegt.

Albinismus (lat. *albus* weiß; engl. *albinism*)
Erblich bedingter Melanin-Mangel. Der dunkle Farbstoff in Haut, Augen und Haaren des Menschen und vieler Tiere heißt Melanin. Er wird über mehrere biochemische Schritte aus der Aminosäure Tyrosin gebildet. Hauptrolle spielt das Enzym Tyrosinase, das von dem entsprechenden Gen codiert wird. Ist das Gen defekt, wird keine Tyrosinase und dadurch auch kein Melanin gebildet. Im homozygoten Zustand, wenn zwei defekte Allele vorhanden sind, fehlt die Pigmentierung, das Individuum ist ein Albino. Albinismus wird also rezessiv vererbt. Heterozygote haben normale Färbung. Daneben gibt es Formen (Allele) des Tyrosinasegens, welche eine schwache Ausprägung der Tyrosinase bewirken. Ein Beispiel ist das Himalaya-Allel, das temperaturabhängig exprimiert, sodass an den Extremitäten (Ohren, Schnauze, Pfoten) dunkle Färbung auftritt, nicht jedoch an den wärmeren Körperregionen.

Allel (griech. *allelon* zueinander gehörig; engl. *allele*) Abkürzung für allelomorph. Ausdruck für die Zustandsform eines Gens, also für die Verschiedenartigkeit (durch Mutation der Erbsubstanz verursachte Variationen), in der ein bestimmtes Gen in einer Spezies vorkommt. Die meisten Allele stellen nur geringfügige Änderungen von Genen (Genloci) dar. Sie beeinträchtigen meist nicht die Überlebensfähigkeit der Spezies, können jedoch bei Änderungen des Lebensraumes entscheidend für Neuanpassung und damit Überlebensfähigkeit der Art sein. Diese Genvariabilität stellt ein Grundprinzip der Evolution dar. Ferner ist die Allelvielfalt die Ursache für die individuellen Unterschiede innerhalb einer Art oder Population (entscheidendes Kriterium für die Identität eines Individuums). Allele unterscheiden sich in der Basensequenz, woraus dann ein verändertes Polypeptid bzw. Protein mit mehr oder weniger veränderter Funktion resultieren kann. Sind mehr als zwei Allele eines Genlocus bekannt, sagt man, dieser Genlocus zeigt **multiple Allelie** oder er ist polymorph; z. B. sind Blutgruppengenloci polymorph und Histongenloci monomorph, d. h. hier gibt es keine Allele. Meist werden die Allele eines Genlocus mit Buchstaben benannt (A, B usw.).

Allelfrequenz, -häufigkeit → Genfrequenz (5 Genetik S. 131)

Aminoacyl-tRNS-Synthetasen
(engl. *aminoacyl-tRNS-synthetases*) Mg^{2+}-abhängige Enzyme, die tRNS-Moleküle mit den spezifischen Aminosäuren beladen (kovalent binden). Für die Translation der mRNS liefern tRNS-Moleküle jeweils die für das

entsprechende mRNS-Codon passende Aminosäure an die Ribosomen. Nach Übertragung der Aminosäure auf die wachsende Polypeptidkette fallen die tRNS-Moleküle von den Ribosomen ab und werden im Zytoplasma durch Synthetasen wieder mit Aminosäuren beladen. Entsprechend den 20 verschiedenen Aminosäuren existieren 20 verschiedene Synthetasen. Die Synthetasen verfügen über eine sehr hohe Spezifität, d. h. sie erkennen äußerst selektiv „ihre" Aminosäure (trotz z. T. nur minimaler Unterschiede) und „ihre" entsprechende tRNS. Diese Genauigkeit ist entscheidend für die exakte Synthese der Proteine.

Aminosäure → 1 Zellen und Stoffwechsel S. 2

Amplifikation (lat. *amplificare* vergrößern; engl. *amplification*) Vermehrung. In der Molekulargenetik bedeutet Genamplifikation, dass bestimmte DNS-Sequenzen besonders häufig vermehrt werden, z. B. während mancher Entwicklungsphasen. So werden ribosomale DNS-Sequenzen natürlicherweise in der Oogenese der Amphibien amplifiziert und exprimiert. In Zellkultur kann mithilfe von Chemikalien die Amplifikation von Genen erreicht werden. Die PCR ist ein *in-vitro*-Verfahren, um Gene oder kurze DNS-Stücke stark zu vermehren.

Anämie (griech. *a(n)-*, un-, nicht, *haima* Blut; engl. *anemia*) Blutarmut. Dieser Krankheitszustand ist dadurch gekennzeichnet, dass zu wenig Hämoglobin je Volumeneinheit Blut vorhanden ist. Die Ursache kann genetisch (z. B. Thalassämie) oder durch Blutverlust bedingt sein. Bei der hämolytischen Anämie werden die Erythrozyten zerstört, bei der hypochromen Anämie ist ihr Hämoglobingehalt vermindert.

Aneuploidie (griech. *a(n)-*, un-, nicht, *eu* gut, *polyplous* vielfach; engl. *aneuploidy*) Abweichung vom euploiden Chromosomensatz. Die Chromosomenzahl einer Zelle oder eines Indiviuums beträgt manchmal nicht genau ein Vielfaches des typischen haploiden Chromosomensatzes einer Spezies. Gegenteil: Euploidie. Mit dem Zusatz „-som" wird die Abweichung bezüglich des betroffenen Chromosoms beschrieben, z. B. Monosomie, Trisomie. Die Trisomie 21, das Chromosom Nr. 21 des Menschen ist dreifach vorhanden, verursacht das Krankheitsbild des Down-Syndroms.

Annealing (engl. *anneal* abkühlen, härten) In der Annealing-Phase einer PCR lagern sich die Primer an den Template-Strang aufgrund komplementärer Nukleotidsequenzen/Basenpaarung.

Anticodon (griech. *anti* gegen; engl. *anticodon*) Drei Nukleotide (Triplett) in einem tRNS Molekül, die an das komplementäre Codon der mRNS während der Translation am Ribosom binden. Die jeweilige tRNS trägt ihrem Anticodon entsprechend eine bestimmte Aminosäure „huckepack“, welche am Ribosom an die wachsende Peptidkette angehängt wird. Die tRNS wird dann abgetrennt. So folgt Anticodon für Anticodon der 20 verschiedenen tRNS-Moleküle und die transportierten Aminosäuren werden damit in der vorgegebenen Reihung zum Polypeptid (Aminosäurekette) aneinandergefügt.

Antisense RNS, asRNS (engl. *antisense RNA, asRNA*)
Ein RNS-Molekül mit einer Nukleotidsequenz, die komplementär zu einer bestimmten mRNS ist. Die Verwendung von asRNS stellt eine Art der Genregulation dar, wie sie natürlicherweise einige Bakterienarten entwickelt haben. Diese Strategie wird auch in der Gentechnologie angewendet, indem asRNS-Moleküle in eine Zelle eingeschleust werden, wo sie mit den entsprechenden mRNS-Molekülen zu einer doppelsträngigen RNS hybridisieren. Bestimmte Enzyme bauen diese dann ab, sodass keine Translation stattfinden kann. Versuche mit Antisense-Molekülen, die zu mRNS-Sequenzen des HIV komplementär waren, zeigten, dass die Vermehrung des Virus in Zellkulturen um 80 % reduziert werden konnte. Die Antisense-Technologie nutzt dieses Phänomen, um die Expression schädlicher Gene zu unterdrücken.

Antisense-Strang → Strangbezeichnung (5 Genetik S. 193)

Autosom (griech. *autos* selbst, *soma* Körper; engl. *autosome*)
Jedes Chromosom eines Zellkerns mit Ausnahme der Geschlechtschromosomen. Die Gene (Allele) auf den Autosomen folgen der Verteilung der Chromatiden auf die Gameten während der Meiose. Dabei kann nach der Befruchtung ein rezessives Allel mit einem dominanten Allel oder einem gleichfalls rezessiven Allel zusammentreffen. Autosomale Allele zeigen das Vererbungsverhalten, das den Mendel'schen Gesetzen entspricht.

Baculovirus (engl. *baculovirus*)
Ein Virus, das als Klonierungsvektor für DNS in Insektenzellen dient.

Bakterien → 1 Zellen und Stoffwechsel S. 8

Bakteriophage, Phage (griech. *phagein* fressen; engl. *bacteriophage*)
Virus, dessen Wirt ein Bakterium ist, das also in Bakterien parasitiert. Phagen sind morphologisch und genetisch sehr unterschiedlich.

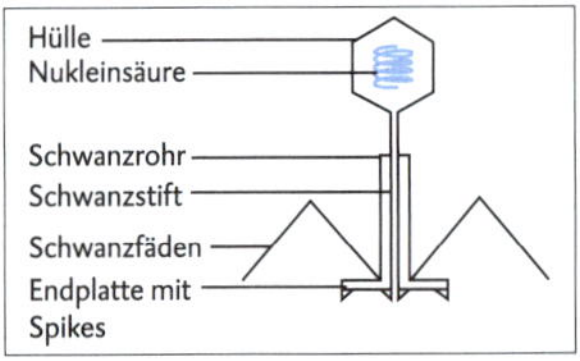

Bakteriophage (Länge ca. 200 nm)

Barr-Körperchen (Geschlechts-, Sex-Chromatin) (engl. *Barr body*) Dicht gepacktes und damit genetisch inaktives X-Chromosom im Kern weiblicher Somazellen bei den Säugetieren. Benannt nach Murray L. Barr (1949). Das andere X-Chromosom ist großteils entspiralisiert und aktiv, d. h., seine Gene werden transkribiert.

Base (engl. *base*) Häufig synonym gebraucht für Nukleotid. Die vier in der DNS vorkommenden Basen sind Adenin (A), Cytosin (C), Guanin (G) und Thymidin (T). In der RNS kommt anstelle von Thymidin Uracil (U) vor. Ein für eine bestimmte Aminosäure codierendes Basentriplett besteht aus drei aufeinanderfolgenden Basen, ein durchschnittliches Gen enthält mehrere Tausend Basen (mit dem komplementären Strang eigentlich Basenpaare), das diploide Genom der Säugetiere etwa sechs (2 · 3) Milliarden Basen bzw. Basenpaare.

A = Adenin	S = G oder C
C = Cytosin	K = G oder T (U)
G = Guanin	M = A oder C
T = Thymin	B = C oder G oder T (U)
U = Uracil	D = A oder G oder T (U)
R = A oder G	H = A oder C oder T (U)
Y = C oder T (U)	V = A oder C oder G
W = A oder T (U)	N = A oder C oder G oder T (U)

Nukleotidbasen – Einbuchstabensymbole (z. B. in Computerausdrucken für Nukleotidsequenzen)

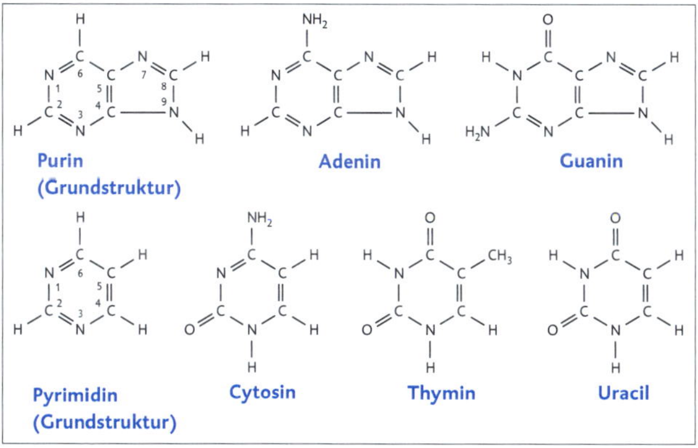

Strukturformeln der Nukleotidbasen

Basenpaar, bp (engl. *base pair*)
Zwei Stickstoffbasen der DNS (ein Purin, A oder G, und ein Pyrimidin, T oder C), die durch Wasserstoffbrücken gebunden sind; A mit T über 2 Wasserstoffbrücken und G mit C über 3 Wasserstoffbrücken. Meist gleichbedeutend mit Nukleotidpaar. Praktische Längeneinheit für die DNS (ein Basenpaar entspricht einer DNS-Länge von 0,34 nm). Ein Basenpaar hat ein Molekulargewicht von ~ 660 d.

Basensubstitution (lat. *substituere* ersetzen; engl. *base-pair substitution*) Austausch eines Nukleotids (Base) als Manifestation einer Mutation.

Bastard (franz. *bâtard* uneheliches Kind; engl. *bastard, hybrid*)
Ein Mischling (Hybride) aus der Kreuzung von Eltern verschiedener Rassen oder Arten.

Bluterkrankheit, Hämophilie (griech. *haima* Blut, *philia* Neigung; engl. *hemophilia, bleeding disease*) Hämophilie A ist die klassische Art der Krankheit, bei der das Blut nicht gerinnen kann. Ursache ist das Fehlen des Faktors VIII (antihämophiles Globulin). Das entsprechende Gen HEMA liegt am Ende des langen Arms des X-Chromosoms. Die Frequenz der männlichen Genotypen ist 1:10 000. Hämophilie B (HEMB), auch „*Christmas disease*" genannt, liegt ebenfalls auf dem X-Chromosom. Bei diesem Defekt wird der Blutgerinnungsfaktor IX (*PTC* = ***P****lasma* ***T****hromboplastin* ***C****omponent*) nicht gebildet. Vorkommen: etwa 20 % der Häufigkeit von A (d. h. etwa 1 von 50 000 Männern erkrankt daran).

Blutgruppe(n) (engl. *blood groups*)
Klassifikation eines Bluttyps (Phänotyps) nach dem Agglutinationsverhalten der Erythrozyten (Verklumpung der roten Blutkörperchen), wenn Blut von Individuen verschiedener Blutgruppen vermischt wird. A, B, AB, 0 als klassische Blutgruppen (A wird noch in A_1 und A_2 unterteilt). Weitere: Rh (Rhesus), Lutheran, Kell, P, MNS, Kidd, Diego usw. Blutgruppen sind antigene Determinanten auf der Oberfläche der Erythrozyten. Die Verklumpung von roten Blutkörperchen bei Blutvermischung basiert auf zwei im Blut vorhandenen Komponenten: auf den antigenen Blutgruppen der Zellen und den Antikörpern im Serum. Die Blutgruppenantigene stellen die eigentlichen Erbmerkmale dar, während die Antikörper im Lauf der nachgeburtlichen Entwicklung geschaffen werden.

Blutgruppe	Genotyp	Antigen	Antikörper gegen
0	00	–	A und B
A	AA, A0	A	B
B	BB, B0	B	A
AB	AB	AB	–

Zusammenhang zwischen Blutgruppenmerkmal und Antikörpern in einzelnen genetisch unterschiedlichen Individuen (A_1, A_2 vereinfacht als A dargestellt)

Lange Zeit war unbekannt, warum Personen mit der Blutgruppe 0 (Genotyp 00), zugleich über Antikörper gegen die Blutgruppen A und B verfügen, während Personen mit Blutgruppe A nur Antikörper gegen B und nicht gegen 0 besitzen. Personen mit Blutgruppe B haben nur Antikörper gegen A und Personen mit Blutgruppe AB haben überhaupt keine Antikörper gegen das AB0-Blutgruppensystem. Diese Konstellationen erklären, warum Personen mit Blutgruppe AB Blutspenden (nur Erythrozyten ohne Serum) aller anderen Genotypen des AB0-Systems empfangen können (Universalempfänger) und Personen mit Blutgruppe 0 jeder anderen Person Blut (Erythrozyten ohne Serum) spenden können (Universalspender). Die Ursache dafür ist, dass die Blutgruppe 0 keine antigene Eigenschaft hat. Deshalb gibt es hiergegen keine Antikörper. Die Blutgruppen A und B – so eine gängige Lehrmeinung – gleichen jedoch Antigenen bestimmter Bakterien, mit denen der Mensch zwangsweise ab seiner Geburt in Kontakt kommt. Menschen mit der Blutgruppe 0 bzw. A oder B produzieren daher gegen die entsprechenden bakteriellen Antigene Antikörper. Diese Antikörper erkennen „versehentlich" die gleichen antigenen Strukturen auf den nicht-eigenen Blutgruppeneigenschaften. Menschen mit Blutgruppe 0 entwickeln Antikörper gegen A und B, solche mit A nur gegen B und umgekehrt. Menschen mit Blutgruppe AB bekommen keine „0"-Antikörper, da Blutgruppe 0 kein Antigen darstellt.

Caenorhabditis elegans (griech. *kainos* neu, *rhabdos* Stab; lat. *elegans* zierlich) Kleiner Fadenwurm (Nematode), dessen Entwicklungsgenetik umfangreich untersucht worden ist. Der Wurm ist etwa 1 mm lang, sein Lebenszyklus dauert bei 20 °C 3,5 Tage. Seine Transparenz ermöglicht die Beobachtung jeder einzelnen Zelle. Das adulte Stadium (der geschlechtsreife Wurm) hat 816 somatische Zellen, davon 302 Neuronen. Die Differenzierungslinie jeder Zelle ist bekannt. *C. elegans* reproduziert sich überwiegend als selbstbefruchtender Zwitter (Hermaphrodit). Jede Zelle enthält 5 Autosomenpaare und 2 X-Chromosomen. Der Verlust eines X-Chromosoms durch meiotische Nondisjunction führt zu Männchen. Diese entstehen spontan mit einer Häufigkeit von 0,2 %. *C. elegans* ist besonders für genetische Analysen geeignet. Sein gesamtes Genom ist sequenziert.

capping Anlagerung eines *Cap* an ein mRNS-Molekül. Bei der Transkription wird der Anfang (die 5'-endige Base) der mRNS über eine Triphosphatbindung mit einem 7-Methylguanylat (*Cap*) verbunden. *Capping* erfolgt kurz nach Transkriptionsbeginn und vor allen Spleißvorgängen.

Chiasma (griech. *chiasma* Kreuzung; engl. *chiasm*)
Mikroskopisch sichtbarer Vorgang des Crossing-over: Kreuzverbindung der Chromatiden homologer Chromosomen mit nachfolgendem Austausch.

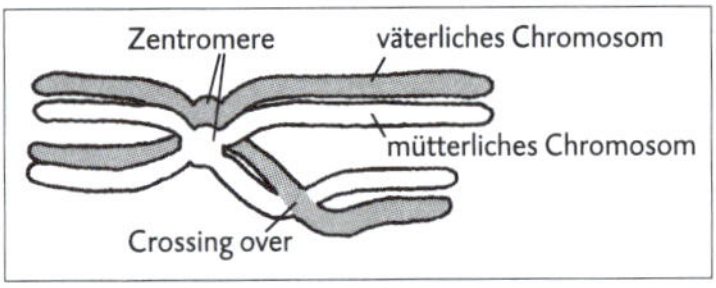

Mikroskopisch sichtbares Chiasma am Beispiel eines Crossing-over zwischen zwei Chromatiden eines homologen Chromosomenpaares

Chromatid (engl. *chromatid*)
Von Chromosom abgeleitet. Jedes Metaphase-Chromosom besteht nach der Synthesephase aus zwei identischen Chromatinfäden (zwei identischen DNS-Doppelsträngen), den Chromatiden. Ein Chromatid entspricht dabei jeweils der längsgeteilten Hälfte des Metaphase-Chromosoms. Die Verbindungsstelle der beiden Chromatiden heißt Zentromer (ein spezieller DNS-Abschnitt auf diesen Strängen). Chromatiden sind das Ergebnis der DNS-Replikation während der S-Phase des Zellzyklus und werden in der Mitose auf die Tochterzellen verteilt. In der Interphase entspricht ein Chromatid einem Chromosom. In der Meiose werden Chromatidabschnitte zwischen homologen Chromosomen ausgetauscht.

Chromatin (engl. *chromatin*)
Komplex aus DNS und Proteinen (Histone und Nichthistone), der fadenartig im Zellkern vorliegt. Mikroskopisch sichtbare Chromatiden bzw. Chromosomen bestehen aus komplex spiralisiertem Chromatin.

Chromosom (griech. *chroma* Farbe, *soma* Körper; engl. *chromosome*) Verpackungseinheit der DNS.
(1) In Prokaryoten das zirkuläre DNS-Molekül, das meist die ganze genetische Information der Zelle trägt (außer Plasmid).
(2) Bei Eukaryoten das spiralisierte und superspiralisierte Chromatin mit einem Teil der kernständigen Gene (die eben auf einem Chromosom lokalisiert sind) in linearer Anordnung.
In der genetisch aktiven Phase des Zellzyklus, wenn die DNS transkribiert wird, liegen die Chromosomen im dekondensierten, teilweise ent-

spiralisierten Zustand als Chromatinfäden im Kern (G_1-Phase) vor. Chromosomen kann man stark kondensiert am besten während der Metaphase beobachten **(Metaphase-Chromosomen)**. Hier sind die zwei Chromatiden zu sehen, die während der Synthesephase durch Verdoppelung der DNS entstanden sind und am Zentromer aneinanderliegen. Beidseitig des Zentromers befinden sich die Kinetochore, an denen sich die Mikrotubuli verankern und die Chromatiden in die Tochterzellen ziehen. Danach lösen sich die tellerartigen Kinetochore wieder auf. Die Lage des Zentromers bestimmt das Aussehen eines Chromatids während der Anaphase, wenn es von einem Mikrotubulus zum Zellpol gezogen wird: stabförmig, wenn es akrozentrisch oder telozentrisch ist, J-förmig bei submetazentrischen und v-förmig bei metazentrischen Chromatiden bzw. Chromosomen. Bei einigen Arten scheinen sich die Zugfasern (Mikrotubuli) an mehreren Stellen des Chromatids anzuheften, weshalb solche Chromosomen polyzentrisch genannt werden. Mitosechromosomen haben vier Endstücke **(Telomere)**, je zwei an den beiden Enden eines Chromatids. Die Länge der Chromosomen kann bis zu einigen Mikrometern betragen. Das größte Chromosom (Nr. 2) des Menschen (bzw. 1 Chromatid davon) enthält etwa 251 Mio. Basenpaare, das kleinste Chromosom (Y-Chr.) etwa 21 Mio. Basenpaare.

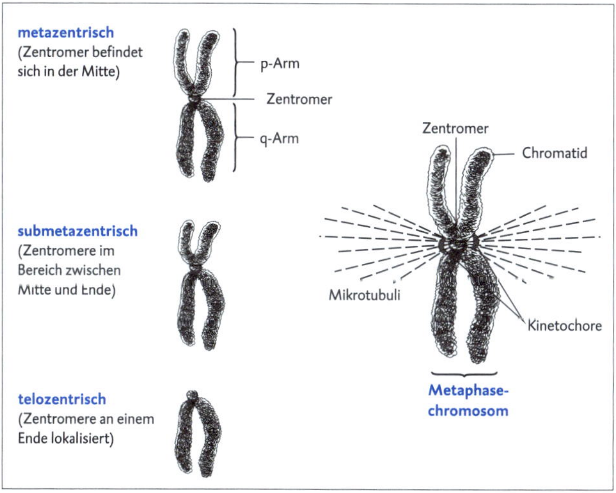

Einteilung von Chromosomen nach Lage ihres Zentromers und Assoziation eines Chromosoms mit dem Spindelapparat

Chromosomenaberration, -mutation (engl. *chromosome aberration/chromosomal mutation*) Mikroskopisch erkennbare abnorme Form eines Chromosoms als Ergebnis einer Duplikation, eines Verlustes oder einer Umlagerung von genetischem Material. Auch verwendet bei abnormer Anzahl von Chromosomen, z. B. Trisomie 21 (Down-Syndrom).

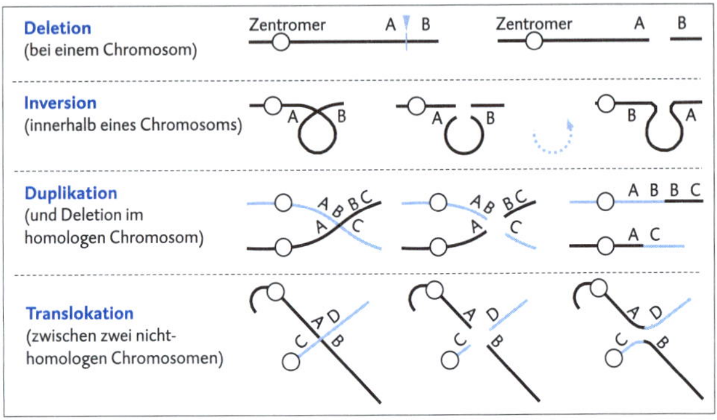

Übersicht über verschiedene Chromosomenaberrationen

Chromosomensatz (engl. *chromosome set*)
Gruppe von Chromosomen, die bei Eukaryoten ein Genom repräsentiert. Ein Chromosomensatz enthält bei diploiden Spezies ein Homologes von jedem Chromosomenpaar. Ein einziger einchromatidiger Chromosomensatz (Genom) befindet sich in einer Eizelle (und ein weiterer im 2. Polkörperchen) oder in einem Spermium.

Chromosomentheorie der Vererbung (engl. *chromosome theory of heredity*) Formuliert von W. S. Sutton (1902). Chromosomen sind die Träger der Gene, das chromosomale Verhalten und ihre Verteilung während der Meiose sind die Basis der Mendel'schen Gesetze.

cDNS, komplementäre DNS (engl. *complementary DNA, cDNA*)
(1) In der Natur: Viren, deren Erbsubstanz aus RNS besteht, müssen diese nach Infektion einer Wirtszelle in DNS „umschreiben", in die sogenannte komplementäre DNS (= cDNS), damit zum einen über virale mRNS virale Strukturproteine hergestellt und zum anderen das virale Genom (in diesem Fall RNS) vervielfältigt werden können. Die „Umschreibung" der viralen RNS zu cDNS erfolgt mittels des speziellen Enzyms **reverse Transkriptase** (RNS-abhängige DNS-Polymerase), welches RNS-Viren bei der Infektion mitbringen (denn ihre Wirtszellen produzieren kein derartiges Enzym).

(2) Als „Arbeitswerkzeug" in der Gentechnologie: Das unter (1) genannte, natürliche Phänomen wird *in vitro* genutzt, um mRNS in DNS umzuschreiben. Zellen, die ein bestimmtes Eiweiß bevorzugt herstellen, verfügen über besonders viel mRNS, die für das Eiweiß codiert. Um nun das (DNS-)Gen für das Eiweiß zu finden, isoliert man die relativ instabile mRNS und schreibt sie mit viraler reverser Transkriptase in stabile cDNS um. Diese cDNS entspricht dem Strukturgen, kann in Expressionsvektoren eingebaut und zur Produktion größerer Mengen des fraglichen Proteins in transgenen Organismen benutzt werden.
(3) Generell: Die cDNS ist eine „Abschrift" der mRNS des entsprechenden Gens der Zelle. Jedoch verfügen eukaryotische Gene über nichtcodierende DNS-Abschnitte innerhalb des Gens (Introns), deren Sequenz nicht in eine Aminosäurefolge translatiert wird. Diese Introns werden bei der mRNS-Herstellung herausgeschnitten. Somit stellt die cDNS eine „gekürzte" Form des genomischen Gens bei Eukaryoten dar.

Chargaff-Regeln (engl. *Chargaff's rules*)
In der DNS jeder Spezies sind gleichviel Adenin- wie Thyminmoleküle vorhanden und gleichviel Guanin wie Cytosin. Weiterhin ist die Zahl der Purine (A + G) gleich der Zahl der Pyrimidine (T + C). Diese Befunde von E. Chargaff (1952) waren eine der Stützen für das Strukturmodell der DNS von Watson und Crick. Sie erklären die Komplementarität der beiden Stränge.

Codon (engl. *codon*)
Von Code, dem Schlüssel zu Geheimschriften, als abgewandelter Begriff für das genetische Alphabet: das Nukleotidtriplett der mRNS, das eine bestimmte Aminosäure in eine bestimmte Position des sich formierenden Polypeptids während der Translation mittels des Anti-Codons einer spezifischen tRNS vermittelt. Grundeinheit des genetischen Codes.

Crossing-over, Crossover (engl. *crossing over, crossover* überkreuzen) Bezeichnung für den Austausch von DNS-Abschnitten zwischen homologen Chromosomen. Bei der Erzeugung von Eizellen und Spermien in einer Elterngeneration lagern sich die homologen Chromosomen bzw. deren Chromatiden (nicht die Schwesterchromatiden untereinander) während der Meiose aneinander. Die homologen Chromosomen entsprechen dabei den (vom Standpunkt der Eizellen und Spermien aus) von den großelterlichen Keimzellen an die Elterngeneration weitervererbten Chromosomen bzw. Chromatiden. Bis auf genetische Variabilitäten der einzelnen Genloci sind homologe Chromosomen nahezu identisch. Die Verpaarung der homologen Chromosomen geschieht so exakt, dass die homologen Genloci nebeneinander zu liegen kommen.

In einem bisher nicht genau bekannten Prozess kommt es dann zu DNS-Doppelstrangbrüchen an bestimmten Stellen der aneinanderliegenden Chromatiden. Diese Strangbrüche werden gleich wieder verbunden, wobei es zu einem Vertauschen der homologen DNS-Stränge kommt (das eigentliche Crossing-over oder auch die Rekombination). Das Ergebnis sind erneut homologe Chromosomen, die jedoch DNS-Stücke zwischen großmütterlichem und großväterlichem Erbgut ausgetauscht haben. Die Keimzellen einer Elterngeneration geben daher an die nächste Generation Chromosomen bzw. Chromatiden weiter, die aus einer Vermischung großmütterlicher und großväterlicher (homologer) Chromosomen entstanden. Die Häufigkeit solcher Crossing-over oder Rekombinationsereignisse kann man an den Nachkommen durch Auszählen der verschiedenen Merkmale feststellen. Crossing-over liefert einen wesentlichen Beitrag zur genetischen Vielfalt der Arten.

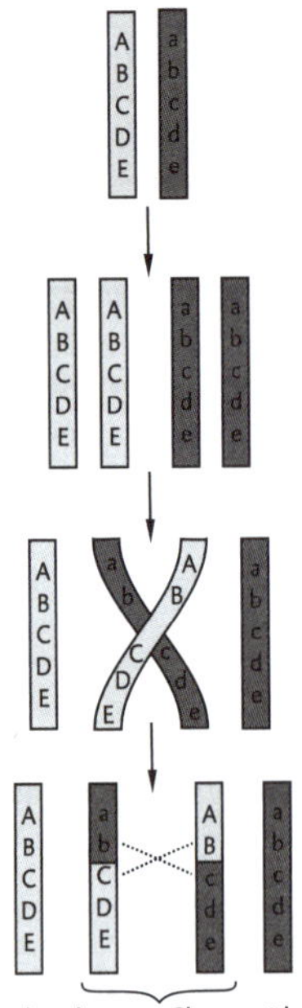

Durch Crossing-over entstehen während der Meiose neu kombinierte (rekombinierte) Chromosomenabschnitte (hellgrau väterliche, dunkelgrau mütterliche Chromatiden). Die Buchstaben symbolisieren Genloci (A–E bzw. a–e) mit unterschiedlichen Allelen (Aa, Bb usw.).

cRNS, komplementäre RNS (engl. *complementary RNA, cRNA*) Synthetisches Transkript eines spezifischen DNS-Moleküls oder DNS-Fragments durch ein *in-vitro*-Transkriptionssystem. Diese cRNS kann mit radioaktivem Uracil markiert und als Sonde verwendet werden.

Cytosin, C (engl. *cytosine*) Pyrimidin-Base, ein Baustein der RNS oder DNS.

Deletion, Deletionsmutation (lat. *delere* auslöschen, vernichten; engl. *deletion*) Verlust, Abtrennen eines Segments des genetischen Materials (DNS) von einem Chromosom oder von einem Gen. Das Ausmaß einer Deletion kann von einzelnen Nukleotiden bis zu Regionen mit einer größeren Anzahl von Genen reichen.

Denaturierung (lat. *de* weg, *natura* Natur; engl. *denaturation*) Verlust der natürlichen Struktur eines Makromoleküls als Ergebnis von Hitzeeinwirkung, pH-Veränderung, chemischer Behandlung usw. Denaturierung geht i. d. R. einher mit dem Verlust biologischer Aktivität. Denaturierung von Proteinen bedeutet das Entfalten oder die Verklumpung der Polypeptidkette, wodurch die Moleküle ihre Funktion verlieren und weniger löslich sind. Bei der DNS führt Denaturierung zu Veränderungen vieler ihrer Eigenschaften, z. B. Viskosität und optischer Dichte. Insbesondere führt das „Schmelzen" zu Dissoziation der Doppelhelix in zwei Einzelstränge. Die Temperatur, bei der die Hälfte einer DNS als Doppelhelix und die andere Hälfte in Form von Einzelsträngen vorliegt, wird Schmelztemperatur (T_m) genannt (abhängig vom Verhältnis G≡C zu A=T durch die unterschiedliche Zahl an Wasserstoffbrücken).

Desoxyribose (engl. *deoxy-ribose*) Zuckermolekül mit 5 Kohlenstoffatomen; Bestandteil des „Rückgrates" der DNS. Im Gegensatz zur Ribose liegt hier am zweiten C-Atom keine Hydroxylgruppe, sondern nur ein (bzw. zwei) Wasserstoffatom vor.

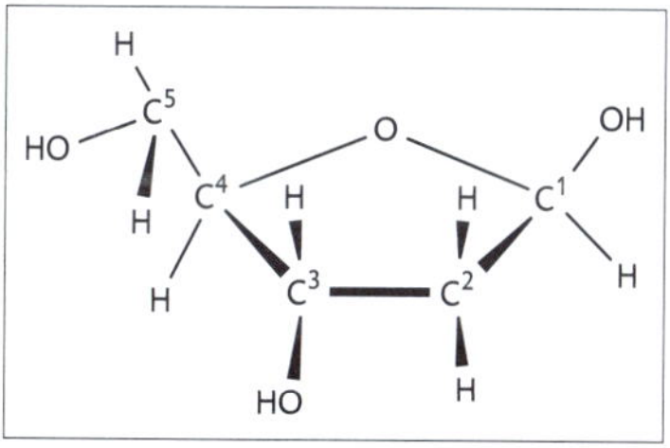

Strukturformel der Desoxyribose (räumlich)

Diploidie, diploid (engl. *diploidy*) Chromosomaler Zustand einer Zelle oder eines Organismus, wo jedes Chromosom in zweifacher Ausfertigung (je eines von väterlicher und mütterlicher Seite) vorhanden ist (2N). Die diploide, vollständige Chromosomenzahl des Menschen beträgt 46; genauer 44 Autosomen und zwei Gonosomen (Geschlechtschromosomen), also zwei X-Chromosomen oder je ein X- und ein Y-Chromosom.

Diplo-Y-Syndrom, XYY-Trisomie (engl. *XYY trisomy*) Chromosomale, genauer gonosomale, Abnormalität beim Menschen. Genotypisch und phänotypisch männlich (normal wäre 46, XY). Erwachsene XYY-Träger (47, XYY) sind phänotypisch unauffällig, die Körpergröße ist jedoch im Allgemeinen erhöht. Einige XYY-Träger sind unfruchtbar, einige geistig behindert oder zeigen Verhaltensstörungen. Es gibt auch Diplo-Y-Männer mit zwei oder mehr X-Chromosomen (bis 50, XXXXYY). Mit zunehmender Zahl an X-Chromosomen steigt bei dieser Chromosomenaberration der Grad der geistigen Behinderung.

Disulfidbrücke, -bindung (engl. *disulfide linkage*)
Schwefel-Schwefel-(S-S)-Verbindung von Cysteinmolekülen innerhalb oder zwischen Proteinmolekülen. Wichtig für die Bildung und Aufrechterhaltung der Tertiär- und Quartärstruktur (räumliche Proteinstruktur).

Divergenz (lat. *di* auseinander, *vergere* sich neigen; engl. *divergence*)
In der Molekulargenetik der Prozentsatz unterschiedlicher Nukleotide eines Gens oder unterschiedlicher Aminosäuren eines Proteins beim Vergleich zweier Populationen oder Arten.

DNase, Desoxyribonuklease (engl. *deoxyribonuclease*)
Enzym, das DNS in Oligonukleotid-Fragmente (Bruchstücke, die nur wenige Basenpaare lang sind) spaltet. Es handelt sich dabei um eine Endonuklease, die auch Einzelstrangbrüche in der Doppelhelix erzeugt.

DNS, Desoxyribonukleinsäure (engl. DNA, *deoxyribonucleic acid*)
Molekulare Basis der Erbmerkmale (Gene). Sie enthält in digitaler Form die Information für die Synthese von Proteinen. DNS besteht aus vielen Nukleotiden bzw. Nukleotidpaaren, die über ein Poly-Zucker-Phosphatgerüst verbunden sind. Von dieser wendeltreppenartigen Struktur stehen die Basen, Purine und Pyrimidine, nach innen ab. Das Gerüst wird geformt durch Bindungen des Phosphors an das Kohlenstoffatom 3 und Kohlenstoffatom 5 des nächstfolgenden Desoxyribosemoleküls. Die Basen hängen am Kohlenstoffatom 1 jedes Zuckers. Nach dem Watson-Crick-Modell formt die DNS eine **Doppelhelix**, deren Einzelstränge durch Wasserstoffbrücken zwischen den spezifischen Basenpaarungen ($A = T$; $G \equiv C$) zusammengehalten werden. Wegen der zwei Wasserstoffbrücken zwischen Thymin und Adenin sind diese weniger stark verbunden als Guanin und Cytosin mit drei Wasserstoffbrücken. Jeder Strang ist komplementär zum anderen bezüglich seiner Basensequenz, d. h., durch die spezifischen Basenpaarungen ist ein Strang stets als exaktes Negativ oder Matrize des anderen Stranges zu sehen. Beide Stränge sind wegen der 5'–3'-Verknüpfung des Phosphors antiparallel und bilden eine rechtsgewundene Helix, die in einer ganzen Umdrehung 10 Basenpaare enthält. Jedes Basenpaar ist um einen Winkel von 36° versetzt zum nächstfolgenden angeordnet. DNS-Moleküle sind die größten, biologisch aktiven Moleküle. Ein DNS-Molekül mit einem Molekulargewicht von $2{,}6 \cdot 10^7$ d enthält rund 40 000 Nukleotidpaare. Die **B-Form** der DNS liegt hydriert (mit angelagerten Wassermolekülen) vor und gilt als die biologische Formation. Die **A-Form** kommt unter weniger hydrierten Bedingungen vor und ist etwas kompakter, sodass 11 bp pro Drehung enthalten sind. Die **Z-Form** ist eine linksdrehende Doppelhelix mit 12 bp pro Drehung. Sie wurde in den Zwischenbandre-

gionen der Speicheldrüsen-Chromosomen bei *Drosophila* gefunden. Eine Hypothese besagt, dass sie regulatorische Funktion gegenüber Nachbargenen hat.

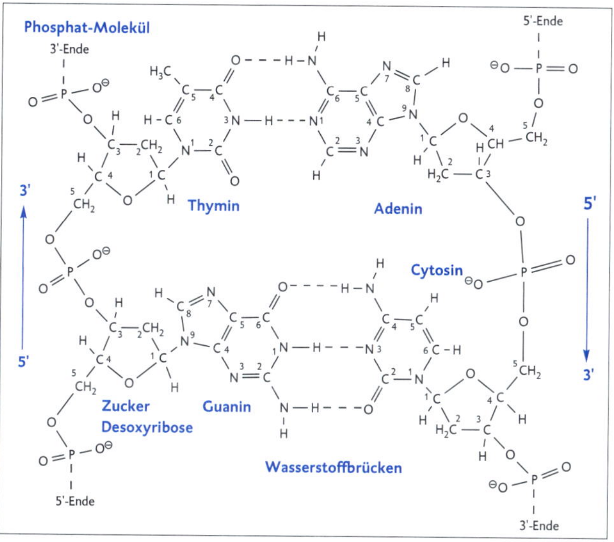

Strukturformelausschnitt der Desoxyribonukleinsäure (DNS)

DNS-Fingerprinting → genetischer Fingerabdruck (5 Genetik S. 130)

DNS-Ligase (lat. *ligare* verbinden; engl. *DNA ligase*)
Ein Enzym, das die Bildung einer Phosphodiesterbrücke zwischen dem 3'- und 5'-Ende zweier DNS-Moleküle vermittelt. Ligasen verbinden zwei DNS-Moleküle. In gewissem Sinne das Gegenteil zu den Restriktionsenzymen, welche den DNS-Strang trennen.

DNS-Polymerase (griech. *poly* viel, *meros* Teil; engl. *DNA polymerase*) Enzym, das die Synthese von DNS aus Desoxyribonukleosid-Triphosphaten katalysiert, wobei ein DNS-Einzelstrang als Matrize nötig ist. Aus dem Bakterium *E. coli* wurden drei verschiedene DNS-Polymerasen isoliert (Pol I, II, III). Pol III repliziert die DNS in *E. coli*. Die beiden anderen Enzyme wirken hauptsächlich im DNS-Reparatur-Mechanismus. Diese Reparaturen sind notwendig, da auch die Polymerase III manchmal falsche Nukleotide in den neuen Strang einbaut. Eukaryoten enthalten viele verschiedene DNS-Polymerasen in unterschiedlichen Teilen der Zelle (Nukleus, Zytosol, Mitochondrien) mit unterschiedlichen Funktionen (Replikation, Reparatur-Mechanismus, Rekombination).

DNS-Reparatur (engl. *DNA-repair*)
Um die für jede Zelle in der DNS gespeicherte, essenzielle Information zu erhalten, gibt es zahlreiche, je nach Art des Schadens spezialisierte Reparaturmechanismen. So werden bei einer DNS-Replikation fehlerhaft eingebaute Nukleotide erkannt und ersetzt (*mismatch repair*) oder chemisch veränderte Nukleotide, z. B. Pyrimidindimere, mittels direkter Reparatur korrigiert (*direct repair*). Ferner können schadhafte Basen und mehrere auf einem DNS-Strang hintereinanderliegende Nukleotide herausgeschnitten und fehlerfrei anhand des komplementären DNS-Stranges ersetzt werden (*base-excision repair, nucleotide-excision repair*). Mittels der sog. SOS-Reparatur (*error-prone repair*) werden sogar noch größere Schäden repariert, jedoch weniger akkurat.

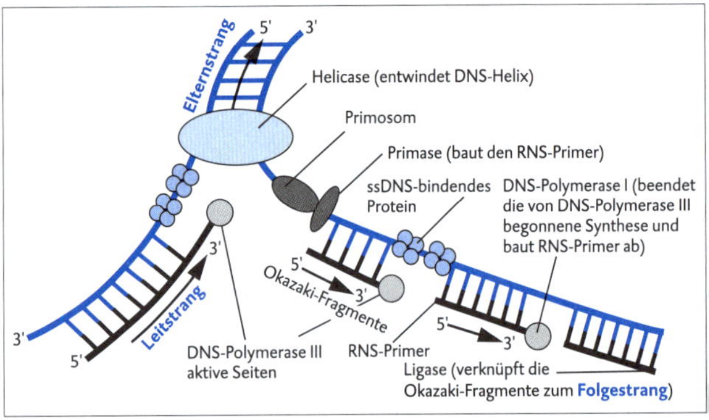

Stark vereinfachtes Schema der DNS-Replikation

DNS-Replikation, DNS-Reduplikation (lat. *reduplicare* wieder verdoppeln; engl. *DNA-replication*) Verdoppelung der DNS. Meist in Kurzform als **Replikation**. In der S-Phase werden im Vorfeld einer Zellverdopplung (= Zellteilung) die zwei Stränge der DNS-Doppelhelix an vielen Stellen, den ori (bei Prokaryoten nur an einer Stelle, da nur ein ori pro Chromosom vorhanden), eines Chromosoms enzymatisch auseinandergespreizt und bilden **Replikationsgabeln**. Darauf bindet sich an jeden Strang ein DNS-Polymerasemolekül und bewegt sich über den Elternstrang, wobei es neue Nukleotide zum komplementären Tochterstrang polymerisiert. Wegen der unterschiedlichen Richtungen (5'–3'/

3'–5' der Zucker-Phosphat-Verbindung) der beiden DNS-Stränge kann die Polymerase den 3'–5'-Strang durchgehend abschreiten, da sie stets nur in 5'–3'-Richtung, den sog. Leitstrang, **kontinuierlich** synthetisiert. Auf dem Folgestrang beginnt sie weiter entfernt von der Replikationsgabel und synthetisiert entgegen der Bewegungsrichtung der Replikationsgabel. Da dies **diskontinuierlich**, d.h. in „Stückchen“, abläuft, entstehen **Okazaki-Fragmente** (bei Bakterien 1 000–2 000 bp). Die bestehenden Lücken zwischen diesen DNS-Fragmenten werden von speziellen Enzymen, den DNS-Ligasen, geschlossen.

DNS-Sequenzierung (engl. *DNA sequencing*)
Methode zur Bestimmung der Aufeinanderfolge der Nukleotide (Basensequenz) eines DNS-Abschnitts. Die sog. Strangabbruch-Methode nach Sanger (1975) benutzt die natürlichen Reaktionsmechanismen der DNS-Synthese, wobei aber neben den normalen Nukleotid-Bausteinen (Desoxynukleotide, dNTPs) zusätzlich Didesoxynukleotide (ddNTPs) in den neuen Strang eingebaut werden: Das zu sequenzierende DNS-Fragment, heute meist mit einer PCR vervielfältigt, wird zu Einzelsträngen denaturiert. Ein Strang des Fragments wird dann in Anwesenheit von DNS-Polymerase, einem farbmarkierten Primer (komplementäres Oligonukleotid) und den vier Nukleotiden dATP, dTTP, dGTP und dCTP in vier getrennten Reaktionsröhrchen, vom Primer ausgehend synthetisiert. In den vier Reaktionsröhrchen befinden sich zudem entweder ddATP, ddTTP, ddGTP oder ddCTP. Diese ddNTPs werden wie die dNTPs in den wachsenden komplementären Strang eingebaut. Anders als bei einem dNTP-Einbau bricht jedoch die Reaktion an dem neuen Strang ab, wenn ein ddNTP das letzte Glied ist. So entstehen in jedem der vier Röhrchen unterschiedlich lange neue Stränge, je nachdem wann ein ddNTP eingebaut wurde. Rein statistisch bricht die DNS-Synthese durch die zugegebenen ddNTPs bei mehreren DNS-Molekülen an jeweils einem bestimmten Nukleotid ab und dies geschieht für alle Nukleotide der Sequenz; also angefangen von Nukleotid Nr. 1 bis zum Ende der untersuchten Sequenz. Trennt man nun diese Mischung aus unterschiedlich langen neuen Strängen elektrophoretisch auf, so erkennt man einzelne Banden (sichtbar durch die markierten Primer), die jeweils einer bestimmten Länge des neuen Moleküls entsprechen. Indem alle vier Mischungen nebeneinander durch das Elektrophoresegel aufgetrennt werden, entsteht ein versetztes Bandenmuster, das direkt abgelesen werden kann. In der Bahn aus dem Röhrchen mit ddATP wurde die Reaktion nach Einbau von A abgebrochen, entsprechend hatte der zu sequenzierende Strang ein T an dieser Stelle. Wenn die nächsthöhere Bande aus dem Röhrchen mit ddGTP stammt, liegt auf dem Template-

Strang ein C usw. Heute benützt man ddNTPs, die mit Fluoreszenzfarben markiert sind, je ddNTP eine andere Farbe. Dadurch ist die Sequenzanalyse automatisierbar geworden.

Domäne (lat. *domus* Haus, Herrschaftsbereich; engl. *domain*) (1) Jeder zusammenhängende Teil eines Polypeptids, dem eine bestimmte Funktion zugeschrieben werden kann. (2) Jede Region eines Chromosoms, innerhalb der die Überspiralisierung (*Supercoiling*) unabhängig von anderen Bereichen (Domänen) ist.

dominant (lat. *dominare* beherrschen) Bezieht sich auf dasjenige Allel eines heterozygoten Genlocus, das den Phänotyp ausprägt. Dominante Allele werden mit Großbuchstaben symbolisiert. Das Allel, dessen phänotypische Expression von dem dominanten Allel verdeckt wird, heißt rezessiv. In manchen Fällen wird ein dominantes Allel erst spät in der Ontogenese (Entwicklung des Individuums) exprimiert (z. B. bei der Erbkrankheit Chorea Huntington, dem sog. Veitstanz). Hier spricht man von verspäteter Dominanz.

Doppelhelix (engl. *double helix*) Das Watson-Crick-Modell der DNS-Struktur.
J. Watson, F. Crick, M. Wilkins und R. Franklin entdeckten 1953, dass die Erbsubstanz DNS in

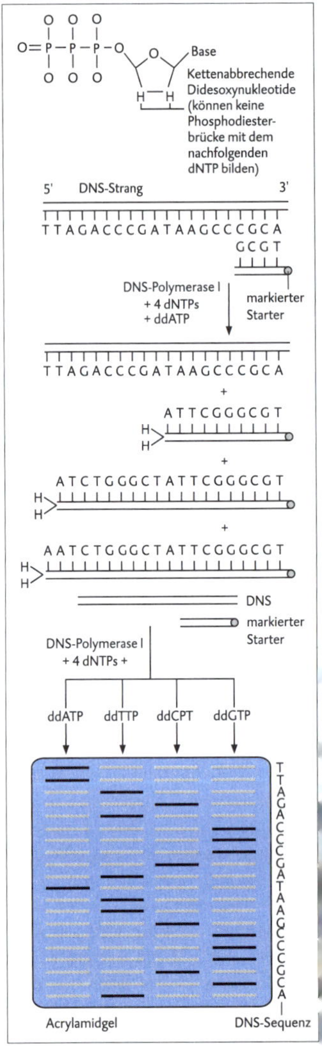

DNS-Sequenzierung nach Sanger

Form zweier ineinander verwundener Ketten vorliegt. Die durch dieses Modell erkennbare Komplementarität der DNS-Stränge ermöglichte erstmals Erklärungen, wie es zur identischen Verdopplung von Erbinformationen kommen kann und wie ein so gleichförmiges („langweiliges“) Molekül wie DNS alle Informationen und Baupläne für ein Lebewesen enthalten kann.

Doppelstrang-DNS, dsDNS (engl. *double strand DNA, dsDNA*) Doppelhelix aus zwei komplementären DNS-Einzelsträngen.

Doppelstrang-RNS, dsRNS (engl. *double strand RNA, dsRNA*) Doppelhelix aus zwei komplementären RNS-Strängen. Das Genom mancher Viren ist eine Doppelstrang-RNS (Reoviren).

Dosis-Kompensation (engl. *dosage compensation*) Mechanismus, der die Expression der Gene der Gonosomen reguliert. Solche Gene sind bei den Säugetieren hemizygot bei Männchen, aber homo- bzw. heterozygot bei Weibchen vorhanden. Mary Lyon postulierte 1961, dass die Dosis-Kompensation bei Säugern durch Inaktivierung eines der beiden X-Chromosomen in allen weiblichen, somatischen Zellen erreicht wird (daher **Lyon-Hypothese** oder **-Theorie** genannt). Welches der beiden X-Chromosomen inaktiviert wird, ist zufällig. Das inaktive X bildet das Barr-Körperchen. In Genotypen mit mehreren X-Chromosomen werden alle bis auf eines inaktiviert.

downstream Stromabwärts der DNS; in Transkriptionsrichtung der RNS-Polymerase. Gegenteil: *upstream*

Down-Syndrom, Morbus Langdon-Down (engl. *Down('s) syndrome, mongolism*) Benannt nach dem englischen Arzt John Langdon-Down. Die Trisomie des Chromosoms 21 führt beim Menschen zu vor- und nachgeburtlichen Fehlentwicklungen zahlreicher Organe und Gewebe. Diese wachsen langsam und bleiben häufig unreif. Zu den Missbildungen kommt auch eine verminderte Intelligenz hinzu. Wegen der schiefen Stellung der Augenlider und Verdeckung des inneren Augenwinkels durch die Epikanthusfalte wurde das Krankheitsbild früher auch **Mongolismus** genannt. Die Häufigkeit trisomer Kinder steigt mit dem Alter der Mutter deutlich an.

Drosophila melanogaster, Frucht-, Tau-, Obstfliege (griech. *drosos* Tau, *philein* lieben, *melas* schwarz, *gaster* Magen) Klassisches Versuchstier der Genetik und Mutationsforschung, 1909 eingeführt von T. H. Morgan für Vererbungsstudien. Die Taufliege eignet sich dafür besonders wegen ihres kurzen Generationsintervalls (14 Tage) und weil sie sehr einfach zu halten ist. Das Genom ist sequenziert.

Effektormoleküle (engl. *effector molecules*) Kleine Moleküle, die an Repressormoleküle binden und diese aktivieren oder inaktivieren, wodurch ein Operatorgen blockiert oder aktiviert wird.

Ein-Gen-ein-Enzym-Hypothese
(engl. *one gene-one enzyme-hypothesis*) Ursprüngliche Hypothese, dass jedes Gen eine bestimmte Art von Enzym „synthetisiert". Da aber auch alle sonstigen Proteine bzw. deren Untereinheiten von entsprechenden Genen abstammen, spricht man besser von der „Ein-Gen-ein-Polypeptid-Hypothese".

Endonuklease (engl. *endonuclease*)
Enzym, das die Phosphodiesterbindungen innerhalb einer Nukleinsäure spaltet. Endonukleasen aus somatischem Gewebe (Körperzellen) z. B. hydrolysieren (Spaltung durch „Einbau" von Wassermolekülen) DNS durch Doppelstrangbrüche. Endonukleasen aus Zellen in der meiotischen Prophase erzeugen Einzelstrangbrüche in der DNS mit 5'-Hydroxyenden. Einzelstrangbrüche sind der entscheidende, die Replikation oder Rekombination einleitende Vorgang.

Enhancer Gensequenzen, die nicht transkribiert werden und nach der Bindung von Transkriptionsfaktoren an den Promotor eines Gens dessen Transkription verstärken.

Erbgang (engl. *inheritance*) Ausprägung eines Merkmals in aufeinanderfolgenden Generationen in Abhängigkeit von den Dominanz- und Epistasieverhältnissen (= Geninteraktion) der Allele.

Erbkrankheit (engl. *hereditary disease*)
Eine Erkrankung, deren Ursache auf Fehlen, Fehlsteuerungen oder Defekt(en) eines oder mehrerer Gene beruht. Beispiele: Farbenblindheit, Sichelzellanämie, Bluterkrankheit.

Escherichia coli, E. coli Bakterium des Kolons (Dickdarm). Bestuntersuchter und meistverwendeter Mikroorganismus der Molekulargenetik. Sein zirkuläres Chromosom enthält etwa 4 Mbp. *E. coli* ist ein für den Menschen unschädlicher Bestandteil der Darmflora. Allerdings gibt es auch mit zusätzlichen Genen ausgestattete pathogene (krankmachende) Stämme dieses Bakteriums.

Euchromatin (griech. *eu* gut; engl. *euchromatin*)
Teil des Chromatins, das während der Interphase des Kerns anders als Heterochromatin entspiralisiert vorliegt. Die meisten für Genprodukte codierenden Genloci liegen in diesem Bereich der DNS.

Euploidie, euploid (griech. *eu* gut, *plous* mehr; engl. *euploidy*, euploid) Normaler Chromosomensatz eines Individuums bzw. einer Spezies (z. B. Mensch 46, XY). Gegenteil: Aneuploidie, Polyploidie

Exon (im Sinne von griech. *exo* nach außen; engl. *exon*) Teil eines Gens bei Eukaryoten, der nach der Transkription beim Prozessieren der primären RNS als mRNS ins Zytoplasma gelangt. Exons sitzen grundsätzlich an drei bestimmten Regionen eines proteincodierenden Gens. Die erste Region wird nicht translatiert und kennzeichnet den Beginn der RNS-Transkription. Sie enthält Sequenzen, welche die mRNS mit den Ribosomen in Verbindung bringen (vor Beginn der Peptidsynthese). Die Exons der zweiten Region enthalten die Information, die in Aminosäuren des Peptids translatiert wird. Exons der dritten Region werden ebenfalls in mRNS transkribiert und signalisieren die Termination (Beendigung) der Translation sowie die Anheftung des poly-A-Schwanzes.

Exonuklease (engl. *exonuclease*) Enzym, das einen DNS-Strang von den Enden her abbaut. Exonuklease III, ein Enzym aus *E. coli*, z. B. verdaut die 3'-Enden (von beiden Seiten) der Doppelhelix; zusammen mit S1-Nuklease wird sie verwendet, um Deletionen in klonierten DNS-Molekülen zu erzeugen. Exonuklease IV baut spezifisch einzelsträngige DNS ab, wobei es die Hydrolyse (Abbau) an beiden Enden einleitet und so zu kleinen Oligonukleotiden führt.

Expressionsvektor (lat. *vector* Träger; engl. *expression vector*) Rekombinantes DNS-Konstrukt, das alle notwendigen genetischen Elemente enthält, die eine funktionsfähige mRNS synthetisieren können.
Im Prinzip hat jedes Expressionssystem drei Hauptelemente: (1) Regulationssequenzen stromaufwärts, die oft kurz als Promotor bezeichnet werden, (2) das Strukturgen mit den Tripletts, die für die Aminosäuren codieren, und (3) Terminationssequenzen stromabwärts. Alle drei Elemente können von unterschiedlichen Organismen stammen. So kann man ein Strukturgen mit einem besonders effektiven Promotor und einem anderen Terminationsfragment verbinden (ligieren), die es natürlicherweise in einem Genom nicht gibt. Eine solche Expressionskassette wird in einen Klonierungsvektor (ausgestattet mit einem ori) eingebaut und in Bakterien übertragen (Bakterien werden transformiert). Dort vermehrt sich das Plasmid; gleichzeitig wird auch durch die Expressionskassette über die mRNS das entsprechende Protein synthetisiert. Die Synthese erfolgt nur, wenn Promotor und Terminationssequenzen bakterienspezifisch (bakterieller Expressionsvektor) gewählt wurden. Aber auch zur Vermehrung eines eukaryotischen Expressionsvektors benutzt man Bakterien und überträgt ein solches Konstrukt in die Zellen, damit

es sich vermehrt und nach der Wachstumsphase der Bakterien geerntet werden kann. Das gereinigte Konstrukt kann nun für den Gentransfer in höhere Oganismen verwendet werden.

extrachromosomale, extranukleäre Vererbung (engl. *extranuclear inheritance, cytoplasmic inheritance*) Nicht-mendelnder Erbgang einiger Merkmale, deren Information auf DNS-Molekülen außerhalb der chromosomalen DNS liegt. Bei Prokaryoten können solche Merkmale auf kleinen ringförmigen DNS-Molekülen, den sog. Plasmiden, vorkommen. Bei Eukaryoten zeigt sich extrachromosomale Vererbung vor allem durch DNS-Moleküle in Zellorganellen (Mitochondrien, Chloroplasten) oder durch intrazelluläre Parasiten wie Viren; häufig auch als extranukleäre, zytoplasmatische oder maternale Vererbung bezeichnet. Von maternaler Vererbung spricht man deshalb, weil derartige Zellorganellen und damit deren DNS durch die Eizellen und nicht über Spermien an die nächste Generation weitergegeben werden.

Exzisionsreparatur (lat. *excidere* verloren gehen; engl. *excision repair*) Die auf der Exzision („Herausschneiden") von Nukleotiden oder Basen aus DNA beruhende Reparatur von DNA-Schäden.

F^+-Zelle (engl. *F^+ cell*)
Bakterienzelle mit dem Fertilitätsfaktor (F), der extrachromosomal auf einem Plasmid lokalisiert ist. Eine F^+-Zelle kann den F-Faktor an eine F^--Zelle während der Konjugation (DNS-Übertragung zwischen Bakterien) weitergeben. Wenn der F-Faktor in das bakterielle Chromosom integriert, wird die Zelle eine Hfr, die chromosomale Gene transferieren kann. F^--Zellen sind Empfänger (Rezipienten, „weiblich") des F-Faktors.

Farbenblindheit (engl. *color blindness*)
Defektes Farbsehvermögen beim Menschen, hervorgerufen durch Abwesenheit bzw. reduzierte Anzahl eines oder mehrerer der drei Sehpigmente. Die Gene für Rot- und Grünblindheit sitzen beim Menschen an verschiedenen Genloci des X-Chromosoms, daher sind vor allem männliche Individuen von diesem Defekt betroffen. Blaublindheit ist sehr selten und scheint durch ein autosomales Gen bedingt zu sein.

Filialgeneration, F_1, F_2 (F von lat. ***filia*** Tochter; engl. *first/second filial generation*) **F_1** = Erste Tochtergeneration; Nachkommen aus einem ersten Kreuzungsexperiment. Die Nachkommen der F_1 (aus Selbstbefruchtung oder Kreuzung zwischen F_1-Individuen) werden **F_2** genannt.

gekoppelte Gene → Kopplung (5 Genetik S. 148)

Gel-Elektrophorese (griech. *pherein* tragen, vom elektrischen Strom getragen; engl. *electrophoresis*) Die Wanderung (Bewegung) geladener Moleküle einer Lösung im elektrischen Feld. Die Lösung läuft im Allgemeinen durch ein Gel aus Stärke, Agarose oder Polyacrylamid. Eine Gel-Elektrophorese trennt Moleküle einer Mischung z. B. aufgrund unterschiedlicher Ladung, Größe und/oder Struktur, abhängig von den Eigenschaften der Gel-Matrix. Der im elektrischen Feld zurückgelegte Weg derart behandelter Moleküle korreliert hauptsächlich mit deren Molekulargewicht. Je niedriger das Molekulargewicht eines Moleküls in der Elektrophorese ist, desto größer ist die zurückgelegte Wegstrecke innerhalb einer bestimmten Zeit und bei einer bestimmten Stärke des elektrischen Feldes. Das Resultat einer solchen Auftrennung wird Elektropherogramm genannt.

Gen (griech. *gennao* ich erzeuge; engl. *gene*)
Der Begriff „Gen“ wurde 1909 von dem dänischen Botaniker W. Johannsen geprägt, um die Vererbung von Eigenschaften nach den Mendel'schen Gesetzen besser beschreiben zu können. Bei einem Gen handelt es sich um ein Stück Erbsubstanz (DNS), das für die Produktion einer RNS verantwortlich ist. Das sind entweder rRNS oder tRNS, die als solche eine bestimmte Funktion haben, oder mRNS, aus deren Information die Ribosomen ein Polypeptid synthetisieren können. Ein Gen hat drei Hauptteile: (1) der Regulationsbereich mit Promotor und/oder Enhancer stromaufwärts, (2) das Strukturgen in der Mitte als der für das Polypeptid codierende Bereich und (3) der Terminationsbereich stromabwärts. Jedes Gen für sich unterliegt zahlreichen regulativen Elementen und seine Aktivierung richtet sich i. d. R. nach Bedarf.
Ein **Cistron** ist der DNS-Abschnitt, der für eine komplette reife tRNS, rRNS oder mRNS codiert. Ein Cistron umfasst auch die vor- und nachgeordneten Regionen (*leader*- und *trailer*-Sequenz, falls vorhanden) und Introns (Abschnitte in Genen von Eukaryoten, die keine genetische Information enthalten)
Es gibt auch Gene, die nach bisherigem Wissen keine Funktion besitzen, sog. stumme Gene oder **Pseudogene**. Möglicherweise wurden sie im Lauf der Evolution durch „bessere“ ersetzt und werden seither im Genom mitgeschleppt.
Ein Gen stellt die kleinste Einheit der Vererbung eines phänotypischen Merkmals dar. Jede Zelle hat eine arttypische Zahl an DNS-Fäden, die in Chromosomen verpackt (Mensch $2 \cdot 23$ Chromosomen) sind. Alle Chromosomen einer Zelle enthalten bei den Säugern etwa $2 \cdot 3 \cdot 10^9$ Nukleotidpaare (einchromatidig), von denen der größte Teil keine Funktion hat. Die lebensnotwendige Information befindet sich in den et-

wa 25 000 Genen, die nur 2–5 % der gesamten DNS einer Zelle ausmachen. Die Anleitung zum Bau eines Polypeptids (Protein, Merkmal oder Teil eines Merkmals) liegt in einem Gen (Strukturgen) als eine spezifische Basenfolge vor, wobei jeweils drei Basen (= 1 Codon) einer Aminosäure entsprechen. Somit sind stets dreimal so viele Basen in einem Gen vorhanden wie Aminosäuren in dem entsprechenden Polypeptid.

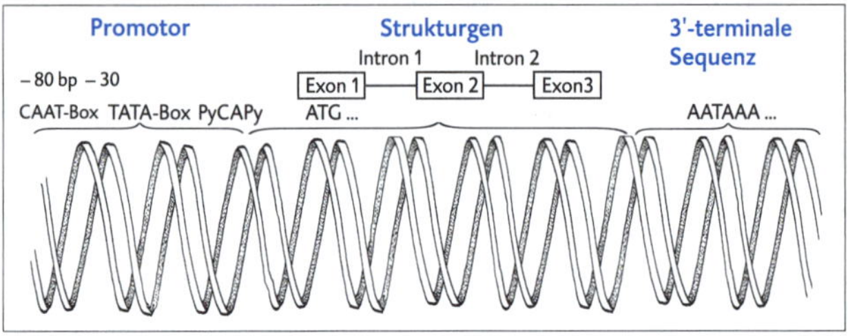

Schematischer Aufbau eines eukaryotischen Gens

Das Zusammenspiel aller Gene bewirkt, dass aus einer befruchteten Eizelle ein Individuum heranwächst, reift und altert. Gene werden von den Eltern ziemlich konstant an ihre Kinder (Filialgeneration 1) weitergegeben. Manchmal tritt infolge von Umwelteinflüssen in einem Gen eine Änderung der Basenfolge auf, sodass auch das entsprechende Peptid etwas anders geformt ist (Mutation). Im Lauf der Evolution sind viele solcher Merkmalsänderungen aufgetreten. Sie bewirken u. a. die genetische und phänotypische Vielfalt der Lebewesen. Die von Forschern als erste beschriebene Zustandsform eines Gens nennt man Wildtyp, ebenso wie den entsprechenden Phänotyp. Jede andere Form nennt man Allel. Der Einfachheit halber verwendet man den Begriff Allel für alle Varianten eines Gens, einschließlich des Wildtypgens. Manche Gene kommen nur in einer Form vor, sie sind monomorph; andere mutieren häufig, sodass es entsprechend viele Allele gibt (das Gen ist polymorph). In einer Population können viele Allele vorhanden sein, in einem diploiden Individuum jedoch nur zwei je Genlocus. Da die Anordnung der Gene auf den Chromosomen bzw. der DNS innerhalb einer Art sehr konstant ist, spricht man von einem Genlocus, dem Platz auf dem Chromosom/der DNS, wo sich der entsprechende DNS-Abschnitt befindet („Hausnummer in einer Straße"). Ein diploider Organismus enthält die Erbinformation in doppelter Ausfertigung (außer bei hemizygoten Genen), die je für ein Polypeptid codieren. Sind diese beiden DNS-Abschnitte identisch, nennt man den Genlocus (bzw. das Individuum für diesen Genlocus) homozygot (reinerbig). Ist einer der beiden

DNS-Abschnitte und damit manchmal auch das Polypeptid mutiert, ist der Genlocus heterozygot (mischerbig, zwei verschiedene Allele). In den diploiden Zellen eines Organismus liegen zwei Genome vor (eines von der Mutter, eines vom Vater). Deren Gesamtheit heißt Genotyp.

Genbank, Genbibliothek (engl. *gene bank, genomic library*) Sammlung von DNS-Fragmenten des Genoms einer Spezies oder eines Individuums, die in Plasmide eingefügt (insertiert) und in einem geeigneten Wirt (z. B. *Escherichia coli*, Hefezellen) kloniert d. h. vermehrt werden. Dazu wird die DNS einer Spezies in Stücke von je mehreren Tausend Basenpaaren gespalten (z. B. mit Restriktionsendonukleasen) und dann jeweils in die ringförmige DNS eines Plasmids enzymatisch eingefügt (einligiert, insertiert). Mit diesen Plasmiden werden Wirtszellen infiziert, in denen sich die Plasmide und damit auch das entsprechende DNS-Fragment vermehren. Bedingt dadurch, dass in einer Wirtszelle nur ein DNS-Fragment von wenigen Tausend Basenpaaren kloniert werden kann, ergibt sich insgesamt der Bedarf einer großen Anzahl von Klonen, damit das ganze Genom (je nach Spezies bis zu 3 Milliarden Basenpaare) in Form einer Genbank repräsentiert werden kann. Alle DNA-Bruchstücke der Spezies können so für weitere Untersuchungen vermehrt werden.

Gencluster (engl. *gene cluster*) Satz von Genen (mehrere Gene mit ähnlicher Basensequenz), der aus einem „Ur"-Gen durch Duplikation und Variation (Mutationen) entstanden ist. Solche Gene können auf einem Chromosom ganz nahe beieinanderliegen oder über mehrere Chromosomen verstreut sein, z. B. die Gene für Histone, die Proteinanteile der Hämoglobine, Antikörpergene usw.

Genduplikation (engl. *gene duplication*) Auftreten einer Wiederholung (Verdoppelung) einer DNS-Sequenz (Gen); hervorgerufen durch ungleiches Crossing-over oder abnormale Replikation.

Generationsintervall (engl. *generation interval*) Die für einen vollständigen Zellzyklus (Mitose, G_1, S, G_2, Mitose) erforderliche Zeit; Begriff aus der Zellkultur (engl. *doubling time*).

Genetik (griech. *gennao* ich erzeuge; engl. *genetics*) Wissenschaft der Vererbung. Der Begriff wurde 1902 von W. Bateson geprägt. Die Basis der Genetik im heutigen Sinne beruht auf den Arbeiten und speziell der 1865 veröffentlichten Abhandlung „Versuche über Pflanzenhybriden" von Gregor Mendel (1822–1884). Die Erkenntnisse fanden jedoch im 19. Jhd. keine Beachtung und wurden voneinander unabhängig von Tschermak, Correns und de Vries erst 1900 wiederentdeckt.

genetische Beratung (engl. *genetic counselling*) Analyse der Wahrscheinlichkeit, dass in einer Familie Erbfehler auftreten, sowie die Information über das Ergebnis, sodass mit verfügbaren Techniken mögliche Risiken gelindert oder vermieden werden können. Primär erfolgt die genetische Beratung, wenn in der Verwandtschaft eines Paares bereits erbliche Defekte aufgetreten sind oder das Alter der potenziellen Mutter eine gewisse Grenze überschritten hat (z. B. häufigeres Auftreten des Down-Syndroms bei Kindern von Spätgebärenden).

genetische Bürde (engl. *genetic load*)
Durchschnittliche Zahl der Letalallele je Individuum in einer Population. Bei allen diploiden Organismen können solche Gene, die im homozygoten Zustand zum Absterben des Individuums führen, im Genom „mitgeschleppt" werden, solange das entsprechende Allel zu diesem Letalgen funktionstüchtig ist und somit das Überleben gewährleistet. Für den Menschen werden 5–8 Letalallele pro Individuum geschätzt.

genetische Fixierung (lat. *fixus* fest, unabänderlich; engl. *fixation*)
Zustand eines Genlocus, an dem alle Individuen einer Population homo- oder hemizygot für ein gegebenes Allel sind. Dadurch ist dessen Frequenz (Häufigkeit) gleich 1,0. Alle anderen Allele dieses Genlocus sind der Population verloren gegangen; ihre Frequenz ist 0. Genetische Fixierung entsteht z. B. durch Inzucht oder genetische Drift in kleinen Populationen.

genetischer Code (engl. *genetic code*)
Die aufeinanderfolgenden Nukleotid-Tripletts (Codons) in DNS und RNS, welche die Aminosäuresequenz bei der Proteinsynthese spezifizieren.
Der Code ist **universell** für alle Organismen, jedoch gibt es Ausnahmen, z. B. im mitochondrialen System, bei einigen Bakterien und einzelligen Eukaryoten. Konventionell wird die Sequenz der mRNS angegeben, in 5'–3'-Richtung, in der auch die Translation verläuft. Ein mRNS-Abschnitt 5'– CCU UGG AUG –3' spezifiziert demnach das Tripeptid Prolin-Tryptophan-Methionin; der zugehörige komplementäre *Template*-Abschnitt der DNS ist 3'– GGA ACC TAC –5'.
Der genetische Code heißt **degeneriert**, weil alle Aminosäuren mit Ausnahme von Methionin und Tryptophan durch mehrere Tripletts spezifiziert werden. Von den $4^3 = 64$ möglichen Basenkombinationen eines Basentripletts codieren drei für den Translationsstopp. Den anderen 61 Tripletts stehen 20 Aminosäuren gegenüber. Demzufolge codieren durchschnittlich drei verschiedene Tripletts für eine bestimmte Aminosäure. Hierbei ist die Spezifität des Nukleotids am 3'-Ende (die 3. Posi-

tion in einem Codon) am geringsten (Wobble-Hypothese).
Der genetische Code ist **kommalos**, da die Codons (je drei Nukleotide oder die Tripletts einer DNS oder RNS) unmittelbar aufeinander folgen und nicht durch irgendwelche nicht codierenden Basengruppen getrennt sind. Prokaryotische Gene enthalten keine Introns, weswegen die Aminosäuresequenz eines Polypeptids kolinear (d. h. unmittelbar entsprechend) der Codonsequenz des Gens ist. Eukaryotische Gene haben codierende Regionen (Exons), die durch nicht codierende Regionen (Introns) unterbrochen sind. In diesem Fall kann man sagen, der Code enthalte Kommata (= Introns).
Das Start-Codon ist AUG; bei Bakterien entspricht dies einem Formyl-Methionin. Liegt AUG innerhalb einer Gensequenz, codiert es für Methionin.

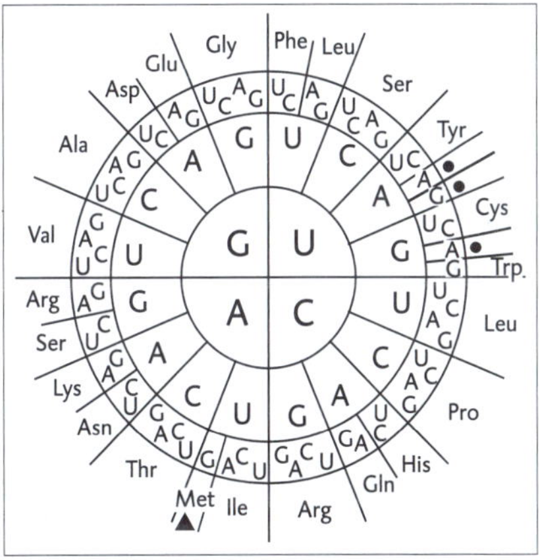

Die Code-Sonne gibt die Verschlüsselung der Aminosäuren auf der mRNS an. Abgelesen wird von innen nach außen (5'–3'):
● Stopp-Codons,
▲ Start-Codon

Aminosäuren	Abkürzungen	Tripletts der mRNS (Codons)
Alanin	Ala = A	GCU GCC GCA GCG
Arginin	Arg = R	CGU CGC CGA CGG AGA AGG
Asparagin	Asn = N	AAU AAC
Asparaginsäure	Asp = D	GAU GAC
Cystein	Cys = C	UGU UGC
Glutamin	Gln = Q	CAA CAG
Glutaminsäure	Glu = E	GAA GAG
Glycin	Gly = G	GGU GGC GGA GGG
Histidin	His = H	CAU CAC
Isoleucin	Ile = I	AUU AUC AUA

Aminosäuren	Abkürzungen	Tripletts der mRNS (Codons)
Leucin	Leu = L	CUU CUC CUA CUG UUA UUG
Lysin	Lys = K	AAA AAG
Methionin	Met = M	AUG (innerhalb mRNS)
Phenylalanin	Phe = F	UUU UUC
Prolin	Pro = P	CCU CCC CCA CCG
Serin	Ser = S	UCU UCC UCA UCG AGU AGC
Threonin	Thr = T	ACU ACC ACA ACG
Tryptophan	Trp = W	UGG
Tyrosin	Tyr = Y	UAU UAC
Valin	Val = V	GUU GUC GUA GUG
Start	*	AUG (zu Beginn der mRNS)
Stopp		UAA UAG UGA

** Bei Prokaryoten wird das Startsignal mit der Aminosäure Formylmethionin (fMet) initiiert.*

genetischer Fingerabdruck, DNS-Fingerprinting (engl. *DNA finger printing*) Methode zur Darstellung und zum Vergleich individueller Merkmale von Genomen. Die genomische DNS wird mit einer Restriktionsendonuklease geschnitten, woraus sich den Schnittstellen (d. h. den Nukleotidsequenzen) entsprechend unterschiedlich lange DNS-Fragmente ergeben. Dies beruht auf der Tatsache, dass sich die genetische Vielfalt einer Population sowohl in codierenden wie nicht-codierenden DNS-Sequenzen (über 95 % des Genoms bei Eukaryoten) durch kleine Variationen der Nukleotidfolge (Mutationen über die Generationen) unterscheiden. Je weiter entfernt verwandt zwei Individuen sind, desto größer sind diese Nukleotidunterschiede. Ein bestimmtes Restriktionsenzym schneidet nur an einer ganz bestimmten Nukleotidsequenz vielfach innerhalb eines Genoms. Ist eine solche Schnittstelle/Nukleotidsequenz nun mutiert oder eine andere Nukleotidsequenz zufällig zu einer Schnittstellen-Sequenz mutiert, entstehen nach einem Restriktionsenzymverdau im Vergleich zwischen Individuen einige DNS-Stücke mit unterschiedlicher Länge. Nach einer Elektrophorese der DNS-Fragmente ergibt sich daher ein Bandenmuster, das für jedes Individuum (außer bei eineiigen Zwillingen) einzigartig ist. Die Methode wird vor allem zur Identifikation von Menschen bei Kriminalfällen, in der Rechtsmedizin oder bei Vaterschaftstests (auch bei Tieren) eingesetzt.

Genexpression (engl. *gene expression*) Manifestation eines spezifischen Merkmals in Abhängigkeit von der genetischen Ausstattung eines Organismus. Die Expression auf DNS-Ebene entspricht der Transkription zu RNS; auf RNS-Ebene (bei mRNS) entspricht sie der Translation zu Polypeptiden. Expression auf physiologischer Ebene beinhaltet das Zusammenspiel mehrerer Genprodukte, was zu einem oder mehreren komplex zusammengesetzten Merkmalen, z. B. Körpergröße, führt.

Genfluss (engl. *gene flow*)
Austausch von Allelen (Genen) zwischen verschiedenen Populationen, wodurch sich die Genfrequenzen des betreffenden Genpools (der Population) ändern. Genfluss geschieht z. B. durch Einkreuzen von meist wertvollen Tieren in eine (bislang geschlossene) Population.

Genfrequenz (engl. *gene frequency*)
Prozentsatz aller gleichen Allele an einem gegebenen Genlocus in einer Population; besser: **Allelfrequenz** oder **-häufigkeit**. Aus den Allelfrequenzen können die Genotypenhäufigkeiten berechnet werden.

Geninduktion (engl. *genetic induction*)
Vorgang der Genaktivierung durch ein Inducermolekül mit dem Ergebnis der Transkription eines oder mehrerer Strukturgene.

Geninsertion (lat. *inserere* einfügen; engl. *gene insertion*) Hinzufügen eines oder mehrerer fremder Gene in das Genom eines Organismus durch Zellfusion, Transfektion bzw. Transformation oder Geninjektion. Man versteht darunter sowohl das Hinzufügen zusätzlichen DNS-Materials als auch den Einbau neuen DNS-Materials in die DNS eines Genoms. Beispielsweise führt eine Virusinfektion mit dem Grippeerreger (Influenzavirus) zur Insertion des viralen Genoms in zahlreiche Körperzellen. Dieses virale Genom liegt jedoch als autonom (nicht in Wirtschromosomen eingebaut) sich vermehrendes Erbgut in den Wirtszellen vor. Die Infektion einer Zelle mit einem Retrovirus kann in seltenen Fällen (meist verläuft die Insertion wie bei Influenza) zum Einbau der Virus-DNS in die Wirtszell-DNS führen (eigentlich Genintegration).

Genkartierung (engl. *gene mapping*) Positionsanalyse eines Genlocus auf einem Chromosom bzw. Chromatid und/oder Bestimmung seines relativen Abstandes zu einem anderen Genlocus auf dem gleichen Chromosom/Chromatid. Zur Erstellung einer Genkarte gibt es mehrere Methoden: (1) Familienanalyse, mithilfe von Stammbaum, Kopplung und Segregation, (2) Analyse mithilfe von Hybridzellen, wobei nach Selektion eines Zellklons ein spezifisches Genprodukt einem bestimmten Chromosom zuordenbar wird, (3) *in-situ*-Hybridisierung, wobei eine

markierte Gensonde an den (in der Basensequenz komplementären) Genlocus eines Metaphase-Chromosoms bindet. (4) DNS-Sequenzierung mittels Chromosomen-Abschreitens von einem bereits lokalisierten Genlocus aus.
Ergebnis der Genkartierung ist eine Genkarte (Chromosomenkarte), die lineare Darstellung der Genloci auf einem Chromosom (besser: Chromatid), aus der die Lage (Position), Reihenfolge und Distanz der einzelnen Gene zueinander ersichtlich ist.

Genlocus (lat. *locus* Ort, Plur. *loci*; engl. *gene locus*)
Genort. Spezifische Position eines Gens auf einem Chromosom. In der Genetik meist vereinfacht **Locus** genannt. Analog der Hausnummer (Genlocus) in einer Straße (Chromosom).

Genom (engl. *genome*) Mit Ausnahme bestimmter Viren, bei denen das Genom aus RNS besteht, verfügen alle Lebewesen in fast allen Zellen über einen oder mehrere DNS-Doppelstränge (bei Eukaryoten in Form von Chromosomen). In den haploiden Ei- und Spermienzellen diploider Organismen liegt die Erbsubstanz i. d. R. als ein Genom vor. Bei der Vereinigung von Ei- und Spermienzelle addieren sich die beiden Genome wieder zum diploiden Satz. Das Genom der menschlichen Gameten besteht aus je 22 Autosomen und einem Gonosom (X- oder Y-Chromosom) in Form jeweils eines Chromatids. Im konkreten Fall enthält ein Spermium 22 Autosomen und entweder ein X- oder ein Y-Chromatid (i. e. S.). Die Eizellen der Säuger enthalten neben den Autosomen immer ein X-Chromatid (i. e. S.) als Gonosom. Die beiden Genome einer diploiden tierischen Zelle in Form von zwei Chromosomensätzen einschließlich der mitochondrialen DNS bezeichnet man als Genotyp. Bei Pflanzen kommt noch die Chloroplasten-DNS hinzu. Der Begriff Genom wird auch im abstrakten Sinne verwendet. Er bezeichnet dann die arttypische Ausstattung an Genloci.

Genomaufbau (engl. *genome structure*) Das Genom der Eukaryoten besteht aus dem haploiden Chromosomensatz mit 10^7 bis 10^{11} Basenpaaren (bp). Das Vogelgenom hat etwa 10^9, das Säugergenom etwa $3 \cdot 10^9$ bp. Ein Drittel davon sind Sequenzwiederholungen, die nicht transkribiert werden. Man teilt diese ein in:
(1) ***s**hort **in**terspersed **e**lements* **(SINE)**, in denen eine bestimmte Nukleotidfolge sich nach etwa 300 bp wiederholt,
(2) ***l**ong **in**terspersed **e**lements* **(LINE)**, in denen sich eine bestimmte Nukleotidfolge nach einigen kb wiederholt,
(3) ***v**ariable **n**umber of **t**andem **r**epeats* **(VNTR)**. Hier unterscheidet man Nukleotidfolgen benannt als sog. Minisatelliten, z. B.

5'– GGCTTGCCAGGTCCGAAT …
GGCTTGCCAGGTCCGAAT …
GGCTTGCCAGGTCCGAAT …– 3',

von den sog. Mikrosatelliten, z. B.

5'–… CGCTGTGTGTGTGTGTGTGT
GTGTCGGC… – 3'.

Die Wiederholungssequenz *(repeat)* eines Mikrosatelliten kann unterschiedlich lang sein. Ein Chromosom enthält z. B. die angegebene Nukleotidfolge mit 10 *GT*-Wiederholungen, während auf dem homologen Chromosom 12 oder 16 Wiederholungen vorhanden sein können. Man betrachtet die Mikrosatelliten als Genloci mit mehreren Allelen (sog. polymorphes System). Diese Eigenschaft der Mikrosatelliten kann genutzt werden, um ein Individuum eindeutig zu charakterisieren, wie das etwa in der Kriminalistik, bei Vaterschaftsanalysen oder in der Tiergenetik angewandt wird. Dazu genügen einige wenige Genloci mit je 5–10 Allelen.
Zwei Drittel des eukaryotischen Genoms sind einzigartige (engl. *unique*) Sequenzen, die sich in nicht-codierende und codierende Abschnitte einteilen lassen. In den codierenden Abschnitten befinden sich die eigentlichen Gene mit Introns und Exons, die zusammen etwa 1 % der gesamten DNS ausmachen. Der Rest hat bis auf wenige Ausnahmen keine bekannte Funktion und wird bei jeder Zellverdopplung „mitgeschleppt“.
Die Genome von Prokaryoten weisen wesentlich weniger nicht-codierende Sequenzen auf und in ihren codierenden Abschnitten finden sich keine Introns.
Virale Genome zeigen das höchste Maß an Kompaktheit für codierende Abschnitte. Ihr Genom ist, durch ihren intrazellulären Parasitismus und die Größe der viralen Hüllstrukturen vorgeschrieben, so klein, dass sie es sich nicht „leisten“ können, größere Abschnitte nicht-codierender Sequenzen zu besitzen. In einigen Fällen finden sich hier sogar überlappende Gene (Gene in Genen), die durch Verschiebung des Leserasters funktionieren.

genomische Formel (engl. *genomic formula*)
Zahlenmäßige Darstellung der Chromosomen (in genomischen Einheiten) einer Zelle: N = haploid, 2N = diploid, 3N = triploid, 4N = tetraploid, (2N – 1) = monosom (in einem diploiden System fehlt ein Chromosom), (2N + 1) = trisom (in einem diploiden System ist 1 Chromosom zu viel); (2N – 2) = nullisom.

Genotyp (engl. *genotype*) Gesamte genetische Ausstattung eines Organismus. Bei Diploiden also die beiden Genome (von den Eltern) und die mitochondriale DNS (bzw. bei Pflanzen die DNS der Chloroplasten), die nur von dem weiblichen Elternteil des Individuums stammt (bei einigen Pflanzen können auch Pollen Plastiden weitervererben). Oft wird Genotyp auf nur einen Genlocus und damit ein Merkmal bezogen. Der Genotyp ist mit dem physischen Erscheinungsbild (Phänotyp) korreliert.

Genotyp-Umwelt-Interaktion (engl. *genotype-environment interaction*) Wechselbeziehung zwischen Genotyp und Umwelt. Phänotypische Merkmale eines gegebenen Genotyps können in verschiedenen Umwelten jeweils andere Ausprägungen haben.

Genpool (engl. *gene pool*)
Gesamte genetische Information (alle Allele) in den reproduktiven Individuen einer Population. Angenommen, an jedem einzelnen Genlocus würden durchschnittlich drei Allele in der Population vorkommen, so umfasst der Genpool 3 n (Säuger haben etwa n = 25 000 Genloci, also 75 000 Allele). In einem einzigen diploiden Tier befinden sich maximal 2 n.

Genregulation (engl. *gene regulation*)
Da die Transkription von Genen energieaufwendig ist, werden viele Gene nur dann aktiviert, also transkribiert, wenn dafür ein Bedarf besteht. Zucker kann z. B., wenn er in genügender Menge in einem Nährmedium für Bakterien vorhanden ist, an ein Protein binden, welches an einer bestimmten Nukleotidsequenz, einem Operator, „festsitzt" und somit die Transkription des nachfolgenden Strukturgens verhindert. Ein solches Protein nennt man Repressor. Der Repressor hat also zwei Bindungsstellen: eine für den Zucker und eine für eine bestimmte Nukleotidsequenz, den Operator (das Operatorgen befindet sich vor dem Strukturgen). Durch die Bindung des Zuckers ändert der Repressor seine räumliche Struktur, passt dann nicht mehr auf den Operator und fällt ab. Danach kann die RNS-Polymerase an den Operator binden und das nachfolgende Strukturgen ablesen. Dieses Strukturgen codiert für ein Enzym, welches den entsprechenden Zucker abbauen und damit für die Zelle nutzbar machen kann. Damit führt der Zucker zur Aktivierung eines Enzymgens, welches seinerseits für den Zucker spezifisch ist (Substratinduktion). Diese Art der Interaktion nennt man positive Rückkopplung (siehe Abb. auf S. 135).

Gensubstitution (engl. *gene substitution*)
Ersetzen, Austausch eines Gens (Allels) durch ein anderes Allel, wobei das restliche Genom unverändert bleibt.

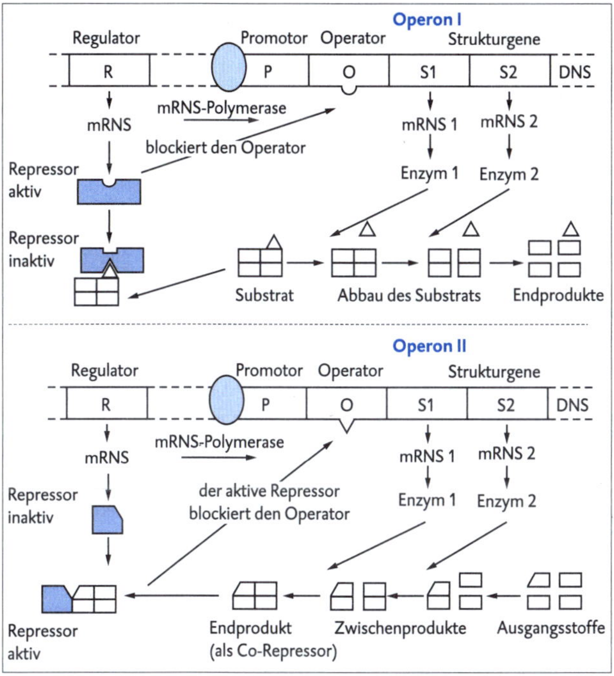

Genregulation: Schema zur Substratinduktion mit positiver Rückkopplung (oben) und Endproduktrepression mit negativer Rückkopplung (unten). Blau: Moleküle auf Proteinbasis

Gentechnik (engl. *recombinant DNA technology*)
Methoden zur Verbindung zweier oder mehrerer heterologer DNS-Moleküle (DNS-Fragmente aus verschiedenen Organismen) meist durch eine Ligation *in vitro* (Verbinden im „Reagenzglas") und die Übertragung in einen Organismus (Gentransfer); z. B. die Insertion eines menschlichen Gens in ein Plasmid mit anschließender Transformation in Bakterien. Im Englischen als *recombinant DNA technology, gene splicing, molecular cloning* oder *genetic engineering* bezeichnet. Letzteres entspricht der Gentechnologie.

gentechnisch veränderter Organismus, GVO (engl. *genetically modified organism, GMO*) Jeder Organismus, der das erfolgreiche Ergebnis eines Gentransfers ist. Einem GVO wurde ein Genkonstrukt transferiert, das nun im neuen Genom einen entsprechenden Effekt hervorrufen soll (z. B. Synthese eines bestimmten Proteins). GVO können Bakterien, Hefen, Pflanzen oder Tiere sein. Da Gene artübergreifend funktionieren und GVO deshalb unter bestimmten Umständen für Mensch und Umwelt gefährlich sein können, wurde in Deutschland 1992 das Gentechnikgesetz erlassen, das den Umgang mit GVO regelt.

Gentechnologie (engl. *genetic engineering*)
Gesamtheit aller Techniken, mit denen der Mensch Gene oder Genome von Organismen verändert, z. B. Gentransfer, Gentherapie. Unter Gentechnologie versteht man experimentelle oder industrielle Techniken zur Genomveränderung von Zellen oder Organismen, um mehr oder andere biochemische Verbindungen zu produzieren, als es das ursprüngliche Genom vermag (z. B. menschliches Insulin im Bakterium *Escherichia coli*), oder um neue Funktionen auszulösen. Manipulation der Gene bzw. des Genoms/Genotyps mit Methoden, die eine „normale“ sexuelle oder asexuelle Vererbung umgehen.

Gentherapie (engl. *gene therapy*)
Einbringen eines funktionierenden Gens in einzelne Zellen, Gewebe bzw. den ganzen Körper, um eine Erbkrankheit zu korrigieren. Bei der sog. **somatischen Gentherapie** werden nur die Körperzellen eines Organismus gentechnisch verändert, jedoch keine Keimbahnzellen. Das bedeutet, dass die genetische Veränderung nicht auf die Nachfolgegeneration(en) vererbt wird.

geschlossener Leserahmen, geschlossenes Leseraster
(engl. *blocked reading frame*) Ein mRNS-Segment mit einem oder mehreren, vorzeitigen Stopp-Codons, welche die weitere, vollständige Translation in eine Polypeptidkette verhindern. Die Translation wird abgebrochen mit dem Ergebnis eines verkürzten Polypeptids.

Gonosomen, Geschlechtschromosomen (engl. *sex chromosomes*) Die teilweise homologen Chromosomen, die im heterogametischen Geschlecht unterschiedliches Aussehen haben und meist unterschiedliche Gene tragen. X und Y bei Säugern bzw. Z und W bei Vögeln genannt. X-chromosomale Allele können sich in weiblichen Nachkommen dominant, intermediär oder rezessiv verhalten. In männlichen Nachkommen (der Säuger) sind sie hemizygot und „schlagen“ durch. Das Allel für Hämophilie beispielsweise verhält sich rezessiv, weshalb normalerweise nur Männer mit einem hemizygoten „kranken“ Allel Bluter sind. Viele Spezies (z. B. viele Reptilien) haben keine Geschlechtschromosomen. Hier wird das Geschlecht durch Umweltfaktoren (z. B. Temperatur) bestimmt.

Guanin, G (engl. *guanine*) Die stickstoffhaltige organische Purin-Base ist sowohl ein Baustein der DNS als auch der RNS. In der DNS paart sie sich über drei Wasserstoffbrücken mit Cytosin.

Haarnadelschleife (engl. *hairpin loop*)
Doppelsträngige Region einer DNS oder RNS, die durch komplementäre Basenpaarung zwischen benachbarten, invertierten Sequenzen des gleichen Stranges gebildet werden. Die tRNS z. B. weist mit ihrer Kleeblattstruktur drei solcher Haarnadelschleifen auf.

Haldane-Gesetz (engl. *Haldane's rule*) Die Verallgemeinerung eines Phänomens, demzufolge bei hybriden Nachkommen zweier Spezies das heterogametische Geschlecht (bei Säugern also die Männchen) entweder fast ganz fehlt oder steril ist. Beispiel: Das Maultier als Nachkomme einer Kreuzung zwischen Pferd und Esel oder das Beefalo als steriler Nachkomme einer Kreuzung zwischen Hausrind und Bison. Männliche Tiere sind hier immer unfruchtbar.

Haploidie (engl. *haploidy*) Chromosomaler bzw. genetischer Zustand eines Organismus oder einer Zelle, bei dem nur ein Chromosomensatz vorhanden ist, z. B. Drohnen, Keimzellen (= Gameten).

Haplotyp (engl. *haplotype*)
Ganz allgemein versteht man unter Haplotyp eine bestimmte Reihung von eng benachbarten Genloci oder Markern (z. B. Mikrosatelliten oder Punktmutationen) auf einem Chromatid (Chromosom). Der Begriff ist eine Kontraktion aus haploid und Genotyp und beschreibt eine Gruppierung von Genloci, die so nahe auf einem Chromosom beisammenliegen, dass in der Meiose die Wahrscheinlichkeit für ein Crossing-over-Ereignis innerhalb dieser Gengruppe äußerst niedrig ist. So wird diese Gengruppe fast immer als „Block" an die Nachkommen weitervererbt. Diese gemeinschaftliche Weitervererbung nach einem einfachen Mendel'schen Gesetz ergibt, wenn zumindest einige der Gene zahlreiche Allele aufweisen, eine permanente (über Generationen konstante) Kombination bestimmter Alleltypen der einzelnen Genloci. Es wird ein bestimmtes Genmuster – eben ein Haplotyp – weitervererbt.

Harlekin-Chromosom (engl. *harlequin chromosome*)
Harlekin-Chromosomen haben zwei Replikationsrunden (Mitosen in Zellkultur) in Anwesenheit von Bromdesoxyuridin durchlaufen, welches das Thymidin im neu synthetisierten DNS-Strang ersetzt. Die Chromosomen werden dann mit einem fluoreszierenden Farbstoff und Giemsa gefärbt. Dies führt zu dem Harlekin-artigen Aussehen der Chromo-

somen, wobei das eine Genom mit zwei markierten Strängen dunkel erscheint und das andere wesentlich heller, weil nur ein Einzelstrang der DNS mit BUdR markiert ist. Die Darstellung ist ein Beweis für die semikonservative Replikation der DNS.

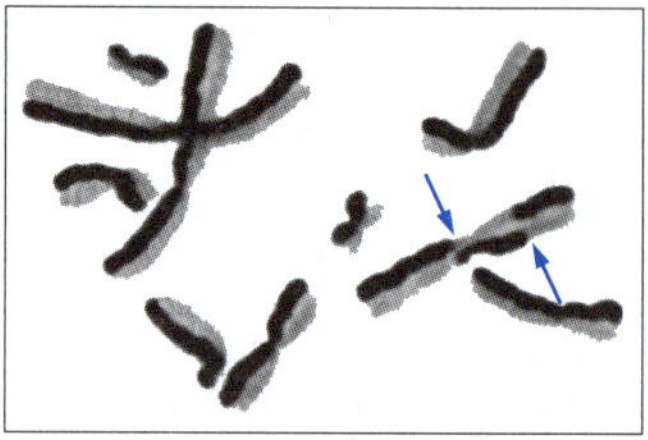

Harlekin-Chromosomen in einer Ovarienzelle. Die Pfeile zeigen einen Schwesterchromatid-Austausch.

HeLa-Zellen (engl. *HeLa cells*)
Etablierte Zellinie aus aneuploiden menschlichen Epithelzellen. Ausgangsmaterial war ein bösartiger Tumor des Gebärmuttermundes (Zervixkarzinom) der Patientin **He**nrietta **La**cks. Die Zellen befinden sich seit 1951 in Kultur, haben sich inzwischen zu unzähligen Varianten entwickelt und dienen weltweit als Untersuchungsobjekt vor allem in der Krebsforschung.

Helicase (griech. *helix* Windung, *-ase* als Endung für Enzym; engl. *helicase*) Enzym, das den DNS-Doppelstrang unter ATP-Verbrauch entspiralisiert, wonach die DNS-Polymerase replizieren kann.

Helix (griech. *helix* Windung; engl. *helix*)
Beschreibung des schraubenartigen Verlaufs der DNS (wegen der beiden zueinander komplementären DNS-Einzelstränge Doppelhelix genannt), deren molekulare Struktur 1953 von Watson und Crick entdeckt wurde.

hemizygotes Gen (griech. *hemi* halb, *zygon* Vereintes, Zygote; engl. *hemizygous gene*) Genlocus, der nur als ein Allel im (sonst diploiden) Genotyp vorkommt. Geschlechtsgebundene Gene sind im heterogametischen Geschlecht (bei Säugern also männlich) hemizygot, da weder X- noch Y-chromosomale Gene über entsprechende homologe Allelpartner verfügen. **Hemizygotie** liegt auch vor bei Defizienz eines Teils eines homologen Autosoms.

Heterochromatin (griech. *heteron* anders; engl. *heterochromatin*)
Teil des Chromatins, das anders als Euchromatin auch während der Interphase des Kerns dicht gepackt vorliegt. In heterochromatischen Abschnitten findet sich repetitive DNS, die spät in der S-Phase repliziert und nicht transkribiert wird. Diese Abschnitte werden als **konstitutives** Heterochromatin bezeichnet. Bei weiblichen Säugetieren ist eines

der beiden X-Chromosomen der diploiden Zellen während der Interphase dicht gepackt und inaktiviert. Solche Chromosomen enthalten sog. **fakultatives** Heterochromatin.

Heteroduplex (griech. *heteron* anders; engl. *heteroduplex*)
Ein DNS-DNS- oder DNS-RNS-Doppelstrang, der sich durch Hybridisierung von Einzelsträngen verschiedener Herkunft bildet.

Heterozygotentest (engl. *heterozygosis test*)
Test zum Nachweis heterozygoter Träger einer rezessiven Erbkrankheit, beispielsweise X-chromosomale Trägerinnen, sog. Konduktorinnen, für die Bluterkrankheit oder Phenylketonurie. Bei der Phenylketonurie weist der heterozygote Träger eine reduzierte Menge des Enzyms Phenylalanin-Hydroxylase auf, sodass Phenylalanin langsamer in Tyrosin umgewandelt wird. Mithilfe eines bakteriellen Tests (Guthrie-Test) können bei Heterozygoten auftretende erhöhte Phenylalaninwerte im Blut nachgewiesen werden.

Heterozygotie (griech. *heteron* anders, *zygon* Vereintes, Zygote; engl. *heterozygosity*) Mischerbigkeit. Ein diploides oder polyploides Individuum, dem von seinen Eltern verschiedene Allele an einem oder mehreren Genloci vererbt (weitergegeben) wurden, nennt man **heterozygot**. Die Eigenschaft kann sich also auf einen Genlocus, mehrere oder alle Genloci beziehen.

Histone (engl. *histones*)
5 Typen basischer Proteine; evolutiv hochkonservative Proteine, die bei Eukaryoten mit der chromosomalen DNS in sog. Nukleosomen assoziiert vorliegen. Mehrere Histone lagern sich zu einem Nukleosom zusammen, um das sich der DNS-Faden zweimal windet (146 bp).

Hogness-Box (engl. *Hogness box*) Ein DNS-Abschnitt in Eukaryoten, etwa 25 Basenpaare stromaufwärts eines Strukturgens, an den die RNS-Polymerase II bindet und mit der Transkription beginnt. Der Abschnitt ist 7 Basenpaare lang und hat meist die Sequenz TATAAAA, daher auch **TATA-Box** genannt. Wichtiger Teil des Promotors.

holandrisch (griech. *holos* ganz, *aner* Mann; engl. *holandric*) Beschreibt ein Merkmal, das vom Vater auf den Sohn vererbt wird, z. B. das Y-Chromosom und damit das (chromosomale) männliche Geschlecht.

hologyn (griech. *gyne* Frau) Vererbung eines mütterlichen Merkmals auf die Töchter, z. B. bei *Drosophila*, wo das X-Chromosom durch eine Nondisjunction auf die weiblichen Nachkommen weitergegeben wird.

Homologie (griech. *homos* gleich, *logos* Wort; engl. *homology*)
(1) **Homologe Chromosomen** paaren sich während der Meiose; sie besitzen die gleiche Reihenfolge der Genloci, jedoch können sich ihre Gene in ihrer Basensequenz unterscheiden, was mit dem Begriff Allel beschrieben wird. (2) In der Molekulargenetik vergleicht man Nukleotidsequenzen (Gene) oder Aminosäuresequenzen (Proteine) verschiedener Individuen und Arten und beschreibt ihren **Homologiegrad** in Prozent der identischen Nukleotide oder Aminosäuren. Der Prozentwert ist ein indirektes Maß für die genetische Verwandtschaft oder, negativ ausgedrückt, die genetische Divergenz zwischen zwei Arten oder Gattungen usw. Man kann aus dem Wert auf den Zeitpunkt schließen, an dem sich zwei Arten evolutiv getrennt haben.

Homöobox (engl. *homeobox*)
Nukleotidsequenz von etwa 180 bp am 3'-Ende der Entwicklungsgene der Taufliege *Drosophila*. Es gibt mehrere Gene, die über eine solche Homöobox verfügen. Homöobox-Sequenzen sind einander sehr ähnlich und codieren für Proteine, die im Zellkern lokalisiert sind und die Entwicklung kontrollieren. Sie binden an spezifische DNS-Sequenzen und wirken so als Verstärker (*enhancer*) oder Abschwächer (sog. *silencer*) für die Expression anderer Gene. Mittlerweile wurden Homöobox-enthaltende Gene bei einer Vielzahl von Organismen, auch beim Menschen, gefunden. Ein Homöobox-Protein des Krallenfrosches ist in 59 seiner 60 Aminosäuren identisch mit dem sog. Antennapedia-Homöoboxprotein der Taufliege. Dieser geringe Unterschied – trotz evolutiv (d. h. auch zeitlich) großer Distanz zwischen beiden Organismen – deutet auf eine grundlegende und essenzielle Funktion dieses Proteins hin. Derzeit laufen zahlreiche Untersuchungen, welche die Funktion von Homöobox-Sequenzen bei der Entwicklung von Wirbeltieren klären sollen.

Homozygotie (griech. *homos* gleich, *zygon* Vereintes, Zygote; engl. *homozygosity*) Reinerbigkeit. Ein Nachkomme, der von seinen Eltern zwei identische Allele an einem oder mehreren Genloci vererbt bekommen hat, ist an diesem **homozygot** (engl. *homozygous*).

horizontale Vererbung (engl. *horizontal transmission*)
Die Übertragung von genetischem Material einer Zelle oder eines Organismus auf eine andere oder einen anderen Organismus durch einen infektionsähnlichen Vorgang (z. B. durch Viren), im Gegensatz zur vertikalen Vererbung.

Humangenetik (lat. *humanus* menschlich; engl. *human genetics*)
Wissenschaft, die sich mit der menschlichen Vererbungslehre befasst. Sie umfasst das Studium des gesamten menschlichen Genoms, seiner

genetischen Vielfalt und vor allem der Ursachen und Auswirkungen genetischer Defekte. Eine praktische Anwendung findet die Humangenetik in der pränatalen Diagnostik, in der Kriminalistik, im Abstammungsnachweis und in der Transplantationsimmunologie. Die in früheren Jahren dafür genutzten, relativ groben, morphologischen Kriterien sind seit Etablierung der immunologischen und DNS-Technologien zusehends diesen höchst sensitiven und exakten, biochemischen Untersuchungsmethoden gewichen.

Humangenomprojekt (engl. *humane genome project*, **HUGO**, abgeleitet aus der für das Projekt zuständigen *Human-Genome-Organization*) Forschungsprogramm der US-Regierung (auch unter Beteiligung anderer Länder) seit 1990, das ursprünglich für 15 Jahre veranschlagt war, wegen der rasanten Fortschritte in der Analytik aber innerhalb von 10 Jahren fast beendet wurde. Die erklärten Ziele waren: (1) Identifizierung aller Gene der menschlichen DNS (etwa 25 000), (2) Bestimmung der Basensequenz der gesamten menschlichen DNS (etwa 3 Milliarden bp), (3) Speicherung dieser Informationen in Datenbanken, (4) Verbesserung der Programme für die Datenanalyse, (5) Transfer der Technologien an die Privatwirtschaft und (6) Diskussion der ethischen, juristischen und sozialen Aspekte, die sich aus dem Gesamtprojekt ergeben können. Im Februar 2001 wurde in den wissenschaftlichen Zeitschriften *Science* und *Nature* eine vorläufige Sequenz und Analyse der Daten veröffentlicht.

Hybridisierung (lat. *hybridus* Bastard; engl. *hybridization*)
(1) Verpaarung von Individuen, die genetisch unterschiedlichen Populationen oder Arten angehören, wobei Heterozygote entstehen. (2) In der klassischen Genetik die Verpaarung zweier unterschiedlicher Geno- oder Phänotypen der gleichen Spezies. (3) Die Renaturierung (Wiederanlagerung) komplementärer DNS-Stränge genetisch unterschiedlicher Herkunft zu einer Doppelhelix. Hybridisiert wird z. B. bei der Southern-Analyse, wo eine einzelsträngige, markierte Sonde den komplementären Strang eines Elektropherogramms sichtbar macht.

Inducer (lat. *inducere* veranlassen; engl. *inducer*)
Ein kleines Molekül, das eine Zelle/ein Gen veranlasst, eine größere Menge eines Polypeptids (Enzym) zu produzieren; Inducer sind eine Gruppe von Effektormolekülen.

in-situ-Hybridisierung (lat. *situs* Lage, Stellung; engl. *in situ hybridization*) Methode zur Lokalisierung von Genen auf intakten Chromosomen oder Nukleinsäuren in Zellen. Eine Hybridisierung „an Ort und Stelle“ oder „an der ursprünglichen“ Lage mit einer markierten DNS-

Sonde. Man gebraucht diese Technik, um das passende Gegenstück der Sonde (komplementäre Sequenz) auf einem Chromosom oder in einer Zelle (eukaryotisch oder prokaryotisch) zu lokalisieren. Um bestimmte DNS-Sequenzen aufzufinden, wird die zu testende Probe denaturiert, sodass die DNS-Stränge einzeln vorliegen. Wenn dann die markierten Sonden-Moleküle (ebenfalls als DNS-Einzelstränge) zur denaturierten Chromosomen-DNS (z. B. Metaphase-Chromosomen) gegeben werden, binden die komplementären (die „sich entsprechenden", passenden) Sequenzen und können aufgrund der Markierung der Sonden-DNS erkannt (detektiert) werden. Ähnlich können auch RNS-Moleküle in Zellen lokalisiert werden. Sind die Sonden mit einem radioaktiven Isotop markiert, detektiert man mithilfe eines Autoradiogramms (Negativfilm, fotografischer Film); sind sie mit einem Fluoreszenz-Marker gekoppelt, kann man die Hybridisierungsstellen unter dem Fluoreszenzmikroskop sehen. Die Technik mit den fluoreszierenden Markern hat in den letzten Jahren besonders bei der Genkartierung breite Anwendung gefunden und wird mit dem Kürzel **FISH** (*fluorescent in situ hybridization*) bezeichnet. Die *in-situ*-Hybridisierungstechnik wird auch zur Identifikation transformierter Bakterien benutzt (Koloniehybridisierung).

intermediärer Erbgang (engl. *intermediate hereditary path*) Ausprägung eines Merkmals mit gleichen phänotypischen Anteilen der beiden Allele.

intrachromosomale Rekombination (lat. *intra* innerhalb; engl. *intrachromosomal recombination*) (1) Änderung der Nukleotidabfolge innerhalb eines Chromatids bzw. Chromosoms durch Inversion, Deletion oder Duplikation. (2) Bei einem Schwesterchromatidaustausch (SCE) durch Crossing-over handelt es sich ebenfalls um eine intrachromosomale Rekombination, die jedoch keine Veränderung der Nukleotidabfolge ergibt, da die beiden Schwester-Chromatiden identisch sind.

intrinsische Faktoren (lat. *intrinsecus* im Innern; engl. *intrinsic factors*) Alle Substanzen und Einflüsse eines Organismus oder Systems, die in seinem Innern entstehen oder wirken. Gene z. B. sind intrinsische Faktoren.

Intron, intervenierende Sequenz (lat. *intra* innerhalb; engl. *intron*) Teil eines Gens, der wie ein Exon (für ein Polypeptid codierende Sequenz) in primäre RNS transkribiert, danach aber in einem Spleißvorgang aus der Nukleotidkette der primären RNS entfernt und degradiert wird. Die meisten eukaryotischen Gene sowie mitochondriale und manche Chloroplastengene enthalten Introns. Ihre Zahl je Gen variiert beträchtlich (1 bis > 50). Ihre Länge schwankt zwischen 100 und 10 000 bp. Sequenzhomologien zwischen Introns verschiedener Individuen sind gering. Jedoch sind zwei Nukleotide an jedem Ende identisch bei allen Introns (5' – GT … AG – 3'). Sie sind am Spleißvorgang beteiligt.

Inversion (lat. *invertere* drehen; engl. *inversion*) Drehung eines Chromosomenabschnitts um 180°, sodass seine Nukleotidsequenz gegenläufig zum Rest des Chromosoms ist.

Inzucht (engl. *inbreeding*) Paarung verwandter Tiere oder Pflanzen.

Inzucht-Stamm (engl. *inbred strain*) Population (Gruppe) von Individuen, die so hoch (lange) ingezüchtet sind, dass sie als genetisch identisch anzusehen sind, ausgenommen geschlechtsbezogene Merkmale.

Jacob-Monod-Modell (engl. *Jacob Monod model*) Prinzip des Operonmodells, erstmals beschrieben am System der Regulation des Lactose-Operons (lac-Operon) in Bakterien. Das Gen I produziert ständig Repressormoleküle, die sich an den Operator binden und so die RNS-Polymerase blockieren. Die stromabwärts folgenden Gene können deshalb nicht transkribiert werden. Ist jedoch Lactose vorhanden, bindet sie an den Repressor und verändert dessen Struktur, sodass er den Operator nicht mehr blockiert. Jetzt kann die Polymerase die Gene Z, Y und A transkribieren, und die entsprechenden Enzyme werden synthetisiert. Francoise Jacob und Jacques L. Monod beschrieben dieses grundlegende Schema einer negativen Expressionskontrolle von Genen erstmals 1961.

Karyogramm, Idiogramm (griech. *karyon* Kern, *graphein* schreiben; engl. *karyogram*) Schematische Darstellung des Karyotyps eines Organismus.

Karyotyp (griech. *karyon* Kern; engl. *karyotype*) Der Chromosomensatz einer somatischen Zelle eines Individuums oder einer Art. Alle Individuen einer Art haben eine typische Anzahl und in ihrer Struktur jeweils formgleiche Chromosomen. Bei diploiden Organismen wird die Zahl mit 2N (N = haploider Chromosomensatz) angegeben, die aus den zwei Genomen bei der Befruchtung der Eizelle durch das Spermium entsteht. Der Begriff bezieht sich auf das fotografische Bild von Metaphase-Chromosomen, die in einer standardisierten Anordnung dargestellt werden. Der Karyotyp des Menschen präsentiert sich in 46 Chromosomen (2N), von denen 44 als Autosomen bezeichnet werden. Dazu kommen zwei X- oder ein X- und ein Y-Chromosom (Gonosomen). Allgemein dargestellt als AA (autosomale Sätze plus XX oder XY). Es kommen auch abnormale Karyotypen vor. So sind bei

Menschen mit Down-Syndrom nicht zwei sondern drei Chromosomen Nr. 21 vorhanden, insgesamt also 47.

Klinefelter Syndrom (engl. *Klinefelter's syndrom*) Genetisch bedingte Krankheit, bei der ein X-Chromosom überzählig ist. Benannt nach H. F. Klinefelter (1942): Männliche Individuen mit kleinen Hoden, die keine Spermien produzieren und deshalb steril sind. Die Krankheit geht manchmal mit geistiger Retardierung einher. Ursache ist der Karyotyp AA XXY (oder 47, XXY; seltener auch 48, XXXY; 49, XXXXY oder XXXYY). Häufigkeit für 47, XXY liegt bei 1 von 590 lebend geborenen Buben.

Klon (griech. *klon* Ast, Zweig; engl. *clone*) (1) Gruppe genetisch identischer Zellen oder Organismen, die alle aus einer gemeinsamen Gründerzelle oder einem -organismus hervorgegangen sind. Das Hauptprinzip ist die mitotische Kernteilung (keine Rekombination) bei Eukaryoten und die Zweiteilung (binäre Fission) bei Prokaryoten. Es handelt sich in beiden Fällen um einen ungeschlechtlichen Vermehrungsmodus; technisch auch als Klonen bezeichnet. (2) In der Gentechnik bezeichnet man damit Kopien eines DNS-Stückes.

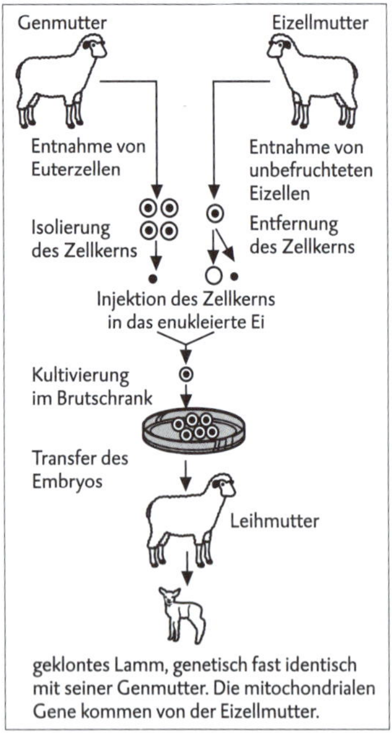

Schema zum Kerntransfer am Beispiel des Schafes Dolly

Klonen, Kerntransfer (engl. *nuclear transfer*) Die Übertragung (Injektion) eines diploiden somatischen Zellkerns, z. B. aus einer Zellkultur, in ein enukleiertes Ei (eine Eizelle, deren Kern mikrochirurgisch entfernt wurde). Der sich entwickelnde Embryo hat nun den Genotyp des Kernspenders. Zuerst in den 50er-Jahren mit Froscheiern gezeigt, war es lange Zeit beim Säuger nicht möglich, dass sich nach einem derartigen

Transfer die somatischen Kerne normal teilen und die embryonale Entwicklung erneut durchlaufen. Erste Erfolge zeigten sich mit Zellkernen aus Embryonalzellen. 1996 wurde ein Lamm (namens Dolly) geboren, dessen Kern aus einer kultivierten Euterzelle stammte. Entscheidend für die Fähigkeit des Kerns, totipotent zu werden, ist der Transfer zum richtigen Zeitpunkt im Teilungszyklus der Spenderzelle. Da die Zellen einer Zellkultur genetisch identisch sind, ist es zumindest theoretisch möglich, beliebig viele identische Nachkommen aus einem Spendertier zu erhalten, dieses also zu klonen.

Klonierung (engl. *cloning*) Methode zur identischen Vervielfältigung von DNA. Dazu wird ein Fremdgen in einen Klonierungsvektor (Plasmid) ligiert. Das daraus entstandene rekombinante Plasmid kann anschließend in eine Wirtszelle (Bakterium) transformiert und das gewünschte DNA-Fragment auf diese Weise vermehrt werden. Man spricht dann von klonierter DNS oder Passagier-DNS (engl. *cloned DNA*).

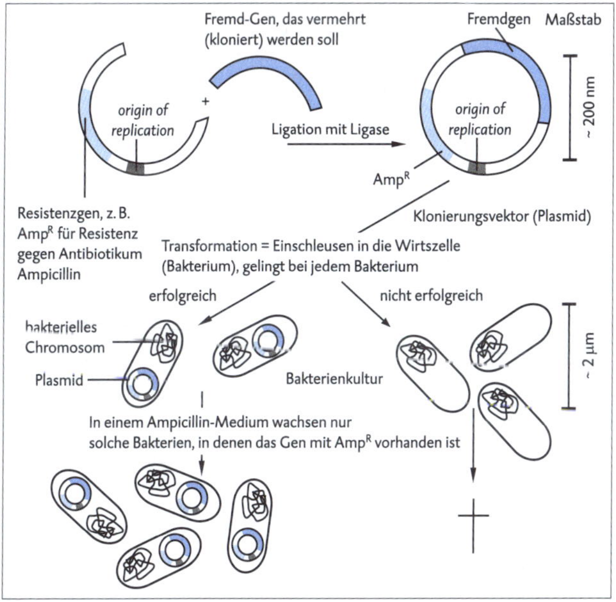

Vermehrung eines Fremdgens in Bakterien mithilfe eines Plasmids

Klonierungsvektor → Plasmid (5 Genetik S. 169)

Knockout (engl. *knockout*) Umgangssprachlicher Begriff für die Erzeugung eines mutanten Organismus (meist bei der Labormaus) mit einem Nullallel am untersuchten Genlocus. Mithilfe des Gentransfers wird ein bestimmter DNS-Abschnitt, der ein (Wildtyp-)Allel enthält, beispielsweie durch eine Insertion verändert und damit funktionslos gemacht. Auf diese Weise kann die Wirkung und Bedeutung dieses Gens untersucht werden.

kodominant, intermediär, semidominant, partiell dominant (engl. *codominant*) Beschreibt einen Genlocus eines Heterozygoten, dessen zwei (verschiedene) Allele vollständig und gleichwertig exprimiert werden. Beispielsweise ergibt beim Gartenlöwenmäulchen *(Anthirrhinum majus)* ein Allel für rote Blütenfarbe und ein Allel für weiße Blütenfarbe bei kodominanter Vererbung rosa.

Koloniehybridisierung (engl. *colony hybridization*) Eine *in-situ*-Hybridisierungstechnik zur Identifikation von Bakterien (jeweils einer aus Tausenden von Bakterien bestehenden Kolonie), die nach einer Transformation den gewünschten Vektor (Plasmid) tragen. Bei der Koloniehybridisierung wird simultan bei vielen Bakterien-Kolonien jeweils ein Teil der Bakterien einer Kolonie vom Agar in einer Petrischale auf einen Nitrocellulose-(Nylon)-filter übertragen. Ein Rest der Bakterienkolonie verbleibt auf dem Agar der Petrischale und dient nach dem Test als Quelle für die Bakterien, welche die gesuchte Eigenschaft besitzen. Die auf den Filter transferierten Bakterien werden aufgebrochen (lysiert) und durch Hitze bei 80 °C fixiert. Nach Hybridisierung mit einer markierten DNS-Sonde, die identisch mit dem transferierten DNS-Fragment des Vektors (Plasmids) ist, wird die Position der positiven Kolonie auf dem Filter und damit indirekt auf der Agarplatte deutlich: bei Verwendung von radioaktiv markierter Sonden-DNS durch Autoradiographie, oder aber durch enzymatisch hervorgerufene Farbreaktion.

komplementäre Basensequenz (engl. *complementary base sequence*) Lineare Folge von Nukleotiden (Basensequenz) eines einzelsträngigen Nukleinsäurestranges, der zu anderen Nukleinsäuresträngen nach den Regeln der Basenpaarung komplementär ist. Zu der Folge 5'–ATGC–3' eines DNS-Stranges ist die Sequenz 3'–TACG–5' eines anderen DNS-Stranges bzw. 3'–UACG–5' eines RNS-Stranges komplementär. Eine gegebene Sequenz definiert stets ihre komplementäre Sequenz.

Konjugation (lat. *coniugatio* Verbindung; engl. *conjugation*)
Temporäre Vereinigung zweier einzelliger Organismen, bei der wenigstens einer der beiden genetisches Material vom anderen erhält. Bei Bakterien geht der Austausch in eine Richtung, wobei das „Männchen" sein ganzes Chromosom oder Teile davon über einen Sex-Pilus (eine schlauchförmige Verbindung) in den „weiblichen" Rezipienten bringt. Bei Protozoen werden ganze Kerne ausgetauscht (Kernfusion und mitotische Teilung).

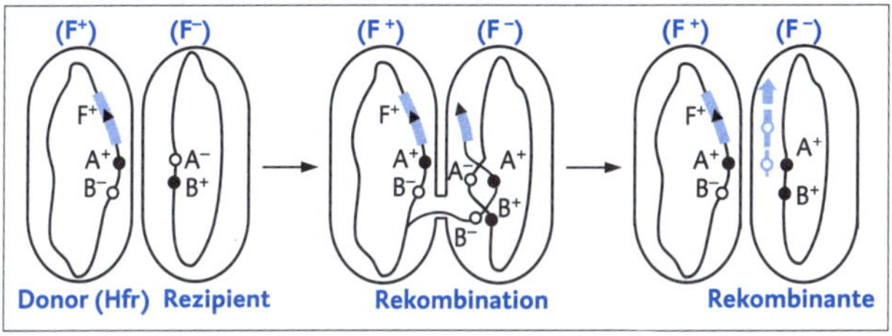

Konjugation bei Bakterien am Beispiel eine Hfr-Stammes (mit integriertem Fertilitätsfaktor). Die nach Rekombination „überzähligen" Gene A− und B− werden in der Rekombinante abgebaut (blauer DNS-Strang).

konservative Replikation (engl. *conservative replication*)
Veraltetes Modell der DNS-Replikation, nach der beide Stränge der Tochterhelix neu synthetisiert werden und beide Matrizenstränge des parentalen Moleküls ihre ursprüngliche Zusammensetzung/Verbindung behalten. Das Modell wurde durch das berühmt gewordene Experiment von Meselson und Stahl 1958 widerlegt.

konservative Substitution (engl. *conservative substitution*)
Ersetzen einer Aminosäure eines Polypeptids durch eine mit ähnlichen Eigenschaften. Solche Substitutionen sind „harmlose" Mutationen und ändern Gestalt und Eigenschaft einer Polypeptidkette nur geringfügig.

Konstrukt (lat. *constructio* Bau; engl. *construct*)
Bezeichnung für ein aus verschiedenen DNS-Abschnitten „zusammengebautes" DNS-Molekül.

Kontrollelemente (engl. *controlling elements*)
Gruppe von genetischen Elementen, die Targetgene (die Gene, die von den Kontrollelementen beeinflusst werden) extrem veränderbar (unstabil hypermutabel) machen, wie im sog. Dissoziations-Aktivator-System beim Mais. Dazu gehören Rezeptoren und Regulatoren. Das Rezeptorelement ist ein mobiles genetisches Element, das ein Zielgen inaktiviert, wenn es dort eingebaut (insertiert) ist. Das Regulatorgen hält die muta-

tionelle Instabilität (Veränderung durch häufige Mutationen) des Targetgens aufrecht, vermutlich durch seine Fähigkeit, das Rezeptorelement wieder aus dem Targetgen auszuschließen, sodass dieser Genlocus seine normale Funktion zurückerhält.

Kontrollgen (engl. *controlling gene*)
DNS-Segment, das ein Cistron an- und abschalten kann.

Kopplung (engl. *linkage*)
Zwei oder mehr Gene (DNS-Abschnitte, Genloci) nennt man gekoppelt, wenn sie in der gleichen Reihenfolge von einem Elternteil auf den oder die Nachkommen vererbt werden. Gene sind z. B. gekoppelt, weil sie auf einem Chromosom liegen. Bei der asexuellen Vermehrung werden alle Genloci normalerweise gekoppelt vererbt (mitotische Zellteilung). Bei der sexuellen Fortpflanzung jedoch durchlaufen die Keimzellen die Meiose, deren wichtigste Funktion der Austausch von homologen Chromosomenabschnitten durch Crossing-over ist. Kopplung oder Nicht-Kopplung (= Segregration) werden nur beobachtet, wenn in den betreffenden Chromosomenabschnitten Heterozygotie vorliegt (d. h. verschiedene Allele auf den homologen Chromosomen).

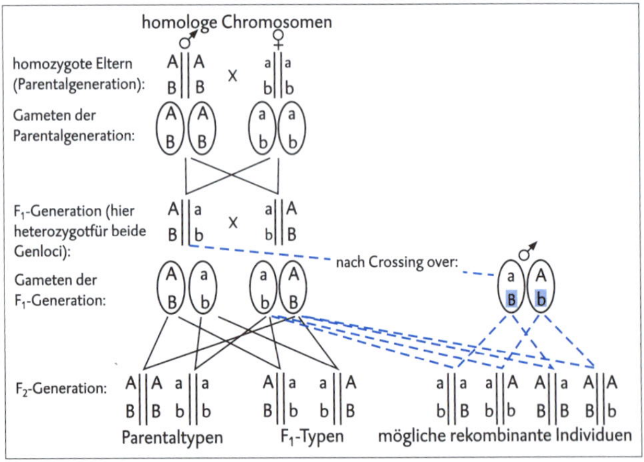

Schema einer Kopplungsstudie mit Beispiel eines Crossing-over bei den männlichen Gameten: A bzw. a und B bzw. b stellen Allele zweier gekoppelter Genloci dar.

Kopplungsstudie, Kopplungsanalyse (engl. *linkage analysis*)
Analyse der Rekombinationshäufigkeit. Untersuchung von Kopplungsverhältnissen zwischen Genloci, also wie weit zwei beobachtete Genloci

auf einem Chromosom voneinander entfernt sind. Bei (starker) Kopplung liegen zwei Genloci so nahe beieinander, dass sie nur extrem selten durch eine Rekombination (Crossing-over) während der Meiose getrennt werden (= Kopplungsgruppe), d. h. dass ein Genlocus A mit Allel A immer zusammen mit dem Genlocus B mit Allel B (oder auch Genlocus A mit Allel a zusammen mit Allel b des Genlocus B) vererbt wird. Durch eine Kreuzung mit einem rezessiven Individuum (aa/bb) können Rekombinationen leicht festgestellt werden. Findet man 1 % rekombinante Individuen (und 99 % nicht rekombinante), wird der relative Abstand beider Genloci mit einem Zentimorgan angegeben. Treten keine (bzw. extrem selten) Rekombinanten auf, liegt eine enge Kopplung zwischen beiden Genloci vor, d. h., sie liegen nahe beisammen.

Krebs (lat. *tumor* Geschwulst; engl. *cancer, tumo(u)r*)
Entartung von Zellen jeglichen Ursprungs aus ihrer normalen Funktion, was in vielen Fällen letztendlich zu einem unkontrollierten Wachstum führt. Gutartige **(benigne)** Tumoren, wie etwa viele Warzen, sind harmlos für den Organismus. Bösartige **(maligne)** Tumoren (im eigentlichen Sinne Krebs) stören die Physiologie und streuen Zellen, die sich ausbreiten, an anderen Körperstellen festsetzen, weiterwachsen (Metastasen) und so den Organismus zerstören. Die Ursachen sind äußerst vielfältig, lassen sich aber häufig auf eine (auch vererbte) Veränderung auf DNS-Ebene (Mutation) zurückführen. Auslöser dafür können völlig unterschiedlicher Natur sein, z. B. bestimmte Strahlung, mutagene Chemikalien, manche Viren etc. oder auch Metaboliten des normalen Zellstoffwechsels (Radikale, Fehler bei Replikation usw.). Derartige Mutationen finden ständig statt, jedoch verfügen Körper bzw. Zellen über verschiedene Mechanismen, solche Mutationen zu korrigieren, z. B. über enzymatische Reparatursysteme der DNS oder T-Lymphozyten, die Tumorzellen erkennen und zerstören. Mit zunehmendem Alter eines Individuums addieren sich die negativen Effekte nicht reparierter Mutationen und zudem wird das Immunsystem immer schwächer, sodass sich Chancen für Tumoren ständig erhöhen. Krebs ist daher primär eine altersabhängige Erkrankung.

Kreuzung (engl. *crossing, hybridization*)
Bei höheren Organismen die Verpaarung zwischen einem männlichen und einem weiblichen Individuum, die genetische Unterschiede (Allele) aufweisen. Bei Mikroorganismen werden genetische Kreuzungen erzielt, indem z. B. Bakterien unterschiedlicher Paarungstypen zur Konjugation zusammengebracht werden. Infizieren Viren mit unterschiedlichen Genotypen eine Wirtszelle, so können sich durch Kreuzung neue virale Genotypen bilden. Der Zweck einer experimentellen (oder Ge-

brauchs-)Kreuzung sind Nachkommen mit neuen Kombinationen der elterlichen Allele, wie in der Nutztierzucht praktiziert.

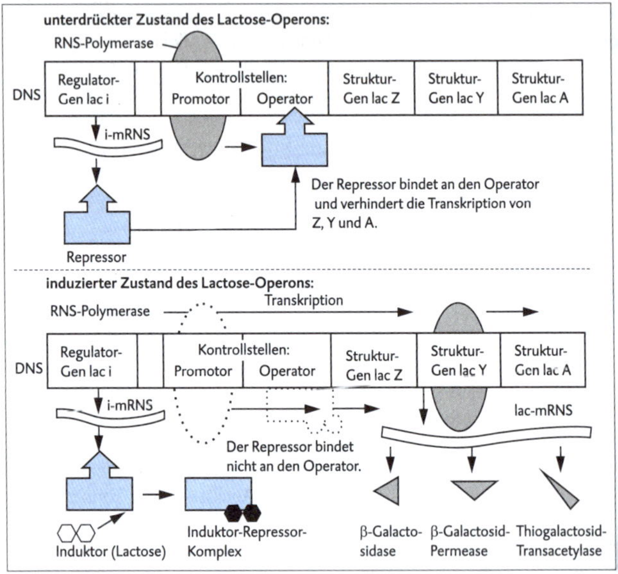

Expressionssystem des lac-Operons

lac-Operon (engl. *lac operon*)
Ein etwa 6 kb langer DNS-Abschnitt des *E. coli*-Genoms, welcher ein Operator-Gen und die Strukturgene lac Z, lac Y und lac A enthält. Die Strukturgene codieren für β-Galactosidase (Enzym essenziell für die Hydrolyse von Lactose in Glucose und Galactose), für β-Galactosid-Permease (Enzym essenziell für den Transport von Lactose durch die bakterielle Zellmembran) bzw. für Thiogalactosid-Transacetylase (für den Lactosestoffwechsel nicht essenzielles Enzym). Die drei Strukturgene werden von einem Promotor aus, der stromaufwärts (von der Transkriptionsrichtung der Strukturgene aus gesehen also davor) des Operators liegt, in einen mRNS-Strang überschrieben. Diese mRNS wird nur gebildet, wenn kein Repressorprotein an den Operator gebunden vorliegt. Das entsprechende Repressorprotein wiederum wird von dem Regulatorgen lac i codiert, das stromaufwärts vom lac-Promotor liegt. Steht den Bakterien Lactose zur Verfügung, bindet diese (bzw.

ein Umwandlungsprodukt Allolactose) an den Repressor und entfernt ihn somit von der Bindungsstelle am Operon. Damit kann die RNS-Polymerase die mRNS für die drei Enzyme ablesen und somit den Abbau der vorhandenen Lactose einleiten. Dieses grundlegende Expressionssystem wurde 1961 von Jacob und Monod entdeckt.

Lactose (lat. *lac* Milch; engl. *lactose*)
Milchzucker, ein Disaccharid aus Galactose und Glucose. Lactose ist in der Säugermilch als wichtigstes Kohlenhydrat enthalten, z. B. in Muttermilch 6 g/100 $m\ell$ und in Kuhmilch 4 g/100 $m\ell$. Das Enzym Lactase spaltet das Disaccharid und macht damit die Zucker (Monosaccharide) für den Körper nutzbar. Bei den meisten Säugern ist die Aktivität der Lactase in der Darmschleimhaut (Darmmukosa) bei Geburt besonders hoch, reduziert sich dann in der Kindheit nach und nach und gelangt im Erwachsenenalter auf ein sehr niedriges Niveau. Milch spielt für Erwachsene unter (im stammesgeschichtlichen Sinne) natürlichen Bedingungen keine Rolle als Nahrung und deswegen dürften die Gene für Lactase inaktiviert worden sein, sodass kein Enzym mehr gebildet wird. Da sie die Lactose nicht mehr aufnehmen können, vertragen viele Erwachsene keine Milch/Milchprodukte (Verdauungsprobleme). Dieses Phänomen wird als eine Form der Milch-Unverträglichkeit oder **Lactose-Intoleranz** bezeichnet. In einigen menschlichen Populationen bleibt ein hoher Lactasespiegel auch im Erwachsenenalter erhalten. Dies ist besonders bei Bevölkerungsgruppen der Fall, die bereits seit langer Zeit Ackerbau und Viehzucht betrieben und so auf Milch als Nahrungsmittel auch im Erwachsenenalter angewiesen waren. Derartige Bevölkerungsgruppen wurden über die Generationen entsprechend selektiert. Jäger- und Sammlerkulturen, wie die Buschleute, zeigen einen hohen Prozentsatz Lactose-Intoleranter im Erwachsenenalter.

lagging Strang (engl. *lagging strand*)
DNS-Strang, der diskontinuierlich repliziert wird.

Lampenbürstenchromosom (engl. *lampbrush chromosome*)
In den primären Eizellen (Oozyten) von Wirbeltieren (Vertebraten) findet man Chromosomen, die bei geringer Vergrößerung unter dem Mikroskop wie eine Lampenbürste aussehen. Ihr Erscheinungsbild kommt durch Hunderte von Schleifen des DNS-Stranges zustande, die seitlich von der Chromosomenachse abstehen. An ihnen findet RNS-Synthese (Transkription) statt. Die Lampenbürstenchromosomen der Salamander-Primäroozyten sind die optisch größten bekannten Chromosomen.

Leader-Sequenz, Signal-Sequenz (engl. *leader sequence*) Der untranslatierte Abschnitt der mRNS von seinem 5'-Ende bis zum Start-Codon. Er enthält Regulationssequenzen (z. B. Attenuator-Region) und/ oder Ribosomen-Bindungsstellen.

leading Strang (engl. *leading strand*) DNS-Strang, der kontinuierlich repliziert wird.

Leseraster (engl. *reading frame*) Nukleotidsequenz, die mit einem Start-Codon (AUG) beginnt, im folgenden Nukleotidtripletts (Codons) enthält und mit einem Terminations-Codon (z. B. UAG) endet. Die Sequenz zwischen dem Start- und dem Stopp-Codon wird auch offener Leserahmen genannt (*open reading frame, ORF*). Entsteht durch Mutation ein Stopp-Codon kurz hinter dem Start-Codon, spricht man von einem blockierten Leserahmen. Eine entsprechend kurze Polypeptidkette (Protein) enthält also nur wenige Aminosäuren und ist deshalb nicht (voll) funktionsfähig.

Letalmutation (lat. *letalis* tödlich; engl. *lethal mutation*) Mutation, die den frühzeitigen Tod ihres Trägers bewirkt. Beispielsweise kann eine Punktmutation ein Stopp-Codon innerhalb der codierenden Region eines Gens verursachen, dessen Eiweiß eine wichtige Rolle im Stoffwechsel spielt. Der Ausfall dieses Schlüsselproteins führt zum Versagen lebenswichtiger biochemischer Reaktionen. Dominante Letalallele sind tödlich für heterozygote Träger, rezessive nur für homozygote.

Ligation (engl. *ligation*) Bildung einer Phosphodiesterbindung, durch welche zwei Nukleotidmoleküle verknüpft werden. Diese Reaktion wird durch das Enzym Ligase katalysiert.

Lyon-Hypothese, -Theorie → Dosis-Kompensation (5 Genetik S. 121)

lysogene Bakteriophagen (griech. *gennao* ich erzeuge; engl. *lysogenic bacteriophages*) Bakteriophagen, die ihr Genom in das Bakterienchromosom integrieren (lysogene Infektion).

lytische Bakteriophagen (engl. *lytic bacteriophages*) Bakteriophagen, die nach Infektion eines Bakteriums ihr Erbmaterial vervielfachen (replizieren), ihre Gene transkribieren und translatieren und dann die Wirtszelle aufbrechen (lysieren), damit die neu gebildeten Bakteriophagen freigesetzt werden können. Ein bekanntes Beispiel ist der Bakteriophage λ (griech. *lamda*), der bei einer lytischen Infektion seiner bakteriellen Wirtszelle *E. coli* jeweils mehrere Hundert Kopien von sich erstellt und dann freisetzt.

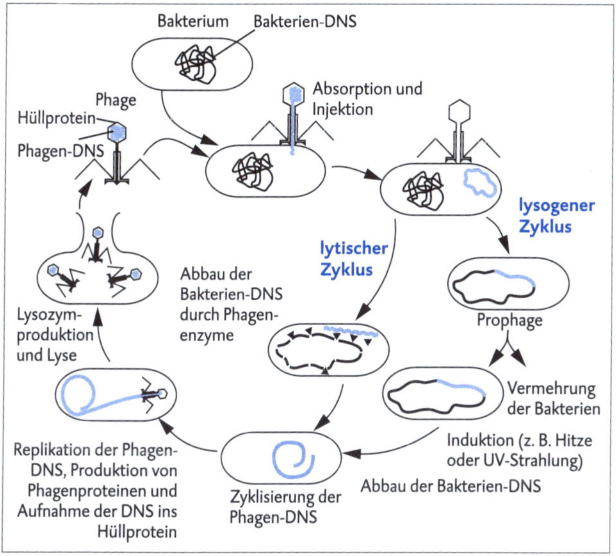

Schematischer Vergleich zwischen dem lysogenen und dem lytischen Zyklus eines DNS-Bakteriophagen. Im lysogenen Zyklus kann es über viele Generationen zu einer Vermehrung der mit integrierten Prophagen ausgestatteten Bakterien kommen, ohne dass eine Phagenvermehrung mit lytischem Zyklus eintritt.

Marfan-Syndrom (engl. *Marfan syndrome*)
Menschliche Erbkrankheit mit autosomal dominantem Erbgang. Ursache ist eine Mutation des Fibrillin-Gens auf Chromosom 15. Das Gen erstreckt sich über 110 kb und hat 65 Exons. Fibrillin ist Bestandteil des Bindegewebes. Marfan-Patienten sterben häufig wegen eines Risses der Aorta (Hauptschlagader des Herzens), weil hier die Gefäßwände besonders stark belastet werden. Ein defektes Fibrillin, das normalerweise zusammen mit Elastin wesentliche Stützfunktion in der Gefäßwand hat, kann direkt für diesen Bruch verantwortlich gemacht werden. Häufigkeit des Marfan-Syndroms ist 1 : 10 000.

Marker (engl. *marker*)
(1) Genmarker (Markergen), dessen phänotypische Expression leicht zu erkennen ist (z. B. ein Farbgen) und das deswegen zur Identifikation von Zellen bzw. eines Individuums oder als Sonde zur Kennzeichnung von Zellkernen, Chromosomen bzw. Genloci verwendet wird.

(2) Marker-DNS, Marker-RNS oder Proteine von bekannter Größe und/ oder Eigenschaft, die als Referenz oder Standard (engl. *ladder* Leiter) bei der Gelelektrophorese verwendet werden.

maternaler Effekt (engl. *maternal effect*)
Nicht erblicher Einfluss des mütterlichen Phänotyps auf die direkten Nachkommen. Die phänotypischen Effekte sind eine Art Mitgift, die vom mütterlichen Ovar gebildet und im Ei abgelagert werden, z. B. maternal gebildete RNS mit Translation im Embryo. Der bekannteste maternale Effekt ist an Nachkommen einer Paarung zwischen Esel und Pferd zu beobachten. Das Maultier hat eine Pferdestute als Mutter und erreicht Pferdegröße, der Maulesel hat eine Eselstute als Mutter und ist entsprechend kleiner.

maternale Vererbung (lat. *mater* Mutter; engl. *maternal inheritance*) Phänotypische Unterschiede bei den Nachkommen, hervorgerufen durch Gene der Mitochondrien, Chloroplasten oder auch Viren im Zytoplasma des weiblichen Elters. Es handelt sich um eine extrachromosomale, uniparentale oder zytoplasmatische Vererbung.

Meiose, Reifeteilung, Reduktionsteilung (griech. *meion* weniger; engl. *meiosis*) Die sexuelle Reproduktion beruht u. a. auf der Vereinigung (Zeugung) zweier Gameten, die jeweils den halben Chromosomensatz der Zygote tragen. Den Vorgang, wie es zu dieser Reduktion auf den halben Chromosomensatz kommt, bezeichnet man als Meiose.
In der Regel sind Eizellen und Spermien haploid (N), die Zygote und alle anderen aus ihr entstehenden Körperzellen diploid (2N). Die Reduzierung der Chromosomenzahl auf N für die Bereitstellung von Gameten in einem diploiden Organismus wird nach einer einmaligen Chromatidenverdopplung während der sog. Synthesephase in den Gametogonien (bei Tieren) und Sporogonien (bei Pflanzen) durch zwei aufeinanderfolgende Kernteilungen erreicht. Die Meiose umfasst zwei charakteristische Prozesse: die Halbierung der (doppelten) Chromosomenzahl und den Austausch von Chromosomenabschnitten, die sog. Rekombination = Crossing-over, deren Folge eine größere genetische Vielfalt ist.
Die Meiose ähnelt im Prinzip der Mitose, jedoch ist ihre Prophase viel länger und wird eingeteilt in das Leptotän, Zygotän, Pachytän, Diplotän und die Diakinese. Während des **Leptotäns** (griech. *leptos* dünn; engl. *leptotene stage* oder *leptonema*) erscheinen die Chromosomen im Mikroskop als dünne Fäden mit klar sichtbaren Chromomeren. Eines oder beide Telomere (Enden der Chromatiden) haben Kontakt mit der Kernmembran, sodass eine sog. Bouquet-Konfiguration entsteht. Jedes Chromosom besteht aus zwei Chromatiden, die jedoch bis in das Pachy-

tänstadium nicht genug kondensiert (verdichtet) und damit nicht erkennbar sind. Die DNS-Replikation, die zur Chromatidenverdopplung führt, hat also schon vor dem Leptotän stattgefunden. Im **Zygotän** (engl. *zygonema*) beginnt die Aneinanderlagerung der Homologen (Synapsis) mit der Ausbildung des sog. synaptonemalen Komplexes. Im **Pachytän** (engl. *pachynema*) werden die Schwesterchromatiden unter dem Mikroskop sichtbar (mit Ausnahme der Zentromerregion), je Chromosom zwei, also 4 Chromatiden je Paar homologer Chromosomen, die nun parallel nebeneinanderliegen und Tetrade (= Bivalent) genannt werden. In diesem Stadium kommt es zum Austausch von DNS-Abschnitten zwischen den Chromatiden, dem Crossing-over (Rekombination). Mehrere Enzyme trennen dabei die Chromatidenstränge der homologen Chromosomen an gleicher Stelle und verbinden die Schnittstellen der verschiedenen Chromatiden. Dadurch entstehen neu zusammengestellte Chromatiden, die nun Abschnitte des väterlichen und mütterlichen Chromosoms enthalten. Während des **Diplotäns** (engl. *diplonema*) trennen sich die Chromatidenpaare, jedoch hängen sie noch an den Rekombinationsstellen zusammen, sodass sie im Mikroskop gekreuzt erscheinen. Eine solche Struktur heißt Chiasma (Plur. Chiasmata). Die Kreuzungspunkte wandern in Richtung Telomer (Chromatidenende), ein Vorgang, den man Terminalisation nennt. Er erstreckt sich über die Diakinesephase, bis alle Chromosomen wieder separat liegen. Während der **Diakinese** (engl. *diakinesis*) windet sich das Chromatin wieder zusammen, die Chromosomen verdicken sich und liegen als kompakte Tetraden im Kern, oft nahe der Kernmembran. Die Terminalisation ist beendet, der Nukleolus wird sichtbar. Die Kernhülle löst sich auf und die Tetraden werden durch den Spindelapparat in einer Reihe geordnet (Metaphase I). Nun trennen sich die homologen Chromosomen, je ein Satz wandert in die neue Zelle (Anaphase I). Die erste Teilung ergibt also zwei sekundäre Gametozyten mit Dyaden (ein Chromosom mit zwei Chromatiden), die von der Kernmembran umgeben sind (Reduktionsteilung). Die zweite Kernteilung beginnt nach einer kurzen Interphase, wobei die Chromosomen kompakt bleiben. Die Kernmembran löst sich wieder auf und die Dyaden ordnen sich in der Mitte der Zelle. Die Chromatiden einer jeden Dyade sind identisch mit Ausnahme der beim Crossing-over ausgetauschten Abschnitte. Nun teilt sich das Zentromer, wodurch jedes einzelne Chromatid in die neu entstehende Zelle wandern kann. Bei tierischen Organismen entstehen durch die Meiose vier Spermatiden oder ootide Kerne, die nun Monaden enthalten (insgesamt ein haploider, einchromatidiger Chromosomensatz = Genom).

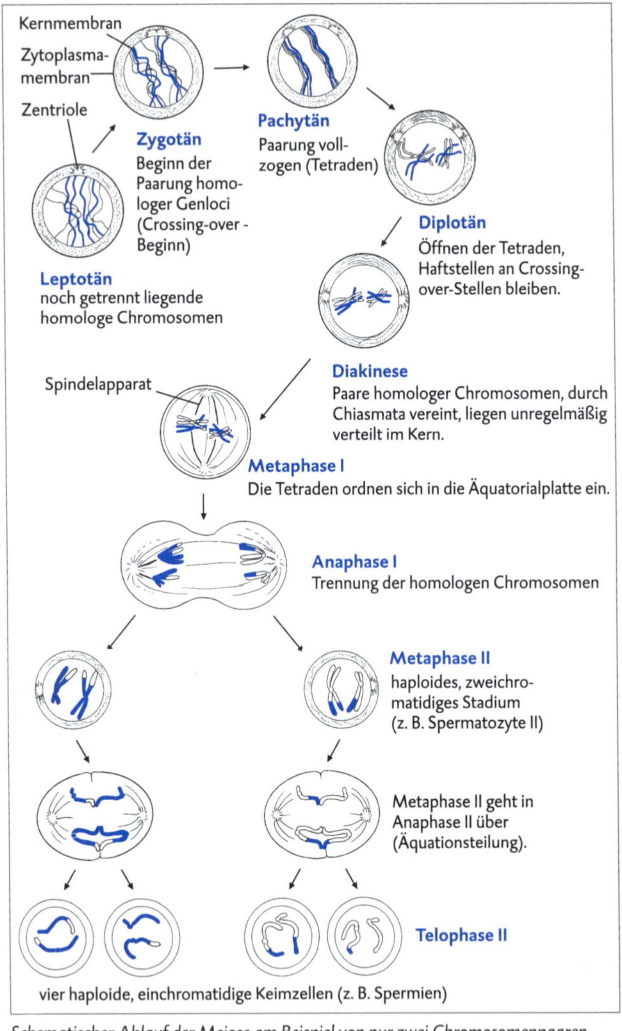

Schematischer Ablauf der Meiose am Beispiel von nur zwei Chromosomenpaaren, einem metazentrischen und einem submetazentrischen (blau väterliches, weiß mütterliches Chromosom)

Mendel'sche Gesetze (engl. *Mendel's laws*)
(1) **Gesetz der Uniformität** (unter Einschluss der Reziprozität): Kreuzt man zwei reinerbige Rassen (gleichgültig von welcher Rasse Vater oder Mutter sind), die sich an einem oder mehreren Genloci unterscheiden, haben alle F_1-Nachkommen (Hybriden) den gleichen Genotyp (z. B. eine Anlage für weiße Blüte und eine Anlage für rote Blüte) und den gleichen Phänotyp (rosa beim intermediären Erbgang des Löwenmäulchens oder rot beim dominanten Erbgang der Erbse).
(2) **Spaltungsgesetz:** Kreuzt man Monohybride (F_1-Nachkommen, deren Eltern sich an einem Genlocus unterscheiden), so spaltet die F_2-Generation auf. Da jeder Elter ein weiß-Allel und ein rot-Allel trägt, kommen die in der nachfolgenden Tabelle angegebenen Allelkombinationen in den F_2-Nachkommen zustande. In der F_2 findet man also reinerbige weiß/weiß, mischerbige weiß/rot bzw. rot/weiß und reinerbige rot/rot Nachkommen im Verhältnis 1:2:1 (25 % + 50 % + 25 %). Wenn das Allel rot dominant über weiß ist, sind phänotypisch 75 % der Nachkommen rot und 25 % weiß (3:1).

		Allele von der Mutter	
		weiß	rot
Allele vom Vater	weiß	weiß/weiß 25 %	weiß/rot 25 %
	rot	rot/weiß 25 %	rot/rot 25 %

Allelkombinationen der F_2-Nachkommen

(3) **Gesetz der unabhängigen Verteilung oder der freien Kombinierbarkeit:** Die Allele verschiedener Genloci verteilen sich während der Meiose unabhängig voneinander in die Gameten (Eizellen oder Spermien), vorausgesetzt, sie liegen auf unterschiedlichen Chromosomen. Mendel gelangte zu dieser Erkenntnis nach Kreuzung zweier Erbsenlinien, die sich in zwei Merkmalspaaren (heute: Allele zweier Genloci auf verschiedenen Chromosomen) unterschieden. Die eine Linie bildete grüne, runzelige Samen, die andere gelbe, glatte. Die F_1 besaß ausschließlich gelbe, glatte Samen (beides dominante Merkmale). Die F_2 spaltete dann in vier verschiedene Phänotypen im Verhältnis 9:3:3:1 auf (gelb/glatt:grün/glatt:gelb/runzelig:grün/runzelig), wobei zwei neue Phänotypen auftraten.
Ein phänotypisches Merkmal, das nach den Mendel'schen Gesetzen vererbt wird (z. B. die Blutgruppen) nennt man **Mendel(isti)sches Merkmal** (engl. *Mendelian character*).

Merkmal (engl. *trait, character*)
Eine erkennbare phänotypische Eigenschaft eines Organismus. Merkmale sind unterschiedlich komplex und werden von vielen Genloci (wie Körpergröße), von einigen wenigen Genloci (etwa Hautfarbe) oder nur einem Genlocus (z. B. AB0-Blutgruppe) verursacht. Je mehr Genloci beteiligt sind, desto mehr spielt auch der Umwelteinfluss bei der Ausprägung des Merkmals eine Rolle.

Metaphase-Chromosom (engl. *metaphase chromosome*)
Stark kondensiertes (zusammengezogenes) Chromosom während der Metaphase. Für Beobachtungen mit dem Mikroskop geeignet.

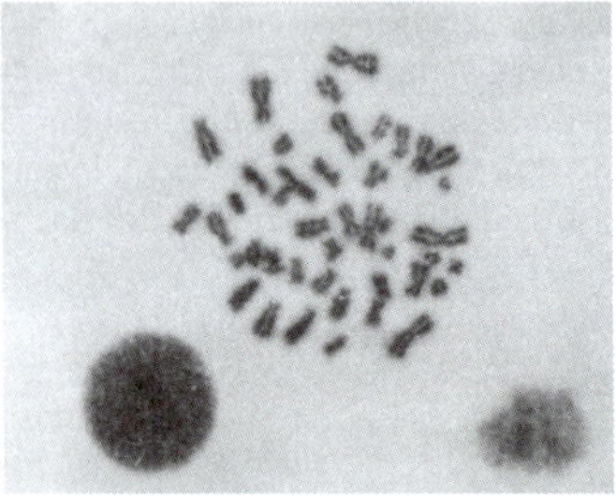

Metaphase des Kaninchens (44 Chromosomen). Links unten ein gefärbter Zellkern in der Interphase.

metazentrisch (engl. *metacentric*) Bezieht sich auf ein Chromosom mit gleich langen Armen; das Zentromer liegt in der Mitte.

methyliertes Cap (engl. *methylated cap*)
Natürlicher Vorgang, bei dem ein modifiziertes Guaninnukleotid nach der Transkription an das 5'-Ende des mRNS-Stranges und eine Methylgruppe ($-CH_3$) an Position des Kohlenstoffs Nr. 7 des Guanins geheftet wird. Die Reaktion wird katalysiert durch die Enzyme Guanyltransferase und Guanin-7-Methyltransferase. Einzellige Eukaryoten haben nur eine einzelne Methylgruppe (*Cap* 0). Die vorherrschende Form des *Cap* in vielzelligen Eukaryoten (*Cap* 1) hat eine weitere Methylgruppe an der 2. Base. Das *capping* erfolgt unmittelbar nach Transkriptionsbeginn noch vor dem Spleißen. Das *capping* schützt eventuell die mRNS vor Abbau durch Nukleasen und fungiert als Ribosomenbindungsstelle.

Migration (lat. *migrare* wandern; engl. *migration*)
Begriff der Populationsgenetik, der die Zuwanderung (Immigration, Introgression) oder Abwanderung (Emigration) von Individuen einer Population in eine andere bedeutet, worauf der Genfluss beruht. Das Verhältnis zu-/abgewanderter Allele zu den vorhandenen Allelen wird **Migrationskoeffizient** genannt. Die Migration ist neben Mutation,

Selektion und Drift der vierte evolutionsbestimmende Faktor. Eine Einkreuzung von wertvollen Zuchttieren in eine bestehende Population ist eine vom Menschen bestimmte Migration (z. B. Araberhengste x Haflingerstuten).

Mikrosatelliten (lat. *satelles* Begleiter; engl. *microsatellites*)
Nukleotidwiederholungen (*tandem repeats*) der DNS unterschiedlicher Länge, die über das ganze Genom verteilt sind. Es gibt **Minisatelliten** mit etwa 10–30 Nukleotiden, die in mehreren Kopien hintereinander im Chromosom vorliegen, und **Mikrosatelliten** mit zwei (oder wenig mehr) Nukleotidwiederholungen (z. B. ...GTGTGTGTGT...). Solche Repeats kann man als Genloci betrachten, die z. T. sehr polymorph (viele Allele) sind, von denen aber keine RNS und kein Protein gebildet wird. Die Allele unterscheiden sich durch die Zahl der Wiederholungen. Beispielsweise kann ein Allel 1 $(GT)_{20}$ und ein Allel 2 $(GT)_{22}$ Nukleotide haben. Deswegen heißen sie auch VNTR (***v**ariable **n**umber of **t**andem **r**epeats*). Sie können relativ leicht identifiziert und auf dem Chromosom lokalisiert werden und sind so zu einem wichtigen Merkmal bei der Genkartierung geworden. Mikrosatelliten eignen sich auch für populationsgenetische Untersuchungen (genetische Distanzen, evolutive Verwandtschaft usw.). Etwa 1/3 des gesamten Säugergenoms besteht aus Sequenzwiederholungen.

Mikrotubuli (lat. *tubulus* Röhrchen; engl. *microtubules*)
Lange, zylinderförmige Zellorganellen mit einem äußeren Durchmesser von 24 nm und einem Lumen von 15 nm. Ihre Länge beträgt einige µm. Die Bausteine der Mikrotubuli sind Filamente, lange Fäden, die aus großen Proteinen zusammengesetzt sind. Bei der Zellteilung z. B. „wachsen" die Mikrotubuli von den Zentriolen (an den Zellpolen) als Kernspindel in Richtung Zelläquator, wo sie auf die Kinetochore der Metaphase-Chromosomen treffen und diese in die neu entstehenden Tochterzellen ziehen. Das Gift der Herbstzeitlose, Kolchizin, verhindert die Synthese der Mikrotubuli. Man gibt z. B. Kolchizin in eine Zellkultur, um so die Zellteilung zu verhindern und möglichst viele Zellen in ihrer Metaphase zu „fixieren". Dadurch können Metaphase-Chromosomen leichter präpariert werden.

mispairing Fehlpaarung bei der DNS-Hybridisierung; Vorkommen eines nicht komplementären Nukleotids in einem Strang der Doppelhelix in Bezug auf den anderen, z. B. die Fehlpaarung A–G. Anstelle des Guanins müsste ein Thymidin stehen (bzw. C statt A). Diese spezifischen Fehlpaarungen entstehen beispielsweise durch alkylierende Substanzen (Mutagene), die eine Base chemisch verändern.

missense Mutation Durch ein verändertes Codon wird eine andere Aminosäure in eine Polypeptidkette eingebaut, sodass daraus ein weniger oder nicht aktives oder instabiles Protein (z. B. Enzym) resultiert.

mitochondriale DNS, mtDNS (engl. *mitochondrial DNA, mtDNA*) Die Mitochondrien eukaryotischer Zellen enthalten ein eigenes Genom in Form einer zirkulären Doppelhelix (DNS), wovon 5–10 Kopien je Mitochondrium vorliegen. Die mtDNS-Moleküle der Säugetiere bestehen aus ca. 16 000 bp und sind somit 10^5-mal kleiner als das nukleäre Genom. Der genetische Code des mitochondrialen Genoms unterscheidet sich leicht vom universellen Code. Neben 22 tRNS-Genen sind die Gene für die Atmungsketten-Enzyme vorhanden (Cytochrome). Von den beiden Gameten steuern vorwiegend die Eizellen Mitochondrien für das neue Individuum bei, sodass mtDNS nur maternal, also in der Mutterlinie, vererbt wird.

Mitose, M-Phase (griech. *mitos* Faden; engl. *mitosis*) Kernteilung. Einer der vier Abschnitte eines Zellzyklus. Die Mitose wird wiederum in vier Phasen unterteilt: Prophase, Metaphase, Anaphase, Telophase. Das Ergebnis einer Mitose (und der folgenden Zytoplasmateilung) sind zwei Tochterzellen mit genau der gleichen Chromosomen-/Chromatidenzahl und somit den gleichen Allelen wie die Mutterzelle.
In der **Prophase** teilt sich die Zentriole und die Tochterzentriolen wandern zu den Polen. Die Chromosomen werden unter dem Mikroskop sichtbar, da sich das Chromatin sehr dicht zusammenrollt (kondensiert). Jedes Chromosom besteht aus zwei Chromatiden mit identischen DNS-Strängen, die am Zentromer zusammenhängen. Der Nukleolus und die Kernmembran lösen sich auf. In der **Metaphase** wandern die Chromosomen in den Mittelbereich der Zelle (Äquatorialplatte). Die zwei Chromatiden jedes Chromosoms werden getrennt voneinander von den Mikrotubuli zu den Spindelpolen gezogen (Äquationsteilung). In der **Anaphase** bewegen sich die Chromatiden (je eines von einem homologen Chromosomenpaar) in Richtung Pol. Sie sind nun eigenständige Chromosomen. In der **Telophase** löst sich der Spindelapparat auf. Die Bildung der neuen Kernmembranen beginnt. Der Nukleolus wird wieder sichtbar. Nun teilt sich noch das Zytoplasma in zwei gleiche Teile (Zytokinese), wobei die neu arrangierte Zellmembran die zwei Tochterzellen trennt.

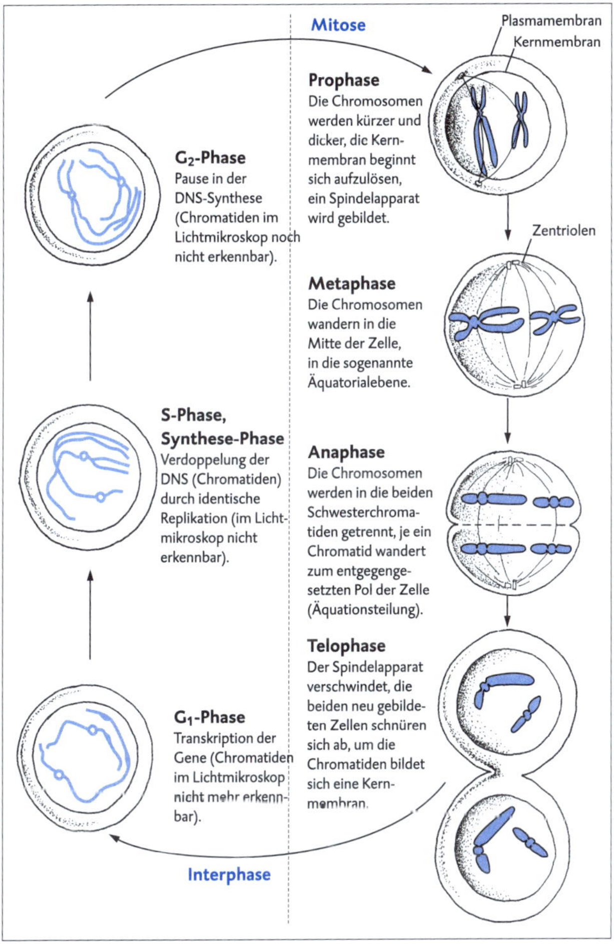

Schematischer Ablauf der Mitose (nur 2 nicht homologe Chromosomen gezeigt); Kerne übergroß dargestellt

Mitosegift (engl. *mitotic poison*)
Verbindung, welche die Mitose beispielsweise durch Störung des Spindelapparates verhindert (z. B. Kolchizin, Mercaptoethanol).

Modifikation (engl. *modification*) Jede Veränderung an DNS- oder RNS-Nukleotiden, die keine Änderung der Nukleotidsequenz zur Folge hat, z. B. Methylierung (Anhängen einer Methylgruppe), Desaminierung oder Formylierung. Ähnliche Modifikationen gibt es auch an Aminosäuren, die in eine Polypeptidkette (Eiweiß = Protein) eingebaut sind.

Molekulargenetik (engl. *molecular genetics*)
Teilgebiet der Genetik, das Struktur und Funktion von Genen auf molekularer Ebene erforscht.

monogenes Merkmal (engl. *monogenic character*)
Phänotypisches Merkmal, das von einem einzelnen Genlocus (der mehrere Allele haben kann) verursacht wird; z. B. die verschiedenen Blutgruppen. Gegenteil: polygenes Merkmal

monohybride Kreuzung (lat. *hybridus* Bastard; engl. *monohybrid cross*) Verpaarung zweier Individuen, die beide an einem bestimmten Genlocus heterozygot sind; Aa x Aa, woraus 25 % der Nachkommen die Allele AA, 50 % Aa und 25 % aa tragen (2. Mendel'sches Gesetz).

Monomer → Multimer (5 Genetik S. 163)

monoploid nennt man die Zahl eines einzelnen, nicht homologen Chromosomensatzes (x) im Unterschied zur haploiden Chromosomenzahl (n oder N). Beim Menschen z. B. ist $x = n = 23$ in den Gameten; die diploide Zelle enthält $2x = 2n = 46$. Beim Weizen z. B. unterscheiden sich x und n: Er hat 6 Chromosomensätze, 2 von jeder der 3 Ahnenspezies. Seine somatischen Zellen sind hexaploid: $6x = 2n = 42$, seine Gameten sowohl haploid, als auch triploid mit $n = 21$ bzw. $x = 7$.

Monosomie (engl. *monosomy*) Fehlen eines Chromosoms eines homologen Paares. Eine monosome diploide Zelle (oder auch Organismus) hat ein Chromosom weniger als die normale diploide Chromosomenzahl (2N – 1). Ein weibliches Individuum mit dem X0-Turner-Syndrom ist monosom für die Geschlechtschromosomen (Gonosomen).

Mosaik → 8 Fortpflanzung und Entwicklung S. 258

mRNS, messenger-RNS, Boten-RNS (engl. mRNA, *messenger ribonucleic acid*) Ein RNS-Einzelstrang, der von einem Strukturgen abgeschrieben wird und für die Translation als Matrize dient. Bei Eukaryoten wird ein DNS-Abschnitt mithilfe der RNS-Polymerase zu einem Primärtranskript (prä-mRNS) synthetisiert und im Zellkern zur mRNS prozessiert. An den Ribosomen werden anhand der Informationen auf der mRNS die Aminosäuren zu einem (Poly-)Peptid zusammengebaut. Die mRNS trägt am 5'-Ende ein *Cap* und am 3'-Ende den Poly-A-Schwanz.

Multigen-Familie → Gencluster (5 Genetik S. 127)

Multimer (griech. *meros* Teil; engl. *multimer*)
Ein Proteinmolekül, das aus mehreren Polypeptidketten besteht, die ihrerseits **Monomere** heißen. Die Begriffe Di-, Tri-, Tetra-, Pentamer usw. werden gebraucht, wenn die genaue Zahl der Monomere angegeben werden soll (2, 3, 4, 5 usw.). Der Globulinanteil, d. h. Eiweißanteil, des Hämoglobinmoleküls, besteht aus 2 · 2 verschiedenen Proteinen (α- und β-Ketten); es ist damit ein Tetramer. Sind die Teile identisch, spricht man von einem Homomer, sind sie unterschiedlich von einem Heteromer.

Mutagen (lat. *mutare* verändern; griech. *gennao* ich erzeuge; engl. *mutagen*) Physikalisches oder chemisches Agens, das die Häufigkeit der Mutationen über die Spontanrate hinaus erhöht (z. B. Röntgenstrahlen).

Mutation (lat. *mutare* verändern; engl. *mutation*)
Vorgang, bei dem die Nukleotidfolge eines Gens verändert wird (Basenaustausche, Insertionen, Deletionen, Duplikationen usw., die sich auch auf Chromosomen- bzw. Genomebene ereignen können). Die Wahrscheinlichkeit, dass an einem gegebenen Genlocus ein Basenaustausch unter natürlichen Bedingungen erfolgt, beträgt bei Eukaryoten ca. 10^{-10}. Je nach Genom ist z. B. mit einer Mutationsrate von 10^{-2} pro Generation zu rechnen, oder anders ausgedrückt: Pro 100 Individuen einer Generation weist durchschnittlich ein Individuum eine Mutation auf.

Mutationsereignis (engl. *mutation event*)
Der tatsächliche Zeitpunkt einer Mutation, im Unterschied zur phänotypischen Manifestation eines solchen Ereignisses, die erst Generationen später stattfinden kann.

Nachkommenschaft (engl. *progeny, offspring*)
Die Jungen eines Paares. Mitglieder der gleichen biologischen Familie.

neutrale Mutation (engl. *neutral mutation*) (1) Genetische Veränderung (der DNS), deren phänotypische Expression keine Auswirkung auf die Anpassungsfähigkeit oder Überlebensfähigkeit des Organismus unter den gegebenen Umweltbedingungen hat. (2) Eine Mutation, die keine messbaren phänotypischen Auswirkungen im Untersuchungszeitraum hat. Möglicherweise können in längeren Zeiträumen solche Veränderungen in Verbindung mit anderen Mutationen durchschlagen.

nicht repetitive DNS (engl. *nonrepetitive DNA*)
Enthält keine ausgeprägten Nukleotidsequenzwiederholungen. Sie umfasst etwa 2/3 des Säugergenoms. Gegenteil: repetitive DNS

Nondisjunktion (lat. *non* nicht, *disiungere* trennen; engl. *non-disjunction*) Zusammenbleiben zweier homologer Chromosomen (**primäre Nondisjunktion** in der Meiose I) oder zweier Schwesterchromatiden (**sekundäre Nondisjunktion** in der Meiose II oder in der Mitose) während der Zellteilung, wenn die einzelnen Chromosomen oder Chromatiden von den Mikrotubuli zu den entgegengesetzt liegenden Zellpolen gezogen werden. Das Ergebnis ist, dass eine Tochterzelle zwei, die andere keines der betroffenen Chromosomen bzw. Chromatiden erhält. Sowohl die daraus resultierende Trisomie in der einen und die Nullisomie in der anderen Zelle führen in den meisten Fällen zum Absterben des Embryos bzw. der Zellen.

Nonsense-Mutation (engl. *nonsense mutation*)
Eine Mutation, meist ein Nukleotidaustausch, die einen Sense-Codon (d. h. ein zu einer Aminosäure führenden Codon) in einen Nonsense-Codon (= Stopp-Codon) umwandelt. Ergebnis einer solchen Mutation sind nach Translation mehr oder weniger kurze (je nachdem, wo sich die Nonsense-Mutation ereignete) Polypeptidketten, die meist nicht mehr funktionsfähig sind. Es gibt 61 Sense-Codons und drei Stopp-Codons.

Northern Blot → Southern Blot (5 Genetik S. 189)

N-terminales Ende, N-Terminus (engl. *N-terminal end*)
Die Aminosäuresequenz von Proteinen (bzw. Polypeptidketten) wird übereinkunftsgemäß von links nach rechts geschrieben, wobei das Aminoende (NH_2 bzw. NH_3^+) der ersten Aminosäure links steht. Die Schreibweise richtet sich nach der natürlichen Synthese der Polypeptidketten, die mit dem N-terminalen Ende beginnt.

nukleäre RNS-Prozessierung, posttranskriptionelle Modifikation (engl. *nuclear RNA processing*) Im eukaryotischen Zellkern werden nach Synthese des Primärtranskripts (prä-mRNS) die Introns (codieren nicht für Aminosäuren) aus dem RNS-Strang enzymatisch herausgeschnitten (Spleißen), sodass nur die zusammengeführten Exons (codierende Sequenzen) verbleiben. Zudem wird am 5'-Ende eine Methylgruppe *(Cap)* und am 3'-Ende der Poly-A-Schwanz angehängt. Durch diese drei Prozessierungsschritte wird aus dem Primärtranskript die mRNS, die nun den Zellkern verlässt und ins Zytoplasma an die Ribosomen wandert, wo sie translatiert wird.

Nuklease (lat. *nucleus* Kern; engl. *nuclease*)
Jedes Enzym, das Nukleinsäuren spaltet; einige sind spezifisch für RNS (Ribonuklease), andere für DNS (Desoxyribonuklease). Es gibt Exonukleasen, welche die Nukleinsäuren von den Enden her angreifen (ab-

bauen) und Endonukleasen, wie beispielsweise die Restriktionsenzyme, die sequenzspezifisch innerhalb der Nukleinsäuren spalten.

Nukleinsäure (engl. *nucleic acid*) Ein Nukleotidpolymer.

Base	Nukleosid	Nukleotide der RNS	Nukleotide der DNS
Adenin	Adenosin	Adenylat Adenylmonophosphat (AMP)	Desoxyadenylat Desoxyadenylmono-phosphat (dAMP)
Guanin	Guanosin	Guanylat Guanylmonophosphat (GMP)	Desoxyguanylat Desoxyguanylmono-phosphat (dGMP)
Cytosin	Cytidin	Cytidylat Cytidylmonophosphat (CMP)	Desoxycytidylat Desoxycytidylmono-phosphat (dCMP)
Thymin	Thymidin		Desoxythymidylat Desoxythymidylmono-phosphat (dTMP)
Uracil	Uridin	Uridylat Uridylmonophosphat (UMP)	

Bausteine der Nukleinsäuren

Nukleoid (engl. *nucleoid*)
(1) DNS-haltiger Bereich in Prokaryoten, Mitochondrien oder Chloroplasten. (2) In RNS-Tumorviren der Kernbereich, der von einem 20-seitigen Kapsid umgeben ist.

Nukleosid, Desoxyribonukleosid (engl. *nucleoside, deoxyribonucleoside*) Molekül, zusammengesetzt aus einem Purin oder Pyrimidin und einer Ribose bei der RNS oder Desoxyribose bei der DNS. Die Nukleoside der DNS sind Cytosin, Thymidin, Adenosin und Guanosin, die der RNS sind Cytosin, Uridin, Adenosin und Guanosin.

Nukleosom (griech. *soma* Körper; engl. *nucleosome*)
Einheit der perlenartigen Struktur eukaryotischer Chromosomen, die elektronenmikroskopisch sichtbar ist. Der DNS-Strang eines Chromosoms ist zweimal um einen Histonkomplex gewunden (146 bp), der aus 8 Histonmolekülen besteht: je 2 H2A, H2B, H3 und H4. Der DNS-Abschnitt zwischen 2 Nukleosomen heißt „linker“-DNS und variiert zwischen 8 und 114 bp.

Nukleotid, Desoxyribonukleotid (engl. *nucleotide, deoxyribonucleotide*) Baustein der DNS oder RNS sowie zentrale Moleküle des Stoffwechsels als chemische Energieträger (z. B. ATP), als Bestandteil von Koenzymen (z. B. Acetyl-CoA) und als zelluläre Signalmoleküle (z. B. cAMP). Ein Nukleotid besteht aus einer Purin- oder Pyrimidinbase, einer Pentose (Zucker mit 5 Kohlenstoffatomen) und einer Phosphorsäuregruppe.

offener Leserahmen, offenes Leseraster
(engl. *open reading frame*) Bereich der DNS (ein Gen), in dem die aufeinanderfolgenden Tripletts (Codons) die entsprechenden Aminosäuren codieren und diese Sequenz nicht von einem Stopp-Codon unterbrochen ist.

Okazaki-Fragment → DNS-Replikation (5 Genetik S. 119)

Oligonukleotid (engl. *oligonucleotide*)
Ein Polymer aus wenigen bis etwa 30 Nukleotiden.

Onkogen (griech. *onkos* Schwellung; engl. *oncogene*)
Gen, das im jugendlichen oder erwachsenen Stadium unkontrolliertes Zellwachstum (Krebs) verursacht. Es gibt zelluläre und virale Onkogene. Zelluläre Onkogene enthalten, anders als die viralen Onkogene, Introns.

Operator, Operatorgen (lat. *opera* Arbeit; engl. *operator (gene)*)
Eine Nukleotidsequenz, an die ein spezifischer Repressor binden kann, wodurch die Funktion des nachfolgenden Cistrons kontrolliert wird.

Operon (lat. *operari* arbeiten; engl. *operon*)
Genetische Funktionseinheit, bestehend aus einem/mehreren Cistrons, die koordiniert zusammenarbeiten und unter der Kontrolle eines Operatorgens stehen.

ori, Origin Abkürzung für engl. *origin of replication*. Die Region in einem DNS-Molekül (Chromosom, Plasmid usw.), an dem die DNS-Verdopplung (Replikation) durch spezielle Enzyme beginnt. Bei *Escherichia coli* beispielsweise ist der ori eine etwa 400 bp lange Nukleotidsequenz des Chromosoms, an welcher der DNS-Doppelstrang enzymatisch auseinandergespreizt wird und die DNS-Polymerase bindet.

p Kurzer Arm eines Chromosoms.

Palindrom (griech. *palin* wieder, *dromos* Lauf; engl. *palindrome*)
Buchstabensequenz, die, von vorne und von hinten gelesen, den gleichen Sinn ergibt (z. B. Otto, Reliefpfeiler). In der Molekulargenetik eine Folge von Nukleotiden, die auf den beiden komplementären Strängen in der 5'–3'-Richtung gleich ist, z. B.

5'–GGTCGACTG … CAGTCGACC–3'
3'–CCAGCTGAC … GTCAGCTGG–5'

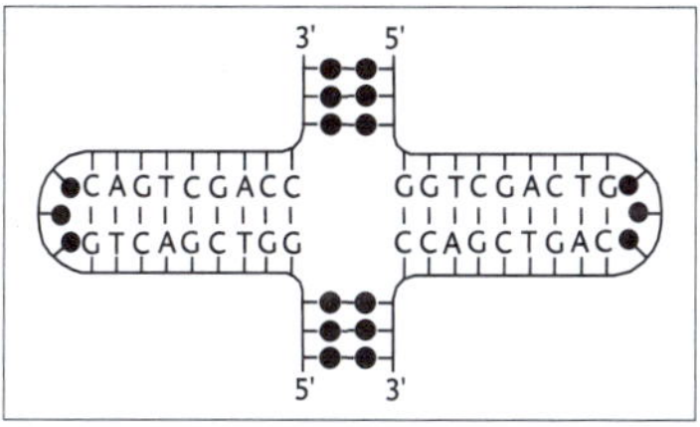

Mögliche Struktur eines Palindroms

Palindrome sind Erkennungsstellen für z. B. Restriktionsenzyme oder RNS-Polymerasen. Wenn sich die beiden 3'-Bereiche und 5'-Bereiche eines Stranges untereinander verbinden, können Palindrome auch in Form von Ausbuchtungen aus dem sonst linearen DNS-Strang heraustreten (dadurch sind sie für die entsprechenden Enzyme leichter erkennbar).

Parentalgeneration, P (lat. *parentes* Eltern). Symbol für die Eltern der F_1-Generation.

Passagier-DNS → Klonierung (5 Genetik S. 145)

pBR 322 Ein Plasmid; einer der ersten Klonierungsvektoren, der sich in *E. coli* unter *„relaxed control"* vermehrt, d. h. unabhängig von der Replikation der chromosomalen DNS multipliziert.

PCR, polymerase chain reaction Polymerase-Kettenreaktion. Mitte der 80er-Jahre des 20. Jahrhunderts entwickeltes Verfahren zur Vermehrung bzw. Anreicherung eines kurzen DNS-Stückes (etwa 100–4 000 bp). Bei vielen Untersuchungen will man sich auf einen bestimmten DNS-Abschnitt ohne die meist störende restliche DNS des Genoms konzentrieren. Dazu wird zunächst die DNS aus Gewebe präpariert und eine geringe Menge als sog. **Template (Matrize)** zur PCR gegeben. Für die Reaktion sind zudem nötig: dATP, dTTP, dCTP und dGTP (die Bausteine der zu synthetisierenden DNS-Stränge), **hitzeresistente DNS-Polymerase (Taq-Polymerase)** und zwei Primer, das sind Oligonukleotide, die zu einem Strang der beiden Enden des DNS-Abschnitts, der vermehrt werden soll, komplementär sind. In einem sog. Thermocycler (ein Heiz-/Kühlgerät) wird das Gemisch drei verschiedenen Temperaturen ausgesetzt, wobei zunächst der Eltern-DNS-Strang geschmolzen wird (z. B. 94 °C; **Dissoziation**), d. h., die Wasserstoffbrückenbindungen werden aufgebrochen. Dann werden die Primer durch komplementäre Basenpaarung an den Template-Strang angelagert (**Annealing**; ≈ 55 °C) und schließlich die komplementären Stränge synthetisiert (**Extension**; 72 °C). Bei einem solchen Schritt (Zyklus) wird die Anzahl der bereits vorhandenen DNS-Stränge verdoppelt. Nach etwa 30 Zyklen sind rein rechnerisch 2^{30} Moleküle dieses spezifischen Abschnittes vorhanden. Man kann nun das PCR-

Produkt analysieren (z. B. sequenzieren) oder mit einem anderen DNS-Fragment ligieren. Für eine PCR sind nur ganz wenige Template-Moleküle nötig, weshalb die Methode neben der Genetik in vielen anderen Bereichen angewendet wird (z. B. Kriminologie, Archäologie).

Phage → Bakteriophage (5 Genetik S. 106)

Phänotyp (griech. *phainomai* ich scheine, erscheine, *typoo* ich forme; engl. *phenotype*) Die sichtbaren Eigenschaften eines Organismus, entstanden aus dem Zusammenwirken der Gene (des Genotyps) und der Umwelteinflüsse. Phänotypische Merkmale können von sehr vielen Genen (polygen) verursacht werden (z. B. Körpergröße), wobei dann meistens Umweltfaktoren (z. B. Ernährung) eine große Rolle spielen, oder von wenigen Genen bzw. nur einem (wie das bei der Hautfarbe der Fall ist), wobei dann die Umwelteinflüsse sehr gering sind.

Phosphodiester (engl. *phosphodiester*) Die Esterbindung, z. B. zwischen den Zuckermolekülen und Phosphatgruppen bei DNS und RNS, die so deren Rückgrat ergibt. Diese kovalente Bindung verbindet das 3'-Kohlenstoffatom einer Pentose (Ribose/Desoxyribose) durch ein Phosphatmolekül mit dem 5'-Kohlenstoffatom des nächsten Zuckers im Polynukleotid.

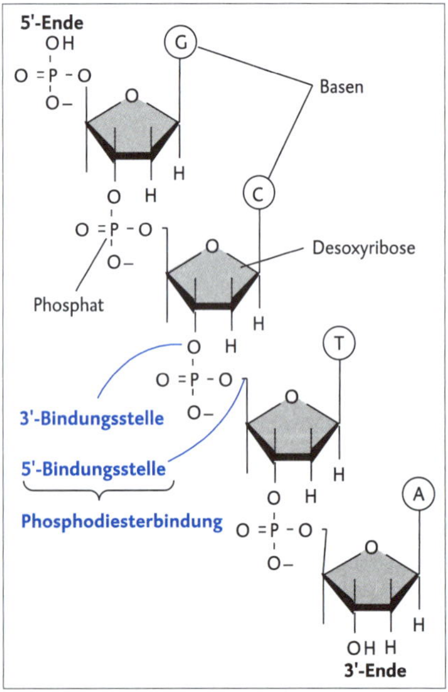

Zucker-Phosphat-Rückgrat eines abgespaltenen DNS-Endstückes

physische Genkarte (engl. *physical map*) Darstellung der linearen Anordnung der Gene auf den Chromosomen aufgrund ihrer tatsächlichen Lage. Durch *in-situ*-Hybridisierung, früher mit radioaktiv, heute mit fluoreszent markierten DNS-Sonden kann der Genlocus auf einem Metaphase-Chromosom sichtbar gemacht werden.

PKU, Phenylketonurie (griech. *phaino* ich leuchte, *keto* von Aceton, *ouron* Harn; engl. *phenylketonuria*) Autosomal rezessive Erbkrankheit des Menschen, von welcher der Aminosäurestoffwechsel betroffen ist. Zugrunde liegt ein Defekt des Genes für das Enzym Phenylalanin-Hydroxylase. Homozygote, die also den Gendefekt von beiden Eltern vererbt bekommen haben, können wegen des Mangels an Phenylalanin-Hydroxylase kein Phenylalanin in Tyrosin umbauen, was letztendlich durch die sich ansammelnden hohen Phenylalaninmengen zu Ausfällen der Gehirnfunktion führt. Diätkost mit möglichst niedrigem Phenylalaningehalt kann die Symptome verhindern. Die Häufigkeit von Homozygoten liegt bei ca. 1 : 10 000 Neugeborenen.

Plasmid (engl. *plasmid*)
Im Zytoplasma vorhandene, extrachromosomale (neben dem eigentlichen Bakterienchromosom vorkommende), doppelsträngige, zirkuläre DNS vieler Bakterien, die ihnen gewisse Überlebensvorteile verschafft (z. B. Resistenz gegen Antibiotika). Unter optimalen Lebensbedingungen ist Plasmid-DNS jedoch nicht essenziell (lebensnotwendig). Daher verfügen viele Bakterien unter natürlichen Bedingungen über keine Plasmide. Die Größe der Plasmide variiert zwischen 1–200 kb. Die Replikation der Plasmide kann an die Zellteilung gekoppelt sein, sodass nur wenige Plasmide pro Zelle vorhanden sind. Man sagt, das Plasmid ist unter stringenter Kontrolle. *Relaxed control* bedeutet, dass viele Plasmide (10–100) je Bakterium vorhanden sind. Bakterien können untereinander Plasmide austauschen. Plasmide besitzen wie jede natürliche DNS bestimmter Länge Restriktionsschnittstellen, die technisch dazu benutzt werden, heterologe DNS-Fragmente (DNS von fremden Organismen) einzubauen. Es entsteht ein sog. **Hybridplasmid** (engl. *hybrid plasmid*). Durch diese Tatsache wurde die rekombinante DNS-Technologie möglich. Da sich die Fremd DNS, ein einligiertes Gen, in dem Hybridplasmid vermehren lässt, nennt man ein Plasmid auch Klonierungsvektor/-faktor.

Pleiotropie, Polyphänie (griech. *pleon* mehr, *tropos* Richtung; engl. *pleiotropy, polypheny*) Phänomen der Genetik, dass ein einzelnes Gen mehrere (phänotypische) Merkmale hervorruft, die scheinbar nichts miteinander zu tun haben. Das monogene Marfan-Syndrom verursacht z. B. auffällige Veränderungen am Skelett, Gefäßsystem, Auge u. a.

-ploid Wortzusatz mit der Bedeutung „-fach" des Chromosomensatzes im Zellkern einer Zelle/eines Organismus; haploid = einfach, diploid = zweifach, polyploid = vielfach.

Polkörper(chen), Richtungskörper(chen) (engl. *polar body*) Winzige zellähnliche Struktur, die bei der Meiose eines Eies entsteht. Ein Polkörper enthält einen der Kerne aus der ersten oder zweiten meiotischen Teilung. Der erste Polkörper ist haploid, aber zweichromatidig und kann sich in zwei haploide, einchromatidige Polkörper teilen. Der zweite Polkörper entsteht aus der zweiten meiotischen Teilung, ist immer haploid (einchromatidig). Sein Gegenstück (ebenfalls aus dieser zweiten meiotischen Teilung hervorgegangen) ist der weibliche Vorkern (haploider, einchromatidiger Kern der Eizelle). Wird der zweite Polkörper nicht vom Vorkern abgetrennt, führt eine Befruchtung durch das Spermium zum dreifachen Chromosomensatz (Triploidie) und damit bei Säugern zum Tod des Embryos. Polkörper werden im Lauf der Embryonalentwicklung aufgelöst.

Polyadenylierung (griech. *polys* viel; engl. *polyadenylation*) Anhängen einer Reihe von Adenosinmolekülen an das 3'-Ende eines RNS-Moleküls (= **Poly-A-Schwanz**). Die Polyadenylierung erfolgt enzymatisch und ist Teil der nukleären RNS-Prozessierung, bei der das Primärtranskript auch noch gespleißt und am 5'-Ende mit einer Methylkappe versehen wird. Danach verlässt die fertige mRNS den Kern und gelangt zu den Ribosomen ins Zytoplasma, wo die Translation stattfindet.

polygenes Merkmal (engl. *polygenic character*) Ein Merkmal, welches durch Beteiligung vieler Gene in seiner Ausprägung eine bestimmte Schwankungsbreite aufweist; quantitativ variabler Phänotyp aufgrund der Beteiligung vieler Gene. Beispiele: Die Körpergröße des Menschen oder die Milchmenge, die eine Kuh nach Geburt eines Kalbes (während der Laktation) produziert.

Polymer (griech. *meros* Teil; engl. *polymer*) Makromolekül aus kovalent gebundenen Untereinheiten/Monomeren. Ein DNS-Strang (oder auch RNS) stellt ein Polymer aus vielen Nukleotiden dar, genauso wie ein Polypeptid aus vielen Aminosäuren oder Glykogen aus vielen Glucoseeinheiten aufgebaut ist. Bei der DNS sind es vier verschiedene **(Heteropolymer)** Untereinheiten (Basen = Nukleotide), bei den Polypeptiden (Heteropolymere) 20 Aminosäuren als Untereinheiten, beim Glykogen nur ein Zuckertyp, nämlich Glucose **(Homopolymer)**. Die kovalent verbundenen Untereinheiten ergeben das jeweilige Polymer.

Polymerase (engl. *polymerase*)
Jedes Enzym, das die Synthese von DNS oder RNS aus Desoxyribonukleotiden bzw. Ribonukleotiden katalysiert. In jeder Zelle existieren verschiedene Polymerasen, die auf unterschiedliche Aufgaben spezialisiert sind, z. B. RNS-abhängige DNS-Polymerase.

Polymorphismus, Polymorphie (griech. *polys* viel, *morphe* Aussehen, Gestalt; engl. *polymorphism*) Vielgestaltigkeit. Vorkommen von zwei oder mehr Allelen an einem Genlocus (oder mehreren Genloci) einer Population. Beim Menschen etwa im Blutgruppensystem Rhesus-positive (Genotypen Rh/Rh oder Rh/rh) und Rhesus-negative Individuen (Genotypen rh/rh). Ein Polymorphismus entsteht i. d. R. durch Mutation eines Gens; sofern daraus ein anderes Protein resultiert, kann man auch einen phänotypischen Polymorphismus beobachten (z. B. Fellfarbe bei Tieren). Die meisten Populationen sind in einer großen Anzahl ihrer Genloci polymorph.

Polynukleotid
(engl. *polynucleotide*) Lineare Anordnung von Nukleotiden (bei RNS und DNS), die durch Phosphodiesterbrücken verbunden sind.

Polypeptid, Eiweiß, Protein (engl. *polypeptide*) Polymer aus Aminosäuren, gekoppelt durch Peptidbindungen. Das Produkt der Translation.

Polyphänie → Pleiotropie (5 Genetik S. 169)

Polyploidie, polyploid
(griech. *polys* viel, *plous* mehr) Ein Individuum oder eine Art/Rasse, das/die mehr als zwei Chromosomensätze in seinen/ihren Zellen hat/haben (z. B. Getreide).

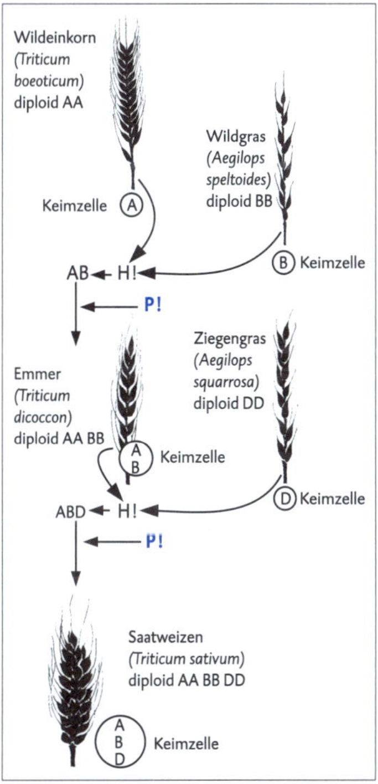

Entstehung des Kulturweizens durch Hybridisierung (H!) und Polyploidisierung (P!)

Polysom (griech. *polys* viel, *soma* Körper; engl. *polysome*)
Komplexe Struktur aus mehreren Ribosomen, die durch eine mRNS zusammengehalten wird. An einem solchen Ribosomenkomplex werden daher mehrere Proteine von einer mRNS gleichzeitig translatiert (an jedem Ribosom ein Protein).

Polysomie (griech. *polys* viel, *soma* Körper; engl. *polysomy*)
Bezieht sich auf einzelne Chromosomen, die in Bezug auf den disomen Zustand überzählig sind.

Poly-X-Frauen (engl. *poly-X-women*)
Chromosomale (gonosomale) Abnormalität beim Menschen. Genotypisch und phänotypisch sind Poly-X-Frauen weiblich (normal wäre 46, XX). Auch bei mehreren zusätzlichen X-Chromosomen (z. B. 48, XXXX) kommt es zu keinen schweren körperlichen Beeinträchtigungen, vermutlich deswegen, weil alle X-Chromosomen bis auf ein einziges inaktiviert werden. Jedoch sinkt der Intelligenzquotient bei dieser Chromosomenanomalie mit zunehmender Anzahl an X-Chromosomen.

Poly-X-Männer (engl. *poly-X-men*)
Chromosomale (gonosomale) Abnormalität beim Menschen ähnlich dem Klinefelter-Syndrom, aber mit weiteren zusätzlichen X-Chromosomen. Der Grad der geistigen Retardierung nimmt mit steigender Anzahl von X-Chromosomen zu (bis 49, XXXXY; normal ist 46, XY).

posttranskriptionelle Modifikation → nukleäre RNS-Prozessierung (5 Genetik S. 164)

posttranslationale Modifikation (engl. *posttranslational processing*) Veränderung (Prozessierung) der Polypeptidkette nach der Synthese, z. B. Entfernung der Formylgruppe vom Methionin bei Bakterien; Acetylierung, Hydroxylierung, Phosphorylierung, Anfügen von Zuckermolekülen, Bildung von Disulfidbrücken oder die definierte Spaltung einer Polypeptidkette, wodurch beispielsweise Proenzyme zu aktiven Enzymen werden.

Präadaptation (engl. *preadaptation*)
Entstehung/Auftreten eines neuen Merkmals oder einer Funktion aus einer Mutation, wobei die Veränderung für den Organismus erst dann an Wert gewinnt, wenn sich die Umwelt ändert. Präadaptationen sind oft erst nach mehreren Generationen entscheidend.

Primärtranskript, primäre RNS (engl. *primary transcript*)
Ein RNS-Molekül unmittelbar nach seiner Transkription vom *Template*-DNS-Strang. In eukaryotischen Zellen enthält das Primärtranskript

(dann **prä-mRNS** genannt) meistens nicht-codierende Sequenzen, die sog. Introns. Das Primärtranskript wird dann zur mRNS umgebaut (prozessiert).

Primase (engl. *primase*)
Enzym, das ein Vorläufer-RNS-Fragment (ein RNS-Fragment, welches zum Start der DNS-Replikation gebraucht und dann wieder abgebaut wird) bei der Replikation des *lagging*-Stranges synthetisiert. Primase produziert einen RNS-Primer (kurzes RNS-Stück als eine Art Starter), den die DNS-Polymerase III verlängert. Der RNS-Primer wird dann durch DNS-Polymerase I wieder abgebaut und durch DNS-Nukleotide ersetzt. Die Primase von *E. coli* ist ein einzelnes Polypeptid von 60 000 d und wird vom Gen dnaG codiert. *In vitro* (also unter künstlichen Bedingungen im „Reagenzglas“) kann Primase sowohl Desoxyribonukleotide als auch Ribonukleotide polymerisieren.

Primer (lat. *primus* der Erste; engl. *primer*)
Einzelsträngiges Oligonukleotid (natürlicherweise meist aus RNS), an dessen 3'-Hydroxylgruppe die DNS-Polymerase den Replikationsvorgang (Erstellen der komplementären DNS-Sequenz) beginnen kann. Labortechnisch werden vor allem DNS-Primer bei der PCR und zur DNS-Sequenzierung eingesetzt.

Primosom (engl. *primosome*)
Proteinkomplex einschließlich der Primase, der die Synthese der Okazaki-Fragmente einleitet. Ohne Primase heißt der Komplex **Präprimosom**.

Promotor (lat. *movere* bewegen; engl. *promoter*)
DNS-Abschnitt „stromaufwärts“ eines jeden Strukturgens. An ihm bindet die RNS-Polymerase und leitet die Transkription ein. Weitere regulatorische Sequenzen (= Enhancer) können sich „stromaufwärts“ des Promotors befinden.
Die Nukleotidsequenz des Promotors bestimmt die RNS-Syntheserate, d. h. an die Nukleotidsequenzen mancher Promotoren bindet die RNS-Polymerase statistisch gesehen häufiger und an andere weniger häufig. Dementsprechend gibt es hochexprimierende und niederexprimierende Promotoren, d. h. Promotoren, die sehr viele bzw. nur wenige Transkripte (RNS) von dem entsprechenden Gen anfertigen lassen. Eine typische Promotorsequenz ist die Hogness-Box.

Protein, Eiweiß, Polypeptid (griech. *protos* der erste (Stoff); engl. *protein*) Molekül aus einer oder mehreren Polypeptidketten, die ihrerseits aus Aminosäuren bestehen.

Proteinsequenzierung (engl. *protein sequencing*) Methode zur Bestimmung, welche Aminosäuren, wie viel von jeder Aminosäure und in welcher Reihenfolge diese sich in einer Polypeptidkette befinden. Mithilfe proteolytischer Enzyme bzw. Chemikalien, welche die Aminosäurekette an spezifischen Stellen trennen, werden kurze Oligopeptide erzeugt. So schneidet z. B. das Enzym Trypsin nach den Aminosäuren Lysin oder Arginin, während Cyanogenbromid eine Peptidbindung nach der Aminosäure Methionin löst. Zur eigentlichen Sequenzbestimmung wird die freie Aminogruppe eines solchen kurzen Peptids kovalent an eine Chemikalie gebunden und einer leichten Säure ausgesetzt, sodass sich nur die erste Peptidbindung löst. Die frei gewordene Aminosäure wird chromatografisch identifiziert. Der Vorgang wiederholt sich, bis alle Aminosäuren bestimmt sind. Die sich ständig wiederholende Prozedur war die Voraussetzung für die Entwicklung automatischer Geräte, sog. Sequinatoren. Im Vergleich zur Sequenzanalyse von Nukleinsäuren ist die Aminosäuresequenzierung jedoch aufwändig und teuer. Deshalb leitet man heute vielfach die Aminosäuresequenz aus der Codonsequenz des entsprechenden Gens ab.

Proteinstruktur (engl. *protein structure*) Unter **Primärstruktur** versteht man die Aminosäuresequenz einer Polypeptidkette und die Position der Schwefelbrücken (Disulfidbindungen) innerhalb dieser Polypeptidkette. Die **Sekundärstruktur** ist die räumliche Anordnung einer Polypeptidkette, die sich vor allem von den Wasserstoffbrückenbindungen zwischen nahe benachbarten Aminosäuren innerhalb der Kette ableitet. Dazu gehören die α-Helix und die β-(Faltblatt-) Strukturen. Unter **Tertiärstruktur** versteht man die Art, wie sich die Ketten falten, und unter **Quartärstruktur**, wie zwei oder mehr aneinandergelagerte Polypeptidketten miteinander interagieren. Die räumliche Struktur bedingt die „Fähigkeit" des entsprechenden Proteins. So dienen lang gestreckte, fadenförmige Proteine beispielsweise als Zugseile oder Verspannungen (Elastin), kugelförmige mit Vertiefungen als Träger für kleinere Moleküle oder viele als „Schneide"- oder „Verkleber"-Werkzeuge (Enzyme) zum Auf- und Abbau höhermolekularer Verbindungen.

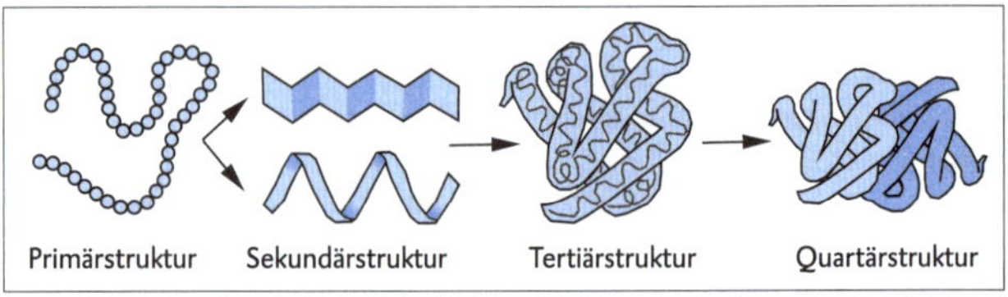

Proteinstrukturen

Proto-Onkogen (griech. *onkos* Schwellung; engl. *proto-oncogen*)
Ein zelluläres Gen für die Kontrolle der normalen Zellteilung, das z. B. durch eine somatische Mutation in ein Krebs verursachendes Gen (Onkogen) umgewandelt werden kann.

Prozessierung → nukleäre RNS-Prozessierung (5 Genetik S. 164)

Pseudogen (griech. *pseudo* falsch; engl. *pseudogene*)
Ein nicht funktionsfähiges Gen (Pseudoallel) bzw. Genlocus mit ähnlicher Nukleotidsequenz wie ein anderer, funktionsfähiger Genlocus. Das Pseudogen ist aufgrund von Deletionen (DNS-Teilverlust des ursprünglichen Gens) oder Additionen (zusätzliche DNS-Sequenzen) funktionslos, sodass keine Transkription erfolgt. Pseudogene werden meist von sog. direkten *Repeats* (Wiederholungen) von 10 bis 20 Nukleotiden Länge flankiert. Dies deutet auf eine DNS-Insertion (Einbau des Pseudogens in einen anderen DNS-Bereich) als Ursache für die Existenz eines Pseudogens hin.

Punktmutation (engl. *point mutation*)
In der Molekulargenetik der Ersatz (Substitution) eines Nukleotids durch ein anderes.

Purin (engl. *purine*)
Eine Gruppe organischer Basen (Adenin, Guanin), die u. a. in den Nukleinsäuren und, speziell Adenin, in Form von ATP vorkommen.

Pyrimidin (engl. *pyrimidine*)
Eine Gruppe organischer Basen (Cytosin, Thymin, Uracil), die u. a. in den Nukleinsäuren vorkommen.

q Der längere Arm eines Chromosoms.

quantitatives Merkmal → polygenes Merkmal (5 Genetik S. 170)

R (1) Ein-Buchstaben-Symbol für ein Purin (2) Bezeichnung für ein Resistenzgen eines Plasmides beispielsweise gegenüber einem Antibiotikum, z. B. Amp^R = Resistenz gegen Ampicillin. Bakterien, die ein solches Plasmid tragen, können in einem mit einem Antibiotikum versetzten Nährmedium überleben, da das Resistenzgen z. B. ein Enzym herstellt, welches das Antibiotikum unschädlich macht. Diese Gegebenheit wird in der Gentechnik genutzt, um transgene, transformierte Bakterien zu selektieren. Beispiel: Bakterien sollen menschliches Wachstumshormon produzieren. Dazu wird ein Plasmid, welches das menschliche Wachstumshormongen trägt, zu einer Bakterienkultur gegeben. Da nicht alle Bakterien das Plasmid aufnehmen und die Bakterien ferner dazu tendieren, das Plasmid wieder zu verlieren, müssen die Plasmid tragenden Bakterien selektiert („ausgesucht") werden. Zu diesem Zweck befinden sich auf dem Plasmid außer dem Strukturgen für das menschliche Wachstumshormon auch zwei Resistenzgene gegen bestimmte Antibiotika (hier: Ampicillin und Tetracyclin). Das Strukturgen für menschliches Wachstumshormon wird in das eine Resistenzgen eingebaut und dieses dadurch funktionslos. Da dieser Einbau statistisch nicht in alle Plasmide erfolgt, werden auch ursprüngliche, zwei funktionsfähige Resistenzgene (aber kein Strukturgen) tragende Plasmide von Bakterien aufgenommen. Letztlich selektiert man diejenigen Bakterienstämme, die in Gegenwart des einen Antibiotikums überleben können und in Gegenwart des anderen absterben, denn diese tragen das gewünschte Strukturgen für menschliches Wachstumshormon in sich. Manche Bakterien können „von Natur aus" über mehrere Resistenzgene gleichzeitig verfügen (auf einem oder mehreren verschiedenen Plasmiden). Zahlreiche bakterielle Krankheitserreger des Menschen besitzen heute derartige Resistenzgene gegen Antibiotika und verursachen ernste Therapieprobleme.

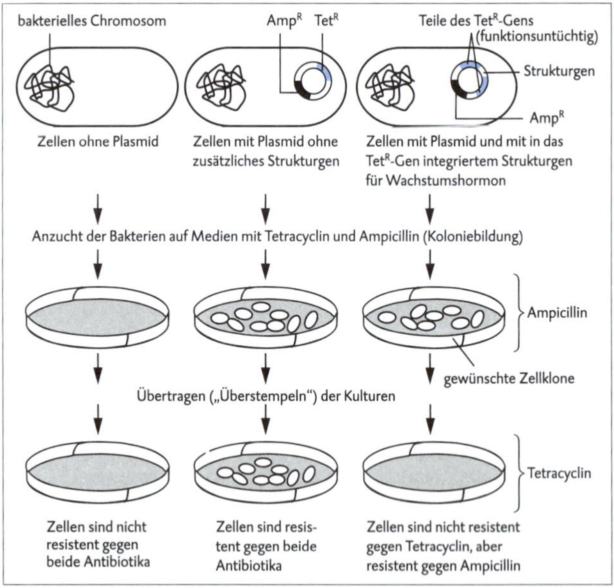

Selektion von Zellklonen mit einem intakten Resistenzgen gegen Ampicillin und integriertem Strukturgen

Reannealing (engl. *reannealing*), **Reassoziation** (engl. *reassociation (kinetics)*) Wiederanlagerung, Hybridisierung; beschreibt die Verbindung zweier DNS-Einzelstränge mit komplementärer Basenfolge, zu einer Doppelhelix-DNS. Man unterscheidet Reannealing/Reassoziation von Annealing/Assoziation; erstere besagen, dass die Einzelstränge gleichen Ursprungs (z. B. von der gleichen DNS), und letztere, dass sie verschiedenen Ursprungs sind, z. B. DNS-Sequenzen verschiedener Spezies oder die Anlagerung von Primer-RNS an eine Einzelstrang-DNS.

rec (recombinant) Kürzel zur Verdeutlichung, dass ein Protein mittels Gentechnik hergestellt wurde.

Regulatorgen (lat. *regula* Richtschnur; engl. *regulator gene*) Ein Gen, das die Expression (Transkription) eines oder mehrerer Gene regeln kann. Der sog. Operator (eine Art von Regulatorgen) ist eine spezielle Nukleotidsequenz zu Beginn eines Strukturgens, an den die RNS-Polymerase bindet, um das anschließende Strukturgen transkribieren zu können. Durch sog. Repressor-Proteine, die ebenfalls an den Operator binden, kann die RNS-Polymerase an ihrer Bindung behindert werden. Deswegen findet keine Transkription statt. Der Repressor kann aber vom Operator abfallen (durch Bindung einer weiteren Substanz an den Repressor) und so den Operator freigeben. Auf diese und ähnliche Art und Weise wird die Transkription von Genen durch Regulatorgene gesteuert. Regulatorgene sind also Nukleotidsequenzen, die nicht transkribiert werden.

Reifeteilung → Meiose (5 Genetik S. 154)

Rekombinante (lat. *re* wieder, *combinare* je zwei zusammenbringen; engl. *recombinant*) Tochterzelle oder Nachkomme mit neu zusammengestellten Allelen verschiedener Genloci im Vergleich zu den Allelkombinationen der Eltern. Ursache ist Crossing-over bei der Gametenbildung der Eltern. Generell betrachtet, ist bei Eukaryoten jeder Nachkomme eine Rekombinante, außer bei ingezüchteten Pflanzen und Tieren, z. B. Mäuse- oder Rattenlinien. Obwohl auch bei ingezüchteten Organismen Rekombination stattfindet, wird sie nicht bemerkt, da keine unterschiedlichen Allele vorhanden sind.

Rekombination (engl. *recombination*)
(1) Wesentlicher Mechanismus der sexuellen Reproduktion und Teil der neuen Zusammenstellung des Genotyps in den Nachkommen. Diese haben eine andere Allelkombination als ihre Eltern. Die Ursache hierfür ist, dass während der Meiose größere Chromatidenstücke durch Crossing-over gegen das gleiche Stück eines homologen Chromatids

ausgetauscht werden. Rekombination bezieht sich also auf den Allelaustausch beim Crossing-over (die durch das Crossing-over bedingte Neukombination homologer Chromatiden) und die zufällige Verteilung der homologen Chromosomen bzw. Chromatiden auf die Gameten. (2) Rekombination bezeichnet auch die Integration von viraler DNS oder von Plasmiden in ein Wirtsgenom. (3) Grundsätzlich gilt der Begriff auch in der Gentechnik, wenn DNS-Abschnitte verschiedener Herkunft künstlich neu zusammengestellt (kombiniert, ligiert) werden.

Rekombinationshäufigkeit (engl. *recombination frequency*) Verhältnis der Zahl von Rekombinanten (Nachkommen mit Rekombination) zur Gesamtzahl der Nachkommen ohne entsprechendes Crossing-over (zwischen diesen beiden Genloci). Dieser Wert dient als Ausdruck für den relativen Abstand zweier Genloci auf der Genkarte eines Chromosoms. Je größer der Abstand ist, desto wahrscheinlicher ist ein Crossing-over zwischen den beiden Genloci, also eine Rekombination. Zwei Genloci, die an den beiden Enden eines Chromosomes liegen, werden durch Crossing-over relativ häufig getrennt und somit neu kombiniert (= rekombiniert). Umgekehrt gilt, je näher die Genloci beieinanderliegen, desto unwahrscheinlicher entsteht eine Rekombinante.

Renaturierung (engl. *renaturation*) Wiederherstellung eines denaturierten Proteins oder einer Nukleinsäure in den nativen, dreidimensionalen Zustand. Wird z. B. ein DNS-Doppelstrang in Wasser erhitzt, zerfällt er in zwei Einzelstränge, die sich bei niedriger Temperatur ($< 65\,°C$) wieder aneinander lagern. Man sagt, sie hybridisieren oder renaturieren.

Reparaturmechanismen, Reparatursysteme (engl. *repair mechanisms*) Enzyme, die z. B. bei Replikation der DNS falsch eingebaute Nukleotide erkennen und durch die richtigen ersetzen.

repetitive DNS (lat. *repetitio* Wiederholung; engl. *repetitive DNA*) DNS-Abschnitte, die in gleicher Nukleotidsequenz öfter in einem oder mehreren Chromosomen vorliegen. Etwa ein Drittel des Säugergenoms besteht aus repetitiven Sequenzen. Gegenteil: nicht repetitive DNS

Replicon (engl. *replicon*) DNS-Abschnitt, der sich eigenständig verdoppelt (repliziert). Die Replikation beginnt dabei am *origin of replication* (ori) und verläuft in beide Richtungen. Plasmide z. B. haben einen einzigen ori, das ganze Plasmid ist damit ein Replicon. Eukaryotische Chromosomen besitzen viele Tausend solcher Replicons, die jeweils einige Hunderttausend bp lang sind.

Replikationsgabel, Y-Gabel (engl. *replication fork, Y fork*)
Die Stelle einer DNS, an der die beiden Stränge auseinandergespreizt werden und an der die Replikation (DNS-Synthese) beginnt. Die Entwindung geschieht enzymatisch; im prokaryotischen System beispielsweise durch die **Topoisomerase**. Auch bei der Transkription muss die DNS-Doppelhelix geöffnet werden, um eine entsprechende RNS-Abschrift anfertigen zu können. Hier geschieht die Entwindung durch die RNS-Polymerase selbst und dabei entstehen kurzzeitig ebenfalls sehr kleine Y-Gabel-ähnliche Strukturen der DNS.

Repressor (lat. *reprimere* hemmen; engl. *repressor*)
Ein Repressor ist ein Protein, das an eine bestimmte Nukleotidsequenz der DNS binden kann. Diese Sequenz nennt man Operatorgen oder Operator. Sie liegt vor einem oder mehreren Strukturgenen. Diese Strukturgene können nur dann über RNS (Transkription) die entsprechenden Proteine erstellen, wenn der Operator frei (d. h. ohne Repressor) vorliegt und dadurch die RNS-Polymerase an oder in der Nähe dieses Operators ungehindert an die DNS binden und von dort aus die RNS von den Strukturgenen transkribieren kann. Der Repressor ist also als eine Art mechanische „Bremse" auf der DNS. Der Repressor selbst kann über eine weitere, eigene Bindungsstelle durch andere Substanzen aktiviert oder je nach Repressor auch inaktiviert werden.

Resistenz (lat. resistere widerstehen; engl. *resistance*)
Widerstandsfähigkeit/Abwehrkraft eines Organismus gegenüber schädlichen Einflüssen, die nicht auf einem Immunsystem beruht. Resistenz ist genetisch bedingt und hat sich im Lauf der Evolution oder Zucht etabliert. Es gibt z. B. „stressresistente" Schweinerassen oder hitzeresistente Rinderrassen (Zebu). Bakterien können durch Mutation oder über Plasmidaustausch Resistenzen gegenüber Antibiotika erwerben. In Pflanzen sind Gene bekannt, die Resistenz gegenüber bestimmten Pathogenen (Krankheitserregern) verleihen. Das erste entschlüsselte Gen dieser Art war das R-Gen der Tomate, das eine Proteinkinase codiert. Diese bewirkt die Resistenz gegenüber einer bestimmten Art von Bakterien (*Pseudomonas*).

Resistenzfaktor, -gen (lat. *resistere* widerstehen; engl. *resistance gene*) Eine genetische Information (ein Gen), häufig lokalisiert in einem sich autonom replizierenden DNS-Molekül, welche seinem Träger (Zelle, Wirt) erlaubt, einen bestimmten Einfluss (beispielsweise Strahlungen oder Antibiotika) zu überleben, der ansonsten zur Schädigung des Trägers führen würde.

Restriktionsenzym, Restriktionsendonuklease (engl. *restriction enzyme*) Eine nukleotidsequenzspezifische Endonuklease, deren natürliche Aufgabe es ist, fremde DNS in einem Bakterium an einer bestimmten Stelle zu spalten und so die Fremd-DNS funktionslos zu machen. Diese Erkennungssequenzen sind meist Palindrome. Die Restriktionsendonukleasen werden von den bakteriellen Restriktionsgenen bzw. -allelen codiert. Die Enzyme werden nach den Organismen bzw. Stämmen benannt, die sie herstellen, und mit einer römischen Zahl gekennzeichnet, die den unterschiedlichen Enzymen des gleichen Bakteriums (manche Bakterien verfügen über mehrere Restriktionsenzyme) gemäß ihrer chronologischen Entdeckung entspricht. Von *Bacillus amyloliquefaciens* stammt das Restriktionsenzym **Bam** HI, das jedes Hexanukleotid mit folgender Sequenz schneidet: 5'–… G↯GATCC …–3'. *E. coli* RY 13 enthält ein Enzym (Eco RI), das die DNS-Sequenz 5'–… G↯AATTC …–3' schneidet. Beide Beispiele erzeugen *sticky ends*, da auf je einem DNS-Strang ein Rest von 4 Nukleotiden übrig bleibt. **Hpa** I (von *Hämophilus parainfluenzae*) hingegen spaltet die Nukleotidsequenz GTT↯AAC so, dass stumpfe oder „*blunt*“ Enden entstehen. Restriktionsenzyme haben die Gentechnik ermöglicht, da sie sowohl ein gezieltes Herausschneiden von DNS-Fragmenten als auch, vor allem über die *sticky ends*, ein Zusammenfügen unterschiedlicher DNS-Fragmente erlauben.

Restriktionsfragment (engl. *restriction fragment*)
Teil eines DNS-Stranges, der durch ein Restriktionsenzym herausgeschnitten wurde. Wie lang ein solches Fragment ist, hängt indirekt vom Enzym ab, von denen es sog. Vierschneider *(four cutter)*, Sechsschneider *(six cutter)* o. Ä. gibt, und von der Zusammensetzung des DNS-Stranges, der geschnitten werden soll (wo sich eben die entsprechenden Restriktionsschnittstellen befinden). Eine Tetranukleotidsequenz wird im Durchschnitt – rein statistisch betrachtet – alle 256 bp ($1/4^4$), eine zufällige Hexanukleotidsequenz ca. alle 4 096 bp ($1/4^6$) auftreten. Es können aber auch gleiche Nukleotidsequenzen kurz hintereinander oder weit entfernt vorkommen. Die Fragmente können weniger als 100 bis mehrere 1 000 bp lang sein.

Restriktionsfragment-Längenpolymorphismus, RFLP
(engl. *restriction fragment length polymorphism*) Restriktionsfragmente einer DNS entstehen durch Trennschnitte von Restriktionsenzymen aufgrund deren charakteristischer Erkennungssequenz (Nukleotidfolge). Diese Sequenzen finden sich in unregelmäßigen Abständen in allen größeren Genomen, aber innerhalb einer Spezies bei gleichen Allelen konstant an den gleichen Positionen. Ist eine solche Sequenz durch Mutation verändert, kann das Enzym nicht mehr schneiden, sodass ein länge-

res DNS-Fragment entsteht (die Größe des „neuen" DNS-Fragmentes entspricht dabei etwa der Summe der beiden Fragmente rechts und links der Schnittstelle). In den Genomen aller Organismen kommen solche Mutationen vor. Es kann aber auch eine Nukleotidsequenz durch Mutation zu einer von einem Restriktionsenzym erkennbaren Sequenz mutieren. Dann werden aus einem ursprünglich längeren Restriktionsfragment zwei kürzere. Werden die DNS-Fragmente in einer Gelelektrophorese nach ihrer Größe aufgetrennt, so entstehen unterschiedlich weit gewanderte Banden, was der Länge der Fragmente entspricht (lange DNS-Fragmente wandern weniger weit als kurze und da der Auftrag des DNS-Fragmentgemisches in einer Geltasche mit wenigen Millimeter Breite erfolgt, wandern die Fragmente ihrer Größe entsprechend als millimeterbreite Banden). So können die genetischen Unterschiede zwischen Individuen, aber auch Unterschiede zwischen zwei Allelen eines Individuums dargestellt werden.
Grundsätzlich kann man heute jedes Gen aus einer kleinen Gewebeprobe mithilfe der PCR vermehren und die millionenfach vermehrten Genkopien einer Restriktionsanalyse unterziehen, um genetische Polymorphismen (Allelvielfalt) zu erforschen. Die PCR-RFLP-Analyse funktioniert aber nur, wenn eine Mutation in dem kurzen DNS-Abschnitt (je nach Erkennungssequenz des jeweiligen Restriktionsenzyms 4–18 bp), den ein Restriktionsenzym erkennt, stattgefunden hat. Für Mutationen außerhalb der Restriktionsenzym-Erkennungssequenzen können andere Methoden zur Feststellung eines genetischen Polymorphismus angewandt werden, wie etwa ASPCR (allelspezifische PCR). RFLP-Analysen werden in der Humangenetik zur Aufklärung von Erbfehlern durchgeführt, u. a. auch an DNS aus Zellen der Amnionflüssigkeit (Fruchtwasser) bei der pränatalen Diagnose. Einer der ersten RFLP von größerer Bedeutung war die Entdeckung, dass die Allele des Hämoglobingenlocus unterschiedliche Restriktionsschnittstellen aufweisen. Patienten mit dem defekten Hämoglobingen können so mithilfe einer RFLP-Analyse rasch diagnostiziert werden. Auch in der Tierzucht bedient man sich dieser Analysemethoden zur Aufdeckung von Erbfehlern (bei wertvollen Zuchttieren) oder zunehmend zur Voraussage von Leistungsmerkmalen, da auch heterozygote Träger erkannt werden können.

Restriktionskarte (engl. *restriction map*)
Grafische Darstellung der Restriktionsschnittstellen (Nukleotidsequenzen, an denen die verwendeten Restriktionsenzyme schneiden) eines DNS-Stranges in der linearen Anordnung, in welcher sie in der untersuchten DNS vorliegen.

Restriktionsschnittstelle (engl. *restriction site*)
Kurze Nukleotidsequenz einer DNS, die von einem Restriktionsenzym erkannt und geschnitten (die DNS durchtrennt) wird.

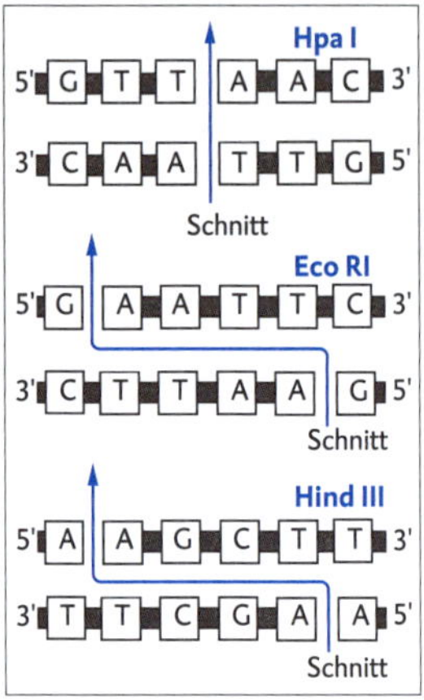

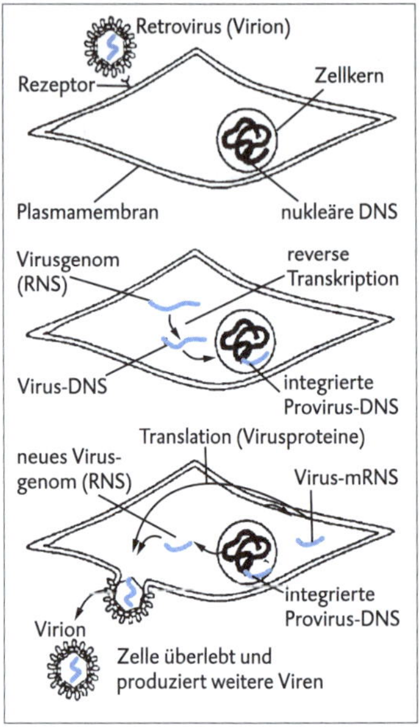

Abb. oben: Restriktionsschnittstellen: Unterschiedliche Schnittmuster dreier verschiedener Restriktionsenzyme

Abb. rechts: Eine Art des Vermehrungszyklus von Retroviren

Retrovirus (lat. *retro* zurück; engl. *retrovirus*)
Es gibt verschiedene Arten dieser Viren, deren Erbsubstanz stets aus einzelsträngiger RNS besteht (RNS-Virus) und die ein bestimmtes Enzym, die reverse Transkriptase, produzieren. Mithilfe dieser reversen Transkriptase schreibt das Virus seine RNS nach Infektion der Wirtszelle in DNS um und kann sich dann in das Genom seines Wirts einbauen (was relativ selten geschieht). Je nach Virus liegt es aber auch als eine Art Episom intrazellulär vor. In der DNS-Form stellt das Retrovirus mithilfe der zelleigenen Enzyme seine Hüllproteine und die reverse Transkriptase her und repliziert sein eigenes Genom. Aus diesen Bestandteilen formen sich neue Viruspartikel, die aus der Zelle freigesetzt werden. Beispiel: HIV

reverse Transkriptase → RNS-abhängige DNS-Polymerase
(5 Genetik S. 186)

rezessiv (lat. *recedere* zurückschreiten; engl. *recessive*) Bezieht sich auf ein Allel im (diploiden) Organismus, das im homozygoten Zustand (im diploiden Organismus doppelt vorhanden) einen anderen Phänotyp bewirkt, als wenn es mit einem dominanten Allel zusammen den Genlocus heterozygot besetzt. In letzterem Falle wird das Merkmal des dominanten Allels ausgeprägt, das rezessive Allel bleibt „äußerlich" (phänotypisch) nicht erkennbar. Eine Form des Albinismus z. B. tritt nur auf, wenn der Genlocus für das Enzym Tyrosinase mit den Allelen c und c (in der Genetik werden Kleinbuchstaben für rezessive Allele eingesetzt) besetzt ist, also homozygot für das rezessive Allel ist (Genotyp cc). Dann wird keine Tyrosinase gebildet und jede Farbeinlagerung im Individuum unterbleibt. Bei Heterozygoten (Genotyp Cc) produziert das dominante C soviel Tyrosinase, dass das rezessive c überdeckt wird und normale Haut- und Haarfarbe resultieren.

reziproke Kreuzung (lat. *reciprocus* auf gleichem Weg zurückkehrend; engl. *reciprocal cross*) Eine Kreuzung (Verpaarung) nach dem Schema A x B und B x A, wobei A und B unterschiedliche Genotypen bzw. Phänotypen haben. Beispielsweise werden Männchen mit dem Genotyp AA (Allel A) gekreuzt mit Weibchen mit Genotyp BB (Allel B) sowie umgekehrt: Männchen mit Genotyp BB gekreuzt mit Weibchen mit Genotyp AA. Reziproke Kreuzungen werden durchgeführt, um Geschlechtskopplung, maternale Vererbung oder zytoplasmatische Vererbung festzustellen. Kommt es zu unterschiedlichen Ergebnissen bei der reziproken Kreuzung, so liegen die nicht dem 1. Mendel'schen Gesetz folgenden Sonderformen der Vererbung vor.

RFLP → Restriktionsfragment-Längenpolymorphismus
(5 Genetik S. 180)

Rh(esus)-Faktor, Rh (engl. *Rh factor*) Eine Molekülstruktur auf der Zelloberfläche von roten Blutkörperchen (Erythrozyten) bei Mensch und Affen, die als Antigen wirken kann. Der Rhesus-Genlocus liegt auf Chromosom 1 des Menschen. Es handelt sich um ein im Detail noch nicht ganz verstandenes Zusammenspiel möglicherweise verschiedener Gene, die jedoch letztendlich in einer bestimmten Allelkonstellation dafür sorgen, dass das Rhesusantigen auf der Erythrozytenoberfläche vorhanden ist oder nicht. Das Rhesus-System hat mehrere Antigene, deren wichtigstes beim Rhesusaffen entdeckt wurde. Menschen die homozygot für ein rezessives Allel rh sind (rh/rh), bilden kein Antigen und werden rh-negativ bezeichnet. Personen mit dem dominanten Rh-Allel (Rh/Rh oder heterozygot Rh/rh) haben jedoch das Antigen-Molekül auf der Oberfläche ihrer Erythrozyten.

Ist eine Rhesus-negative Frau (rh/rh) schwanger mit einem Kind, das vom Vater das Rh-Allel vererbt bekommen hat, kann sie während der Schwangerschaft bzw. erst durch Blutübertritt bei der Geburt Antikörper gegen ihr Kind (Rh/rh) entwickeln. Eine Rhesus-negative Frau wird also erst durch die Schwangerschaft/Geburt ihres ersten Rhesus-positiven Kindes (Rh/rh) immunisiert. Eine Gefährdung durch die Anti-Rhesus-Antikörper ergibt sich dann für weitere Rhesus-positive Embryonen bzw. Feten. Dabei kann es zu schweren Schädigungen kommen, der sog. Rhesusembryopathie. Heute wird im Rahmen der Schwangerenuntersuchung Rhesus-negativen Frauen (mit Rhesus-positiven Partnern) eine begrenzte Menge eines Antiserums mit Anti-Rhesus-Antikörpern injiziert (passive Immunität). Dem Immunsystem der Schwangeren wird dadurch „vorgegaukelt", dass es bereits auf den Rhesus-Faktor des Kindes reagiert hat. Durch diese Antikörper werden praktisch alle vom Kind in den mütterlichen Kreislauf übertretenden roten Blutkörperchen (hauptsächlich während des Geburtsvorganges) vernichtet und es kommt dadurch zu keiner eigentlichen Immunantwort und Erinnerung des mütterlichen Immunsystems an ein „Rhesus-Ereignis". Dies muss bei jeder weiteren Rhesus-positiven Schwangerschaft wiederholt werden.

Ribonuklease → RNase (5 Genetik S. 185)

Ribose (engl. *ribose*)
Zuckermolekül mit fünf Kohlenstoffatomen; Bestandteil des „Rückgrates" der RNS. Im Gegensatz zur Desoxyribose liegt am zweiten C-Atom anstelle eines Wasserstoffatoms eine Hydroxylgruppe vor.

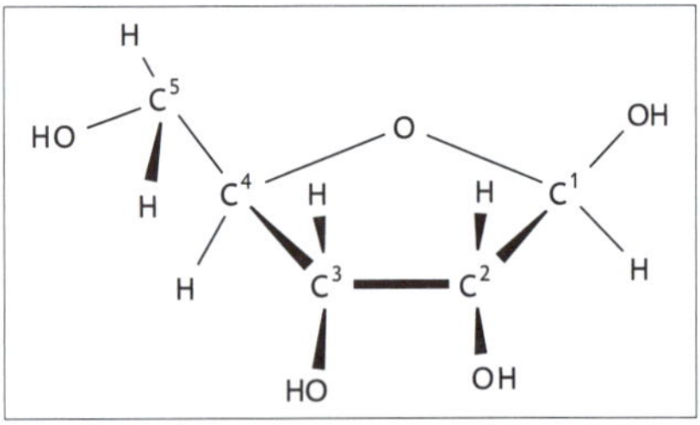

Strukturformel der Ribose (räumlich angedeutet)

Ribosom (griech. *soma* Körper; engl *ribosome*)
Ein Riesenmolekülkomplex (Ribonukleoprotein) aus rRNS und Proteinen (∅ 10–20 nm), an dem die Eiweißsynthese (Translation) abläuft. Ribosomen bestehen aus zwei ungleichen Untereinheiten, die von Magnesiumionen zusammengehalten werden. Jede Untereinheit besteht

zu etwa gleichen Teilen aus rRNS und Proteinen. Ribosomen synthetisieren mithilfe Aminosäure beladener tRNS-Moleküle Polypeptidketten entsprechend der genetischen Information der jeweiligen mRNS. Zwischen den Ribosomen aus Bakterien und Eukaryoten bestehen beträchtliche Unterschiede in den Sedimentationseigenschaften, d. h. sie sedimentieren aufgrund ihrer Größe bei der Zentrifugation unterschiedlich schnell (siehe Tab.). Auch die Ribosomen der Mitochondrien und Chloroplasten haben unterschiedliche Sedimentationseigenschaften. Mitochondriale Ribosomen aus Säugerzellen haben einen Sedimentationskoeffizienten von 60 S, Pflanzen von 78 S, Pilze von 73 S, und Ribosomen von Chloroplasten einen von 70 S. Der Befund, dass die Translation bei Mitochondrien sowie Chloroplasten mit N-Formylmethionin (wie bei den Prokaryoten) beginnt, unterstreicht die Theorie über ihren endosymbiotischen Ursprung (Endosymbionten-Hypothese).

	Bakterien	**Säugerzellen**
Ribosomen	70 S; MG 2 500 000	80 S; MG 4 200 000
große Untereinheit	50 S; MG 1 600 000	60 S; MG 2 800 000
kleine Untereinheit	30 S; MG 900 000	40 S; MG 1 400 000
rRNS der großen Untereinheit	23 S; 5 S	28 S; 5,8 S; 5 S
rRNS der kleinen Untereinheit	16 S	18 S

Vergleich der Größe und Untereinheiten von Ribosomen pro- und eukaryotischer Zellen anhand ihrer Sedimentationskoeffizienten (S) und ihres Molekulargewichtes (MG).

Ribozym (engl. *ribozyme*) RNS-Fragment, das die enzymatische Eigenschaft hat, kovalente Bindungen zu spalten oder herzustellen. Ribozyme sind an der Verknüpfung von Exons beteiligt.

Richtungskörper(chen) → Polkörper(chen) (5 Genetik S. 170)

RNase, Ribonuklease (engl. *ribonuclease*)
Enzym, das Ribonukleinsäure abbaut (hydrolysiert). Die RNS-Stränge werden dabei in Fragmente gespalten.

RNS, Ribonukleinsäure (engl. *RNA, ribonucleic acid*) Es gibt verschiedene Arten: (1) die mRNS als Matrize für die Proteinsynthesen, (2) die rRNS als Teil der Proteinsynthesemaschinerie der Ribosomen, (3) die tRNS zur Umsetzung (= Translation) der Nukleotidsequenz in die entsprechende Aminosäuresequenz (4) kleine RNS (*small RNA*), etwa 20–30 Nukleotide lang; Hauptvertreter sind die siRNA (*small interfering RNA*), die spezifisch an mRNS-Moleküle binden und diese abbauen (z. B. Virusabwehr, zellinterne Genregulation).

RNS-abhängige DNS-Polymerase, reverse Transkriptase
(engl. *RNA-dependent DNA polymerase, reverse transcriptase*) Ein Enzym, das aus einem RNS-Einzelstrang eine doppelsträngige DNS synthetisiert. Solche Enzyme kommen in RNS-Viren (Retroviren) vor. Dieses eine Enzym erledigt drei unterschiedliche Aufgaben: Es synthetisiert eine komplementäre DNS-Sequenz am viralen RNS-Einzelstrang, baut den RNS-Strang ab und ergänzt den DNS-Einzelstrang zu einem Doppelstrang. Reverse Transkriptasen werden experimentell benutzt, um aus mRNS-Molekülen komplementäre DNS (cDNS) zu synthetisieren. Die Entdeckung dieser Polymerasen widerlegt das „zentrale Dogma", nach dem die genetische Information nur von DNS über RNS zum Protein fließen kann.

RNS-Polymerase (engl. *RNA polymerase*)
Ein als Transkriptase zu bezeichnendes Enzym, das von einer DNS-Vorlage (Matrize, *Template*-Strang) ein RNS-Molekül abschreibt (transkribiert). In Prokaryoten gibt es zwei Typen RNS-Polymerasen: eine produziert die RNS-Primer, die für die DNS-Replikation gebraucht werden, die andere transkribiert alle drei RNS-Typen (mRNS, tRNS und rRNS). In Eukaryoten wird jeder RNS-Typ von einer eigenen Polymerase transkribiert, z. B. RNS-Polymerase II für die mRNS.

Rückkreuzung (engl. *backcross*)
Kreuzung zwischen Nachkommen und einem Individuum der Elternlinie.

Satelliten-DNS (engl. *satellite DNA*)
DNS-Regionen eukaryotischer Chromosomen, die sich aufgrund ihrer Basenzusammensetzung deutlich vom überwiegenden Rest der DNS unterscheiden. Wird DNS in einem Dichtegradienten zentrifugiert, erscheinen zwei/mehrere Banden im Zentrifugenröhrchen. Die größere Bande enthält die Hauptmasse der Chromosomen-DNS, die kleine oder kleineren Banden enthalten die Satelliten-DNS, die leichter (oberhalb der Haupt-DNS) sein kann, wenn sie A = T-reicher oder schwerer (unterhalb), wenn sie G ≡ C-reicher ist als die Haupt-DNS, in der das A = T – G ≡ C-Verhältnis ausgeglichen ist. Satelliten-DNS ist hoch repetitiv, sie enthält also viele sich wiederholende Nukleotidsequenzen. Bisher konnten keine für Proteine codierende Sequenzen in Satelliten-DNS gefunden werden. Ihr biologischer Zweck ist bisher noch nicht geklärt.

Schmelzen (engl. *melting*)
Im Labor übliche Technik zur Denaturierung der doppelsträngigen Nukleinsäuren (hauptsächlich von DNS) in Einzelstränge. Das Schmelzen führt zur Trennung der beiden Stränge in der Längsachse, wobei die

Wasserstoffbrückenbindungen zwischen den komplementären Nukleotiden aufgelöst werden. Dies kann entweder durch Hitze (etwa ab 65 °C) oder durch eine pH-Wert-Verschiebung geschehen.

Schwesterchromatid-Austausch, SCE (engl. *sister chromatid exchange*). Crossing-over zwischen Schwesterchromatiden eines Chromosoms während der Mitose. Da die beiden Chromatiden eines Chromosoms genetisch identisch sind, hat ein solcher Austausch keinen Einfluss, solange kein Fehler bei diesem Crossing-over vorkommt. Zusätzlich zum eigentlichen Crossing-over zwischen homologen Chromosomen kann es während der Meiose auch zu SCE kommen, sodass zwei „neue" (neu kombinierte, aber letztlich unveränderte) Chromatiden entstehen.

Schwesterchromatiden (engl *sister chromatids*)
Die beiden identischen Chromatiden, die in Eukaryoten als (Metaphase-) Chromosom sichtbar sind.

semikonservative Replikation (engl. *semiconservative replication*)
Die Art und Weise, wie sich DNS vermehrt (repliziert). Der Doppelstrang teilt sich, und jeder der Einzelstränge dient als Vorlage für einen neuen, komplementären Strang. M. Meselson und F. Stahl konnten erstmals 1958 unter Verwendung des schwereren Stickstoffisotops ^{15}N bakterielle DNS („Eltern-DNS") markieren und mittels der damals neuen Technologie der Dichtegradientenzentrifugation zeigen, dass sich diese schwerere DNS gleichmäßig auf die erste bakterielle Tochtergeneration aufteilt und dabei keine schwere „Eltern-DNS" mehr übrig bleibt.

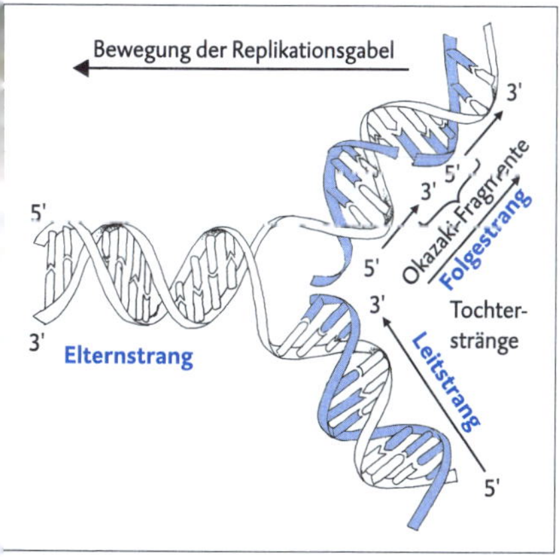

Schema der DNS-Replikation (semikonservativ und semidiskontinuierlich)

Sense-Strang → Strangbezeichnung (5 Genetik S. 193)

Sex-Pilus (lat. *pilus* Haar, *sexus* Geschlecht; engl. *sex pilus, F-pilus*) Hohler Fortsatz von der Zelloberfläche eines konjugierenden (sich paarenden) Bakteriums. Durch diese Röhre verbinden sich zwei Bakterienzellen, wobei das „Männchen" (F^+-Zelle oder Hfr-Stamm) DNS in die „weibliche" Empfängerzelle transferiert. Die Röhre besteht aus Pilin, einem Glucophosphoprotein.

Sichelzell(en)anämie (griech. *aneu* ohne, *haima* Blut; engl. *sickle-cell anemia*) Genetisch bedingte Krankheit, die als hämolytische Anämie (Blutarmut durch vorzeitigen Zerfall der roten Blutkörperchen, Erythrozyten) bei Menschen auftritt, die homozygot für Sichelzellenhämoglobin (HbS) sind. Die Erythrozyten solcher Personen enthalten ein abnormes Hämoglobin, weshalb sie eine sichelförmige Gestalt annehmen. Die biologische Lebensdauer dieser Zellen ist sehr kurz, da sie aneinanderkleben und abgebaut werden. Die abnormale Struktur des Hämoglobins wird durch Austausch einer Aminosäure bedingt und dies wiederum durch Austausch einer Base im Hämoglobingen. In den USA werden ca. 2 Promille aller Kinder der schwarzen Bevölkerung homozygot und damit krank geboren. In der afrikanischen Bevölkerung liegt der Prozentsatz noch höher. Heterozygote Personen sind gegen Malaria resistent. Weil sich in deren Erythrozyten kranke und normale Hämoglobinmoleküle befinden, kann einerseits eine annähernd ausreichende Sauerstoffversorgung aufrechterhalten werden (Hämoglobin transportiert Sauerstoff), andererseits können sich die ausschließlich in den Erythrozyten vermehrenden Malariaerreger nicht genügend ernähren, da HbS sehr schwer löslich ist und eine höhere Viskosität des Erythrozyten-Zytoplasmas verursacht.

Sichelzell(en)hämoglobin → 9 Bau und Funktion von Organismen S. 273

Silencer Gensequenzen, die nicht transkribiert werden und nach der Bindung von Transkriptionsfaktoren an den Promotor eines Gens dessen Transkription bremsen können.

somatische Mutation (engl. *somatic mutation*) Jede Veränderung der DNS in Somazellen, hervorgerufen etwa durch Strahlung oder chemische Substanzen. Wenn sich die mutante Zelle weiterhin teilt, entsteht ein Gewebe(teil), das (der) genetisch entsprechend der Mutation verändert ist. Deshalb heißt ein Individuum mit mutierten Zellen (genetisches) Mosaik. Streng genommen ist jedes aus vielen Zellen bestehende Lebewesen – auch der Mensch – aufgrund stets vorliegender Mutationen in einzelnen Zellen oder Geweben ein Mosaik. Die Veränderungen können ohne jede schädliche Auswirkung für den Organismus sein, können allerdings auch zu Krankheiten wie Krebs führen.

Sonde (engl. *probe*)
In der Molekularbiologie jedes Molekül mit einer Markierung, mit dem ein Gen, ein Genprodukt, z. B. ein Protein, identifiziert oder isoliert werden kann. Früher bestand die Markierung meist aus radioaktiven Isotopen (z. B. ^{32}P, Phosphorisotop für Nukleinsäuren oder ^{125}I, Iodisotop für Proteine); heute verwendet man vor allem Enzyme, die zu Farbreaktionen führen, oder Fluoreszenzfarbstoffe. Bei DNS-Sonden findet folgende Reaktion statt: Ein mit Fluoreszenzfarbstoff markierter DNS-Einzelstrang bindet (hybridisiert) an seinen komplementären Strang, wodurch dieser zunächst unsichtbare Strang kenntlich gemacht werden kann.

Southern Blot, Southern Blotting
(engl. *Southern blot(ting)*)
Eine von E. M. Southern entwickelte Methode, elektrophoretisch ihrer Größe nach aufgetrennte DNS-Fragmente (in Form von Banden) aus einem Agarosegel auf eine Nitrocellulosemembran oder Nylonmembran mithilfe der Kapillarkraft zu übertragen. Bei der Southern-Blot-Analyse werden einzelsträngige DNS-Moleküle durch Hitze (80 °C) oder UV-Licht auf der Membran „befestigt" (fixiert). Anschließend wird die Membran mit einer Hybridisierungslösung benetzt, in der sich einzelsträngige DNS befindet, die (1) mit einem radioaktiven Isotop, einem Enzym oder mit Fluoreszenzfarbstoff

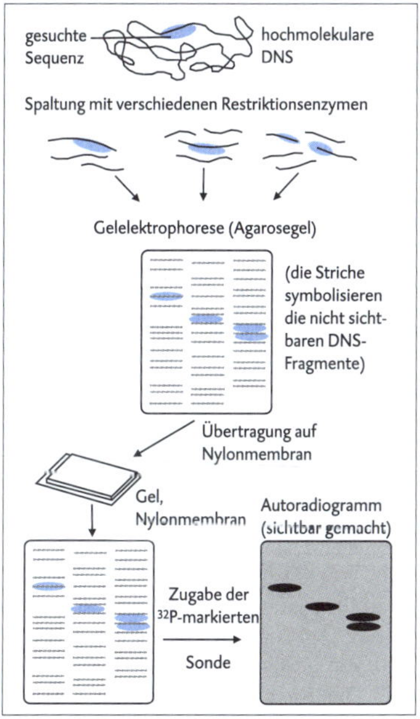

Beispiel eines Southern Blot (blau hinterlegt, die zur Sonde komplementäre Sequenz)

markiert ist und die (2) zu einer bestimmten DNS-Sequenz komplementär ist. Diese DNS-Proben hybridisieren mit den entsprechenden Einzelsträngen auf der Membran und können durch ihre Markierung sichtbar gemacht werden. Es entsteht eine sichtbare Bande. Die Southern-Blot-Analyse identifiziert unzweifelhaft ein DNS-Fragment aufgrund der Länge (wie weit es im Agarosegel gewandert ist) und der spezifischen Bindung (Hybridisierung der komplementären Einzelstränge). So können einzelne Gene (oder beliebige andere Sequenzen) aus dem gesamten Genom identifiziert werden.
Eine Weiterentwicklung des Southern Blots ist der **Northern Blot** (Wortspiel), der RNS-Moleküle identifiziert. Auch Proteine, elektrophoretisch aufgetrennt, können mithilfe von markierten spezifischen Antikörpern in analoger Weise eindeutig identifiziert werden **(Western Blot)**.

Spindel, Spindelapparat (engl. *spindle*)
Eine Vielzahl von Mikrotubuli, die sich von den beiden Zentriolen ausgehend an die Kinetochore der Chromosomen heften und während der Meiose zuerst die homologen Chromosomen (1. meiotische Teilung) und dann, während der 2. meiotischen Teilung, wie bei der Mitose, die Chromatiden zu den beiden neu entstehenden Zellen auseinanderziehen.

Spleißen (engl. *splicing*)
Bei eukaryotischen Zellen die enzymatische Entfernung der Introns aus dem Primärtranskript (prä-mRNS) und die nachfolgende Verbindung der Exons, wodurch die mRNS entsteht. In eukaryotischen Genen ist die codierende DNS in vielen Fällen von nicht codierenden Sequenzen (Introns) unterbrochen, d. h. die codierende DNS liegt in Stücken (DNS-Abschnitten), sog. Exons, vor. Die Abschrift eines Gens (prä-mRNS) beinhaltet diese beiden Sequenztypen und der Spleißvorgang entfernt dann die Introns, sodass die mRNS übrig bleibt.

Stammbaum, Pedigree, Genealogie (engl. *pedigree*)
Diagramm, das die Herkunft und Verwandtschaft von Individuen darstellt. Männliche Individuen werden allgemein als Quadrate, weibliche als Kreise symbolisiert. Bei Individuen mit einem besonderen Merkmal ist das Quadrat oder der Kreis farblich ganz ausgefüllt, hingegen nur halb, wenn es sich um einen autosomal rezessiven Heterozygoten handelt. Die Nachkommen stehen unterhalb des Elternpaares von links nach rechts entsprechend der Reihenfolge ihrer Geburt.

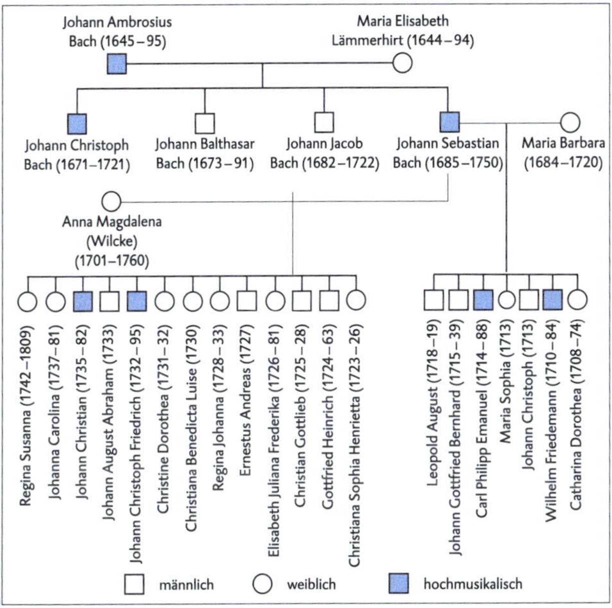

Stammbaum der Familie Bach

Stammzelle (engl. *stem cell*)
Eine der mitotisch aktiven somatischen Zellen, die als Reservoir dazu dienen, absterbende Zellen des Körpers zu ersetzen, z. B. Knochenmarkstammzellen als Ausgangszellen für alle blutbildenden Zellen. Je nach Herkunft können Stammzellen pluri- oder totipotent sein, d. h., sie haben die Fähigkeit, zu allen möglichen somatischen Zellen zu differenzieren. **Embryonale Stammzellen**, entnommen aus einem frühen Embryo (Morula, Blastula), sind totipotent und können sich zu allen möglichen Körperzellen entwickeln. Die Klonierungstechnik erlaubt nun erstmals derartige embryonale Stammzellen beliebig zu erzeugen. Dazu nimmt man eine Eizelle, entfernt den Zellkern und ersetzt ihn durch den Zellkern einer Körperzelle desjenigen Individuums, für das man Stammzellen braucht. Die so manipulierte Eizelle verhält sich wie eine befruchtete Eizelle (Zygote) und beginnt *in vitro* (im Reagenzglas) zu einem Embryo heranzuwachsen. Bereits nach wenigen Zellteilungen (Morula, Blastula) entnimmt man die Zellen des Embryos und kultiviert sie *in vitro* als Stammzellen. Je nach Kulturbedingung kann man daraus

unterschiedliche Zellen oder Gewebe herstellen. Theoretisch verfügt man damit über ein unerschöpfliches Reservoir an erneuerbaren Geweben. Eine andere Quelle für Stammzellen ist das Blut der Nabelschnur. Diese können nach der Geburt eingefroren gelagert werden, bis die Person in einem Notfall ihre eigenen Zellen benötigt.

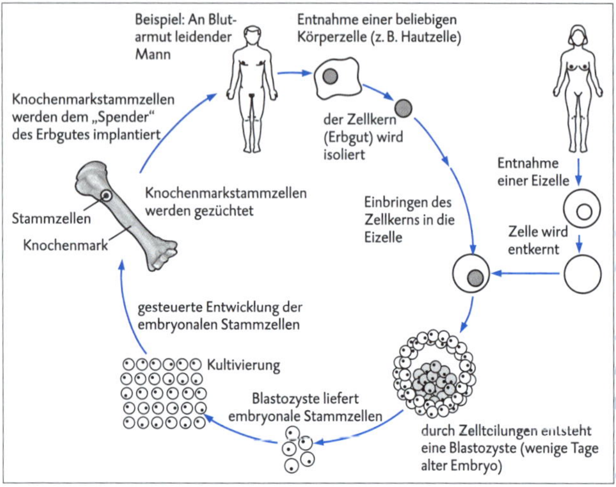

Therapiemöglichkeit eines an Blutarmut leidenden Patienten durch Transplantation eigener (syngener) Knochenmarkstammzellen, die aus embryonalen Stammzellen kultiviert wurden.

Start-Codon, Initiationscodon (engl. *start codon*)
Triplett aus den drei Nukleotiden AUG der mRNS (entsprechend TAC auf dem *Template*-DNS-Strang), das für Methionin codiert und die erste Aminosäure jeder neu synthetisierten Polypeptidkette darstellt. Bei Prokaryoten wird im Gegensatz zu Eukaryoten ein formyliertes Methionin eingesetzt.

sticky ends, kohäsive Enden „Klebrige“ Enden. Komplementäre, einzelsträngige Überstände an den Enden eines DNS-Doppelstrangs. *Sticky ends* ermöglichen die Verbindung verschiedener DNS-Fragmente (mit ebenfalls *sticky-* = komplementären Enden) in gentechnischen Experimenten. Sie entstehen durch Restriktionsendonukleasen, die asymmetrisch in einer palindromen DNS-Sequenz schneiden.

Stopp-Codon, Terminations-Codon, Nonsense Codon

(engl. *stop codon*) Triplett der mRNS, welches die Synthese des Polypeptidstranges bei der Translation beendet. Es gibt drei Stopp-Codons (UAG, UAA, UGA): Für sie existieren keine tRNS-Moleküle mit entsprechenden Anticodons.

Strangbezeichnung

(engl. *strand terminology*) Die zwei Stränge der DNS haben unterschiedliche Eigenschaften und Funktionen. Beide besitzen zwar ein 5'-Ende (Phosphatgruppe) und ein 3'-Ende (Hydroxylgruppe), sind aber antiparallel miteinander verbunden. Ihre Bezeichnung ist übereinkunftsgemäß nach der mRNS als dem **Sense** („Sinn")-Molekül gewählt. Wenn mRNS-Sequenzen publiziert werden, schreibt man sie von links nach rechts (5'-Ende zum 3'-Ende) oder von oben nach unten. Wird künstlich der komplementäre Strang zu diesem mRNS-Molekül synthetisiert, nennt man ihn **Antisense**-Strang.

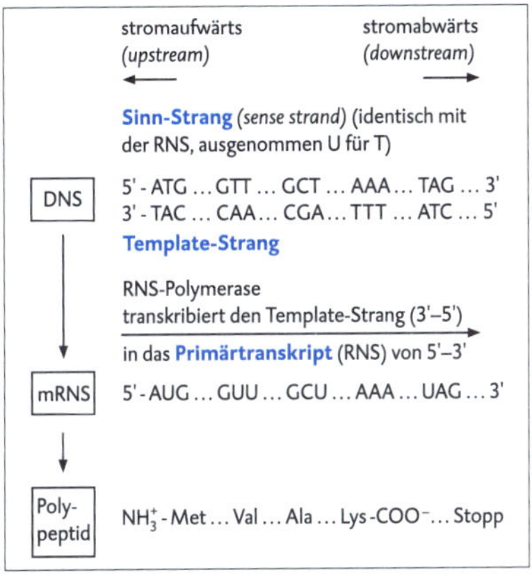

Strangbezeichnungen

Das mRNS-Molekül wird an einem Ribosom beginnend vom 5'-Ende zum 3'-Ende translatiert; es steht also das Aminoende der Peptidkette an erster und das Carboxylende an letzter Stelle.

Der DNS-Strang, der als Matrize für die mRNS abgelesen wird, heißt **Template**-Strang. Der andere komplementäre DNS Strang enthält die gleiche Basenfolge wie die mRNS (ausgenommen T für U) und wird deshalb **Sense**-Strang genannt. Eine veröffentlichte Gensequenz repräsentiert den Sense-Strang.

Die Begriffe **stromaufwärts** (*upstream*) bedeuten die Richtung 5'-Ende und **stromabwärts** (*downstream*) die Richtung 3'-Ende. Der Promotor eines Gens liegt *upstream*.

Es gibt andere Begriffe zur Bezeichnung der Stränge, wie z. B. Codon-Strang, Anticoding-Strang usw., jedoch werden sie oft missverständlich gebraucht, weshalb man sich auf die obige Nomenklatur beschränken sollte.

Bei der DNS-Replikation kann die Polymerase einen Strang durchgehend ablesen (von 3' nach 5'). Der neue DNS-Strang wird daher **leading strand** (Leitstrang) genannt. Am 5'–3'-Strang muss die Polymerase stets neu ansetzen, wodurch Okazaki-Fragmente entstehen, die zum **lagging strand** (Folgestrang) verknüpft (ligiert) werden.

Strukturgen (engl. *structural gene*)
DNS-Sequenz, die für RNS codiert, also für rRNS, tRNS und mRNS (bzw. bei Eukaryoten das Primärtranskript prä-mRNS); im Unterschied z. B. zu den Regulatorgenen (wie Operator), die selbst nicht transkribiert werden und die die Expression benachbarter Strukturgene regulieren, indem sie deren Transkription steuern.

submetazentrisches Chromosom (engl. *submetacentric chromosome*) Erscheinungsbild eines Chromosoms, dessen Zentromer nicht in der Mitte des Chromatids/der Chromatiden liegt. Während der Anaphase, in der die Chromatiden an den Zentromeren (Kinetochoren) zu den Zellpolen gezogen werden, erscheinen sie J-förmig.

tandem repeat (lat. *tandem* zuletzt, hintereinander; engl. *repeat* Wiederholung) Hintereinanderliegende, fast identische Nukleotidsequenzen, ähnlich wie eine Tandem-Duplikation. Je weiter zurück (zeitlich, evolutiv gesehen) eine Duplikation stattgefunden hat, desto mehr Mutationen werden sich in den Duplikaten ereignet haben und umso mehr unterscheiden sie sich (daher die Einschränkung „fast"). Etwa 1/3 des gesamten menschlichen Genoms besteht aus solchen Wiederholungen.

TATA-Box (engl. *TATA box*) → Hogness Box (5 Genetik S. 139)

Telomer (griech. *telos* Ende, *meros* Teil; engl. *telomere*)
Eines der zwei Enden eines Chromatids. Die Telomere aller Spezies haben ein bestimmtes Nukleotidsequenzmuster: ein kurzer G-reicher DNS-Abschnitt (der komplementäre ist C-reich) liegt viele Male wiederholt vor; z. B. $(TTGGGG)_{60}$. Ein Chromosom verliert bei jeder Replikation (Verdopplung) etwa 100 bp, weil die DNS-Polymerase die endständigen Nukleotide nicht erreichen kann. Die Chromosomen werden/würden bei jeder Zellteilung kürzer. Um diesen Verlust auszugleichen, verfügen die Zellen über das Enzym Telomerase, welches die fehlenden TG wieder anhängt.

Telomerase (engl. *telomerase*)
Eine reverse Transkriptase (RNS-abhängige DNS-Polymerase) mit einem RNS-Molekül, das als *Template* (Matrize) für endständige Sequenzwiederholungen der Telomere dient. Großer Ribonukleoproteinkomplex

von etwa 500 000 d. Das Enzym bindet an das Telomer und benutzt ausschließlich diese G-reichen Abschnitte als Primer. Besonders aktiv ist die Telomerase in embryonalen Zellen und Gametozyten, wenig dagegen in differenzierten Körperzellen. Die erniedrigte Telomeraseaktivität in „erwachsenen“ Körperzellen wird u. a. für den Alterungsprozess mitverantwortlich gemacht. In Krebszellen wird die Telomerase häufig reaktiviert und könnte so auch zu dem unbegrenzten Wachstum vieler Krebszellen beitragen.

telozentrisches Chromosom (engl. *telocentric chromosome*)
Chromosom mit einem (nahezu) endständigen Zentromer.

Template (engl. *template*)
Makromolekulare Matrize oder Schablone für die Synthese eines komplementären Gegenstücks. Diese gilt für die Synthese der DNS wie auch für die Transkription der DNS in RNS. Ein einzelner DNS-Strang (oder auch ein RNS-Strang bei Retroviren) dient als Vorlage (Matrize) für eine Polymerase, welche die genetische Information (Basensequenz) in die komplementäre Nukleotidfolge der RNS oder DNS umschreibt.

Tetrade (griech. *tettares* vier; engl. *tetrad*)
Im Mikroskop sichtbare Struktur der vier homologen Chromatiden (zwei Chromatiden in jedem Chromosom) während der Prophase und Metaphase der ersten Reduktionsteilung. Hier auch **Bivalent** genannt.

therapeutisches Klonen (engl. *therapeutic cloning*)
Derzeit in der Erforschung befindliches Verfahren zum Ersatz von Geweben oder Organen durch die Entwicklung embryonaler Stammzellen, die durch Klonierung eines somatischen Zellkerns in einer enukleierten (entkernten) Eizelle gewonnen werden. Da der Zellkern vom Empfänger des Gewebes oder der Organe stammt, ist das „Produkt“ für ihn auch vollständig kompatibel.

Thymin, T (engl. *thymine*) Organische Purin-Base, Baustein der DNS.

Transduktion (lat. *transducere* hinüberführen; engl. *transduction*)
Die Übertragung bakterieller Erbsubstanz von einem Bakterium in ein anderes mithilfe von Phagen (Bakterien infizierenden Viren) als Vektor (übertragender Mechanismus). Bei der natürlichen Transduktion nehmen Phagen, die sich in einem Bakterium vermehren, versehentlich bakterielle Erbsubstanz mit in ihr Erbgut auf und übertragen es so auf andere Bakterien (bei der Infektion eines weiteren Bakteriums). Diesen „Trick“ benutzt man beim künstlichen Gentransfer in Bakterien.

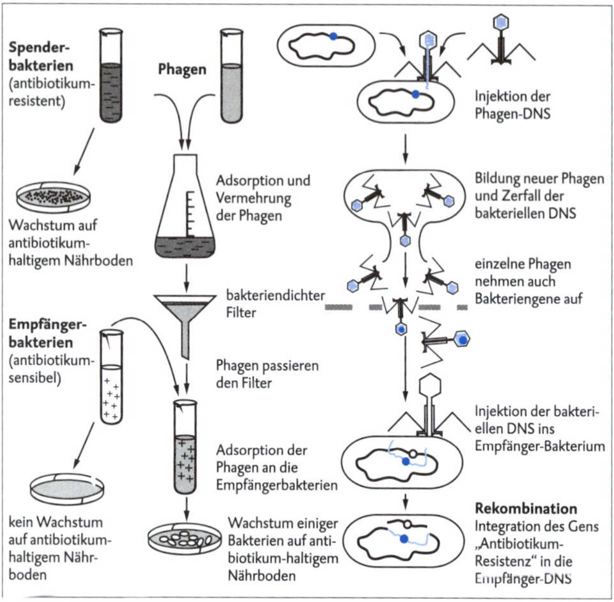

Schema der Transduktion (das rechte Schema ist nicht maßstabsgetreu)

Transfektion (lat. *trans* hinüber, *facere* machen; engl. *transfection*) Experimentelle Übertragung von Virus-DNS oder -RNS in eine Zelle oder einen Protoplasten, worauf sich die Viren in der transfizierten Zelle vermehren. Der Begriff wurde später erweitert auf die Einverleibung (Inkorporation) von Fremd-DNS in eukaryotische Zellkulturen, zu der „nackte" DNS gegeben wurde. Solche Transfektionsexperimente sind analog denen der Bakterientransformation. Für eukaryotische Zellen verwendet man jedoch den Begriff Transfektion, weil Transformation von eukaryotischen Zellen eine andere Bedeutung (die Umwandlung gesunden Gewebes/gesunder Zellen in ein entartetes „Krebsgewebe") hat.

Transformation (engl. *transformation*) i. S. v. Umformung. In der Mikrobiologie die Übertragung von DNS in ein anderes Bakterium, bakterielle Transformation (Trafo) genannt. Die DNS kann von lebenden oder toten Zellen stammen und löst sich in dem wässrigen Medium, in dem die Bakterien leben. DNS (meist DNS-Moleküle mit wenigen Tausend Basenpaaren) kann nur mithilfe von Rezeptoren auf der Bakterienhülle aufgenommen werden. Je nach ihrer Basensequenz kann diese DNS entweder in die bakterielle DNS integrieren (sich einbauen) oder als autosom replizierende Einheit (sich in der Zelle selbstständig vermehrende DNS) weiterbestehen. Bei Homologien (ähnliche DNS-Sequenzen) mit der Bakterienzell-DNS kann die Fremd-DNS auch über Rekombination einen entsprechenden bakteriellen DNS-Bereich ersetzen. Im Gegensatz zur Integration wird hierbei der homologe ursprüngliche DNS-Bereich des Bakterienchromosoms entfernt.

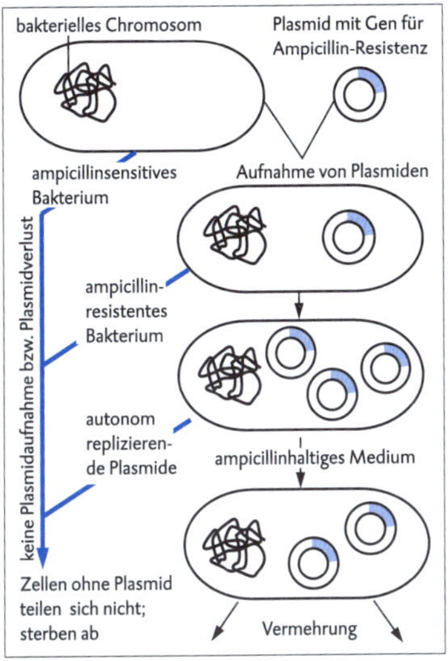

Schema der Transformation mit entsprechender Selektion durch z. B. Ampicillin

Transgen (engl. *transgene*)
Fremdgen, das in einen vielzelligen Organismus oder in eine Zelle künstlich eingebracht wurde. Dort kann es sich in das Genom (ein Chromosom) integrieren oder als autosomal replizierende Einheit (sich in der Zelle selbstständig vermehrende DNS) weiterbestehen. Es entsteht ein **transgener Organismus**. Bei der autonomen Existenz bedarf es neben dem eigentlichen Gen (Strukturgen) und seinen Regulationssequenzen auch noch eines selbstständigen Replikationsursprungs (*origin of replication*), der die Vermehrung dieses „Minichromosoms" bewerkstelligt. Ziel und Zweck des Fremdgentransfers ist, in der Zellkultur oder in Tier/Pflanze z. B. größere Mengen eines Genproduktes (des entsprechenden Strukturgens) zu erzeugen, also wertvolle Proteine, die als Arzneimittel gegen bestimmte Krankheiten eingesetzt werden, z. B. Insulin. Auf diese Weise hergestellte Substanzen (Proteine) werden mit „rec" (*recombinant*) gekennzeichnet.

Transition (lat. *transire* hinübergehen; engl. *transition*)
Basensubstitution; Mutation; Austausch einer Purinbase durch eine andere Purinbase bzw. einer Pyrimidinbase durch eine andere Pyrimidinbase.

Transkription (engl. *transcription*)
„Überschreiben" einer DNS-Sequenz in eine RNS-Sequenz. Synthese eines (primären) RNS-Stranges nach Vorlage des DNS-*Template*-Stranges. Die RNS-Polymerase bindet mithilfe von speziellen Proteinen, den **Transkriptionsfaktoren**, an den Promotor und beginnt nach einer Spreizung des DNS-Doppelstranges basierend auf dem Prinzip der komplementären Basenpaarung, vom codogenen DNS-Strang eine entsprechende RNS zu synthetisieren.

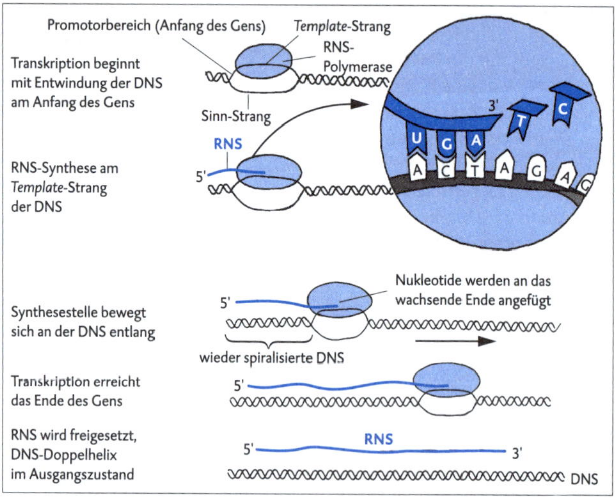

Schematischer Ablauf der Transkription

Translation (lat. *trans* hinüber, *ferre* tragen; engl. *translation*)
Proteinsynthese. Die „Übersetzung" der Nukleotidsequenz der mRNS in die entsprechende Aminosäuresequenz oder anders ausgedrückt die Synthese einer Polypeptidkette durch eine mRNS an den Ribosomen. Sie läuft in drei Phasen ab: In der Abbildung (siehe S. 200) ist die Initiation und Elongation schematisch dargestellt. Die **Initiation** (Beginn) benötigt neben der Ribosomenbindungsstelle das Start-Codon der mRNS, ribosomale Untereinheiten und die dem Start-Codon entsprechende, methioninbeladene tRNS. Dann beginnt die **Elongation** (Verlängerung) mit dem Hinzufügen der dem nächsten Triplett entsprechenden Aminosäure, die wiederum durch eine entsprechende tRNS herbeigeschafft wird. Zwischen den beiden Aminosäuren wird dann eine Peptidbindung geknüpft. Die erste tRNS fällt ab und die zweite tRNS

mit dem Peptid wandert um eine Stelle (von der sog. A- zur P-Stelle) mit der mRNS an dem Ribosom weiter (= **Translokation**) und gibt so den Platz des nächsten Tripletts für die nächste tRNS mit entsprechender Aminosäure frei. Die Elongation wird fortgesetzt, bis ein Stopp-Codon die **Termination** (Beendigung) der Proteinsynthese signalisiert und der Molekülkomplex aus Ribosom, Protein und mRNS auseinanderfällt.

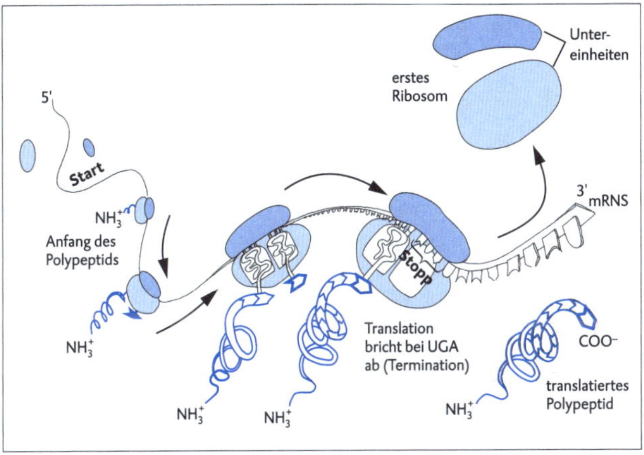

Translation: Die mRNS gelangt an ein Ribosom, das am 5'-Ende bindet und über den Strang zum 3'-Ende wandert, wobei das Ribosom Codon für Codon so lange weiterrückt und die entsprechenden Aminosäuren an den wachsenden Polypeptidstrang anfügt, bis ein Stopp-Codon die Translation beendet.

Translokation (lat. *locus* Ort; engl. *translocation*)
(1) Chromosomenaberration, bei der ein Chromosom oder ein Chromosomenabschnitt auf ein anderes Chromosom verlagert wird, ohne dass sich die Zahl der Gene insgesamt verändert. Eine intrachromosomale Translokation verlagert einen Abschnitt innerhalb des gleichen Chromosoms (*shift*, Verschiebung), interchromosomale Translokation bedeutet die Umlagerung auf ein nicht homologes Chromosom.
(2) Eine Phase bei der Translation.

transposable Elemente, jumping genes (lat. *trans* hinüber, *ponere* stellen; engl. *transposable genetic elements*) DNS-Sequenzen, die innerhalb eines Chromosoms oder von einem Chromosom (Genlocus) auf ein anderes wechseln können (einen anderen Genlocus einnehmen). Transposable Elemente kommen auch in Bakterien, Hefen, Taufliegen und beim Menschen vor.

Initiation (Anfang der Synthese einer Polypeptidkette):

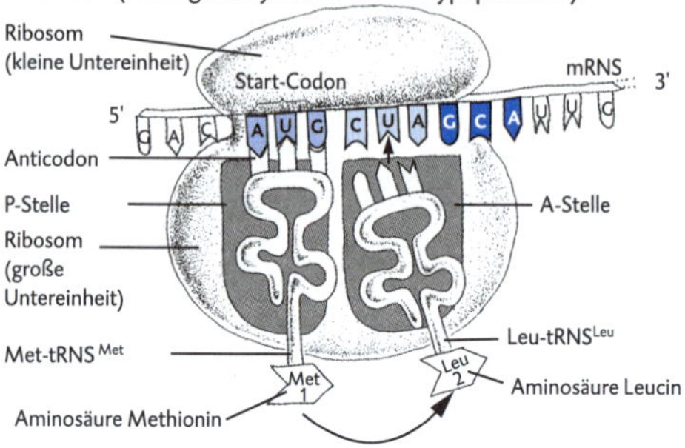

Elongation (Anfügen der zweiten Aminosäure, Ausbildung einer Peptidbindung):

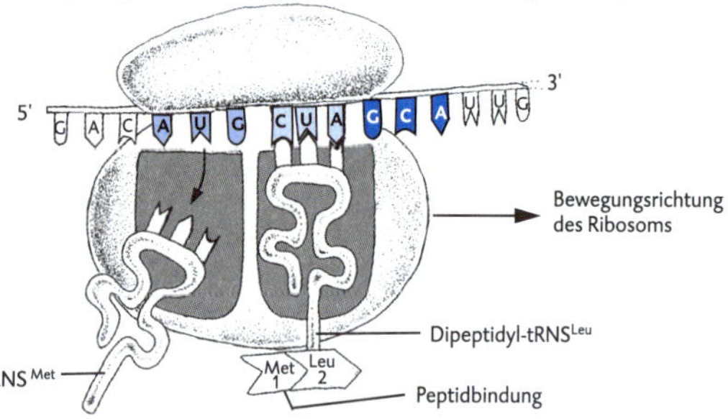

Translokation (Ribosom bewegt sich zum nächsten Codon):

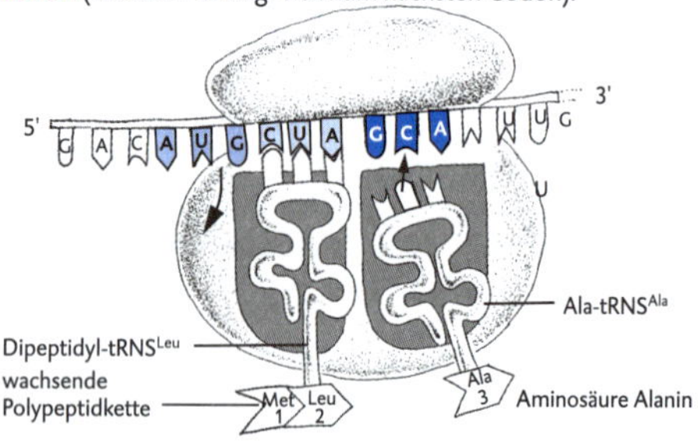

Schematischer Ablauf der eukaryotischen Translation. Wenn die ersten beiden Aminosäuren (Dipeptid) mit der 3. Aminosäure verbunden sind, wird die daran befindliche Ala-tRNS^{Ala} zur Tripeptidyl-tRNS^{Ala} und rückt dann am Ribosom an die P-Stelle vor. Bei Prokaryoten steht an Position 1 ein Formylmethionin.

Transposon (engl. *transposon*)
Ein Typ transposabler Elemente. Neben den Nukleotidsequenzwiederholungen (sog. *repeats*) enthalten Transposons Gene z. B. für Antibiotikaresistenz, Zuckerabbau.

Transversion (lat. *transvertere* umkehren, schwenken; engl. *transversion*) Besondere Art der Basensubstitution; Austausch einer Purinbase durch eine Pyrimidinbase oder umgekehrt.

Triplett, Nukleotidtriplett (lat. *tres* drei; engl. *triplet*)
Lineare Abfolge von drei Nukleotiden in Genen von DNS (oder RNS in bestimmten Viren) bzw. in mRNS, die für eine spezifische Aminosäure codiert. Durch die vier in der DNS vorhandenen Nukleotide (A, T, G, C) existieren bei drei hintereinanderliegenden Nukleotiden 64 Triplettmöglichkeiten (4^3), denen 20 Aminosäuren zur Translation „gegenüberstehen". Drei von 64 sind Stopp-Codons. Viele Aminosäuren werden von mehr als einem Triplett codiert. Man sagt daher, der Code ist redundant (degenerierter Code).

trisom, Trisomie (lat. *tres* drei; griech. *soma* Körper, hier: Chromosom; engl. *trisomic, trisomy*) Ein diploider Organismus (oder eine Zelle), der ein zusätzliches Chromosom enthält, das homolog zu einem Chromosomenpaar ist. Beim Menschen verursacht Trisomie 13 das Patan-Syndrom, Trisomie 18 das Edwards-Syndrom und Trisomie 21 das Down-Syndrom.

Trisomie 21 → Down-Syndrom (5 Genetik S. 121)

tRNS, Transfer-RNS (engl. *tRNA, transfer RNA*)
Ein RNS-Molekül, das während der Translation eine Aminosäure mithilfe des Ribosoms auf eine wachsende Polypeptidkette überträgt. Im Unterschied zu anderen RNS-Molekülen verfügen tRNS über einen hohen Gehalt an seltenen Nukleosiden/Nukleotiden, wie z. B. Inosin und Dihydrouridin. Für jede Aminosäure existiert also (mindestens) eine tRNS. Die Gene für die meisten tRNS sind in zahlreichen Kopien pro Genom (5–20 Genloci für jedes tRNS-Gen) vorhanden. Die Alanin-tRNS ($tRNS^{Ala}$) der Hefe etwa enthält 76 Nukleotide. Aufgrund komplementärer Basenpaarungen formen die tRNS-Moleküle (als Einzelstränge) räumlich verbogene kleeblattähnliche Strukturen. Ein wichtiger Bereich von drei Nukleotiden des Moleküls ist spezifisch für die Aminosäure und ein zweiter Bereich, ebenfalls drei Nukleotide, bildet das **Anti-Codon**. Dadurch wird die Aminosäure genau an der Stelle eingebaut, die die mRNS mit einem Codon (Basentriplett) am Ribosom vorgibt.

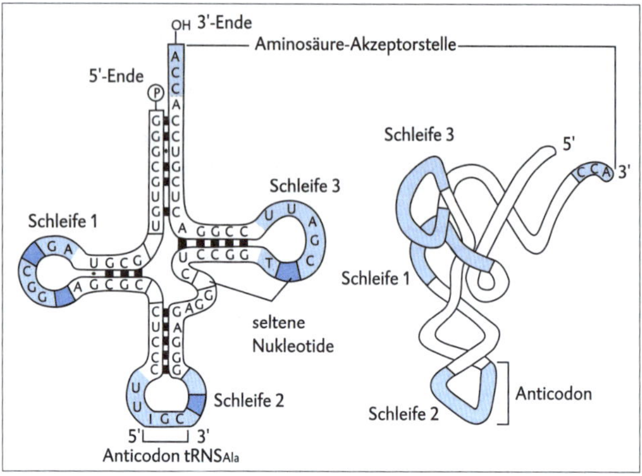

tRNS für Alanin mit 76 Nukleotiden: schematisches und der realen Struktur (rechts) entsprechendes Modell. Das Anticodon beinhaltet an seinem 5'-Ende (= 3. Position) eines der seltenen Nukleoside, das Inosin (I). Dieses kann sich mit allen vier mRNS-Nukleotiden A, U, G und C paaren. Demzufolge binden an dieses Anticodon die vier mRNS-Codons GCU, GCA, GCC und GCG. Es sind die vier Codons, die für die Aminosäure Alanin codieren. Auf diese Weise gelingt es dem Translationssystem, durch eine gewisse Unspezifität (Wobble-Hypothese) die „Degeneriertheit" des genetischen Codes wieder wettzumachen bzw. zu neutralisieren. Bei der rechten Struktur wurde nur der Verlauf des Ribose-Phosphat-Rückgrats der tRNS gezeichnet.

Tumor → Krebs (5 Genetik S. 149)

Turner-Syndrom (engl. *Turner's syndrome*) Krankheitsbild bei weiblichen Individuen aufgrund einer Monosomie des X-Chromosoms. Normalerweise ist dieses doppelt vorhanden. Betroffene zeigen einen sog. Faltenhals, sind kleinwüchsig und haben verkümmerte Ovarien, die auch fehlen können (Sterilität). Bei der Maus hat der X0-Genotyp keine merklichen Fruchtbarkeitsstörungen zur Folge, außer einer kürzeren Fortpflanzungsperiode.

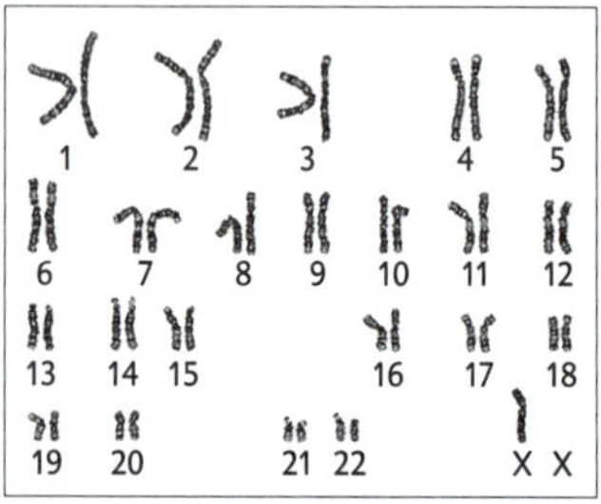

Karyogramm einer Frau mit dem Karyotyp 45, X0. Es sind nur 45 statt 46 Chromosomen vorhanden, 44 Autosomen und ein Gonosom (X).

uniparentale Vererbung (engl. *uniparental inheritance*)
Das Phänomen, dass die Nachkommen aus einer Paarung den Phänotyp nur eines Elternteils (gewöhnlich des Weibchens) aufweisen ohne Rücksicht auf den Geno- oder Phänotyp des anderen Elternteils. Eine solche Vererbung ist auf gonosomale Gene und/oder auf Organellen (z. B. Mitochondrien) und Makromoleküle im Zytoplasma vor allem der Eizellen zurückzuführen. Eine doppelt-uniparentale Vererbung kennt man von der Miesmuschel: Weibliche Nachkommen erhalten nur maternale mtDNA, männliche Nachkommen sowohl paternale wie auch maternale; im Sperma wird nur der paternale mtDNA-Typ weitergegeben.

unvollständige Dominanz (engl. *incomplete dominance*)
Ausbleiben eines sonst dominanten Merkmals in einem heterozygoten Individuum (mit einem dominanten und einem rezessiven Allel). Das Ergebnis ist meist ein Phänotyp, der zwischen den homozygot dominanten und Formen des rezessiven Erbganges liegt.

upstream Stromaufwärts der DNS; entgegen der Transkriptionsrichtung der RNS-Polymerase. Gegenteil: *downstream*

Uridin, Uracil, U (engl. *uridine*)
Nukleosid. Kommt ausschließlich in RNS vor und übernimmt dort die Funktion der Base Thymidin der DNS (paart sich mit Adenosin).

Variabilität (lat. *variabilis* änderbar; engl. *variability*)
Verschiedenartigkeit des Erscheinungsbildes (Phänotyp), das durch Umwelt und Genotyp geprägt wird. Phänotypen sind variabel, meist im Sinne von unterschiedlich. Wählt man einen bestimmten Phänotyp als Standard, sind alle von ihm abweichenden Formen Varianten.

Variation (engl. *variation*)
Allgemeiner Begriff für die Abweichung der Merkmale einer Art von der Norm (vom Mittelwert). Es werden nur Differenzen zwischen Individuen der gleichen Spezies, die nicht auf Alters- und Geschlechtsunterschiede zurückzuführen sind (z. B. Farbvarianten), berücksichtigt. Variationen mit evolutionärer Bedeutung sind genetisch beeinflusst.

Vaterschaftsfeststellung, -test (engl. *paternity test*)
Feststellung bzw. Ausschluss der biologischen Vaterschaft mittels einer sog. Abstammungsbegutachtung, bei der polymorphe Eigenschaften wie etwa Blutgruppen, Serumproteine, Transplantationsantigene oder DNS-Polymorphismen untersucht werden. Ein potenzieller Vater kann sicher ausgeschlossen werden, wenn das Kind neben dem mütterlichen ein Allel besitzt, das er selbst nicht an diesem Genlocus hat. Nachgewiesen werden kann eine Vaterschaft jedoch nur mit einer bestimmten

Wahrscheinlichkeit. Diese wird umso größer, je mehr Genloci untersucht wurden und je mehr (seltene) Allele zwischen Vater und Kind übereinstimmen.

Vektor (lat. *vector* Träger; engl. *vector*)
DNS-Molekül mit einem ori, der das ringförmige Minichromosom zu einem Klonierungsvektor macht. Wenn sich neben dem ori noch ein anderes (Struktur-)Gen (oder mehrere) befindet, das in den Vektor ligiert, d. h. eingebaut wurde, so wird auch dieses bei jeder Replikation des Moleküls verdoppelt (= vermehrt, kloniert). Eine **Kassette**, bestehend aus einem Promotor, einem Strukturgen und der Polyadenylierungssequenz, macht das Minichromosom zu einem Expressionsvektor (der Promoter führt dazu, dass von dem Strukturgen RNS transkribiert und damit auch ein Polypeptid hergestellt wird).

Vererbung (engl. *inheritance*)
Die Weitergabe der Gene auf die Nachkommen (Filialgeneration). Vererbung ist immer an die Fortpflanzung gebunden. Die Selektion durch Umwelteinflüsse sorgt dafür, dass Gene einerseits möglichst konstant vererbt, andererseits aber manche leicht verändert weitergegeben werden, sodass neue Formen entstehen. Auf diese Weise evolvieren die Lebewesen. Die Veränderung der genetischen Ausstattung eines Individuums geschieht durch Mutation und Rekombination. Bei vielzelligen Tieren und Pflanzen erfolgt die Rekombination in der Meiose (Crossing-over und zufällige Aufteilung der elterlichen Chromatiden auf die Gameten). Die weitgehend zufällige Kombination der Gameten erhöht zusätzlich die Vielfalt (Neukombination von Genotypen).

vertikale Vererbung (engl. *vertical transmission*)
(1) Weitergabe genetischer Information einer Zelle oder eines Individuums auf die Nachkommen durch Mitose und/oder Meiose (üblicher Vererbungsmechanismus). (2) Übertragung von Parasiten, wie etwa Viren, von den Eltern auf die Nachkommen durch Eizelle und/oder Spermium. Gegensatz zur horizontalen Vererbung.

Virus (lat. *virus* Gift; engl. *virus*)
Im Lichtmikroskop nicht sichtbarer, auf eine Wirtszelle angewiesener Parasit (intrazellulärer Parasit), der sich außerhalb der Wirtszelle nicht vermehren kann. Viren können sich nur vermehren, wenn sie in eine Zelle eindringen und deren Transkriptions- und Translationssystem benutzen. Jedes Virus vermehrt sich auf Kosten der Zelle, sodass diese geschwächt oder gar zerstört wird. Viele der gefährlichsten Krankheitserreger des Menschen sind Viren (z. B. HIV, Ebola, Hepatitis B, Pocken). Viren stammen wahrscheinlich von Nukleinsäurefragmenten ab, die aus

Zellen freigesetzt wurden. Die Länge ihres Genoms beträgt einige Tausend Basenpaare (bp). Grundsätzlich teilt man sie entsprechend ihres Nukleinsäuretyps in einzel- bzw. doppelsträngige DNS- oder RNS-Viren und nach der Gestalt ihres Nukleokapsids ein. Es gibt z. B. RNS-Viren mit helikaler (Tabakmosaikvirus) oder mit kubischer Symmetrie (Poliovirus) und auch DNS-Viren mit helikaler (Pocken-Virus) oder kubischer Symmetrie (Polyoma-Virus). Bei einigen Viren finden sich zudem Hüllstrukturen aus Lipiden und anderen Substanzen, die von der Plasmamembran der Wirtszellen stammen.

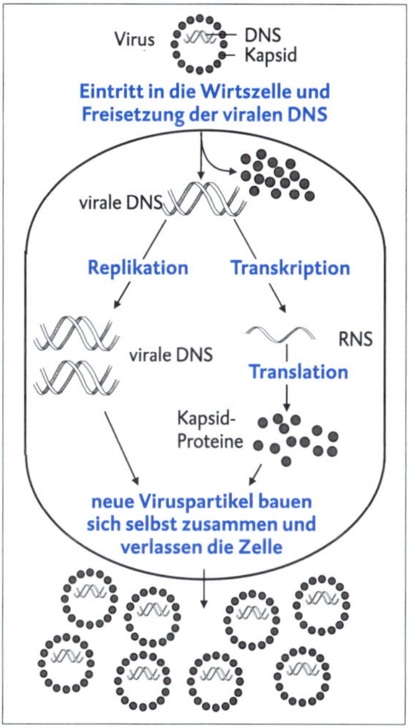

Vermehrungszyklus eines Virus (DNS-Virus)

VNTR-Locus *Variable number of tandem repeats-locus* (engl. *VNTR locus*) Nicht-codierender DNS-Abschnitt des Genoms vieler Arten, der eine unterschiedliche Zahl von Nukleotidwiederholungen (*repeats*) enthält. Die Anzahl der *repeats* (z. B. CA oder GT, GT, GT …) erhöht sich durch Mutationen. In einem Individuum kann also der homologe Abschnitt gleich oder ungleich lang sein, $(GT)_{20}$ in einem Chromosom und in seinem homologen Partner $(GT)_{22}$, wodurch es heterozygot an diesem Genlocus ist. Die Längenunterschiede können elektrophoretisch dargestellt werden. Sie dienen in der modernen Genomanalyse als Marker bei Kopplungsstudien oder zum Abstammungsnachweis.

Watson-Crick-Modell → Doppelhelix (5 Genetik S. 120)

Western Blot → Southern Blot (5 Genetik S. 189)

Wildtyp (engl. *wild type*)
Der am häufigsten oder zuerst beobachtete Phänotyp einer Art; oft ein Merkmal, das willkürlich als „normal" bezeichnet wird. Symbolisiert mit „+" oder „w_t". Gleiches gilt für Wildtypgene oder besser Wildtypallele.

Wobble-Hypothese (engl. *wobble* wackeln; *wobble hypothesis*)
Die Erklärung, warum eine tRNS zwei oder mehr Codons erkennt. Das Anti-Codon jedes tRNS-Moleküls ist ein Triplett, dessen erste beiden Basen sich an das Codon der mRNS anlagern, entsprechend den Regeln der Basenpaarung (A = U, G ≡ C). Die dritte Base (häufig auch eines der seltenen Nukleoside wie z. B. Inosin oder Dihydrouridin) hat einen gewissen Spielraum und kann sich entgegen der Regel auch an eine andere Base binden. Ein U der tRNS erkennt beispielsweise an der dritten Codon-Position A oder G der mRNS. Das tRNS-Triplett CUU (Anti-Codon) bindet folglich an GAA und GAG der mRNS. Eine Mutation der dritten Base eines Codons bewirkt daher selten auch einen Aminosäureaustausch des entsprechenden Polypeptids. Hingegen zieht eine Nukleotidsubstitution an der zweiten oder ersten Stelle fast immer den Einbau einer anderen Aminosäure nach sich.

X0 Symbolisch für das Fehlen eines Gonosoms (0 = Null). Anstelle von zwei X-Chromosomen oder XY-Chromosomen ist also nur ein X-Chromosom vorhanden.

X-Chromosom (engl. *X-chromosome*)
Gonosom oder Geschlechtschromosom, das zweifach in homogametischen Weibchen vorliegt und einfach, zusammen mit dem Y-Chromosom, in heterogametischen Männchen, z. B. bei Säugetieren. Auf dem X-Chromosom liegt eine Reihe von Genloci, die beim Mann hemizygot sind, weil das Y-Chromosom keinen entsprechenden (homologen) Genabschnitt trägt. Dazu gehören die Gene für Farbenblindheit, muskuläre Dystrophie (Duchenne), Hämophilie A und B, u. a. m. Ein Mann, der beispielsweise von seiner Mutter ein defektes Allel des Faktor VIII geerbt hat, ist ein Bluter. Hat eine Frau einen defekten Faktor VIII geerbt, so vermag das intakte Allel auf dem anderen X-Chromosom diesen Ausfall zu kompensieren; sie wäre nur als Bluter erkrankt, wenn auch dieses zweite Allel nicht funktionsfähig wäre.

X-chromosomale Vererbung Gene, die auf dem X-Chromosom lokalisiert sind, nennt man X-gekoppelt.

X-Chromosomeninaktivierung (engl. *X-chromosome inactivation*)
Beim Säuger die Stilllegung eines der beiden X-Chromosomen in somatischen Zellen weiblicher Embryonen, die von da an beibehalten wird. Dadurch wird eine Dosiskompensation erreicht, d. h., die Produkte der X-chromosomalen Gene sind in einfacher Dosis vorhanden und männliche und weibliche Individuen unterscheiden sich daher nicht in der Menge X-chromosomaler Genprodukte. Die Inaktivierung eines Chromosoms erfolgt scheinbar zufällig. In einem Teil der Zellen eines weiblichen Organismus ist also das eine, im anderen Teil der Zellen das andere X-Chromosom inaktiv. Die Gene des inaktivierten X-Chromosoms werden nicht in Proteine umgeschrieben. Die Inaktivierung des X-Chromosoms bleibt über alle weiteren Zellteilungen bestehen. So ist jedes Weibchen bei echten Säugetieren (Plazentatiere) ein Mosaik aus zwei Zelltypen, von denen der eine die Gene des väterlichen X-Chromosoms exprimiert und der andere die des mütterlichen. In manchen Zellen kann unter dem Mikroskop ein dunkler Fleck im Kern beobachtet werden, der das inaktivierte X darstellt (**Sex-Chromatin** oder **Barr-Körperchen** genannt). Kommt das X-Chromosom dreifach vor (Trisomie), werden zwei davon inaktiviert. Bei Beuteltieren wird das väterliche (paternale) X selektiv inaktiviert. Beim Menschen bleiben bestimmte Gene endständig auf dem kurzen Arm des X auf beiden X-Chromosomen der weiblichen Individuen aktiv (keine komplette Inaktivierung des gesamten X-Chromosoms).

Y Ein-Buchstaben-Symbol für ein Pyrimidin.

Y-Chromosom (engl. *Y-chromosome*)
Geschlechtschromosom, das nur in heterogametischen Säugetieren vorhanden ist, d. h. in Tieren mit zwei verschiedenen Geschlechtschromosomen. Auf dem Y-Chromosom liegen die geschlechtsbestimmenden Gene, in erster Linie das Sry, dessen Protein die Differenzierung der indifferenten, embryonalen Gonadenanlagen in Richtung Hoden veranlasst.

Y-chromosomale Vererbung, Y-Kopplung (engl. *Y linkage*)
Die holandrische Vererbung der Gene, die auf dem Y-Chromosom liegen.

Zellzyklus (engl. *cell cycle*)
Ein Zellzyklus umfasst verschiedene Phasen: Eine Wachstumsphase G_1 nach der Mitose, eine Synthesephase S (S-Periode), in der die DNS verdoppelt wird (bei diploiden Organismen werden die Chromosomen dabei zweichromatidig), eine weitere G_2-Phase und schließlich wieder eine Mitose, aus der zwei neue Zellen hervorgehen. G_1, S und G_2 zu-

sammen werden auch Interphase genannt. In einer Zellkultur dauern beispielsweise die einzelnen Phasen etwa 8 (G_1), 6 (S), 4 (G_2) und 0,5 (Mitose) Stunden. Wie lange der Zyklus dauert, hängt vom Entwicklungsstadium des Organismus und vom Zelltyp ab. Wenn sich eine Zelle differenziert, wird der Zyklus unterbrochen und die Zelle befindet sich in einer G_0-Phase. Solche ruhenden Zellen (*resting cells*) sind mitotisch inaktiv, können aber metabolisch sehr aktiv sein.

Zentriole → 1 Zellen und Stoffwechsel S. 40

Zwillinge (engl. *twins*) Individuenpaar aus einer Geburt.
(1) **Monozygote (eineiige)** Zwillinge sind erbgleich, da sie aus **einem** Embryo entstehen. Der Grund für diese Teilung im frühen oder späteren Embryonalstadium ist unbekannt. Monozygote Zwillinge kommen bei nahezu allen Tierspezies vor. Besonders auffällig sind sie bei Arten, die normalerweise nur ein Junges gebären, wie bei Mensch oder Rind. Experimentell können Embryonen im Zweizell- bis Blastozystenstadium mikrochirurgisch geteilt und die Hälften in Empfängertiere transferiert werden, wo sie zu normalen Jungen heranwachsen. Hauptsächlich beim Rind und Schaf sind solche monozygoten Zwillinge zu Versuchszwecken erstellt worden.
(2) **Dizygote (zweieiige)** Zwillinge entstehen aus **zwei** nahezu zeitgleich durch Spermien des (gleichen) Männchens befruchteten Eizellen, wodurch sie genetisch Vollgeschwister sind.
Beim Menschen liegt die Häufigkeit monozygoter Zwillinge ziemlich konstant bei 1 : 240 Geburten. Das Auftreten dizygoter Zwillinge ist abhängig von Rasse (Ethnie) und Alter der Mutter aber mit ~ 1 : 85 durchweg häufiger als das Auftreten monozygoter Zwillinge. Beim Menschen treten seit der Anwendung hormoneller Schwangerschaftsverhütungsmittel (die „Pille“) vermehrt dizygote Zwillings- und Mehrlingsgeburten auf, da es nach Absetzen des Medikaments häufig zur gleichzeitigen Freisetzung mehrerer Eizellen (Polyovulation) kommt.

6 Ökologie

abiotische Faktoren (griech. verneinendes *a*, *bios* Leben; engl. *abiotic factors*) Ohne Leben, leblos. Bezeichnet nicht lebende Umweltfaktoren, wie z. B. Licht, Temperatur, Wasser oder auch Brandrodungen, die auf die Lebewesen, den biotischen Teil, einwirken.

Abundanz (lat. *abundare* Überfluss haben; engl. *abundance*) In der Ökologie der Ausdruck für die Beanspruchung eines Lebensraumes durch eine bestimmte Anzahl von Individuen. Die Populationsdichte wird als Anzahl der Individuen pro Fläche bzw. Volumen angegeben. In Deutschland z. B. leben 230 Einwohner je km^2, in der VR China 135, in den USA 28 und in Australien 3 je km^2.

Allen'sche Regel (engl. *Allen's rule*) Verallgemeinerung der Beobachtung, dass die abstehenden Körperteile (Ohren, Gliedmaßen) von Tieren umso kleiner sind, je kälter das Klima ist. Eine kleinere Oberfläche der Körperanhänge bedeutet eine kleinere Fläche, über die Körperwärme abgestrahlt wird, was weniger Verlust von Körperwärme zur Folge hat.

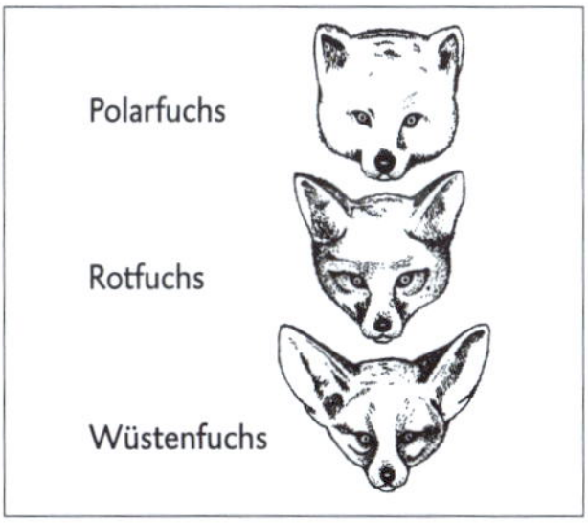

Die Ohren verschiedener Fuchsarten als Beispiel für die Allen'sche Regel

anthropogen (griech. *anthropos* Mensch, *gennao* ich erzeuge; engl. *anthropogenic*) Vom Menschen verursacht. Das Artensterben heutzutage ist in vielen Fällen anthropogener Natur, da der Mensch die Lebensräume vieler Tiere und Pflanzen beschneidet bzw. vernichtet.

aquatisch (lat. *aqua* Wasser; engl. *aquatic*) Bezieht sich auf das Wasser und die im Wasser (limnisch und marin) lebenden Arten. Gegenteil: terrestrisch

Benthal (griech. *benthos* Tiefe; engl. *benthal*) Bodenzone eines Sees im Unterschied zum Pelagial (Freiwasserzone). Das Benthal wird untergliedert in die Tiefenzone, das Profundal, und die Uferzone, das Litoral.

Bergmann'sche Regel (engl. *Bergmann's rule*)
Verallgemeinerung der Beobachtung, dass die Körpergröße gleichwarmer Tiere in kalten Klimaten größer ist als in warmen Klimaten. Bei großen Tieren ist das Verhältnis Oberfläche (Wärmeabgabe) und Volumen (Wärmeproduktion) günstiger und damit der Wärmeverlust geringer als bei kleinen Tieren.

Abb. oben: Beispiel für die Bergmann'sche Regel: Verschiedene Pinguinarten vom Galapagos-Pinguin (Äquatornähe) zum Kaiserpinguin (Antarktis)

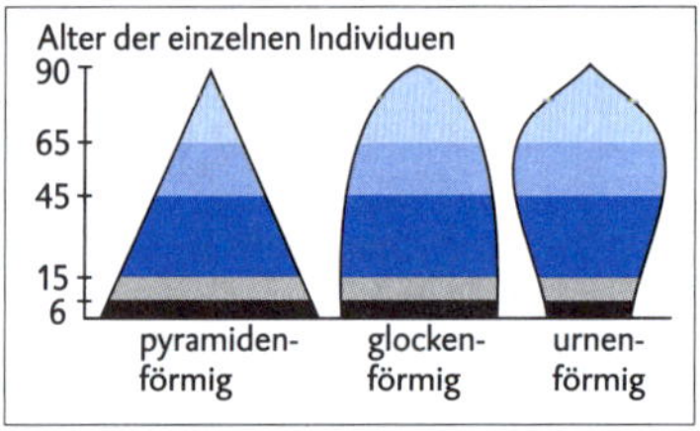

Abb. unten: Verschiedene Arten von Bevölkerungspyramiden, durch die man auf einen Blick erkennen kann, aus welchen Altersgruppen sich die entsprechende Bevölkerung zusammensetzt. Rechts eine Bevölkerung, in der zu wenige Nachkommen im Vergleich zur Gesamtzahl geboren werden. Eine solche Gemeinschaft wird als überaltert bezeichnet. Vor allem die westlichen Industrieländer zeigen ähnliche „Pyramiden".

Bevölkerungspyramide (engl. *population pyramid*)
Darstellung der Altersstruktur einer Population (meistens der menschlichen Bevölkerung eines Landes) in einem Diagramm, in dem die jüngste Altersgruppe die Basis bildet und die nachfolgenden Gruppen darüberliegen.

Bioakkumulation (lat. *accumulare* anhäufen; engl. *bioaccumulation*) Anreicherung von (Gift-)Stoffen in den Geweben von Lebewesen.

Biodiversität (lat. *diversitas* Verschiedenheit; engl. *biodiversity*)
Formenreichtum von Flora (Pflanzenwelt) und Fauna (Tierwelt). Ausdruck für die Zahl von Arten in einem gegebenen Ökosystem. Ein Ökosystem gilt als umso stabiler, je größer seine Biodiversität ist, d. h. je

mehr Arten in ihm leben. Durch Raubbau des Menschen wird die Biodiversität immer mehr reduziert, z. B. durch Abholzung der tropischen Regenwälder.

Bioindikatoren (lat. *indicare* anzeigen; engl. *bioindicators*) Organismen, deren Existenz und Gedeihen Hinweise auf die Umweltbedingungen geben. Sie können das langfristige Zusammenwirken vieler Umweltfaktoren anzeigen oder auch auf kurzfristige Änderungen von Einzelfaktoren reagieren. Verhalten und Eigenschaften der Lebewesen sind ein Maß für die Qualität eines Lebensraumes. Man misst die Letalität (Sterberate), die Populationsdichte (als Funktion von Überlebensrate oder Habitatwahl), die Entwicklungsgeschwindigkeit bzw. die Reproduktionsrate, Verhaltensweisen (z. B. Aggression) und die Bioakkumulation.

biologischer Sauerstoffbedarf, BSB (engl. *biological oxygen consumption*) Messwert, der angibt, wie viel Sauerstoff von Mikroorganismen benötigt wird, um organische Stoffe im Wasser in einer bestimmten Zeit abzubauen. Der Sauerstoffverbrauch je Zeiteinheit (meist fünf Tage, BSB_5) ist umso höher, je mehr organische oder auch toxische Stoffe im Wasser enthalten sind, und umso niedriger, je schneller die Abbauvorgänge ablaufen.

biologische Schädlingsbekämpfung (engl. *biological (pest) control*) Unterstützung oder Freisetzung von Arten, die als natürliche Fressfeinde unerwünschte Arten zurückdrängen. Auch Maßnahmen zum Erhalt der natürlichen Fauna, wie etwa die Begünstigung der Brutmöglichkeiten für insektenfressende Vögel oder künstliche Vermehrung von Schlupfwespen, die ihre Eier in die Wirtslarven anderer Insekten legen und so diese dem Menschen unerwünschten Arten dezimieren. Ferner lässt sich die Ausbringung tierpathogener Mikroorganismen darunter verstehen. Ein bekanntes Beispiel ist der für einige Insektenarten pathogene *Bacillus turingiensis* (bzw. der von ihm produzierte Giftstoff), welcher großtechnisch als sog. Bioinsektizid hergestellt wird. Alternative zu chemisch synthetisierten Substanzen wie Insektiziden, Fungiziden und Herbiziden.

biologisches Gleichgewicht (engl. *biological balance (equilibrium)*) Ein Zustand, der sich in einem natürlichen, nicht (wesentlich) gestörten Lebensraum zwischen den bewohnenden Lebensgemeinschaften verschiedener Organismenarten eingestellt hat.

Biomasse (engl. *biomass*)
Das gesamte Gewicht des organischen Materials einer Stichprobe oder eines Lebensraumes. Das Trockengewicht der Biomasse unserer Erde wird auf 3 Teratonnen ($3 \cdot 10^{12}$ t) geschätzt.

Biosphäre (griech. *bios* Leben, *sphaira* Kugel; engl. *biosphere*)
Alle von Organismen bewohnten Regionen der Erde.

biotische Faktoren (griech. *bios* Leben; engl. *biotic factors*)
Alle Substanzen und Kräfte der lebenden Natur, die auf einen Organismus einwirken. Solche Faktoren und Wechselwirkungen sind z. B. Kommensalismus, Symbiose, Parasitismus, Konkurrenzkampf oder auch Räuber-Beute-Beziehung. Man unterscheidet biotische Faktoren, die von Artgenossen oder von artfremden Individuen ausgehen.

Biotop (griech. *bios* Leben, *topos* Ort; engl. *biotop*)
Lebensraum einer Biozönose.

Biozönose, Lebensgemeinschaft (engl. *bioc(o)enosis*)
Die Gesamtheit aller Organismen, die in einem bestimmten Gebiet leben. Eine Ansammlung von Populationen verschiedener Arten, die nahe genug beisammen leben, um miteinander direkt oder über andere dort vorhandene Arten in Wechselbeziehung treten zu können.

Carnivor (lat. *caro* Fleisch, *vorare* fressen; engl. *carnivor*)
Fleischfresser aus der Ordnung der Carnivora der Säugetiere, welche die Landraubtiere und Robben beinhaltet.

Denitrifikation → 1 Zellen und Stoffwechsel S. 14

Destruenten, Abbauorganismen, Zersetzer → 1 Zellen und Stoffwechsel S. 14

Detritus (lat. *terere* zerreiben; engl. *detritus*)
Kleinpartikuläre Schweb- und Sinkstoffe organischer Herkunft in Gewässern aller Art. Die Stoffe stammen von abgestorbenen Pflanzen und Tieren.

dichteabhängiger Faktor (engl. *density dependent factor*)
Ein Regulationsfaktor, der sich mit zunehmender Populationsdichte mehr und mehr negativ auf diese auswirkt (z. B. das Nahrungsangebot).

dichteunabhängiger Faktor (engl. *density independent factor*)
Ein Regulationsfaktor, der eine Population unabhängig von ihrer Dichte beeinflusst. Beispielsweise haben Änderungen der Umweltbedingungen, wie die Jahreszeiten in den gemäßigten Zonen, starke Auswirkungen auf Tier- und Pflanzenpopulationen.

Domestikation (lat. *domesticus häuslich*; engl. *domestication*)
Vom Menschen verursachte Veränderung einer natürlichen Art (eines tierischen oder pflanzlichen Wildtyps) in einen Nutztyp. Durch Auslese bestimmter Individuen über mehrere Generationen veränder(te)n sich Eigenschaften wie Körperbau, Leistung und Verhalten. Dazu gehören Fellfarbe (z. B. Scheckung), Bemuskelung, Größe, Wachstumsgeschwindigkeit, Zeitpunkt der Geschlechtsreife, Instinktverlust u. a. Ähnlich sind domestizierte Pflanzen ihren Wildformen im Ertrag an Biomasse oder etwa in der Korngröße überlegen. Der Wandel von Wildtyp zum Nutztyp wird durch züchterische Methoden (künstliche Selektion, Einkreuzungen) erreicht, begleitet von einer Umweltgestaltung, die den selektierten Individuen Schutz vor Fressfeinden, schädlichen Mikroorganismen und Wettereinflüssen bietet sowie eine gleichbleibend gute Ernährung sichert. Der genotypische und phänotypische Unterschied der domestizierten Formen zum Wildtyp ist variabel, hängt von der züchterischen Intensität und auch von der Zeit ab. Zuerst für Tiere (häuslich), dann für Pflanzen wird der Begriff heute auch für Mikroorganismen wie die Hefe gebraucht (aus Wildhefe wurden z. B. Bierhefe oder Bäckerhefe). Man kann die Domestikation als eine echte Symbiose zwischen Mensch und Tier wie auch als eine Ausbeutung der Natur durch den Menschen betrachten. Während die Zähmung erreichen will, dass ein wildes Tier dem Menschen gehorcht oder ihn nicht angreift, wird durch die Domestikation eine Auslese im Darwin'schen Sinn betrieben, da besonders friedliche **und** leistungsfähige Tiere zur Zucht verwendet werden. Ob eine Art als domestiziert zu bezeichnen ist, hängt u. a. von der Betrachtungsweise ab.

Elterninvestment (engl. *parental investment*)
Energie, Zeit und Risiko, die ein Elternteil aufbringt, um Nachkommen zu produzieren und aufzuziehen. Je mehr ein Tier dafür investiert, desto geringer sind seine Chancen, weiteren Nachwuchs zu produzieren. Bei Säugern z. B. ist die Investition der Weibchen in die Nachkommen deutlich höher als die der Männchen.

endemisch (griech. *en* in, *demos* Volk; engl. *endemic*)
Beschränkt auf eine gegebene geografische Region. Eine Krankheit oder eine Spezies heißt endemisch, wenn sie immer wieder oder nur in einem bestimmten Gebiet oder Gebieten auftritt.

Endwirt (engl. *definitive host*)
Organismus als Habitat (Lebensraum) eines Parasiten, in dem der Parasit geschlechtsreif wird und sich vermehrt.

Epilimnion (griech. *epi* auf, *limne* See; engl. *epilimnion*)
Obere, warme Schicht des Wasserkörpers eines Sees, auch Deckschicht genannt. Darunter liegt die kältere Schicht, das Hypolimnion (Tiefenschicht). Der Bereich dazwischen heißt Metalimnion oder Sprungschicht. Die Wasserschichten sind im Sommer bzw. Winter stabil (Sommer- und Winterstagnation), während in Frühjahr und Herbst das Wasser zirkuliert.

Escherichia coli, E. coli → 5 Genetik S. 122

eurypotent (griech. *eurys* breit; lat. *potens* fähig)
Bezeichnet Arten oder Individuen mit großem Toleranzbereich für ein oder mehrere Merkmale. Der Mais wächst beispielsweise in einem Temperaturbereich von 10–40 °C. Gegenteil: stenopotent

Eutrophierung (griech. *eu* gut, *trophein* ernähren; engl. *eutrophication*) Allgemein die Anreicherung eines Ökosystems mit Nährstoffen; meist für stehende Gewässer verwendet, in die systemfremde Stoffe (wie Abwässer, Auswaschung) gelangen und ein übermäßiges Wachstum des Phytoplanktons bewirken. Die ökologischen Folgen können pH-Wert-Verschiebungen, Massenentwicklung von Algen, Veränderung des Sauerstoffgehalts, Entstehung von Toxinen und Artenverarmung sein. Der Nährstoffgehalt von Gewässern wird nach den Begriffen oligotroph (*oligon* wenig), mesotroph (*meson* Mitte), eutroph und polyeutroph (*polys* viel) eingeteilt.

exponentielle Wachstumsphase (engl. *exponential growth phase*)
Die Wachstumsperiode einer Population (vor allem von Zellen), in der die Zellzahl exponentiell ansteigt.

Fitness → 2 Evolution und Taxonomie S. 48

Fleischfresser (engl. *carnivor*)
Der Begriff umfasst Tiere und auch Pflanzen (z. B. Sonnentau), die sich ausschließlich oder überwiegend (bei Pflanzen: zusätzlich) von tierischer Kost ernähren.

Fotoperiodizität, Fotoperiodismus (griech. *phos* Licht; engl. *photoperiodism*) Reaktion/Verhalten von Organismen auf sich ändernde Licht/Dunkel-Perioden. Bei den Pflanzen wird die Blüte durch Fotoperiodizität ausgelöst, bei vielen Wildtieren die Brunftzeit im Herbst durch abnehmende Tageslichtlänge.

generalisiert → 2 Evolution und Taxonomie S. 49

Generationsintervall (engl. *generation interval*)
Zeitraum, zwischen zwei aufeinanderfolgenden Generationen (engl. *generation gap*); anders ausgedrückt: die durchschnittliche Zeit zwischen der Geburt eines Individuums und der Geburt seiner Nachkommen oder das durchschnittliche Alter der Eltern bei Geburt ihrer Nachkommen. Das Generationsintervall beim Menschen beträgt je nach Volksgruppe 20–30 Jahre; das des Rindes beträgt 5–7 Jahre, das von *Drosophila* 2 Wochen.

Habitat (lat. *habitare* wohnen; engl. *habitat*)
Natürlicher Lebensraum eines Organismus oder einer Population.

Halophyten (griech. *halos* Salz, *phytos* Pflanze; engl. *halophytes, salt tolerant plants*) Pflanzen, die in salzreichen Lebensräumen gedeihen (> 0,5 % Salzgehalt), etwa an Meeresküsten oder Salzpfannen in Trockengebieten.

Herbivor, Pflanzenfresser (lat. *herba* Kraut; *vorare* fressen; engl. *herbivore*) Der Begriff umfasst Tiere, die sich ausschließlich oder überwiegend von pflanzlicher Kost ernähren.

homoiotherm (griech. *homoios* ähnlich; *therme* Wärme)
Gleichwarm; Säuger und Vögel sind homoiotherme Tiere, die in den meisten Fällen (Ausnahmen z. B. Kältestarre, Winterschlaf) ihre Körpertemperatur unabhängig von der Umgebungstemperatur stets gleichhalten, z. B. Säuger 36–39 °C oder Vögel 38–41 °C. Gegenteil: poikilotherm

Hydrophyten, Wasserpflanzen (griech. *hydor* Wasser, *phyton* Pflanze; engl. *hydrophytes*) Zeitweise oder ständig im Wasser lebende Pflanzen. Man unterscheidet (ganz oder teilweise) unter Wasser lebende (submerse) Pflanzen und Pflanzen mit Schwimmblättern. Je stärker an das Wasser angepasst die jeweiligen Pflanzen sind, desto zarter sind häufig die Stängel und Blätter. Gas- und Nährstoffaustausch erfolgen bei submersen Pflanzen über die gesamte Oberfläche. Die großen, oft bandartigen Blätter (mit zentralem Stützgewebe, das die Festigkeit gegenüber strömendem Wasser erhöht) haben daher eine dünne Epidermis und häufig keine Cuticula. Spezielle Durchlüftungsgewebe (Aerenchyme) mit großen Interzellularen erhöhen den Gaswechsel innerhalb der Pflanze.

Hygrophyten, Feuchtpflanzen (griech. *hygros* feucht, *phyton* Pflanze; engl. *hygrophytes*) Pflanzen feuchter Standorte, bei denen als besondere Anpassungen beispielsweise die Spaltöffnungen zur Transpirationssteigerung erhöht angelegt sein können. Die Oberflächenvergrößerung wird weiterhin durch große, dünne Blätter mit lebenden Haaren verstärkt. Wurzeln und Wasserleitgewebe sind oft nur schwach ausgebildet.

Hyphe (griech. *hyphae* Gewebe; engl. *hypha*)
Fädiges, verzweigtes, aus vielen Zellen bestehendes Vegetationsorgan der Pilze. Pilzzellen treten in zwei Hauptformen als einzelliger Organismus oder als Teil der mehrzelligen Hyphe auf. Eine Hyphe stellt einen Zusammenschluss zahlreicher Pilzzellen dar, die untereinander Moleküle oder sogar Organellen austauschen. Die Gesamtheit der Hyphen eines Pilzes wird als **Myzel** (Mycel) bezeichnet.

Hypolimnion → Epilimnion (6 Ökologie S. 214)

Infantizid (lat. *infans* Kind, *caedere* töten; engl. *infanticide, infant killing*) Kindsmord, Kindstötung, Babymord. Bei schlechten Umweltbedingungen töten manche Vögel ihre Jungen (bekannt bei einer Häherart). Oft beobachtet ist der Kindsmord durch fremde Männchen, die einen Harem übernehmen. Der biologische Sinn dieser Art von Infantizid liegt darin, die Weibchen und Mütter durch Abbruch der Laktation wieder in Östrus zu bringen, damit sie nach Verpaarung die eigenen Kinder des Haremsbesitzers austragen (z. B. Löwe, manche Primaten).

Klimax (engl. *climax*) Höhepunkt. Endzustand einer Sukzession, wenn eine Lebensgemeinschaft einen stabilen Zustand erreicht hat.

Knöllchenbakterien, Rhizobien (griech. *rhiza* Wurzel; engl. *nodular (root) bacteria, rhizobia*) Bodenbakterien, die bei Mangel an im Boden gebundenen Stickstoff (NH_4^+ oder NO_3^-) über einen komplizierten Prozess Wurzeln ihrer Wirtspflanze infizieren und diese zu knöllchenartigen Auswüchsen veranlassen. Die Bakterien leben in diesen Knöllchen (sie werden dort nach einer Umwandlung als **Bacteroide** bezeichnet) und fixieren mit ihrem Enzym Nitrogenase atmosphärischen Stickstoff, den sie zum größten Teil an die Wirtspflanze weitergeben. Die Pflanze ihrerseits versorgt die Bacteroide mit Zuckern und organischen Säuren. Die unterschiedlichen Rhizobienarten haben verschiedene Wirtspflanzen, mit denen sie symbiontisch leben können. Die Symbiose zwischen Rhizobien und ihren Wirtspflanzen wird als Mutualismus bezeichnet. Entsprechende Pflanzen, wie der Klee, können daher selbst auf sehr mageren (NH_4^+- oder NO_3^--armen) Böden gedeihen.

Koexistenz (lat. *cum* mit, *existere* bestehen; engl. *coexistence*) Zusammenleben von zwei oder mehr Arten im gleichen Habitat (Lebensraum) ohne Konkurrenz, da sie unterschiedliche Ressourcen nutzen.

Kommensalismus (lat. *cum* mit, *mensa* Tisch, hier Mitesser; engl. *commensalism*) Eine Form der Symbiose, von welcher der Symbiont als „Mitesser“ profitiert, während der Wirt weder Nutzen noch Schaden davonträgt. So können im menschlichen Darm vorhandene, nicht pathogene (harmlose) Bakterienstämme von *Escherichia coli* als Kommensalen betrachtet werden.

Kompensationsebene → Nährschicht (6 Ökologie S. 219)

Konkurrenz, Kompetition (lat. *competitor* Mitbewerber; engl. *competition*) Sich gegenseitig ausschließende Besitzansprüche auf dieselben limitierten Ressourcen (Futter, Lebensraum usw.) durch zwei oder mehr Organismen sowohl innerhalb einer Art (intraspezifisch) wie auch zwischen Arten (interspezifisch).

Konkurrenzausschlussprinzip (engl. *competitive exclusion (displacement) principle*) Wenn zwei Arten von Organismen um bestimmte Ressourcen (z. B. Nahrung, Licht) konkurrieren, wird eine dieser Arten die Ressourcen effektiver nutzen und daher einen Reproduktionsvorteil haben (sich stärker vermehren), der schließlich zur Eliminierung (Aussterben) der anderen Population in dem entsprechenden Ökosystem führt.

Konsumenten (lat. *consumere* verbrauchen; engl. *consumers*) Individuen, die sich von anderen Organismen ernähren. Man teilt die Konsumenten in verschiedene Ebenen (Trophiestufen) ein, worin die Pflanzenfresser die **Primär**konsumenten bilden. **Sekundär**konsumenten sind die Fleischfresser 1. Ordnung, die sich von Pflanzenfressern ernähren. Danach folgen die **Tertiär**konsumenten, die Fleischfresser 2. Ordnung, die vor allem Sekundärkonsumenten als Nahrung zu sich nehmen. Diese Reihung kann sich auf bis zu vier oder fünf Ebenen fortsetzen.

K-Strategie → r- und K-Selektionstheorie (2 Evolution und Taxonomie S. 59)

limnisch (griech. *limne* See, Teich; engl. *limnic*) Bezieht sich auf die Gewässer des Binnenlandes und die dort lebenden Arten.

logarithmisches Populationswachstum (engl. *logarithmic population growth*) Ein Modell des Populationswachstums, in dem sich das Wachstum null nähert, wenn sich die Populationsgröße der Tragfähigkeit (Kapazität K) der Umwelt (z. B. Reviergröße, Futterangebot) annähert (siehe Abb. nächste Seite).

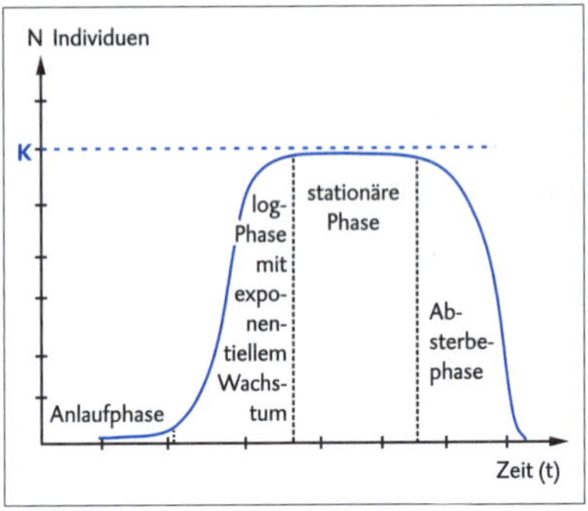

Verlauf des Wachstums am Beispiel einer Bakterienkultur mit exponentieller Wachstumsphase (log-Phase) bis zu einem Punkt K, an dem Populationsdichte und limitierte Nahrungsressourcen kein weiteres Wachstum zulassen (stationäre Phase). Fehlendes Nahrungsangebot beispielsweise führt dann zur Absterbephase.

marin (lat. *mare* Meer; engl. *marine*)
Bezieht sich auf das Meer (Ozeane) und die im Meer lebenden Arten.

Merkmal → 5 Genetik S. 158

Metalimnion → Epilimnion (6 Ökologie S. 214)

Migration (lat. *migrare* wandern; engl. *migration*)
Tierwanderungen: Alle regelmäßigen oder gelegentlichen Ortsbewegungen von Tieren, die durch biotische (wie Überbevölkerung oder Nahrungsmangel z. B. bei Lemmingen oder Wanderheuschrecken) oder abiotische Faktoren (wie Kälte oder Trockenheit z. B. bei Zugvögeln oder Wüstentieren) oder durch endogene Faktoren (z. B. die Laichwanderungen von Amphibien) ausgelöst werden.

Mikroorganismen, Mikroben (griech. *mikros* klein; engl. *microorganisms*) Lebewesen, die man nicht mit bloßem Auge beobachten kann, z. B. Bakterien, Protozoa, viele Pilze, einzellige Algen und Viren.

Modifikation (engl. *modification*)
Nicht erbliche Veränderungen an einem Individuum bedingt durch Umwelteinflüsse.

Monokultur (engl. *monoculture*) Das Bestellen großer Agrarflächen mit einer einzigen Pflanzenart/-sorte.

Morphe → 2 Evolution und Taxonomie S. 53

Mutualismus (lat. *mutuus* gegenseitig; engl. *mutualism*)
Eine symbiontische Beziehung, bei der das Zusammenleben von zwei Arten für beide vorteilhaft und essenziell (lebensnotwendig) ist. Ein Beispiel ist die Lebensgemeinschaft der Mykorrhiza, bei der Pilze Nährsalze

und Wasser zusätzlich an die Pflanze liefern, die im Gegenzug das Pilzgeflecht mit Stoffwechselprodukten versorgt. Ein anderes Beispiel sind die Knöllchenbakterien und ihre Wirtspflanzen.

Nachkommenschaft → 5 Genetik S. 163

Nährschicht, euphotische Schicht (engl. *euphotic zone*)
Sie bezeichnet den oberflächennahen Bereich eines Binnengewässers (Sees), in dem fotosynthetisch aktive Organismen (z. B. Pflanzen) Nährstoffe synthetisieren und damit letztendlich alle anderen Lebewesen des Gewässers mit Nahrung versorgen. Unterhalb dieser trophogenen (Nahrung erzeugenden) Schicht befindet sich die **Zehrschicht** (tropholytische oder aphotische Schicht), in der aufgrund mangelnden Energie-/Lichteintrages nur heterotrophe Organismen leben können. Zwischen beiden Schichten liegt die sog. **Kompensationsebene**, in der sich die fotoautotrophe Nährstoffsynthese und heterotropher Stoffabbau in etwa ausgleichen.

Nahrungskette (engl. *food chain*)
Die Arten eines Ökosystems befinden sich aufgrund ihrer Nahrungsbedürfnisse in bestimmten Beziehungen zueinander. Ordnet man diese in sog. Trophiestufen nach der Art der Nahrung, so bilden die Pflanzen und bestimmte Bakterien die Basis. Sie stellen die Primärproduzenten dar, da sie ihre Energie aus Licht bzw. anorganischen Substanzen beziehen. Alle darüber befindlichen Trophiestufen sind von der durch die Primärproduzenten gewonnenen Energie abhängig. Sie konsumieren („fressen") die Primärproduzenten. Die wiederum niedrigste Stufe der Konsumenten stellen die Pflanzenfresser (Primärkonsumenten) dar. Darüber finden sich die Fleischfresser 1., 2., oder weiterer Ordnungen, die sich von den Pflanzenfressern und selbst wiederum von Fleischfressern niedrigerer Ordnung(en) ernähren. Da die Primärproduzenten die Basis für alle weiteren Trophiestufen darstellen, bilden sie auch die quantitativ umfangreichste Gruppe. Mit zunehmender Höhe der Trophiestufe verringert sich die Anzahl der darin enthaltenen Individuen bzw. der entsprechenden Biomasse um etwa 90 %. Schichtet man bildlich die Biomassen der Trophiestufen entsprechend der Nahrungskette übereinander, ergibt sich eine sog. **Nahrungspyramide**. Eine Sonderstellung in der Nahrungskette nehmen die Destruenten (Zersetzer) wie zahlreiche Bakterien und Pilze ein, die Nahrung aus allen Trophieebenen beziehen.

Nahrungsnetz (engl. *food web, nutritional network*)
Die komplizierten, untereinander vernetzten Nahrungsbeziehungen innerhalb eines Ökosystems.

Nekton (griech. *neo* ich schwimme; engl. *necton, nekton*)
Alle größeren Organismen des Freiwassers, die eine deutliche Eigenbewegung ausführen (z. B. Fische). Gegenteil: Plankton

Nettoprimärproduktion (engl. *net primary production, NPP*)
Die Differenz zwischen der Bruttoprimärproduktion (Gesamtproduktion der Primärproduzenten) und der von den Produzenten eines Ökosystems für die eigene Zellatmung verbrauchten Energie. Die Nettoprimärproduktion gibt die Menge wieder, die den Konsumenten zur Verfügung steht.

Nitratatmung → Denitrifikation (1 Zelle und Stoffwechsel S. 14)

Nitrifikation → 1 Zelle und Stoffwechsel S. 30

Normalverteilung, Laplace'sche Kurve, Gaußkurve (engl. *normal distribution*) Die am häufigsten gebrauchte statistische Wahrscheinlichkeitsverteilung von Messwerten. Wenn die Messwerte vieler Beobachtungen eines Merkmals (z. B. Körpergröße von Schülern eines Gymnasiums) über der x-Achse und auf der y-Achse die Anzahl Beobachtungen aufgetragen werden, ergibt sich eine glockenförmige Kurve.

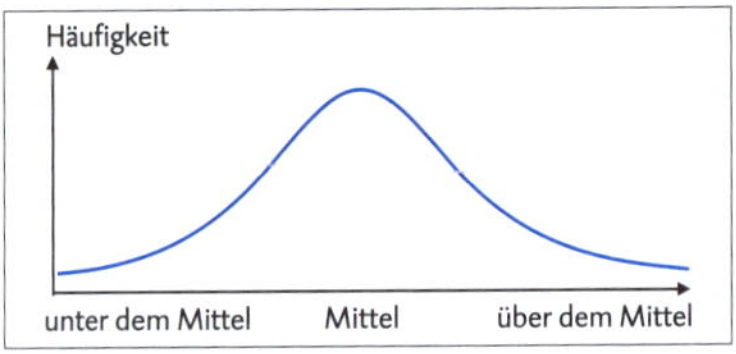

Normalverteilung

Ökologie (griech. *oikos* Haus, *logos* Lehre; engl. *ecology*)
Wissenschaft von der Erforschung der Beziehung eines Organismus (der Organismen) zu seiner (ihrer) Umwelt.

ökologische Nische (engl. *ecological niche*)
(Über-)Lebensraum oder -möglichkeit eines Organismus (oder einer Population), worin das Zusammenspiel der Umweltfaktoren (Ressourcen, andere Spezies) für diesen Organismus bzw. diese Population am günstigsten ist.

Ökosystem (griech. *oikos* Haus; engl. *ecosystem*)
Weitgehend ausgeglichenes Zusammenleben vieler Arten in einem bestimmten Lebensraum. Es umfasst die Beziehungen zwischen der abiotischen Umwelt und den dort vorhandenen Organismen, also die Wechselwirkungen zwischen Biotop und Biozönose.

oligotroph (griech. *oligos* wenig, *trophein* ernähren; engl. *oligotrophic*) nährstoffarm (z. B. Boden, Wasser). Oligotrophe Seen sind klar und weisen eine sehr geringe Plankton-Dichte auf.

Omnivor, Allesfresser (lat. *omnis* alles, *vorare* fressen; engl. *omnivor*) Der Begriff umfasst Tiere (und auch den Menschen), die sich sowohl von pflanzlicher als auch von tierischer Kost ernähren (können).

opportunistische Art → 2 Evolution und Taxonomie S. 54

Osmoregulation → 1 Zelle und Stoffwechsel S. 30

Parasit (griech. *para* neben, *sitein*, essen; engl. *parasite*) Organismus, der ganz (obligat) oder teilweise (fakultativ) auf Kosten eines anderen lebenden Organismus (Wirt) lebt und diesen durch Entzug von Nährstoffen schädigt. Der Parasit hat also Vorteile von der Lebensgemeinschaft, der Wirt Nachteile. Ektoparasiten leben auf der Oberfläche eines Wirts (z. B. Flöhe, Zecken), Endoparasiten in den Körperhöhlen (z. B. Bandwürmer), Geweben (z. B. Trichinen) oder im Blut (z. B. Plasmodium, der Erreger der Malaria). Daneben gehören alle mikrobiologischen Krankheitserreger zu den Parasiten. Einige Bakterien und alle Viren parasitieren intrazellulär. Ein bekanntes Beispiel für einen Brutparasiten ist der Kuckcuck. Er legt seine Eier in das Nest verschiedener Singvögel und lässt seine Jungen von artfremden Elterntieren aufziehen.

Parasitoide (engl. *parasitoid*)
Raubparasiten; Insekten, die ihre Eier in oder auf anderen Insekten ablegen. Die Larven entwickeln sich im Wirt (Insekt), der sich noch in einem Reifestadium befindet, ohne ihn anfangs wesentlich zu beeinträchtigen. Letztendlich töten sie ihn, indem sie ihn vor oder während des Puppenstadiums aufzehren (z. B. Schlupfwespen bei Falterraupen).

Pelagial (griech. *pelagos* Meeresfläche; engl. *pelagic (pelagial) zone*) Freiwasserzone als Lebensraum eines Sees im Gegensatz zur Bodenzone (Benthal).

pH-Wert, pH → 1 Zellen und Stoffwechsel S. 33

Pionier (lat. *pes* Fuß; engl. *pioneer*) Erste(s) Tier(e) oder erste Pflanze(n), die sich in einem neuen Gebiet (Habitat) ansiedelt (ansiedeln).

Plankton (griech. *planasthai* herumirren; engl. *plankton*) Alle aquatischen schwebenden Organismen ohne deutliche Eigenbewegung: Zooplankton (tierische Organismen), Phytoplankton (pflanzlich), Bakterien, Algen und Pilze. Eine Reihe von Tieren lebt nur im Larvenstadium planktisch.

poikilotherm (griech. *poikilos* wechselnd, *therme* Wärme; engl. *poikilothermic, poikilothermal*) Wechselwarm; Poikilotherme Tiere können ihre Körpertemperatur nicht oder nur wenig (gegenüber der Umgebungstemperatur) regulieren; ihre Aktivitäten sind deshalb weitgehend von der Umgebungstemperatur abhängig. Alle Tiere, außer Säuger und Vögel, sind wechselwarm. Gegenteil: homoiotherm.

Population (lat. *populus* Volk; engl. *population*)
Lokale Gruppe genetisch ähnlicher Organismen einer Art (Spezies), z. B. die Bachforellenpopulation eines Gebirgsflusses.

Populationsdichte → Abundanz (6 Ökologie S. 209)

Primärproduktion (engl. *primary production*)
Die über eine bestimmte Zeitdauer produzierte Biomasse in einem Ökosystem, also Biomasse von Produzenten und Konsumenten. Hauptproduzenten sind dabei die Pflanzen und je nach Ökosystem können auch Bakterien hierfür verantwortlich sein (z. B. in hydrothermalen Quellen am Meeresgrund).

Produzenten (engl. *producers*)
Alle Organismen, die mittels Licht- oder chemischer Energie Biomasse produzieren können. Als Hauptproduzenten können alle Fotosynthese-betreibenden Lebewesen (vor allem Pflanzen und Algen) gesehen werden. Daneben liefern auch sog. autotrophe Bakterien durch Verwendung chemischer Energie Biomasse. Alle anderen Organismen, auch die Destruenten, leben letztendlich von diesen Produzenten.

Räuber-Beute-Beziehung (engl. *predator-prey-system, predator-prey-relation*) Gegenseitige Abhängigkeit zwischen zwei Arten, wobei Individuen einer Art (Beute) durch Individuen einer anderen vernichtet werden (Fressfeind). Letztere hat dadurch Überlebensvorteile und vermehrt sich so lange, bis erstere dezimiert ist und nicht mehr genügend Nahrung für den Fressfeind bereitstellt.

Renaturierung (engl. *renaturation*)
Rückführung geschädigter Ökosysteme in einen natürlichen Zustand.

Ressourcen (engl. *resources*)
Alle Dinge, die ein Organismus zum Leben und zur Fortpflanzung benötigt, wie Wasser, Nahrung, Lebensraum, Sexualpartner. Alle Organismen konkurrieren mehr oder weniger um die vorhandenen Ressourcen.

r- und K-Selektionstheorie → 2 Evolution und Taxonomie S. 59

Saprobionten, Saprobier (griech. *sapros* faul; engl. *saprobes*)
Organismen, die von toter organischer Substanz leben und diese zersetzen, z. B. Holz abbauende Pilze. Gegenteil von Katharobionten (griech. *katharsis* Reinigung), die in relativ reinem Wasser leben.

Schädling (engl. *pest*)
Jede Art, die vom Menschen als unerwünscht gilt. Schädlinge konkurrieren mit dem Menschen um Ressourcen und bedrohen seine Gesundheit oder seinen Wohlstand.

Schädlingsbekämpfung (engl. *pest control*)
Monokulturen und Massentierhaltung begünstigen das Auftreten von Schädlingen (z. B. Parasiten), welche leistungsmindernd wirken. Um Ertragsverluste durch Schädlinge zu vermeiden, werden **Biozide/Pestizide** (Substanzen, die Schädlinge bekämpfen) gegen die unerwünschten Arten eingesetzt:
(1) **Insektizide** werden gegen Insekten eingesetzt; sie wirken auf deren Nervensystem oder beeinflussen die Häutungshormone.
(2) **Herbizide** gegen unerwünschte Pflanzen wirken meist auf den Elektronentransport der Fotosynthese ein oder stören die Wachstumshormone.
(3) **Fungizide** gegen Pilze stören hauptsächlich Enzyme (meist durch Schwermetalle).
Die Biozide sind je nach ihrer chemischen Struktur teilweise schwer abbaubar und stellen deshalb eine Gefährdung für Grundwasser, Boden und schließlich für die ganze Nahrungskette dar. Einige Allergien des Menschen werden auf Rückstände solcher Gifte in den Nahrungsmitteln zurückgeführt. Als Alternative bietet sich eine biologische Schädlingsbekämpfung an, wobei konkurrierende Arten oder Fressfeinde der Schädlinge ausgebracht werden (z. B. Schlupfwespen, Schwebfliegen, Singvögel). Mit dem sogenannten **integrierten Pflanzenschutz** werden chemisch, technisch und ökologisch einsetzbare Verfahren aufeinander abgestimmt, um Schädlinge der Kulturpflanzen auf niedrigstmöglichem Stand zu halten.

spezialisiert → 2 Evolution und Taxonomie S. 61

stenopotent (griech. *stenos* eng)
Bezeichnet Arten oder Individuen mit einem geringen Toleranzbereich für ein/mehrere Merkmal(e). Manche Algen z. B. wachsen nur bei einer Temperatur um den Gefrierpunkt. Gegenteil: eurypotent

Stickstofffixierung, -assimilation, -bindung
→ 1 Zellen und Stoffwechsel S. 37

Stoffkreislauf (engl. *cycle*)
Einige der auf der Erdoberfläche und/ oder in der Atmosphäre vorkommenden Elemente werden von den Organismen immer wieder aufgenommen, in organische Verbindungen eingebaut, zu anderen Verbindungen umgesetzt und letztendlich wieder ausgeschieden und zu anorganischen Molekülen abgebaut. Auf diese Weise bleiben die Stoffe dem betreffenden Ökosystem erhalten. Bekannt sind vor allem der Kohlenstoff-, Sauerstoff- und Stickstoffkreislauf. Für letzteren schätzt man allein für die Stickstoff-Fixierung weltweit eine Aufnahme von mehr als 10^{11} kg pro Jahr.

Sukkulenten (lat. *sucus* Saft; engl. *succulent plants*)
Pflanzen unterschiedlicher Arten, die über lange Zeit Wasser speichern können. Heiße und trockene Standorte erfordern besondere Fähigkeiten, damit möglichst wenig Wasser verloren geht, wie z. B. durch wasserundurchlässige Kutikula (häufig mit Wachs versehener Überzug), versenkte Spaltöffnungen (geringerer Wasserverlust als bei normalen Spaltöffnungen) und tote Haare (zur Beschattung).

Sukzession (lat. *succedere* aufeinanderfolgen; engl. *succession*)
Kontinuierlicher Wechsel von Besiedlung und Aussterben von Populationen in einem Habitat. Die Sukzession ist die zeitliche Aufeinanderfolge von Biozönosen (Lebensgemeinschaften) unter Einfluss sich ändernder Umweltbedingungen. So finden sich in einem neu entstandenen Ökosystem (z. B. nach einer Brandkatastrophe) Arten ein, die irgendwann eine höchste Populationsdichte erreichen und nach einiger Zeit wieder verschwinden. Dabei nimmt die Artenvielfalt zu, bis ein stabiler Endzustand (Klimax) erreicht ist. Solange ein Ökosystem unverändert besteht, existiert eine Art Gleichgewicht zwischen den Populationen, sodass sich deren Zusammensetzung nicht oder nur unwesentlich ändert. Sich ändernde Umweltbedingungen (z. B. Hochwasser) können den Lebensraum wieder entvölkern. Unter neuen Umweltbedingungen beginnt eine neue Sukzession.

Symbiose (griech. *syn* mit, *bios* Leben; engl. *symbiosis*)
Eine Lebensgemeinschaft zweier oder mehrerer Arten, wobei jede der Arten einen Vorteil aus dieser Koexistenz hat. Ameisen z. B. nutzen die zuckerhaltigen Ausscheidungen von Blattläusen als Nahrungsquelle und verteidigen diese im Gegenzug vor Fressfeinden.

terrestrisch (lat. *terra* Land; engl. *terrestric*)
Bezieht sich auf das Land bzw. Landlebewesen; terrestrische Arten z. B. sind Landbewohner. Im Unterschied zu aquatischen Arten.

Territorium (lat. *terra* Erde, Gebiet; engl. *territory*)
Teilgebiet eines Lebensraums (Habitat), das von einem Individuum oder einer Gruppe besetzt ist. Mitglieder derselben Spezies, die in ein solches Territorium eindringen, werden von dessen Besitzern (Territorialinhabern) bekämpft.

Toleranzbereich (lat. *tolerare* ertragen; engl. *tolerance range*)
Er umfasst die Grenzen für einen Umweltfaktor (z. B. Temperatur), innerhalb derer ein Organismus lebensfähig ist. Während das Minimum und Maximum die gerade noch erträglichen Extremwerte des Toleranzbereiches darstellen, findet sich dazwischen das Optimum, bei dem die Vitalität (Lebenstüchtigkeit) eines Organismus am größten ist.

Toxin → 3 Nerven, Sinne und Hormone S. 92

Trophiestufe, Trophieebene (griech. *trophein* ernähren; engl. *trophic level*) Die Arten innerhalb eines Ökosystems werden ihrer Hauptnahrungsquelle nach in verschiedene Trophiestufen („Ernährungsebenen") eingeteilt. Generell unterscheidet man Produzenten und Konsumenten, wobei letztere in bis zu 5 Ebenen aufgespaltet werden können. Beispielsweise fressen Wasserflöhe (Trophiestufe der Primärkonsumenten) einzellige Algen (Produzenten). Die Wasserflöhe wiederum werden von kleinen Fischen, wie etwa dem Barsch (Sekundärkonsument) verzehrt, der wiederum dem Hecht als Tertiärkonsumenten als Nahrung dient, und dieser wird vom Fischadler (Quartärkonsument) erbeutet.

Umwelt (engl. *environment*)
Gesamtheit der physikalischen, chemischen und biologischen Faktoren, in denen ein Organismus lebt. Im engeren Sinne sind diese Faktoren der Lebensraum, die Nahrung, Fremdarten und Artgenossen, um die oder mit denen Organismen konkurrieren. Durch die menschliche Überbevölkerung und die massiven Eingriffe des Menschen in die Umwelt wurden und werden für viele Organismen einige dieser Faktoren immer knapper, sodass durch menschliches Verschulden schon viele Tier- und Pflanzenarten ausgestorben sind. Aber auch für den Menschen wird die Umwelt immer bedrohlicher durch Verschmutzung der Luft, des Wassers und Bodens. Seit etwa 1970 sind deshalb politische und gesellschaftliche Bestrebungen im Gange, die Umwelt zu schützen, wie etwa durch Immissionsverminderung, Recycling u. a.

Verbreitungsgebiet (engl. *geographical range*)
Das geografische Gebiet, in dem eine Art oder Population lebt.

Volterra-Gesetz, Volterra'sche Regeln (engl. *Volterra's principles*) Der italienische Mathematiker Vito Volterra (1860–1940) fasste die Grundzusammenhänge von Räuber-Beute-Beziehungen (siehe Abbildung) in drei Gesetzen zusammen: (1) Gesetz periodischer Zyklen: Die Populationszyklen von Räubern und Beute sind auch bei konstanten Umweltbedingungen phasenverschoben. (2) Gesetz von der Erhaltung der Mittelwerte: Die Populationszyklen von Räubern und Beute schwanken über einen langen Zeitraum hinweg jeweils um einen Mittelwert. (3) Gesetz von der Störung der Mittelwerte: Werden die Populationen von Räubern und Beute gleichermaßen negativ beeinflusst, so nimmt immer zuerst die Individuenzahl der Räuber und dann die der Beute ab.

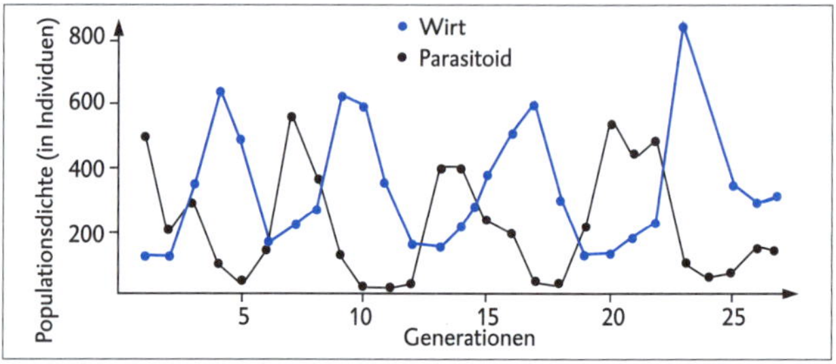

Räuber-Beute-Beziehung oder besser Parasiten-Wirt-Beziehung unter Laborbedingungen am Beispiel des Bohnenkäfers (Callosobruchus chinensis) und eines Parasitoiden (Heterospilus prosopidis). Ein Parasitoid verhält sich zu Beginn relativ wenig schädigend gegenüber seinem Wirt. Kurz vor seiner Verpuppung im Wirtsorganismus entwickelt er jedoch ein räuberisches Verhalten, welches zum Tode seines Wirtes führt.

Xerophyten, Trockenpflanzen (griech. *xeros* trocken, *phyton* Pflanze; engl. *xerophytes*) Pflanzen, die zumindest zeitweise große Trockenheit ihres Standortes ertragen können. Besondere Merkmale sind ausgedehntes Wurzelsystem zur optimalen Wasseraufnahme und kleine, lederartige Blätter mit eingesenkten Spaltöffnungen, dicker Cuticula und toten weißen Haaren als Überhitzungs- und Transpirationsschutz.

Zehrschicht → Nährschicht (6 Ökologie S. 219)

Zwischenwirt (engl. *intermediate host*) Individuen (einer Art), die bestimmte Jugendstadien von Parasiten beherbergen. Der Entwicklungszyklus des Parasiten kann ohne den Zwischenwirt nicht ablaufen. Aktive Zwischenwirte sind Krankheitsüberträger (z. B. die Stechmücke *Anopheles* für den Erreger der Malaria), passive Zwischenwirte sind Tiere, die den Endwirt infizieren, wenn dieser den Zwischenwirt oder Teile von ihm verzehrt (Schweinefleisch – Trichinen).

7 Immunbiologie

ABO-Antigene, AB0-Blutgruppen-Antigene (griech. *anti* gegen, *gennao* ich erzeuge; engl. *AB0-antigens*) Vielfachzucker (Mukopolysaccharide) des AB0-Blutgruppensystems. Die A- und B-Antigene sitzen auf der Membranoberfläche der roten Blutkörperchen (Erythrozyten) und unterscheiden sich (nur) durch das Zuckermolekül, das an der letzten Stelle der Mukopolysaccaridkette hängt. Dadurch erhalten diese Kohlenhydratketten auf der Zelloberfläche eine bestimmte antigene Eigenschaft (sog. zellständiges Blutgruppenantigen). Die Gene I^A und I^B synthetisieren vermutlich die Enzyme, welche die endständigen Zucker an das vorgeformte Mukopolysaccharid binden. Das I^0-Allel bewirkt, dass kein Zucker angelagert wird, weswegen im homozygoten Zustand der 0 (Null)-Phänotyp auftritt. Der I-Locus befindet sich beim Menschen auf Chromosom Nr. 9.

Adenoviren → 5 Genetik S. 103

AIDS → HIV (7 Immunbiologie S. 232)

Allergie (griech. *allon* anders, *ergon* Werk, Tat; engl. *allergy*) Die Allergie stellt eine besondere Art der Immunantwort dar. Beteiligt sind bestimmte Formen von Antikörpern (IgE), Zellen (Granulozyten) und zahlreiche vor allem von Granulozyten freigesetzte Moleküle. Wie und warum es zur Entwicklung einer Allergie kommt, ist bis heute nicht grundlegend geklärt. Die allergische Reaktion selbst verläuft nach folgendem Grundschema: Allergiker haben eine große Anzahl von Granulozyten, auf deren Oberfläche IgE-Antikörper sitzen, die ein bestimmtes Antigen (z. B. Hausstaub, Pollen) erkennen. Kommen die Granulozyten mit dem entsprechenden Antigen (jetzt spricht man vom **Allergen**) in Kontakt, so geben IgE-Antikörper auf der Granulozytenoberfläche ein Signal an die Zellen. Dadurch schütten die Granulozyten eine große Zahl von Vesikeln aus, deren Inhaltsstoffe sehr starke, pharmakologische Effekte hervorrufen. Der gravierendste Effekt wird durch Histamin bewirkt: Histamin weitet das Blut-Gefäßsystem, weswegen Flüssigkeit aus den Adern in das Gewebe austritt. Es kommt zu einer Schwellung (Ödem) und Temperaturerhöhung des betroffenen Gewebes. Bei einem Pollenallergiker z. B. treffen die Pollen besonders leicht an den dünnen Schleimhäuten der Nase und am Auge auf die gegen Pollen gerichteten IgE-Antikörper. Die Granulozyten schütten Histamin aus, die Nasen- und Augenschleimhäute röten sich, schwellen an und erschweren so die Atmung und führen zu Augenreizungen.

Antigen (griech. *anti* gegen, *gennao* ich erzeuge; engl. *antigen*) Ein Molekül mit der Eigenschaft, in einem Individuum eine Gegenreaktion (= Immunreaktion) hervorzurufen. Der Begriff hat also primär nichts mit einem „Gen" zu tun. Die Immunantwort kann zur Bildung von Antikörpern führen und/oder Immunzellen (über sog. T-Zellrezeptoren) aktivieren. Sowohl bei Antikörpern wie auch bei T-Zellrezeptoren handelt es sich um Eiweißmoleküle, die aufgrund „räumlicher Taschen" auf bestimmte räumliche Strukturen des Antigens passen (Schlüssel-Schloss-Prinzip). Als Antigen wird jedes Molekül bezeichnet, das nach Eindringen von einem höheren Organismus als fremd erkannt wird und gegen das er eine Immunreaktion beispielsweise in Form von Antikörpern entwickelt. Antigene bezeichnet man daher auch als Immunogene. Große Antigene (Mikroorganismen, große Moleküle) können mehrere Antikörpertypen hervorrufen, da ihre Oberfläche unterschiedliche, antigene Strukturen besitzen. Diese Strukturen heißen Epitope oder auch antigene Determinanten. Antigene sind natürlicherweise meist schädlich für einen Organismus, wenn sie, etwa bei Verletzungen, in den Kreislauf gelangen; deswegen hat sich in der Evolution sehr früh die Immunabwehr entwickelt, die neben dem Gehirn das komplizierteste biologische System darstellt, das wir kennen. Alle Impfstoffe (z. B. gegen Hepatitis-Viren) sind Antigene, gegen die der Organismus Antikörper entwickelt und sich so selbst vor einer künftigen Viruserkrankung schützt.

Antikörper (Immunglobulin, Ig) (griech. *anti* gegen; engl. *antibody*) Eiweißmoleküle des Immunsystems, die an körperfremde Moleküle binden und diese unschädlich machen. Ein typischer Antikörper (150 kd) besteht aus vier Peptidketten, je zwei gleiche, schwere (längere = H-Ketten) und je zwei gleiche, leichtere (kürzere = L-Ketten), die über sog. Schwefelbrücken verbunden sind und

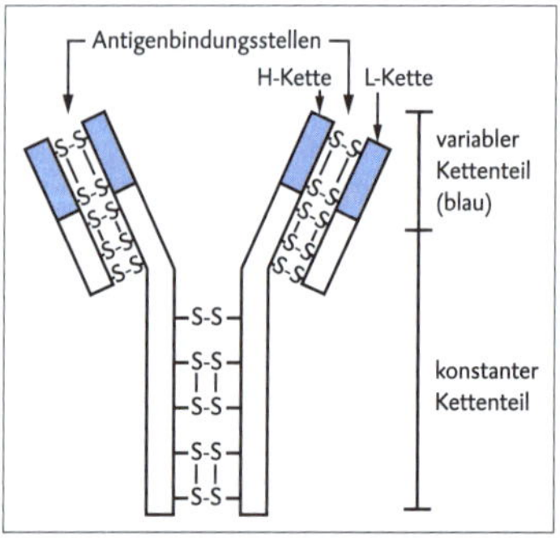

Schematischer Aufbau eines IgG-Antikörpers

eine Y-artige Form bilden, wobei die Enden der Y-Arme (die variablen Kettenteile) jeweils über eine Vertiefung, die antigene Bindungsstelle (Haftstelle), verfügen. In je eine solche Bindungsstelle passt eine bestimmte räumliche Molekülstruktur von der Größe einiger weniger Glucosemoleküle oder Aminosäuren. Im menschlichen Körper existieren viele Millionen verschiedener Antikörper, die sich in ihren Antigenbindungsstellen voneinander unterscheiden. Nur durch diese Vielfalt ist es möglich, gegen nahezu alle fremden Strukturen gewappnet zu sein, die in den Körper eindringen können. Um die vielen verschiedenen Antikörper erzeugen zu können, würde es eigentlich einer entsprechenden Anzahl von Genen bedürfen. Antikörpergene aber setzen sich aus mehreren Teilen zusammen, die in mehrfacher Ausfertigung (mit Variationen) hintereinander im Genom vorliegen. Sie werden bei der Differenzierung (Entwicklung) der Antikörper produzierenden **B-Lymphozyten** nach dem Zufallsprinzip zu einem Antikörpergen zusammengesetzt (*gene rearrangement*). Antikörper werden ausschließlich von B-Lymphozyten hergestellt, einer Gruppe der weißen Blutkörperchen. Dabei produziert jeder B-Lymphozyt nur eine Sorte Antikörper mit stets den gleichen Antigenbindungsstellen. Demzufolge existieren Millionen unterschiedlicher Gruppen von B-Lymphozyten in einem Körper. Kommt das Immunsystem mit einem bestimmten Antigen in Kontakt, so beginnen sich diejenigen B-Lymphozyten zu vermehren, zu differenzieren (zu Plasmazellen) und ihre Antikörper ins Serum abzugeben, die genau dieses Antigen erkennen. Jeder B-Lymphozyt trägt „seine" Antikörper zunächst auf der Zelloberfläche. Nach Kontakt mit dem Antigen geben die Antikörper ein Signal an den Zellkern weiter, um die Zellvermehrung und eine erhöhte Antikörperproduktion auszulösen. Dabei spielt der „Fuß" des Y-förmigen Antikörpers eine entscheidende Rolle. Dieser Fc-Teil passt in bestimmte Eiweißmoleküle (Fc-Rezeptoren), die sich auch auf der Zellmembranoberfläche zahlreicher Körperzellen finden. Bei Antigenkontakt überträgt der Antikörperfuß ein Signal über den Fc-Rezeptor an das Zellinnere. Die meisten Antikörper existieren jedoch in freier Form im Serum. Zudem gibt es verschiedene Klassen von Antikörpern (IgG, IgM, IgA, IgD, IgE), deren Unterschiede primär im Fußteil (konstanter Kettenteil) liegen. Ihnen zugrunde liegen fünf Klassen von H-Ketten; sie bestimmen die biologischen Eigenschaften des Moleküls; IgG ist am häufigsten (75 %), IgM wird als erstes nach Antigenkontakt gebildet. IgA wird vornehmlich durch Epithelgewebe sekretiert (Verdauungs- und Atmungstrakt), IgE kommt bei allergischen Reaktionen vor. Über IgD ist wenig bekannt. Die Antikörperklassen IgM und IgG können in Kombination mit Serumkomponenten (Komplement) beispielsweise Bakterien abtöten.

Autoimmunerkrankung (griech. *autos* selbst; lat. *in* im, *munus* Amt, eigtl. unangreifbar; engl. *autoimmune disease*) Erkrankung, bei der körpereigene Moleküle vom Immunsystem angegriffen werden. Das individuelle Immunsystem hat die Fähigkeit, Fremdsubstanzen von den zahllosen eigenen Strukturen, wie räumlichen Moleküloberflächen, zu unterscheiden. Diese Unterscheidungsfähigkeit besteht ab dem Zeitpunkt der Geburt. So gilt als Regel, dass das Immunsystem alle Moleküle, die zum Zeitpunkt der Geburt im Körper zugegen waren, für das gesamte Leben toleriert (nicht bekämpft). Alle Substanzen, die später in den Körper eindringen, die **Antigene**, werden bekämpft, wenn sie sich von den körpereigenen Molekülen unterscheiden. Mit zunehmendem Alter mehren sich jedoch auch falsche „Diagnosen" des Immunsystems und so kann es beispielsweise nach Infektionen zu Fehlreaktionen gegen körpereigene Moleküle kommen. Bei diesen Fehlreaktionen spricht man von Autoimmunerkrankungen. Hierzu zählen auch bestimmte Formen von Gelenkentzündungen (Arthritis). Dabei werden Moleküle an oder in den Gelenken vom Immunsystem attackiert. Eine besonders schwere Form von Autoimmunität stellt der sog. Lupus (lat. Wolf) dar, bei dem Antikörper gegen die DNS gebildet werden.

Blutgruppe(n) → 5 Genetik S. 108

B-Lymphozyten (engl. *B-lymphocytes, B-cells*)
Diejenigen Teile der weißen Blutzellen, die Antikörper produzieren. Bei Stimulation durch ein Antigen werden diejenigen B-Lymphozyten zu Wachstum, Zellteilung und Differenzierung angeregt, deren Antikörper dieses Antigen erkennen. Aus einem B-Lymphozyten wird ein B-Lymphoblast, der sich teilt und dessen Tochterzellen sich zu Plasmazellen differenzieren. Diese sind Großproduzenten von Antikörpern und sterben – ohne sich weiter teilen zu können – nach wenigen Tagen ab. Ein B-Lymphozyt sowie seine Tochterzellen können stets nur Antikörper eines Typs, d. h. einer einzigen Antigen-Spezifität bilden. Aus der großen Anzahl verschiedener Antikörper lässt sich daher folgern, dass Millionen verschiedener B-Lymphozyten in einem Individuum existieren.

Cytokine (griech. *kytos* Zelle, *kinein* bewegen; engl. *cytokines*)
Kleine Proteine mit einem Molekulargewicht von 5–20 kd, welche Informationen im Immunsystem übertragen. Im Unterschied zu den Hormonen wirken die Cytokine parakrin, d. h., ihre Wirkung erstreckt sich auf Zellen der unmittelbaren Nachbarschaft. Zu den Cytokinen gehören die Interleukine, Interferone, Lymphokine und die Tumor-Nekrosis-Faktoren.

Domäne (lat. *domus* Haus, Herrschaftsbereich; engl. *domain*) Homologe Einheit, z. B. eine der drei oder vier homologen Regionen einer schweren Kette der Antikörper, die sich evolutiv durch DNS-Duplikationen entwickelten und durch Mutationen voneinander unterscheiden.

Epidemie (griech. *epi* auf, *demos* Volk; engl. *epidemic*) Seuche, Massenerkrankung. Epidemiologie ist die Lehre von der Entstehung und Verbreitung von Massenerkrankungen wie Pest, Grippe, AIDS u. a.

Granulozyten (lat. *granum* Korn; griech. *zyte* Zelle; engl. *granulocytes*) Gruppe weißer Blutzellen mit zytoplasmatischen Granula und mehrfach gelapptem Zellkern.

Grippe, Virusgrippe, Influenza (engl. *grip(pe), influenza, flu*) Eine Erkrankung, die durch das Influenza-Virus über Tröpfcheninfektion ausgelöst wird. Nicht zu verwechseln mit fieberhaften Allgemeinerkrankungen (sog. grippale Infekte), denen andere, unterschiedlichste Ursachen zugrunde liegen. Das Influenza-Virus verfügt über 10 Gene auf 8 einzelsträngigen RNS-Molekülen unterschiedlicher Länge (0,3–2,3 kb). Es gibt verschiedene Grippevirustypen (A, B, C), die sich vor allem in ihren Oberflächenproteinen unterscheiden. Zwei dieser Proteine, das Hämagglutinin und die Neuraminidase, sind für die erfolgreiche Infektion von Wirtszellen und die Ausbreitung im Wirtsorganismus verantwortlich. Sie stellen zugleich die Antigene dar, gegen die ihr Wirt Antikörper entwickelt. Jedoch zeigt besonders das Gen für Hämagglutinin eine hohe Mutagenität, was zum einen erklärt, warum immer wieder Grippeepidemien (trotz Impfungen) ausbrechen. Zum anderen können Influenza-Viren außer Menschen auch Schweine, Pferde und Vögel infizieren. Kommt es dann z. B. in einem tierischen Wirt zur gleichzeitigen Infektion mit zwei verschiedenen Influenza-Viren, kann es durch zufällige Kombination der für ein Virus nötigen 8 RNS-Moleküle zu einem völlig neuen Virustyp kommen. Da dieses Virus noch nie auftrat, gibt es auch keine (bisherige) Immunität dagegen. Dies kann dann zu einer Pandemie führen, wie die „spanische Grippe“ in den Jahren 1918–1920. An ihr erkrankten rund eine halbe Mrd. Menschen. Ingesamt forderte diese Pandemie mehr als 20 Mio. Menschenleben.

Hämagglutinine (griech. *haima* Blut, lat. *agglutinare* zusammenkleben; engl. *hemagglutinins*) (1) Antikörper, die Erythrozyten aufgrund entsprechender Antigene an deren Oberfläche verklumpen (aggregieren) können; (2) Glykoproteine, die Erythrozyten auf der Oberfläche von virusinfizierten Zellen aggregieren können, und die auch aus der Oberfläche von manchen Virushüllen ragen.

Histoinkompatibilität, Inkompatibilität (lat. *in-* un-, *patibilis* erträglich; engl. *incompatibility*) Unverträglichkeit, Gewebeunverträglichkeit. In der Immunologie die Abstoßungsreaktionen nach der Übertragung (Transplantation) von Zellen oder Geweben eines inkompatiblen Spenders auf einen Empfänger (eigentliche Histoinkompatibilität). Maßgeblich für die Verträglichkeit bzw. Unverträglichkeit sind dabei Eiweiße der Zelloberfläche, welche durch Gene der MHC-Region codiert werden. Beim Menschen wird diese Genregion HLA, bei der Maus H-2 genannt. Die MHC-Region beinhaltet zahlreiche Gene, die eine starke Polyallelie aufweisen. Dadurch entsteht eine Fülle von Haplotypen, die alle unterschiedliche antigene Eigenschaften haben. Diese Polyallelie ist die Hauptursache für die Transplantationsprobleme speziell beim Menschen. So geht man davon aus, dass die Wahrscheinlichkeit bei 1 zu mehreren Millionen liegt, dass zwei Nichtverwandte über die gleichen MHC-Gene (HLA-Gene) verfügen und damit für eine Transplantation untereinander nahezu uneingeschränkt geeignet (kompatibel) sind. Aufgrund dieser niedrigen Wahrscheinlichkeit nimmt man mehr oder weniger inkompatible Spender in Kauf und unterdrückt medikamentös die Transplantatabstoßungsreaktion (allerdings auf die Gefahr hin, eine Immunmangel-Krankheit hervorzurufen). Im Gegensatz zum Menschen hat man in Inzuchtstämmen von Labortieren die Polyallelie ausgezüchtet, sodass hier Transplantationen ohne Probleme möglich sind. Gegenteil: Histokompatibilität, Kompatibilität.

HIV, **h**umanes **I**mmundefizienz-**V**irus (engl. *human immunodeficiency virus*) Viraler Erreger und Ursache für AIDS (engl. ***a****quired* ***i****mmune* ***d****eficiency* ***s****yndrom*, erworbene oder sekundäre Immunmangel-Erkrankung). Dieses Retrovirus infiziert bevorzugt eine Subpopulation von T-Lymphozyten, die sog. T-Helferzellen, die für die Aktivierung einer Immunantwort verantwortlich sind. Vermehrt sich das HIV in diesen Zellen, so werden sie bei der Virusfreisetzung abgetötet. Mit der Dauer der HIV-Infektion schwindet die Zahl der T-Helferzellen zusehends, bis ein echter Immunmangel vorliegt. Patienten in diesem Stadium erkranken dann bei jeglicher anderen Infektion schwer (z. B. Lungenentzündung).

Idiotyp (griech. *typos* Form, Muster; engl. *idiotype*)
Antigene Determinante eines Antikörpermoleküls. Nahezu jede Molekülstruktur einer bestimmten Größe stellt für ein individuelles Immunsystem eine oder mehrere sog. antigene Determinanten dar und ruft die Bildung spezifischer Antikörper hervor. Antikörper selbst sind relativ große Proteine, die natürlich ebenfalls eine räumliche Struktur aufweisen. Antikörper, die von einem individuellen Immunsystem „gebaut" werden, können daher unter bestimmten Umständen, wenn man sie in

ein anderes Immunsystem überträgt (injiziert), dort wie ein Antigen wiederum die Produktion von Antikörpern veranlassen. Man spricht dann von Anti-Antikörpern. Antikörper bestehen aus konstanten, d. h. in vielen Individuen einer Spezies identischen Proteinbereichen und den für die Antigenbindung verantwortlichen variablen Proteinteilen. Diese variablen Teile sind nur aufgrund der komplexen Genetik der Antikörpergene so extrem variabel, dass selbst bei genetisch identischen Individuen unterschiedliche Antikörper (je nach unterschiedlichem Antigenkontakt) auftreten können. Werden daher bestimmte Antikörper eines Individuums auf ein anderes, genetisch ähnliches bzw. identisches Individuum übertragen, so kann dieses Individuum Anti-Antikörper gegen die variablen Regionen entwickeln. Die variablen Regionen der übertragenen Antikörper haben daher wie ein Antigen (antigene Determinante) gewirkt. Ein solches Antikörper-Antigen wird als Idiotyp bezeichnet; die Antikörper, die hiergegen gerichtet sind, bezeichnet man als **antiidiotypische Antikörper**.

Immunantwort (lat. *in* im, *munus* Amt, im Sinne von unangreifbar; engl. *immune response*) Reaktion des Immunsystems eines Organismus auf antigene (fremde) Substanzen. Es gibt **unspezifische** Immunantworten, etwa Fresszellen wie Makrophagen, die Substanzen „aufräumen", und zwei Arten **spezifischer** Reaktionen: zum einen die Bildung Antigen-spezifischer Antikörper durch die B-Lymphozyten, bezeichnet als **humorale** Immunantwort, zum anderen die sog. zellvermittelte Immunantwort (**zelluläre** Immunantwort), bei der die T-Lymphozyten auf verschiedene Art und Weise eine Immunantwort bewirken bzw. auslösen. In den meisten Fällen umfasst eine Immunantwort sowohl eine humorale wie eine zelluläre Immunreaktion (siehe Abb. nächste Seite). Antigene (oder Teile davon) werden von Makrophagen in Kombination mit den eigenen MHC-Molekülen den B- und T-Lymphozyten „gezeigt". Aber nur diejenigen B- und T-Lymphozyten können die Antigene erkennen, die über den passenden Antikörper bzw. T-Zellrezeptor verfügen. Wenn der richtige T-Lymphozyt das Antigen zusammen mit einem körpereigenen MHC-Molekül erkennt, beginnt er sowohl sich selbst zu aktivieren als auch Einfluss auf andere Zellen auszuüben, wie z. B. ebenfalls auf dasselbe Antigen aufmerksam gewordene B-Lymphozyten. Makrophagen stimulieren dabei die T-Lymphozyten, Lymphokine zu sekretieren, die wiederum die Aktivität anderer Zellen beeinflussen. T-Lymphozyten können so mit dem gleichen T-Zellrezeptor ausgestattete T-Helferzellen, T-Killerzellen und T-Suppressorzellen aktivieren bzw. sich selbst zur Teilung anregen und entsprechende Tochterzellen erzeugen. Diese aktivierten Zellen sind dann für die weiteren Aktivitäten des

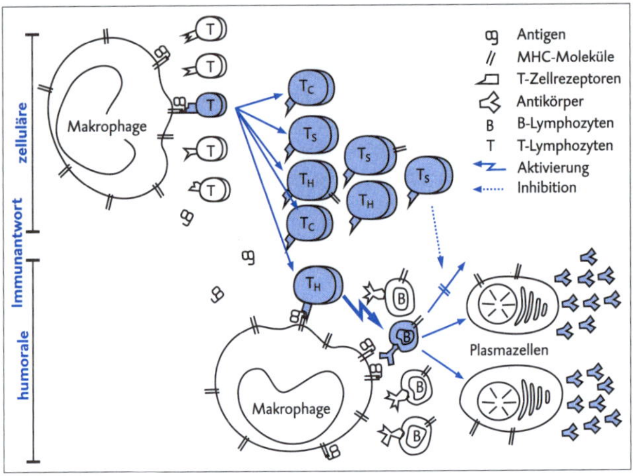

Vereinfachtes Schema zur doppelten Natur des Immunsystems (ohne immunaktive lösliche Faktoren wie Lymphokine); T-Helferzellen (T_H), T-Killerzellen (T_C), T-Suppressorzellen (T_S)

Immunsystems verantwortlich bzw. regulieren die Immunantwort. B-Lymphozyten werden durch den Antigenkontakt und die Stimulierung durch T-Helferzellen zur Zellvermehrung und -differenzierung von hohen Mengen an Antikörpern produzierenden Plasmazellen veranlasst. Verschwindet nach geraumer Zeit das Antigen (Infektion lässt nach), dann können Antigen-spezifische T-Suppressorzellen aktiv durch hemmende Einflussnahme z. B. auf die aktivierten B-Lymphozyten die Immunantwort wieder herunterfahren. Nach einer solchen Immunantwort verbleiben einige der B- und T-Lymphozyten in einem relativ inaktiven Zustand als sog. Gedächtniszellen. Bei einem erneuten Kontakt mit demselben Antigen können diese wesentlich rascher und effektiver eine Immunantwort starten.

Die Immunantwort ist hauptsächlich gegen körperfremde Substanzen gerichtet. Eine Immunantwort bedeutet die Aktivierung verschiedener Gene als Reaktion des Immunsystems auf ein oder mehrere Antigene. Sie kann auch gegen körpereigenes, krankhaftes Geschehen (z. B. Krebszellen) vorgehen oder aber als eine Art Fehlsteuerung gegen körpereigene Substanzen aktiv werden (Autoimmunerkrankung).

Ein weiterer Faktor der Immunantwort ist das Komplement, eine Gruppe von Serumproteinen, die zur Wirksamkeit der Antikörper beitragen, indem sie durch die Antikörper-Antigen-Reaktion aktiviert werden.

Der erste Kontakt mit einem Antigen sensitiviert einen Organismus („macht ihn darauf aufmerksam“), was als „**primäre** Immunantwort“ bezeichnet wird. Weiterhin bestehender oder wiederholter Kontakt eines Antigens mit dem „sensitivierten“ Organismus verursacht eine verstärkte Reaktion, „**sekundäre** Immunantwort“ genannt (Booster- oder Anamnese-Reaktion), welche u.a. durch eine erhöhte Antikörperkonzentration im Blut nachgewiesen werden kann.

Immunfluoreszenz-Nachweis (engl. *immunofluorescence assay*) Methode zum Nachweis von Molekülen oder Molekülstrukturen, wobei an diese Strukturen spezifische Antikörper binden. An die Antikörper wiederum wurde zuvor ein fluoreszierender Farbstoff kovalent gebunden, welcher dann bei Beleuchtung mit ultraviolettem Licht sein spezifisches Fluoreszenzlicht aussendet.

Immunglobulin, Ig → Antikörper (7 Immunbiologie S. 228)

Immunität (lat. *in* im, *munus* Amt, im Sinne von unangreifbar; engl. *immunity*) Durch Immunisierung/Immunisation erworbene spezifische Abwehrbereitschaft eines individuellen Immunsystems gegen eine meist fremde Substanz (ein oder mehrere Antigene). Diese fremde Substanz kann harmlos oder aber krankheitserregend sein (z.B. viele Viren, Bakterien, Pilze). Immunität bedeutet in den meisten Fällen, dass ein Kontakt mit der fremden Substanz (Immunisierung) bereits mindestens einmal erfolgt ist. Dieser frühere Kontakt hinterlässt in einem Immunsystem eine Art Erinnerung, wodurch ein erneuter Kontakt zu einer schnelleren und wirkungsvolleren Immunantwort führt. Die Erinnerung kann humoraler und/oder zellulärer Natur sein (durch sog. *memory*-B-Lymphozyten bzw. sog. *memory*-T-Lymphozyten = Gedächtniszellen). Das Erinnerungsprinzip macht sich der Mensch bei der Impfung zunutze. Eine harmlose Fremdsubstanz (z.B. abgeschwächte Polioviren, Erreger der Kinderlähmung) wird wiederholt Kleinkindern verabreicht. Das Immunsystem lernt die Fremdsubstanzen kennen, und die Gedächtniszellen speichern diese Erinnerung. Kommt es später zu einem Kontakt (Infektion) mit aktiven, krankheitsverursachenden Polioviren, dann kann das Immunsystem sofort und effektiv dagegen reagieren. Sowohl die abgeschwächte Form wie die krankheitsverursachenden Polioviren haben die gleichen Antigene. Die betreffende Person wird in den meisten Fällen die Folgen der Impfung bzw. die Reaktionen des Immunsystems darauf gar nicht wahrnehmen. Kommt es jedoch zur Infektion mit einem anderen Virus, den das Immunsystem bisher noch nie „gesehen“ hat, so liegt keine Immunität gegen dieses Virus vor. Immunität bedeutet also stets Schutz gegen ein ganz bestimmtes Agens. Immunität ist ein erworbener (kein angeborener) Zustand höherer Wirbeltiere, unempfindlich gegen spezifische Krankheitserreger zu sein. Es gibt zwei Arten von Immunität: **Aktive** Immunität entsteht, wenn ein Individuum auf ein Antigen mit der Bildung von Antikörpern reagiert. **Passive** „übertragene" Immunität wird durch Injektion von Antikörpern von einem anderen Individuum erworben.

immunkompetente Zelle (engl. *immunocompetent cell*)
Zelle, die nach Kontakt mit einem Antigen eine entsprechende Immunreaktion (mit-)bewirken kann, z. B. die Produktion von Antigen-spezifischen Antikörpern.

Immunogen (griech. *gennao* ich erzeuge; engl. *immunogen*)
Jede Substanz, die eine Immunantwort hervorruft. Körperfremde Proteine und Glykoproteine, d. h. mit anderer Aminosäuresequenz als die körpereigenen, sind sehr starke Immunogene. Sie wirken **immunogen**.

Immunologie (engl. *immunology*) Wissenschaftszweig als Oberbegriff für die Teilgebiete Immunität, Teilbereiche der Serologie, Immunchemie, Immungenetik, Immunpathologie, Allergologie.

Immunsystem (engl. *immune system*)
Umfasst diejenigen Zellen, Organe und Moleküle, die dem Körper zur Bekämpfung schädlicher, meist fremder Substanzen bzw. Mikroorganismen dienen. Das Immunsystem wird bei den Säugetieren aus Zellen des blutbildenden Knochenmarks gebildet. Hauptanteil haben die Lymphozyten: Die sog. B-Lymphozyten produzieren Antikörper und T-Lymphozyten sorgen für die zelluläre Immunabwehr (z. B. Killer-T-Lymphozyten, die auch Krebszellen bekämpfen). Die aus dem Knochenmark stammenden T-Lymphozyten wandern in den Thymus, eine Drüse oberhalb des Herzens, wo nur diejenigen T-Lymphozyten überleben und in den Körper zurückgeschickt werden, die „fremd" und damit „schädlich" erkennen. Auf diese Weise wird sichergestellt, dass das Immunsystem nicht den eigenen Körper bekämpft. Lymphozyten können aber auch immunstimulierende Faktoren (Proteine wie Interleukine) herstellen und sekretieren, die ebenfalls Einfluss auf die Immunantwort und Reaktionen anderer Körperzellen hervorrufen. Ein weiterer Bestandteil des Immunsystems sind die sog. unspezifischen Abwehrmechanismen, wie etwa die Monozyten. Die bekanntesten Vertreter davon sind die Makrophagen (Fresszellen). Die Zellen des Immunsystems halten sich nicht nur in den Blutbahnen auf. Sie können die Aderwände durchdringen und patrouillieren im Gewebe. Gewebe mit einer besonders hohen Zahl an Immunzellen sind Lymphknoten und Milz. Bei Verletzungen oder Infektionen sind Immunzellen vor Ort aktiv, wobei

die resultierende Entzündung (meist Rötung) die Aktivitäten der an dieser Stelle eingewanderten Immunzellen darstellt.

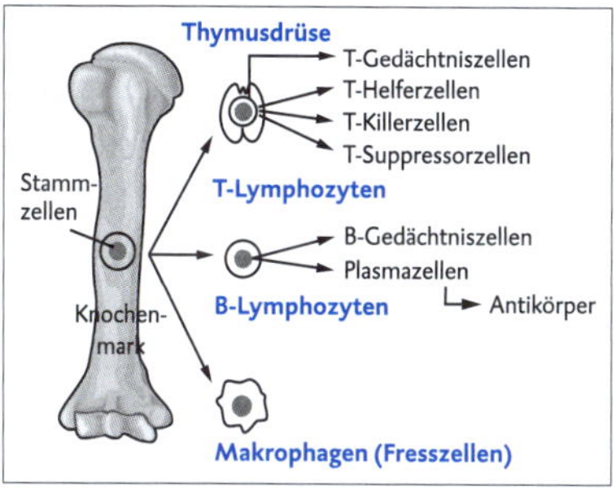

Einige wichtige Zellen des Immunsystems und ihre Funktion

Immuntoleranz (engl. *immunological tolerance*)
Ausbleiben einer Immunantwort gegenüber einer Substanz, die normalerweise eine Immunantwort induziert. Toleranz gegen spezifische Antigene kann für ein Individuum herbeigeführt werden, wenn es im embryonalen oder neonatalen (kurz nach der Geburt) Stadium mit dem Antigen in Kontakt kommt. Im erwachsenen (adulten) Stadium wird eine Toleranz erreicht durch eine besondere Art von Antigen-Applikation oder durch Verabreichung (Applikation) von Substanzen, die die Vermehrung (Proliferation) der Immunzellen verhindern (sog. Immunsuppressiva). Auf diese Weise können auch histo**in**kompatible Transplantate zumindest zeitweise in einem Empfänger verbleiben.

Impfung, Schutzimpfung, Vakzination (engl. *vaccination*)
Künstliche Herbeiführung einer Immunität gegen eine Substanz (z. B. Gift) oder einen Krankheitserreger. Man unterscheidet zwischen aktiver und passiver Impfung.
(1) Die **aktive** Impfung umfasst die Applikation (z. B. Injektion, Schlucken) eines Antigens, um eine Immunantwort gegen dieses Antigen in einem Individuum zu stimulieren. Der geimpfte Körper selbst produziert aufgrund des direkten Antigenkontaktes immune T Lymphozyten und seine B-Lymphozyten setzen entsprechende Antikörper frei. Der Schutz durch eine (zumeist wiederholte) aktive Immunisierung währt einige Jahre. Sog. T- und B-Gedächtniszellen *(memory cells)* „merken" sich den Antigenkontakt und können bei erneuter Konfrontation mit dem Antigen das Immunsystem sehr viel schneller aktivieren.
(2) Bei der **passiven** Impfung injiziert man einem Individuum Antikörper bzw. Antiserum (enthält viele verschiedene Antikörper), welche(s) von einem anderen Individuum/Spezies nach dessen Impfung mit dem entsprechenden Antigen gewonnen wurde. Man wendet das Verfahren in den Fällen an, in denen das Antigen selbst zu gesundheits-

schädlich oder nicht genügend effektiv für eine aktive Impfung (des Menschen) ist (z. B. Schlangengift) oder aber der Zeitraum für eine aktive Impfung nicht mehr zur Verfügung steht (d. h. eine Erkrankung hat bereits eingesetzt, z. B. nach einem Schlangenbiss). Der Nachteil der passiven Impfung ist, dass das passiv geimpfte Individuum selbst nicht das Antigen (genügend) kennenlernt und damit keine eigene Immunantwort entwickelt. Die passive Impfung hält nur wenige Wochen an, da die fremden Antikörper abgebaut werden. Weiterhin besteht die Gefahr, dass die fremden injizierten Antikörper selbst als Antigene erkannt werden und bei einer erneuten passiven Impfung zu einem anaphylaktischen Schock (Kreislaufversagen als Folge einer akuten, pathologischen Reaktion des Immunsystems) führen.

Infektion (lat. *inficere* anstecken; engl. *infection*)
Befall des gesamten Körpers oder Teilen davon (z. B. Wunden) mit krankheitserregenden Organismen, die sich dort weitervermehren. Zu diesen gehören Viren (z. B. Hepatitis-Virus), Rickettsien (zellwandlose Bakterien), Bakterien (z. B. *Salmonella typhi* – der Erreger des Typhus), Pilze (z. B. *Candida albicans*), Einzeller (z. B. *Plasmodium falciparum* – der Erreger der Malaria) und auch Würmer (z. B. Bandwurm). Die meisten Infektionen im Laufe eines Lebens werden durch das Immunsystem erfolgreich bekämpft. Bei chronischen Infektionen, d. h. lang andauernden mikrobiellen Erkrankungen, hält das Immunsystem die Infektion nur in Schach und es gelingt ihm ohne therapeutische Maßnahmen nicht, die Infektion völlig zu überwinden (häufig z. B. bei Tuberkulose).

Influenza → Grippe (7 Immunbiologie S. 231)

Killerzellen → T-Lymphozyt (7 Immunbiologie S. 244)

Klon-Selektionstheorie, klonale Selektionstheorie (engl. *clonal-selection theory*) Theorie zur Erklärung der Funktionsweise des Immunsystems, bei der die vielfältige Antigen-Erkennungspotenz der verschiedenen Lymphozyten von Anfang an schon besteht, bevor sie einem Antigen ausgesetzt sind. Der Kontakt mit einem Antigen veranlasst die entsprechenden Zellen (B- und T-Lymphozyten) zu einer klonalen Proliferation (Zellvermehrung).

Komplement (lat. *complere* ausfüllen, ergänzen; engl. *complement*)
Gruppe von 9 Proteinen/Proteinkomplexen (C1, C2, …) im Blutserum von Wirbeltieren, die vor allem durch Antikörper der Klassen IgG oder IgM aktiviert werden. Die Aktivierung des Systems erfolgt in aufeinanderfolgenden Umwandlungen von Proenzymen in Enzyme, ähnlich der Bildung von Fibrin bei der Blutgerinnung. Manche aktivierten Komple-

mentkomponenten verstärken die Phagozytose von Fresszellen, wie z. B. bei Makrophagen, andere veranlassen die Bindung von Antigen-Antikörper-Komplexen an endotheliale Gewebs- oder Blutzellen, andere verursachen die Freisetzung von vasoaktiven (gefäßerweiternden) Aminen aus basophilen Granulozyten oder Mastzellen, wieder andere verursachen die Auflösung von Bakterien (Bakteriolyse).

konstante Region (engl. *constant region*)
Teil der leichten und schweren Ketten der Antikörper, der innerhalb der jeweiligen Antikörperklassen im Gegensatz zur variablen Domäne nur geringfügige bzw. keine variablen Aminosäuresequenzen aufweist. Die konstante Region ist auch nicht an der Antigenbindung beteiligt.

Leukozyten (griech. *leukos* weiß, *zytos* Zelle; engl. *leukocytes*)
Weiße Blutzellen. Im Gegensatz zu den roten Blutzellen (Erythrozyten) zeigen isolierte Leukozyten eine weiße Färbung (daher der Name). Leukozyten ist der Oberbegriff für eine heterogene Gruppe an Blutzellen, die Lymphozyten, Granulozyten und Monozyten umfasst. All diese Zellen sind Teil des Immunsystems.

lymphatisches Gewebe, lymphatische Organe (engl. *lymphatic tissue*) Gewebe, in denen sich Lymphozyten in größerer Zahl aufhalten. Zu ihnen gehören u. a. der Thymus, die Milz, die Lymphknoten und -gefäße, bei den Vögeln auch die *Bursa fabricii*.

Lymphe (lat. *limpidus* klar, hell; engl. *lymph*)
Gelblich-transparente Flüssigkeit des Lymphsystems bestehend aus Lymphplasma und Lymphozyten. Die Lymphe entsteht durch Austritt von Blutplasma aus den Kapillaren ins Gewebe, wird in den Lymphgefäßen gesammelt und dem Blutkreislauf wieder zugeführt.

Lymphozyten (engl. *lymphocytes*) Zellen des Immunsystems. Sie kommen im Serum, der Lymphe und in den Geweben vor und umfassen zwei Hauptgruppen: Zum einen die Antikörper produzierenden B-Lymphozyten und zum anderen die für die zelluläre Immunantwort verantwortlichen T-Lymphozyten. Sie sind Teil der Leukozyten.

Makrophage (griech. *makros* groß, *phagein* fressen; engl. *macrophage*) Großer, phagozytischer, mononukleärer Leukozyt. Makrophagen stammen von den Monozyten im Blut ab und wandern auch in die Gewebe. Um eine Immunantwort auszulösen, müssen die meisten Antigene von den Makrophagen zuerst aufgenommen und abgebaut werden. Teile des Antigens werden dann an der Zelloberfläche der Makrophagen zusammen mit Proteinen des MHC präsentiert, wo sie von T-Lymphozyten erkannt werden. Diese leiten dann die Immunantwort ein.

Marker (engl. *marker*)
Antigene Marker sind Proteine auf Zelloberflächen, die zur Unterscheidung verschiedener Zelltypen dienen. Thy-1-Moleküle z. B. befinden sich auf T-Lymphozyten, aber nicht auf B-Lymphozyten.

Mastzellen
(engl. *mast cells*) Mastzellen finden sich in Lymphknoten, Milz, Knochenmark, Bindegewebe und Haut und entsprechen dort den basophilen Granulozyten in Blut und Lymphe. Das Zytoplasma der Mastzellen enthält zahlreiche Vesikel mit Heparin, Serotonin und Histamin. Auf ihrer Oberfläche haben sie IgE-Antikörpermoleküle. Wenn das entsprechende Antigen an diese Antikörper bindet, erfolgt ein Signal in das Zellinnere, wodurch die Inhalte der Vesikel freigesetzt werden. Dies führt dann zu den allergischen Reaktionen.

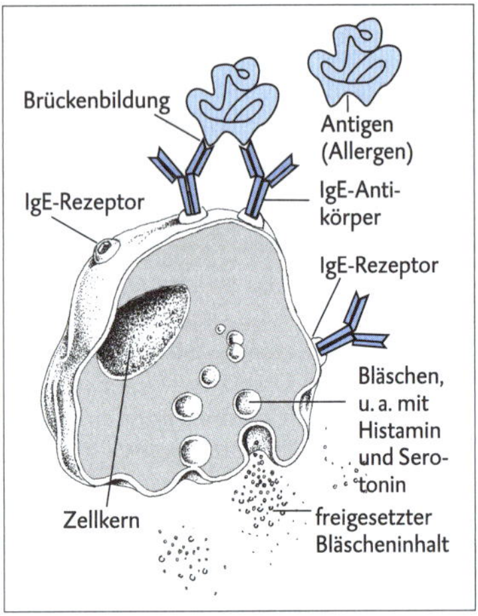

Schematischer Bau einer Mastzelle: Antikörper, Antigen, IgE-Rezeptor sowie die Bläschen sind überproportional vergrößert dargestellt.

MHC (*major histocompatibility (gene) complex*)
Haupthistokompatibilitätsgenkomplex. Eine große Gengruppe, deren Produkte die MHC-Moleküle (Transplantationsantigene) sind. Eines der wichtigen „Erkennungssysteme" des Immunsystems. Beim Menschen liegt die große Gengruppe (ca. 3 000 kb lang) auf dem Chromosom 6. Der MHC codiert drei Klassen: (1) Proteine der Klasse I, die vor allem zytotoxischen T-Zellen (Klasse I-Moleküle treten zusammen mit einem kleinen Protein β_2-Mikroglobulin an den Zelloberflächen auf) fremde antigene Determinanten präsentieren, (2) Proteine der Klasse II, die den Helfer-T-Zellen fremde antigene Determinanten präsentieren, und die (3) Proteine der Klasse III (u. a. Komponenten des Komplements). Die Genloci des MHC sind sehr polymorph (es gibt sehr viele Allele). Im Gegensatz zu Antikörpern und T-Zellrezeptoren liegt die Aufgabe der MHC-Moleküle nicht im Erkennen von Antigenen, sondern in der Präsentation von Antigenen bzw. -bruchstücken an der Zelloberfläche. T-Lymphozyten erkennen die an die MHC-Moleküle gekoppelten Anti-

gene bzw. deren Bruchstücke. Die MHC-Moleküle ermöglichen also die zelluläre Immunabwehr. Zu ihren wichtigsten Aufgaben gehört die Markierung virusinfizierter Zellen oder das Auslösen der Abstoßungsreaktion von transplantiertem Fremdgewebe. Fremdgewebe hat in den meisten Fällen dem jeweiligen Empfänger-Immunsystem gegenüber fremde MHC-Moleküle und diese werden wie Antigen-beladene eigene MHC-Moleküle bekämpft. Dies erklärt, weswegen das Immunsystem überhaupt auf eine derartig „unnatürliche" Aufgabe, wie die Abstoßung von Fremdtransplantaten, vorbereitet ist. Der MHC heißt beim Menschen **HLA** (*human leukozyte antigene*), bei der Maus H-2, beim Rind BoLA und beim Schwein SuLA.

monoklonale Antikörper (engl. *monoclonal antibodies*)
Künstlich vermehrte Antikörper mit einer einzigen Bindungsspezifität. Das Immunsystem der höheren Wirbeltiere ist in der Lage, viele Millionen verschiedener Antikörper zu produzieren, wobei eine Antikörper produzierende Zelle stets nur einen einzigen Typ von Antikörpern synthetisieren kann. Jedoch ergibt die Vermehrung einer solchen Zelle einen ganzen (Zell-)Klon, dessen Einzelzellen alle den gleichen Antikörper bilden. Diesen nennt man monoklonal. Monoklonale Antikörper haben eine breite Anwendung in Naturwissenschaft und Medizin als Nachweisreagenzien und Therapeutika.

passive Immunität (engl. *passive immunity*)
Immunität gegen eine bestimmte Krankheit, hervorgerufen durch injizierte Antikörper von einem Spenderorganismus, der zuvor aktive Immunität gegen diese Krankheit entwickelt hat. Man verwendet also Antikörper (Antiseren) eines immunen Individuums und injiziert diese einem anderen nicht immunen. Da die Antikörper mit der Zeit abgebaut werden, führt diese Art der Immunisierung nur zu einem kurzzeitigen Schutz.

polyklonal (griech. *klon* Ast, Zweig; engl. *polyclonal*)
Bezieht sich auf Zellen oder Moleküle, die von mehr als einem Ursprungszellklon stammen. Die Konfrontation eines Organismus mit einer Fremdsubstanz beispielsweise ruft die Synthese verschiedener Antikörpermoleküle hervor, da die Antigene (Bakterien, Viren usw.) mehrere unterschiedliche Oberflächenstrukturen (antigene Determinanten) besitzen, auf die eben jeweils andere Antikörper passen. Das Antikörpersortiment ist also polyklonal, weil ebenso viele verschiedene B-Lymphozyten wie Antikörper beteiligt sind (jeder B-Lymphozyt produziert immer nur einen Antikörpertyp). Um mehr Antikörper produzieren zu können, teilen sich die entsprechenden B-Lymphozyten, die

die „passenden Antikörper" produzieren, immer wieder und erzeugen so Klone. Die Immunantwort auf ein Antigen mit mehreren antigenen Oberflächenstrukturen ist also polyklonal.

Präzipitintest

(lat. *praecipitare* senken; engl. *precipitin test*) Eine einfache Methode zur ungefähren Bestimmung antigener Unterschiede von Proteinen, die von genetisch verschiedenen Individuen oder Individuen verschiedener Arten stammen. Das eigentliche Nachweissystem ist das Immunsystem (eines Tiers) und die von ihm gebildeten Antikörper. Beispielsweise injiziert man einem Kaninchen wiederholt menschliches Blutserum und immunisiert so gegen menschliche Serumproteine, da diese wegen ihrer gegenüber dem Kaninchen anderen Aminosäuresequenz eine unterschiedliche antigene Oberfläche besitzen. Dem Kaninchen wird nach geraumer Zeit Blutserum entnommen (nach der Immunisierung nun ein **Antiserum**). Da das Immunsystem des Kaninchens die meisten menschlichen Serumproteine als „fremd" erkennt, werden gegen alle fremden Proteine verschiedene Antikörper gebildet (genauer: Kaninchen-anti-Humanserumproteine-Serum). Gibt man dieses Antiserum (im richtigen Verhältnis) im Reagenzglas zu dem menschlichen Serum, wie es für die Immunisierung des Kaninchens verwendet wurde, dann verbinden sich die Antikörper mit den menschlichen Serumproteinen und fallen zusammen mit diesen als weißliche Substanz am Boden des Gefäßes aus **(Präzipitation)**. Gibt man zu diesem Antiserum das Serum eines anderen Kaninchens aus dem gleichen Zuchtstamm, erfolgt keine Präzipitation, da für die gebildeten Antikörper keine entsprechenden Antigene vorhanden sind. Vermischt man das Kaninchen-Antiserum mit dem Serum eines Affen, so gibt es ein geringeres Präzipitat als bei der Mischung Kaninchen-Antiserum mit menschlichem Blutserum. Die vom Kaninchen gebildeten Antikörper gegen Humanserum

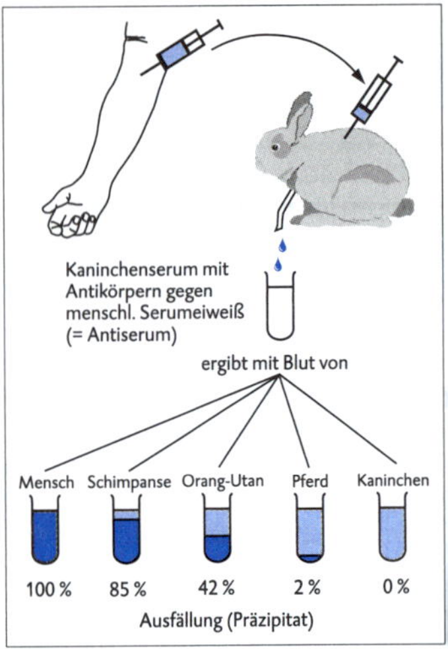

Ablauf des Präzipitintests

„passen“ nur teilweise auf die Serumproteine des Affen. Dies bedeutet, dass die Serumproteine des Affen viele Gemeinsamkeiten (Antigene) mit denen des Menschen haben oder anders ausgedrückt, dass Affe und Mensch genetisch nahe Verwandte sind. Durch die enormen Fortschritte in der DNS-Technologie und deren leichte Handhabung hat der Präzipitintest seine frühere Bedeutung bei der Ermittlung von Verwandtschaftsgraden verloren.

Provirus (lat. *pro* vor, *virus* Gift; engl. *provirus*)
Ein Virus, dessen DNS in das Wirtsgenom eingebaut (integriert) ist und von einer Zellgeneration auf die nächste übertragen wird, ohne die Wirtszelle durch Vermehrung zu zerstören (lysieren). Das Genom der ursprünglich einzelsträngigen (RNS) Retroviren, kann als Teil eines Chromosoms (integrierte DNS) in Form einer doppelsträngigen DNS vorliegen. Solche Proviren können an der Transformation von Zellen beteiligt sein, die zu Krebszellen werden.

Prozessierung (engl. *processing*) Antigene werden von Fresszellen (z. B. Makrophagen) durch partiellen Abbau intrazellulär prozessiert (vor allem zerkleinert), wodurch immunogene Einheit(en), Immunogen(e), entstehen und auf der Oberfläche zusammen mit MHC-Molekülen der Makrophagen erscheinen. Dort kommt es zu Kontakten mit Lymphozyten, welche durch das/die Immunogen(e) wesentlich besser stimuliert werden (etwa Lymphozyten-Vermehrung, Ausschüttung von Proteinen wie Interleukine) als durch das ursprüngliche Antigen.

Rejektion (lat. *reicere* zurück-, wegwerfen; engl. *rejection*)
In der Immunologie die Abstoßung bzw. Zerstörung von Zell- oder Gewebe-Transplantaten durch das Immunsystem des Empfängerorganismus. Die Immunantwort richtet sich gegen die Antigene, i. d. R. Oberflächenproteine des Transplantats, die fremd für den Empfänger sind. Bei Transplantationen von Teilen eines Immunsystems, z. B. in Form von inkompatiblem Knochenmark, kann es auch zur Abstoßung des Empfängerorganismus kommen, der sog. *graft versus host*-Reaktion.

Retrovirus → 5 Genetik S. 182

Rh(esus)-Faktor, Rh → 5 Genetik S. 183

SARS (engl. ***s****evere* ***a****cute* ***r****espiratory* ***s****yndrom*)
Akutes Atemwegs-Syndrom. Atypische Lungenentzündung mit Todesfällen beim Menschen, verursacht durch ein Coronavirus. Das SARS-Virus wurde im November 2002 von Südchina in ca. 30 Länder eingeschleppt. Übertragung durch Tröpfchen- und Schmierinfektion. Intensive Maßnahmen brachten SARS Mitte 2003 weitgehend unter Kontrolle.

Schlüssel-Schloss-Prinzip Das Prinzip, dass zwei komplementäre Strukturen räumlich zueinander passen wie ein Schlüssel zum Schloss und dadurch ihre biologische Funktion erfüllen können. Antigen und Antikörper passen z. B. nach dem Schlüssel-Schloss-Prinzip zusammen und bilden den Antigen-Antikörper-Komplex.

Suppression (lat. *supprimere* unterdrücken; engl. *suppression*) In der Immunologie eine spezifische oder unspezifische Unterdrückung der normalerweise einsetzenden Immunantwort bzw. die Reduzierung einer bereits erfolgten Immunantwort (das „Abflauen" einer Immunreaktion). **Immunsuppressiva** (z. B. sog. Antimetabolite) werden beispielsweise bei Organtransplantationen verabreicht, um die Abstoßung eines nicht kompatiblen Organs durch Suppression des Immunsystems zu verhindern.

Suppressor-T-Zellen (engl. *suppressor T cells*) Gruppe der T-Lymphozyten, deren natürliche Funktion es ist, eine bereits erfolgte, erfolgreiche Immunantwort wieder zu beenden („herunterzufahren"). Gelingt dies nicht, so kann das Immunsystem chronische Erkrankungen verursachen, wie beispielsweise Autoimmunerkrankungen oder Allergien.

Thymus (griech. *thymos* Gemüt; engl. *thymus*) Paarige Drüse im Brustkorb aller Wirbeltiere (mit Ausnahme einiger kieferloser Fische). Hier werden die T-Lymphozyten instruiert, zwischen „fremd" (= antigen) und „selbst" zu unterscheiden. Das Organ hat seine maximale Größe im Jugendstadium und wird dann langsam abgebaut.

T-Lymphozyt, T-Zelle (engl. *T lymphocyte, T cell*) Lymphozytentyp, der für die zelluläre Immunantwort verantwortlich ist, wie z. B. die Bekämpfung virusinfizierter Zellen und die Abstoßung von Gewebetransplantaten. Hauptmerkmal der T-Lymphozyten sind ihre Rezeptoren auf der Zelloberfläche **(T-Zell-Rezeptoren)**, die über eine ähnliche Spezifität und Vielgestaltigkeit verfügen wie die Antikörper. T-Lymphozyten differenzieren sich („lernen ihre entsprechende Fähigkeit") im Thymus. Reife T-Zellen werden aufgrund ihrer Eigenschaften in verschiedene Gruppen unterteilt. So gibt es u. a. T-Suppressor-Zellen die eine angelaufene Immunantwort unterdrücken bzw. reduzieren helfen, T-Helfer-Zellen, die eine Immunantwort induzieren, und zytotoxische T-Zellen (Killerzellen), die kranke Zellen töten. All diese Zelltypen unterscheiden sich in bestimmten Zelloberflächenproteinen, wodurch sie (in Forschung und Diagnose) identifizierbar sind.

Transplantation (lat. *transplantare* übertragen; engl. *transplantation*) Chirurgische Übertragung eines Teils eines Organismus, des **Transplantates**, auf einen anderen Organismus oder an eine andere Stelle desselben Organismus, z. B. Nierentransplantation oder Hauttransplantation nach Verbrennungen.

Transplantationsantigene, Histokompatibilitätsantigene (engl. *transplantation antigens, histocompatibility antigens*) Proteine, die von dem Genkomplex MHC codiert werden und bei Wirbeltieren auf nahezu allen Zelloberflächen vorhanden sind (z. B. nicht auf Erythrozyten). Die Namen an sich sind irreführend. Sie beziehen sich auf die Entdeckung dieser Zelloberflächenproteine bei Transplantationsversuchen an Mäuse-Inzuchtstämmen. Die Moleküle verursachen die Transplantatabstoßung, da sie das Immunsystem des Empfängers aktivieren. Ihre eigentliche Funktion ist jedoch eine völlig andere: Transplantationsantigene werden zusammen mit Antigenen (hier: Fremdantigene) oder Teilen davon (antigene Determinanten) an der Oberfläche von Zellen den T-Lymphozyten „präsentiert", wodurch diese auf die Fremdantigene aufmerksam gemacht werden. Erst durch die Kombination eigener Transplantationsantigene und Fremdantigene können die Lymphozyten eine entsprechende Immunantwort auslösen.

Universalempfänger (engl. *universal recipient*) Individuum mit der Blutgruppe AB (Genotyp AB), auf das Blutzellen von AA-, A0-, BB-, B0-, AB- oder 00-Spendern bei einer sog. Blutspende übertragen werden können. Da Träger der Blutgruppe AB über keine Antikörper gegen die Blutgruppen A und B verfügen und Blutgruppe 0 kein Antigen darstellt, es also auch hiergegen keine Antikörper gibt, kann man auf Träger der Blutgruppe AB rote Blutkörperchen von jedem anderen Spender übertragen. Das Serum der Blutspender, in dem sich Antikörper befinden, muss aber – außer von AB-Trägern – stets abgetrennt werden, denn dieses könnte gegen die roten Blutkörperchen des Empfangers reagieren. Je nach Menge des übertragenen Serums kann es sonst durch Verklumpung der roten Blutkörperchen bzw. durch deren Auflösung (Lyse) zu lebensbedrohlichen Zuständen kommen.

Universalspender (engl. *universal donor*) Individuum mit der Blutgruppe 0 (Genotyp 00), dessen rote Blutkörperchen (Erythrozyten) ohne Serumanteil sowohl auf AA-, A0-, BB-, B0- und AB-Genotypen übertragen werden können, ohne dass es zu Verklumpungen (Agglutination) durch Antikörper kommt.

variable Domäne, variable Region (lat. *variabilis* änderbar, *domus* Haus, Herrschaftsgebiet; engl. *variable domain*) Teil der leichten und schweren Ketten eines Antikörpers, der je nach Antikörper extrem unterschiedliche Aminosäuresequenzen besitzt. Die variable Domäne bildet mit diesen hochvariablen Aminosäuresequenzen die Bindungsstelle („Schloss") für die Antigene bzw. die antigenen Determinanten („Schlüssel"). Ein Individuum kann aufgrund dieser Besonderheit seiner Antikörpergene Millionen verschiedener variabler Domänen bilden, von denen zumindest die Domäne eines Antikörpertyps auf ein (eingedrungenes) Antigen passt.

Virion (engl. *virion, virus particle*)
Das Viruspartikel mit Nukleinsäure als Erbmaterial und einer Proteinhülle.

virulentes Virus (lat. *virulentus* voll Gift; engl. *virulent virus*)
Virus, das aufgrund intrazellulärer Vermehrung und nachfolgender Virusfreisetzung die Lyse (Auflösung, Zerstörung) seiner Wirtszelle verursacht.

Virus → 5 Genetik S. 204

8 Fortpflanzung und Entwicklung

Amniozentese (griech. *amnos* Lamm, *amnion* Schafhaut, *kenteo* ich steche; engl. *amniocentesis*) Vom Arzt durchzuführende Punktion (Durchstechen) aller fetaler Eihäute, hier auch der dem Fetus zunächst liegenden Schafshaut, innerhalb der Gebärmutter, bei der Flüssigkeit zur vorgeburtlichen (pränatalen) Diagnose fetaler Krankheiten entnommen wird. In der Amnionflüssigkeit (Fruchtwasser) befinden sich vom Fetus abgeschilferte Zellen, die nach Entnahme bis zu drei Wochen lang *in vitro* kultiviert werden, sodass chromosomale, biochemische oder genetische Analysen erfolgen können.

Androgene → 3 Nerven, Sinne und Hormone S. 67

asexuelle Fortpflanzung, Reproduktion (griech. *agamos* unverheiratet, *gone* Erzeugung; engl. *asexual* oder *vegetative reproduction*) Ungeschlechtliche Fortpflanzung ohne Befruchtung. Reproduktion durch mitotische Zellteilung ohne Rekombination bei Mikroorganismen (z. B. Sprossung des Hefepilzes), bei Pflanzen (z. B. Knospung bei Erdbeere oder Kartoffel) und auch bei Tieren (z. B. Knospung beim Süßwasserpolypen *Hydra*). Eine künstliche Art der ungeschlechtlichen Fortpflanzung bezeichnet das Klonen. Zur Beachtung: Im Gegensatz zur Parthenogenese (Jungfernzeugung) sind die Fortpflanzungsprodukte bei der asexuellen Fortpflanzung nicht differenziert.

assortative Paarung (lat. *sortiri* aussuchen; engl. *assortative mating*) Paarung ähnlicher Individuen. Art der sexuellen Reproduktion, bei der sich Männchen und Weibchen nicht zufällig, sondern aufgrund ähnlicher Merkmale, wie Körpergröße oder Hautfarbe, paaren (oder verpaart werden). Bei der Paarung **un**ähnlicher Individuen, der sog. **negativ** assortativen Paarung, bestehen große Unterschiede hinsichtlich bestimmter Merkmale der beiden Partner.

Atavismus → 2 Evolution und Taxonomie S. 44

Bastard → 5 Genetik S. 108

Befruchtung, Fertilisation (lat. *fertilis* fruchtbar; engl. *fertilization*) Vereinigung zweier Gameten, einer Ei- und einer Spermienzelle, zur Zygote. Durch das Eindringen (Penetration) eines Spermiums in die Eizelle erfolgt die Befruchtung. Unter künstlicher Befruchtung versteht man die Mikroinjektion eines Spermiums in die Eizelle. Nicht zu verwechseln mit der *in-vitro*-Befruchtung, bei der Eizelle und Spermium im Reagenzglas verschmelzen.

Besamung (engl. *insemination*)
Übertragung des Spermas in den weiblichen Genitaltrakt meist durch Kopulation (natürlicherweise z. B. bei Vögeln und Säugern) oder auf das Gelege (extrakorporal z. B. bei den meisten Amphibien und Fischen). Die künstliche Besamung ist eine wichtige Reproduktionstechnik vor allem bei Nutztieren.

Bestäubung (engl. *pollination*)
(1) Bei Bedecktsamern *(Angiospermae)* die Übertragung von Blütenstaub (Pollen, männliche Geschlechtszellen) auf die Narbe (weibliches Geschlechtsteil) der Fruchtblätter. Erfolgt die Übertragung innerhalb der Blüte(n) eines Individuums, wird dieser Vorgang als **Selbst**bestäubung bezeichnet, erfolgt die Übertragung zwischen Blüten verschiedener Individuen einer Art, spricht man von **Fremd**bestäubung.
(2) Bei Nacktsamern (*Gymnospermae*) wird der Blütenstaub direkt auf die Samenanlage übertragen.
Die Bestäubung erfolgt durch Wasser, Wind oder Tiere (vor allem Insekten).

biogenetische Grundregel (engl. *biogenetic law*)
Der deutsche Zoologe Ernst Haeckel (1834–1919) stellte 1866 die Grundregel auf, dass in der Embryonalentwicklung alle stammesgeschichtlichen Entwicklungsstadien noch einmal wiederholt werden. Dieses Gesetz wird heute jedoch nurmehr als eingeschränkt gültige Theorie angesehen.

Brutpflege → 4 Verhalten S. 96

Chimäre (griech. *chimaira* fabelhaftes Ungeheuer; engl. *chimera*)
Individuum als Mischung aus genetisch verschiedenen Zellen, die von zwei oder mehr verschiedenen Zygoten stammen.

Chorionzottenbiopsie (griech. *chorion* Haut, Hülle; engl. *chorionic villus sampling, CVS*) Der Embryo bzw. Fetus wird von den Eihäuten umgeben, die bei den Säugern aus drei Schichten (Häuten) bestehen, von denen das Amnion und Chorion vom Embryo selbst stammen. Die dritte Eihaut, die Dezidua, wird mütterlicherseits gebildet und besteht ihrerseits aus drei Schichten. Die mittlere Eihaut, Chorion oder Zottenhaut genannt, entwickelt sich aus dem Mesoderm und dem Trophoblasten und ist zu Beginn gänzlich mit Zotten (kleinen, fingerartigen Ausstülpungen) besetzt. Verfeinerte medizinische Techniken erlauben heute, kleine Gewebeproben (Biopsien) von diesem Zottengewebe in de frühen Schwangerschaft zur vorgeburtlichen Diagnose fetaler Krankheiten entnehmen zu können. Der Vorteil gegenüber der Amniozentese besteht darin, dass man bei dieser Form des Eingriffes genügend fetale Zellen erhält, um damit entsprechende Tests, z. B. auf Chromosomenaberrationen, durchführen zu können.

Determinierung, Determination (lat. *determinatio* Abgrenzung; engl. *determination*) Festlegung eines Histogenesevorganges (Gewebebildung) in einem Teil des Embryos in eine bestimmte Entwicklungsrichtung (Urkeimzellen etc.).

Differenzierung (lat. *differre* auseinandertragen, verschieden sein; engl. *differentiation*) Komplexe Veränderungen bei der progressiven Umgestaltung von Zellstruktur und -funktion in einem Organismus während der Ontogenese. In einer gegebenen Zelllinie bewirkt die Differenzierung eine kontinuierliche Einschränkung der Transkriptionsmöglichkeiten, über die jede Zelle ursprünglich verfügt, d. h. die Zelle spezialisiert sich mehr und mehr für ihre eigentliche Aufgabe.

diözisch (griech. *di* zwei, *oikos* Haus; engl. *dioecious*)
Zweihäusig. Bei den Samenpflanzen (Spermatophyten) werden diejenigen Arten als diözisch bezeichnet, bei denen sich männliche bzw. weibliche Fortpflanzungsorgane (Pollenschlauch bzw. Embryosack) auf verschiedenen, getrenntgeschlechtlichen Individuen befinden (z. B. Eiben, Weiden).

Diplohaplonten (griech. *diploos* doppelt, *haploos* einfach; engl. *diplohaplonts*) Die meisten Pflanzen inkl. alle höheren Pflanzen, sowie bei den Tieren die Foraminiferen (Kammerlinge), wechseln zwischen haploidem und diploidem Zustand (sog. Kernphasenwechsel). Die diploide Zygote wächst dabei zu einer vielzelligen diploiden Pflanze, dem sog. **Sporophyt**, heran. Beispielsweise beinhaltet dieses diploide Stadium bei den Samenpflanzen alle Lebensabschnitte vom Embryo im Samen über die beblätterte Pflanze bis hin zur sog. Pollen- und Embryosack-Mutterzelle. Bei Letzteren kommt es mit Eintritt in die Meiose zur Bildung geschlechtlich nicht differenzierter Fortpflanzungszellen (sog. Agameten), von denen jede zu einem haploiden „Gewebe“, dem **Gametophyt** (Pollenkorn bzw. Embryosack im Sporophyten), heranwächst. Erst daraus entstehen dann durch weitere mitotische Teilungen die Gameten (Sperma- oder Eizellen).

Ei, Eizelle (lat. *ovum*; engl. *egg*) Weiblicher Gamet.
Eizellen sind im Gegensatz zu Spermien wesentlich größer (da sie Dotter enthalten), unbeweglicher und in der Minderzahl. Außerdem geben

sie im Gegensatz zu den Spermien extrachromosomale DNS in Form bestimmter Zellorganelle (z. B. Mitochondrien) an die nächste Generation weiter (maternale Erbgänge). Die Eizelle ist haploid einchromatidig (beim Menschen mit 23 Chromosomen/Chromatiden) und das Produkt der Meiose. Eier mit viel Dotter entwickeln sich i. d. R. außerhalb des Muttertieres (Vögel, Reptilien u. a.), während die Embryonen aus Eiern mit wenig Dotter auf die Nährstoffe aus der Plazenta im Uterus angewiesen sind.

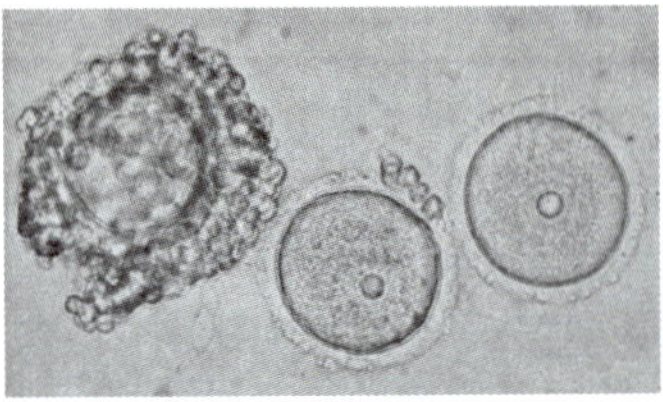

Ovulierte Eizellen eines Kaninchens: Eizelle innerhalb der Nährzellen des Cumulus oophorus (links), die an der Zona pellucida haftenden Nährzellen der Corona radiata sind abgeschilfert bis auf vier (Mitte) und Eizelle mit Zona pellucida (Polkörper sichtbar).

Eierstock → Ovar (9 Bau und Funktion von Organismen S. 273)

Embryo (griech. *en* in, *bryein* sprossen; engl. *embryo*)
Organismus im Frühstadium der Ontogenese (Entwicklung) von der befruchteten Eizelle (Zygote) bis einschließlich der Organentwicklung. Das Embryonalstadium beispielsweise der Säuger reicht von der Zygote bis zur Organanlage (beim Menschen Ende des 3. Schwangerschaftsmonats). Im folgenden Zeitraum bis zur Geburt spricht man von einem Fetus. Experimentelle Eingriffe (Erzeugung von Chimären und Zwillingen bei Tieren) werden an präimplantären (vor der Einnistung in die Gebärmutterschleimhaut) Embryonen (Zygote bis zur expandierten Blastozyste) durchgeführt.

Embryonalentwicklung, Embryogenese, Keimentwicklung
(engl. *embryonic development*) Mit der Befruchtung einer Eizelle durch ein Spermium entsteht die diploide Zygote, die sich nun mitotisch in einen Zweizeller (zwei Blastomeren), Vierzeller, Achtzeller usw. teilt. Die Zellen werden dabei bei jeder Teilung kleiner, bis eine „normale" Zellgröße (≈ 20 µm) erreicht ist. In diesen frühembryonalen Stadien sind die meisten Gene noch inaktiv, werden aber nach und nach angeschaltet. Mit der Aktivierung unterschiedlicher Gene, beginnt die Differenzierung von Zellgruppen, die sich zu Vorläufern der Gewebe entwickeln. So entstehen aus der Blastozyste das Entoderm, Mesoderm und Ektoderm. Sind die ersten Organe angelegt, spricht man vom Fetus, bei dem die Differenzierung im Wesentlichen abgeschlossen ist und hauptsächlich noch Zellvermehrung stattfindet.

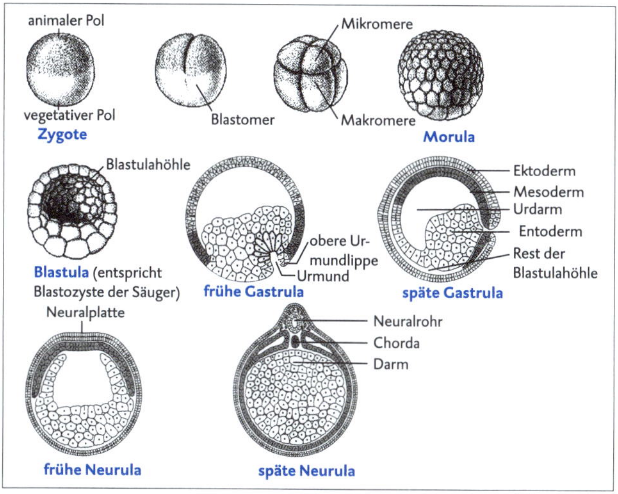

Embryonalentwicklung der Amphibien

Embryotransfer (lat. *transferre* übertragen; engl. *embryo transfer*) Künstliche Übertragung eines (präimplantären) Embryos in Eileiter oder Uterus (Gebärmutter) eines Empfängers. Beim Menschen wird der Embryotransfer z. B. angewendet, um Fruchtbarkeitsstörungen wie Eileiterverwachsungen zu umgehen. Bei Haustieren (hauptsächlich dem Rind) wird der Embryotransfer in Verbindung mit der künstlich induzierten Superovulation kommerziell durchgeführt, um von Hochleistungskühen mehr Nachkommen zu erzeugen, als auf natürlichem Weg möglich wären.

Entwicklungsgene (engl. *developmental control genes*) Gene, deren Funktion die Kontrolle von wichtigen Impulsen ist, welche die Differenzierung steuern. Solche Gene regulieren die Festlegung von Zellen in eine bestimmte Entwicklungsrichtung.

Epigenese (griech. *epi* auf, nach, *gennao* ich erzeuge; engl. *epigenesis*) Die fortschreitende Formentwicklung eines Embryos.

Fertilität, Fruchtbarkeit, Produktivität (lat. *fertilis* fruchtbar; engl. *fertility, fecundity, productivity*) Fruchtbarkeit im Sinne der Zahl der lebens- und fortpflanzungsfähigen Nachkommen eines Individuums oder einer Population.

Fetus, Fötus (lat. *fetus* Junges, schwanger, trächtig; engl. *fetus*) Entwicklungsphase nach dem Embryonalstadium bis zur Geburt.

Follikel (lat. *folliculus* kleiner Schlauch, Bläschen; engl. *follicle*) In der Anatomie Bezeichnung für verschiedene Strukturen (z. B. Haarfollikel). Speziell verwendet für ein bläschenförmiges Gebilde im Ovar (Eierstock), welches die reifende Eizelle enthält und Östrogene absondert (sezerniert).

Furchung (engl. *cleavage*) Ablauf der frühen Embryonalentwicklung. So genannt, weil die Trennlinien der sich teilenden Blastomeren im Mikroskop wie eine Furche aussehen.

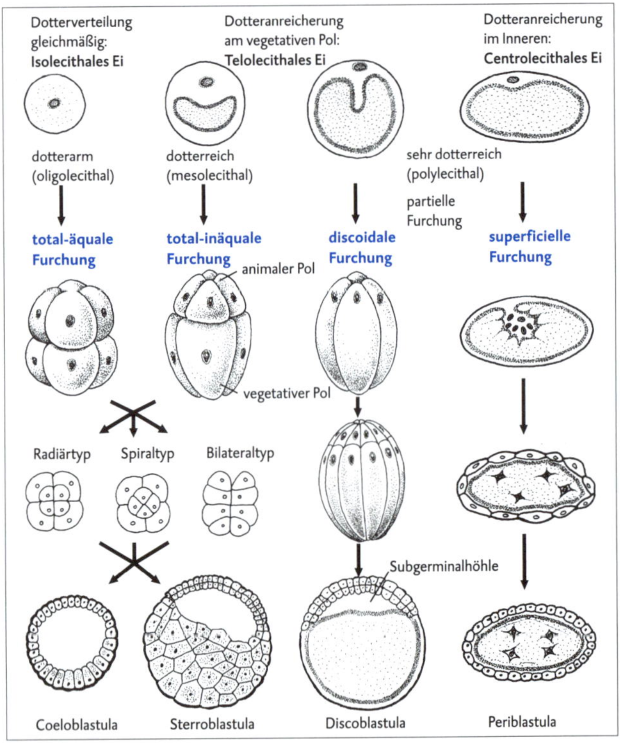

Schematische Darstellung des Ablaufes verschiedener Furchungstypen (Embryonalentwicklung)

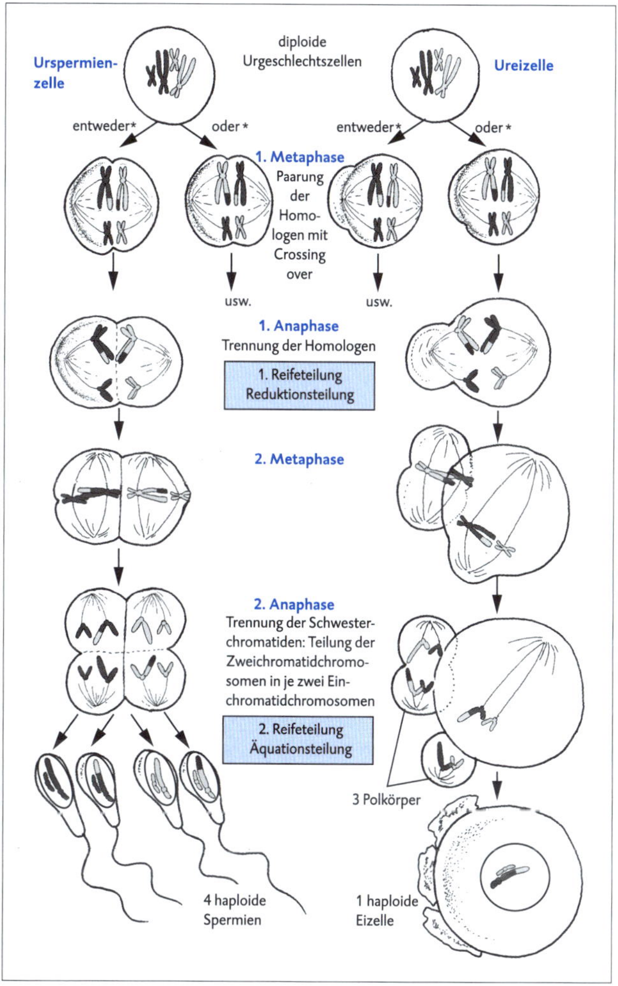

Vereinfachtes Ablaufschema der Gametogenese
**: zufällige Aufteilung/Durchmischung väterlicher (dunkelgrau) und mütterlicher (hellgrau) Chromosomen nach Crossing-over*

Gamet (griech. *gametis* Gatte; engl. *gamete*)
Haploide Keimzelle mit einchromatidigem Chromosomensatz, z. B. bei Tieren handelt es sich um Spermien und Eizellen und bei höheren Pflanzen stellen Pollen oder Mikrosporen die männlichen und Eizellen die weiblichen Gameten dar.

Gametogenese (griech. *genesis* Entstehung; engl. *gametogenesis*)
Bildung, Entstehung der Gameten (siehe Abb. auf S. 253).

Gastrulation (griech. *gaster* Magen; engl. *gastrulation*)
Bildung der Keimblätter durch Einstülpung der Blastula. Komplexe Zellwanderung, bei der die Stammzellen, welche die künftigen Organe entwickeln, in ihre ungefähre Position im tierischen Embryo gelangen.

Gebärmutter → Uterus (9 Bau und Funktion von Organismen S. 274)

Generationswechsel
(engl. *alternation of generations*) Verschiedene Fortpflanzungsmodi z. B. bei Pflanzen (Algen, Moose, Farne, Samenpflanzen), wobei auf eine haploide geschlechtliche Generation (Gametophyt) eine diploide ungeschlechtliche (Sporophyt) folgt. Gameten entstehen durch Mitose, Sporen durch Meiose. Der Generationswechsel ist eng, aber nicht ganz, korreliert mit dem Kernphasenwechsel, dem Wechsel zwischen haploidem und diploidem Zustand.

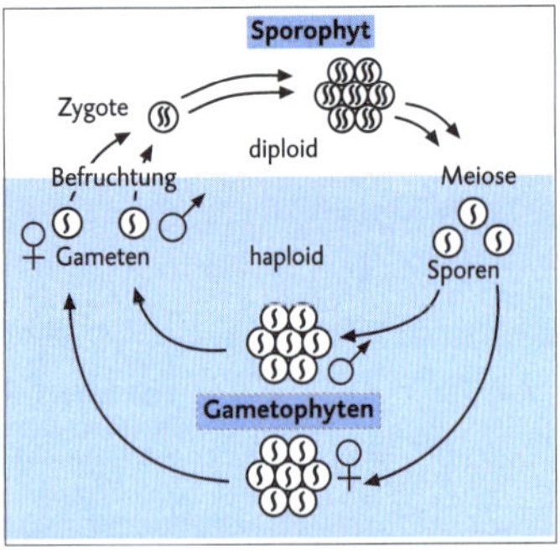

Vereinfachte Darstellung eines primären Generationswechsels (z. B. bei primitiven Farnen)

Geschlechtsbestimmung (engl. *sex determination, sexing*) Art und Weise, wie das Geschlecht eines Individuums (durch oder nach der Befruchtung der Eizelle) festgelegt wird. In vielen Arten wird das Geschlecht durch das Spermium bestimmt. Bei Säugetieren produzieren Y-Chromosom bzw. Y-Chromatid tragende Spermien (sog. Androspermien) männliche Zygoten, X-Chromatid tragende Spermien (sog. Gymnospermien) weibliche Zygoten. Bei Vögeln ist das Ei (mit einem Z- oder W-Chromatid) geschlechtsbestimmend, da Spermien stets ein Z-Chromatid tragen (homogametisches Geschlecht). Die Geschlechtsbestimmung kann auch, z. B. bei Reptilien, durch Umwelteinflüsse, wie die Bruttemperatur für die Eier, erfolgen (*ESD, environmental sex determination*). Den Geschlechtsbestimmungsmechanismus, bei dem aus befruchteten Eiern Weibchen und aus unbefruchteten Männchen entstehen (wie bei Bienen), nennt man **Arrhenotokie**.

Geschlechtshormone → Sexualhormone (3 Nerven, Sinne und Hormone S. 89)

Geschlechtsverhältnis (engl. *sex ratio*)
Das Verhältnis von Männchen zu Weibchen. Zum Zeitpunkt der Befruchtung (Zygote) spricht man vom **primären Geschlechtsverhältnis** (engl. *primary sex ratio*). Beim Menschen schätzt man das Verhältnis männlicher zu weiblicher Zygoten auf 130 : 100, was auf etwas leichtere und dadurch schnellere Y-Chromosom-tragende Spermien zurückgeführt werden könnte (das X-Chromatid ist wesentlich größer als das Y-Chromatid). Bis zur Geburt sterben jedoch ca. ein Fünftel mehr männliche Embryonen/Feten als weibliche ab. Eine Ursache dafür dürfte die Hemizygotie der männlichen Nachkommen bezüglich des X-Chromosoms sein. Sie können nicht durch X-Inaktivierung Letalgene auf einem „schadhaften" X-Chromosom neutralisieren. Das **sekundäre Geschlechtsverhältnis** (engl. *secondary sex ratio*) gibt das Verhältnis von männlichen und weiblichen Nachkommen bei der Geburt an. Bei Europäern beträgt es etwa 106 Knaben zu 100 Mädchen.

Gestagene → 3 Nerven, Sinne und Hormone S. 75

Gonaden → 9 Bau und Funktion von Organismen S. 271

Gonadotropine, gonadotrope Hormone → 3 Nerven, Sinne und Hormone S. 76

Graaf'scher Follikel (engl. *Graafian follicle*)
Sprungreifer Tertiärfollikel. Flüssigkeitsgefülltes Vesikel (Bläschen) an der Oberfläche des Säugerovars (Eierstock) mit einer oder ganz selten zwei Eizellen.

Hermaphrodit (griech. *Hermes* und *Aphrodite*; engl. *hermaphrodite*)
Zwitter. Individuum mit männlichen und weiblichen Sexualorganen.

Hoden → Testis (9 Bau und Funktion von Organismen S. 273)

Homöobox → 5 Genetik S. 140

Hybrid → Bastard (5 Genetik S. 108)

in-vitro-Befruchtung, IVF (lat. *vitrum* Glas; engl. *in vitro fertilization*) Vereinigung von Eizellen und Spermien außerhalb des weiblichen Körpers im Reagenzglas. Beim Menschen wird die Methode u. a. therapeutisch angewendet, wenn ein Eileiterverschluss vorliegt oder bei bestimmten Spermienanomalien. Der *in vitro* bis maximal zur Blastozyste entwickelte Embryo kann durch den Muttermund in die Gebärmutter transferiert werden, wo er in die Gebärmutterschleimhaut implantiert.

Juvenilhormon, JH → 3 Nerven, Sinne und Hormone S. 78

Keimbahn (engl. *germ line*)
Bezeichnet die Zellpopulation, aus welcher die Gameten entstehen. Keimbahnzellen, also Gameten, „leben" im Gegensatz zu somatischen Zellen in der nächsten Generation in Form der übertragenen Erbsubstanz weiter, wenn sie an einer Befruchtung beteiligt waren.

Keimblätter (engl. *germ layers*)
Teilweise differenzierte Zelllinien eines Embryos, die sich bei der Gastrulation, dem Stadium nach der Blastozyste, bilden. Aus dem **Ektoderm** (äußeres Keimblatt, Keimschicht) entsteht das äußere Gewebe des Embryos und Neuralrohrs. Das Ektoderm bildet also hauptsächlich das Nervengewebe, die Epidermis mit Hautdrüsen, Haaren, Augenlinsen usw., die Epithelien aller Sinnesorgane, des Mundes und des Analrohres, sowie die Hypophyse. Das **Entoderm** ist die Zellschicht, die den Urdarm (Archenteron) umgibt, das innere Keimblatt. Das Entoderm liegt im Embryo zu Anfang des Gastrulastadiums vor. Es bildet die epitheliale Umfassung des Intestinums (Eingeweide) und aller Folgeentwicklungen des Intestinums, wie Kiementaschen, Lunge, Mandeln, Schilddrüse, Thymus, Leber, Gallenblase und Gallengang, Bauchspeicheldrüse, Harnblase und die anliegenden Teile des urogenitalen Systems. Das **Mesoderm** (mittleres Keimblatt) ist die Mittelschicht embryonaler Zellen zwischen dem Ektoderm und dem Entoderm. Aus dem Mesoderm entstehen u. a. die Muskeln, das Bindegewebe, die Blutzellen, die Lymphzellen, die Epithelzellen aller Körperhöhlen, der größte Teil des Kreislaufsystems, die Nieren, die Gonaden und der Genitaltrakt.

Keimdrüsen → Gonaden (9 Bau und Funktion von Organismen S. 271)

Keimzelle (engl. *germ cell*)
Gamet oder Geschlechtszelle, also Eizelle bzw. Spermium (= Spermatozoon). Reproduktive Zelle, die bei der Befruchtung mit einer Keimzelle des anderen Geschlechts fusioniert und eine Zygote bildet.

Kernphasenwechsel (engl. *phase changes in nucleus, alternation of nuclear phases*) Wechsel zwischen haploidem und diploidem Zustand hauptsächlich bei Pflanzen. Dieser ist eng korreliert mit dem Generationswechsel der Pflanzen, der Aufeinanderfolge von geschlechtlicher und ungeschlechtlicher Generation.

Knospung (engl. *budding*)
Der Vorgang bei Pflanzen (engl. *gemmation*), Hefen, Bakterien u. a., bei dem eine Knospe entsteht, aus der nach Abschnürung vom Mutterorganismus genetisch identische Nachkommen entstehen. Der/die Mutterorganismus/-zelle bleibt dabei bestehen. Eine Form der ungeschlechtlichen Fortpflanzung. Synonym **Sprossung**.

Leben → 1 Zellen und Stoffwechsel S. 25

Lebenszyklus (griech. *kyklos* Kreis; engl. *life cycle*)
Das Werden und Vergehen eines Organismus, von der Befruchtung der Eizelle über die Reproduktionsphase bis zu seinem Tod. Die Ontogenese ist Teil des Lebenszyklus, vom Ei bis zur Reproduktion. Aufeinanderfolge von mehr oder weniger scharf abgrenzbaren Zuständen oder Funktionen eines Organismus oder einer Zelle. Mit der Befruchtung der Eizelle durch die Spermien- bzw. Pollenzelle beginnt jedes Leben, wächst und reift, durchläuft die Reproduktionsphase, altert und stirbt. Während das Individuum mit dem Tod endet, wird sein Genom (ein Chromatidensatz) an ein neues Individuum weitergegeben, sofern es sich fortgepflanzt hat. Einzelne Zellen (Prokaryoten und Eukaryoten im Zellverband) teilen sich innerhalb einer bestimmten Zeit, womit zunächst das Leben ununterbrochen weitergeht. Sie können aber als Zelle zu Tode kommen etwa durch äußere Einflüsse (z. B. Gift, Strahlung) oder bei Mehrzellern durch Apoptose, den programmierten Zelltod. Der Fortbestand des Lebens liegt also einerseits in der sexuellen Fortpflanzung mithilfe der Gameten und andererseits in der ungestörten Zellteilung.

Menstruation, Menses (lat. *menstruus* monatlich; engl. *menstruation*) Regelblutung, Periode. Bei einigen Säugetieren und dem Menschen wird während des fortpflanzungsfähigen Alters die Gebärmutterschleimhaut in regelmäßigen Abständen unter Blutungen abgestoßen. Dieser als Menstruation beschriebene zyklische Vorgang (beim Menschen etwa alle 28 Tage) während der Fortpflanzungsperiode einer Frau setzt unter normalen Bedingungen nur während einer Schwangerschaft und teilweise während der folgenden Laktation aus.

Metamorphose (griech. *meta* um, *morphe* Gestalt; engl. *metamorphosis*) Übergang vom Larvenstadium in das Erwachsenenstadium.

Monogamie (griech. *monos* allein, nur; *gamos* Heirat; engl. *monogamy*) Reproduktionsstrategie im Tierreich, bei der sich ausschließlich ein Männchen und ein Weibchen während der Reproduktionszeit (Saison, Leben) miteinander paaren. Gegenteil: Polygamie, Polygynie, Polyandrie

monözisch (griech. *monos* allein, nur; *oikos* Haus; engl. *monoecious*) Einhäusig. Bei den Samenpflanzen (Spermatophyten) werden diejenigen Arten als monözisch bezeichnet, bei denen sich männliche und weibliche Fortpflanzungsorgane (Pollenschlauch und Embryosack) gleichzeitig auf einem getrenntgeschlechtlichen Individuum befinden (z. B. Kiefer, Haselstrauch).

Morphologie → 2 Evolution und Taxonomie S. 54

Mosaik (griech. *mouseios* den Musen geweiht, künstlerisch, bezieht sich auf kunstvolle Einlegearbeiten; engl. *mosaic*) Ein Individuum mit zwei oder mehr Zelllinien, in denen unterschiedliche Gene oder Chromosomen vorhanden bzw. aktiv sind, die jedoch von einer Zygote abstammen. Beispielsweise kann es durch Störungen bei der Zellteilung in der Embryonalphase dazu kommen, dass einige Zellpopulationen oder Gewebe eine Trisomie 21 zeigen. Je nach Anteil dieser Zellen am Gesamtkörper ergibt sich bei diesem Mosaik für Trisomie 21 eine unterschiedlich starke Ausprägung des Krankheitsbildes Down-Syndrom. Transgene Tiere sind z. B. oft Mosaike, da das Transgen nicht in allen Zellen präsent ist.

Neotenie (griech. *neos* neu; lat. *tenere* festhalten; engl. *neoteny*) Erreichen der Fortpflanzungsfähigkeit bereits im Larvenstadium. Ein Beispiel ist der Lurch Axolotl.

Omnipotenz, Totipotenz (lat. *omnis* all, ganz, *totus* ganz, *potentia* Fähigkeit; engl. *totipotency*) Fähigkeit einer Zelle, sich in jeden Zelltyp eines erwachsenen Organismus zu differenzieren (embryonale Stammzellen). Eine Zygote ist totipotent, da aus ihr im Verlauf der Embryonalentwicklung mehrere Hundert Zelltypen hervorgehen. Die Differenzierungsfähigkeit späterer Zellen wird immer stärker eingeschränkt.

Ontogenese, Ontogenie (griech. *on, ontos* Wesen, *genesis* Entstehung; engl. *ontogeny*) Die Entwicklung, der Lebenslauf eines Individuums von der Befruchtung der Eizelle bis zum adulten Stadium (je nach Betrachtungsweise auch bis zum Tod).

Oogenese, Ovogenese (griech. *oon* Ei; lat. *ovum* Ei; engl. *oogenesis*) Bildung der Eizellen, einschließlich der Meiose in den Oozyten, der Dotterbildung und der Bildung der Eihüllen (schematische Abbildung siehe S. 260/261).

Östrogene → 3 Nerven, Sinne und Hormone S. 82

Östrus (engl. *estrus*)
Periode reproduktiver Aktivität, die umgangssprachlich Brunst (bei Haustieren), oder Brunft, Balz u. a. (bei Wildtieren) genannt wird. Gesamtheit der endokrinen (hormonellen) und verhaltensmäßigen Aktivitäten, die zur Paarung führen.

Ovar → 9 Bau und Funktion von Organismen S. 273

ovipar (lat. *ovum* Ei, *parere* gebären; engl. *oviparous*) Eierlegend. Der Embryo entwickelt sich außerhalb des mütterlichen Körpers und schlüpft aus dem Ei.

ovovivipar (lat. *ovum* Ei, *vivus* lebend, *parere* gebären; engl. *ovoviviparous*) Bezieht sich auf Arten, bei denen sich die Feten in Eiern im Mutterleib entwickeln, schlüpfen und dann geboren werden. Viele Fisch-, Reptilien-, Schnecken- und Insektenarten sind ovovivipar.

Ovulation, Eisprung (lat. *ovum* Ei; engl. *ovulation*)
Freisetzung einer reifen Eizelle aus dem Graaf'schen Follikel des Säugetier-Eierstocks, ausgelöst durch die Ausschüttung des Hypophysenhormons LH (luteinisierendes Hormon).
Es gibt spontan ovulierende Arten (Mensch, Rind, Schaf u. a.) mit periodischer Ovulation (alle 3–4 Wochen) und induziert ovulierende Arten (Kaninchen, Alpaka u. a.), bei denen die Ovulation durch die Paarung ausgelöst wird.

Ovum, Ei (engl. *ovum, egg*)
Die unbefruchtete **Eizelle** nach Abschluss der ersten und begonnenen zweiten meiotischen Teilung. Nach der Befruchtung wird die Eizelle zur Zygote.

Paarung, Verpaarung, Kopulation, Begattung, Koitus
(engl. *pairing, mating, copulation, coitus*) Fortpflanzungsstrategie der meisten tierischen Arten. Übertragung von Gameten (Spermien) in den weiblichen Genitaltrakt (Besamung z. B. bei Säugern oder Vögeln) oder auf die Eier außerhalb des mütterlichen Körpers (extrakorporal, z. B. bei Fischen).

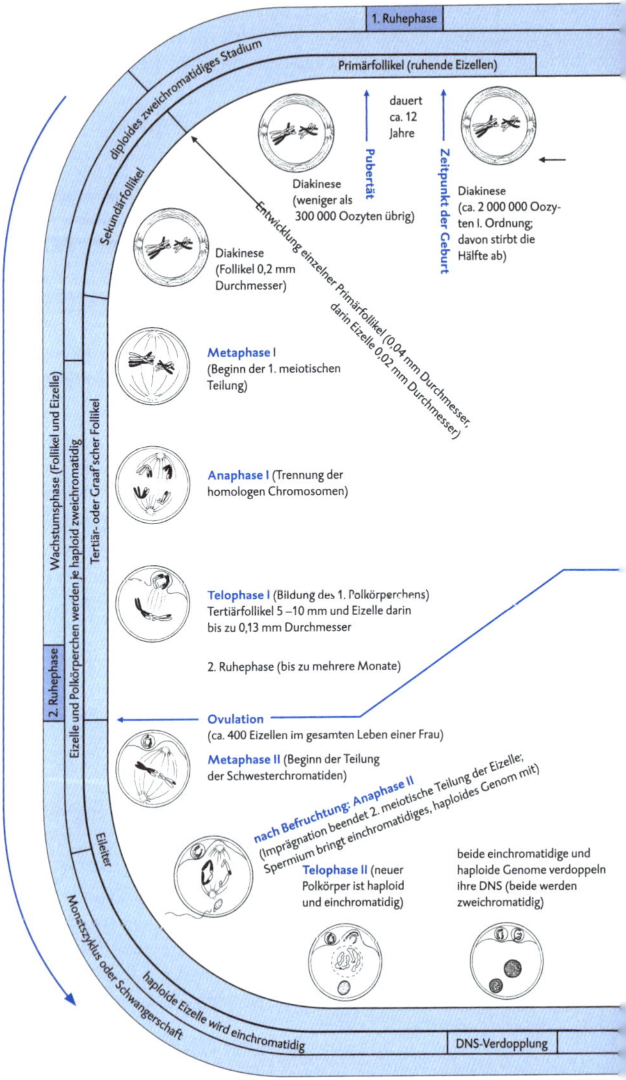
1. Ruhephase
diploides zweichromatidiges Stadium
Primärfollikel (ruhende Eizellen)
dauert ca. 12 Jahre
Pubertät
Zeitpunkt der Geburt
Diakinese (weniger als 300 000 Oozyten übrig)
Diakinese (ca. 2 000 000 Oozyten I. Ordnung; davon stirbt die Hälfte ab)
Sekundärfollikel
Entwicklung einzelner Primärfollikel (0,04 mm Durchmesser, darin Eizelle 0,02 mm Durchmesser)
Diakinese (Follikel 0,2 mm Durchmesser)
Metaphase I (Beginn der 1. meiotischen Teilung)
Anaphase I (Trennung der homologen Chromosomen)
Telophase I (Bildung des 1. Polkörperchens) Tertiärfollikel 5–10 mm und Eizelle darin bis zu 0,13 mm Durchmesser
2. Ruhephase (bis zu mehrere Monate)
Wachstumsphase (Follikel und Eizelle)
Eizelle und Polkörperchen werden je haploid zweichromatidig
Tertiär- oder Graaf'scher Follikel
2. Ruhephase
Ovulation (ca. 400 Eizellen im gesamten Leben einer Frau)
Metaphase II (Beginn der Teilung der Schwesterchromatiden)
nach Befruchtung: Anaphase II (Imprägnation beendet 2. meiotische Teilung der Eizelle; Spermium bringt einchromatidiges, haploides Genom mit)
Eileiter
Telophase II (neuer Polkörper ist haploid und einchromatidig)
beide einchromatidige und haploide Genome verdoppeln ihre DNS (beide werden zweichromatidig)
Monatszyklus oder Schwangerschaft
haploide Eizelle wird einchromatidig
DNS-Verdopplung

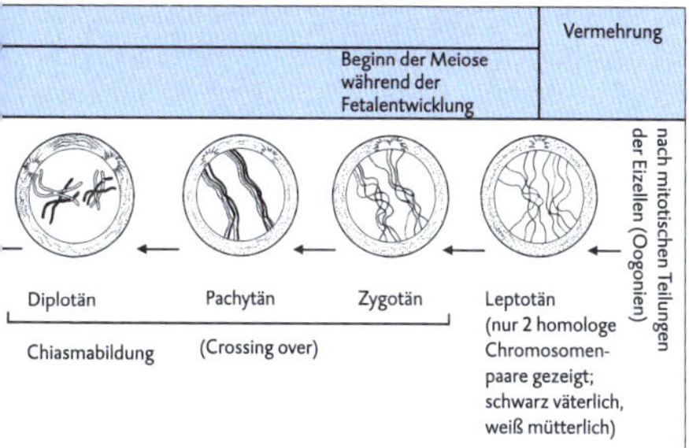

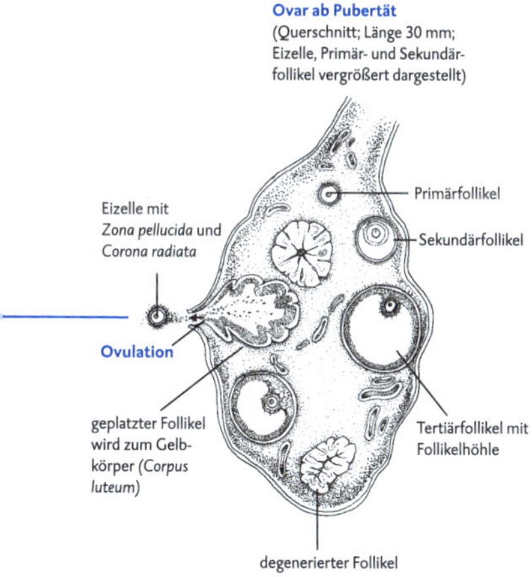

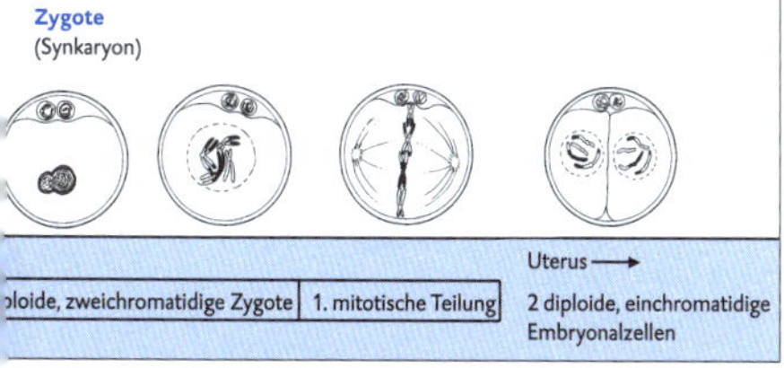

Oogenese: Die Entwicklung menschlicher Eizellen vollzieht sich in drei zeitlich getrennten Phasen: Zuerst erfolgt die Bereitstellung vieler Eizellen bis zur Geburt. Dann verharren die Eizellen in der Diakenese bis zur Geschlechtsreife. Ab diesem Zeitunkt reifen hormonell gesteuert einzelne Eizellen periodisch heran, vollenden die 1. und beginnen die 2. meiotische Teilung. Letztere wird nur dann abgeschlossen, wenn ein Spermium in die Eizelle eingedrungen ist. Findet dieser Vorgang (Befruchtung) nicht statt, so stirbt das Ei ab.

Parthenogenese, Jungfernzeugung (griech. *parthenos* Jungfrau, *gennao* ich erzeuge; engl. *parthenogenesis*) Entwicklung eines Individuums aus einem Ei ohne Befruchtung (z. B. bei Blattläusen). Parthenogenetische Arten höherer Wirbeltiere gibt es z. B. bei Reptilien. Parthenogenese kann auch künstlich ausgelöst werden. Es handelt sich hier um eine **ein**geschlechtliche Art der Fortpflanzung.

Penetration (engl. *penetration*)
Das Durchdringen des Spermiums durch die Hüllstrukturen des Eis ((*Corona radiata*), *Zona pellucida* und Eizytoplasmamembran).

Plazenta, Mutterkuchen (griech. *plakous* Mutterkuchen; engl. *placenta*) Organ aus embryonalen und mütterlichen (maternalen) Geweben, welches die Ernährung des Embryos bzw. Fetus lebendgebärender (viviparer) Säugetiere über die Nabelschnur ermöglicht. Die Plazenta wird nach der Geburt ausgestoßen („Nachgeburt").

Pluripotenz (lat. *plus* mehr, *potens* fähig)
Bezieht sich primär auf embryonale Gewebe, speziell auf die Blastomeren, deren Entwicklung in **eine** bestimmte Zelllinie noch nicht festgelegt (determiniert) ist. In der späteren Entwicklung spricht man beispielsweise von pluripotenten Knochenmarkszellen (Stammzellen) und meint damit Zellen, aus denen alle möglichen Blutzellen hervorgehen können.

Polyandrie (griech. *polys* viel, *aner* Mann; engl. *polyandry*)
„Vielmännerei", bei der ein Weibchen während der Fortpflanzungsperiode mehr als einen Paarungspartner hat. Gegenteil: Monogamie

Polygamie (griech. *polys* viel, *gamein* heiraten; engl. *polygamy*)
Vielehe (Polyandrie und/oder Polygynie). Gegenteil: Monogamie

Polygynie (griech. *polys* viel, *gyne* Frau; engl. *polygyny*)
„Vielweiberei", bei der ein Männchen mehr als ein Weibchen als Paarungspartner während der Fortpflanzungsperiode hat. Gegenteil: Monogamie

Potenzial (lat. *potentia* Macht; engl. *potential*)
Entwicklungsfähigkeit einer embryonalen Zelle.

primäres Geschlechtsmerkmal (engl. *primary sexual character*)
Organ, das Gameten produziert, Ovar (Eierstock) oder Testis (Hoden).

Progesteron → 3 Nerven, Sinne und Hormone S. 84

Pronukleus (lat. *pro* vor, *nucleus* Kern; engl. *pronucleus*)
Vorkern; der Kern einer Eizelle, eines Spermiums oder von Pollen (bei Pflanzen) nach der Befruchtung bis zur Syngamie.

Samen (engl. *seed*)
Bei bestimmten Pflanzen (den Spermatophyten) der Fruchtkörper, der einen Embryo und Nahrungsreserven für dessen Entwicklung enthält. Der Begriff Sperma ist im Pflanzenreich in Zusammenhang mit den männlichen Gameten nicht gebräuchlich, obwohl es bei einigen Pflanzen, z. B. Moose und Farne, die Bezeichnung Spermazellen gibt.

Schwangerschaft (althochdeutsch *swangar* schwerfällig; engl. *pregnancy*) Zeitabschnitt und Zustand in der Fortpflanzungsperiode einer Frau, in der sich in ihrem Eileiter und wenig später im Uterus (Gebärmutter) ein Embryo bzw. Fetus entwickelt. Die Schwangerschaft beginnt mit der Befruchtung einer Eizelle und dauert gewöhnlich bis zur Geburt des Kindes nach etwa 280 Tagen. Die Schwangerschaft bei Tieren nennt man **Trächtigkeit** (engl. *gestation*). Die Schwangerschaft/Trächtigkeit ist ein Merkmal der viviparen Säugetiere (Ausnahme sind die Eier legenden Säuger), bei der die Embryonen bzw. Feten vom mütterlichen Blutkreislauf versorgt werden. Säuger unterscheiden sich hierin von Vögeln und vielen Fischen, Reptilien, Mollusken und Insekten, bei denen Entwicklung und Ernährung der Jungen intrakorporal in einem Ei stattfinden.

sekundäres Geschlechtsmerkmal (engl. *secondary sexual character*) Geschlechtsunterschiedliche Merkmale von Tieren mit Ausnahme der Keimdrüsen (primäre Geschlechtsmerkmale, Hoden und Eierstöcke). Penis, Vulva, Milchdrüsen, Geweih u. a. gehören zu den sekundären Geschlechtsmerkmalen. Beim Menschen fällt darunter auch die unterschiedliche Behaarung und das stärkere Muskelwachstum beim Mann.

Sexualdimorphismus, Geschlechtsdimorphismus
(griech. *di* zweifach, doppelt, *morphe* Gestalt; engl. *sexual dimorphism*) „Zweigestaltigkeit". Das Auftreten zweier unterschiedlicher Formen derselben Art bei Pflanzen und Tieren. Bei vielen Tierarten unterscheiden sich Männchen und Weibchen hinsichtlich ihrer Größe, Färbung (Gefieder), Schmuck (Mähne, Geweih) oder Aktivität (Singen, Kampf). Hier handelt es sich um die unterschiedliche phänotypische Ausprägung sekundärer Geschlechtsmerkmale (primär verursacht durch die entsprechenden Sexualhormone). Je stärker solche Eigenschaften wahrgenommen werden, desto größer ist die Paarungschance des Trägers und damit auch die Wahrscheinlichkeit, dass seine Gene an die nächste Ge-

neration weitergegeben werden. Es gibt aber auch höhere Wirbeltiere, bei denen nahezu kein Sexualdimorphismus erkennbar ist, z. B. bei bestimmten Papageien. Auch die Keimanlagen der sich geschlechtlich fortpflanzenden Arten sowie die Gonosomen (Geschlechtschromosomen) sind geschlechtsdimorph.

Sexualhormone → 3 Nerven, Sinne und Hormone S. 89

sexuelle Fortpflanzung, Reproduktion (engl. *sexual reproduction*) Vermehrung von Organismen. Geschlechtliche Lebewesen bilden in der Meiose (mit Rekombination) Gameten (Spermium und Ei), die miteinander verschmelzen müssen, bevor sich die Zygote zu teilen beginnt und die Ontogenese durchläuft.

Sperma (griech. *speiro* ich säe, erzeuge; engl. *semen, sperm(a)*)
Bei Tieren eine biochemisch komplexe Nährlösung aus den akzessorischen Geschlechtsdrüsen (z. B. Prostata), welche die Spermien enthält und meist durch Kopulation als Ejakulat in den weiblichen Genitaltrakt übertragen wird. Extrakorporal befruchtende Arten (z. B. Fische) geben das Sperma („Milch") über dem Gelege (Eier = Rogen) ab.

Spermatide (engl. *spermatid*)
Eine der vier haploiden Zellen, die während der Meiose im männlichen Organismus aus einer Vorgängerzelle gebildet werden. Sie wandelt sich während der Spermiohistogenese in ein Spermatozoon (= Spermium) um.

Spermatogenese, Spermiogenese (griech. *genesis* Entstehung; engl. *spermatogenesis*) Umfassender Begriff für die männliche Meiose und Entwicklung der Spermien. Bei der Weitergabe der Erbsubstanz durch die Spermien ist zu berücksichtigen, dass aus einer Spermienvorläuferzelle durch Meiose und damit Crossing-over letztendlich durch die Allelneukombinationen vier genetisch unterschiedliche Spermien hervorgehen und dass durch die zufälligen Crossing-over bei jeder einzelnen Spermienentstehung sowie die zufällige Aufteilung der einzelnen Chromatiden auf die einzelnen Spermien von einem einzigen Individuum praktisch keine zwei genetisch identischen Spermien während des ganzen Lebens produziert werden (außer bei Inzuchtstämmen, die keine Allelvielfalt aufweisen). Dasselbe gilt im Prinzip auch für die Eientwicklung, wobei jedoch nur jeweils eine Eizelle mit Polkörperchen aus einer Eivorgängerzelle entsteht.

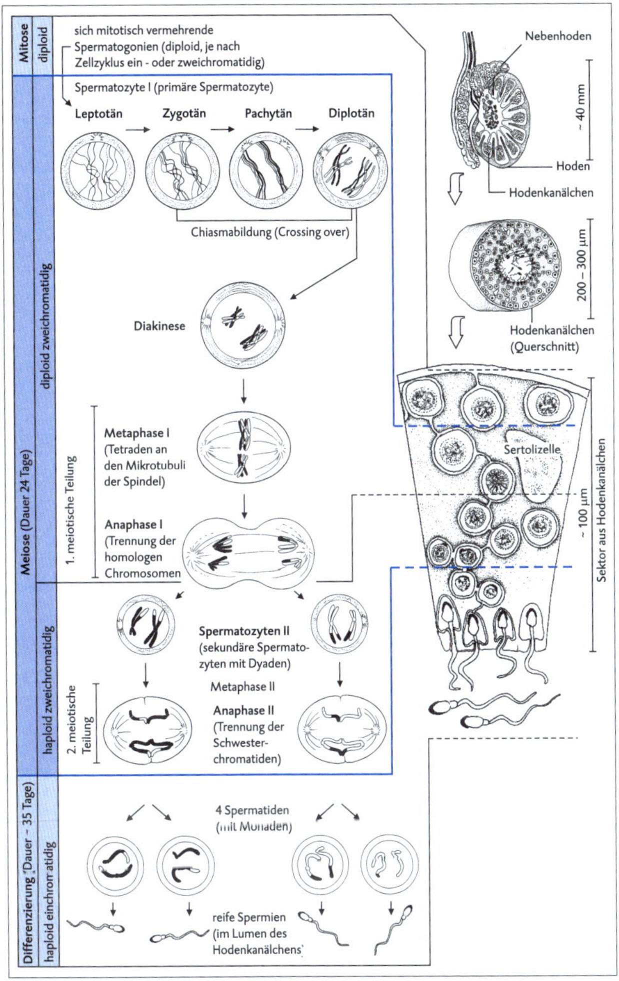

Spermatogenese (Mensch): Von 46 Chromosomen sind zwei Paare gezeigt (väterliches Chromatin dunkel, mütterliches hell). Die Telomere aller Chromosomen stehen vom Leptotän bis Pachytän in Verbindung mit der inneren Oberfläche der Kernhülle.

Spermatogonien (griech. *gonos* Spross; engl. *spermatogonia*) Mitotisch (nicht meiotisch) aktive Zellen in den Gonaden männlicher Tiere (Hoden). Sie sind die Vorläufer der primären Spermatozyten.

Spermatozyte (griech. *kytos* Zelle; engl. *spermatocyte*) Diploide, männliche Zelle, die in Meiose geht und vier Spermatiden bildet. Die primäre Spermatozyte durchläuft die erste der zwei meiotischen Teilungen und ergibt zwei sekundäre Spermatozyten. Jede dieser beiden teilt sich mit dem Ergebnis zweier haploider Spermatiden. Eine primäre, diploide, zweichromatidige Spermatozyte ergibt daher vier haploide, einchromatidige Spermatiden.

Spermium (engl. *sperm(ium), spermatozoon;* Plur. Spermien) Männliche Keimzelle: Samenzelle, Spermatozoon

Sprossung → Knospung (8 Fortpflanzung und Entwicklung S. 257)

Stammzelle (engl. *stem cell*) Eine der mitotisch aktiven Keimzellen, die einen ständigen Nachschub für die Gametenbildung produzieren (vor allem Spermatogonien).

Sterilisation (engl. *sterilization*) Ausschaltung des Reproduktionsvermögens, z. B. durch Abschnüren der Eileiter bzw. Samenstränge oder Kastration (Entfernung der Keimdrüsen).

Syngamie (griech. *gamos* Heirat; engl. *syngamy*) Vereinigung der Kerne (genauer: Vorkerne) der beiden Gameten nach der Befruchtung (dem Eindringen des Spermienkopfes durch die Eizellmembran). Das Resultat (bei diploiden Organismen) ist eine Zygote mit einem diploiden Zellkern.

Synkaryon (griech. *karyon* Kern; engl. *synkaryon*) Zellkern der Zygote, der durch die Befruchtung bzw. das Eindringen des Spermiums in die Eizelle entsteht. Der Vorgang heißt Syngamie.

Testis → 9 Bau und Funktion von Organismen S. 273

Testosteron → 3 Nerven, Sinne und Hormone S. 92

Trächtigkeit → Schwangerschaft (8 Fortpflanzung und Entwicklung S. 263)

Trophoblast (griech. *trophein* ernähren, *blastema* Keim; engl. *trophectoderm*) Der Teil einer Blastozyste, der nicht zum Embryo wird. Die Trophoblastzellen nehmen, nachdem sie die Eiumhüllung verlassen haben, Kontakt mit der Gebärmutterwand auf, wodurch sich der Embryo in die Gebärmutterschleimhaut einnistet (implantiert, Nidation erfolgt). Aus ihm entwickelt sich der embryonale Teil der Plazenta, die als Nachgeburt dem Neugeborenen folgt.

Uterus → 9 Bau und Funktion von Organismen S. 274

vegetative Reproduktion → asexuelle Fortpflanzung (8 Fortpflanzung und Entwicklung S. 247)

vivipar (lat. *vivus* lebend, *parere* gebären; engl. *viviparous*)
(1) Bezieht sich auf Tierarten, die Junge gebären. Die Embryogenese vollzieht sich im Mutterleib, wie bei allen Säugetieren außer dem Eier legenden Schnabeltier und Ameisenigel. Zu unterscheiden von ovipar und ovovivipar.
(2) Bezieht sich auf Pflanzen, deren Samen in der Frucht keimen, wie bei der Mangrove.

Zona pellucida (lat. *zona* Gürtel, *per* durch, *lux* Licht; engl. *zona pellucida*)
Lichtdurchlässige Glykoproteinhülle des Eies der Säugetiere. Zusätzlich zur Plasmamembran bildet die *Zona pellucida* eine sekundäre Hülle des Eies. Bei der Befruchtung können mehrere Spermien durch sie hindurchdringen und in den perivitellinen Raum (zwischen Plasmamembran und *Zona pellucida*) gelangen. Letztendlich dringt dann aber nur ein Spermium durch die Plasmamembran hindurch in das Eizytoplasma ein (Imprägnation) und führt zur Befruchtung.

Zwillinge → 5 Genetik S. 208

Zwitter → Hermaphrodit (8 Fortpflanzung und Entwicklung S. 255)

Zygote (griech. *zygein* verbinden; engl. *zygote*)
Die erste diploide Zelle eines Individuums, entstanden aus der Befruchtung der Eizelle durch ein Spermium und Vereinigung (Amphimixis) des männlichen mit dem weiblichen Vorkern.

9 Bau und Funktion von Organismen

Agonist (griech. *agonistes* Kämpfer; engl. *agonist*)
In der Physiologie ein gebräuchlicher Ausdruck: z. B. Muskel, der eine seinem „Gegenspieler" (Antagonisten) entgegengesetzte Bewegung herbeiführt. Für die Armbeugung beispielsweise ist der Oberarmmuskel Bizeps als Agonist verantwortlich. Das Strecken des Armes wird mittels des **Antagonisten** Trizeps an der Hinterseite des Oberarms durchgeführt.

Akkommodation (lat. *accommodare* anpassen; engl. *accommodation*) Scharfstellen (fokussieren) des Bildes auf der Netzhaut des Auges. Es gibt zwei Möglichkeiten zu fokussieren: Der Abstand der Linse zur Netzhaut wird verändert (Amphibien, Fische, manche Wirbellose) oder die Krümmung der Linse wird durch die Tätigkeit von Muskeln und Fasern verändert (Reptilien, Vögel, Säuger).

Aktin (lat. *agere* tun, in Bewegung setzen; engl. *actin*)
Kugelförmiges Protein. Hauptbestandteil der 7 nm dicken Mikrofilamente in Zellen. Die Filamente sind Polymere der globulären Untereinheit G mit einem Molekulargewicht von 42 000 d. Sie liegen im Randbereich eines Sarkomers (sich wiederholender Abschnitt einer Muskelfibrille) und werden bei der Muskelkontraktion zwischen die Myosinfäden zur Sarkomermitte gezogen. Bei Säugern und Vögeln gibt es vier verschiedene Aktine, (1) im Skelettmuskel, (2) im Herzmuskel, (3) im glatten Gefäßmuskel und (4) im glatten Darmmuskel.

Analogie → 2 Evolution und Taxonomie S. 44

Antagonist → Agonist (9 Bau und Funktion von Organismen S. 268)

Atmung (engl. *respiration*) Die **äußere** Atmung umfasst die Aufnahme und Abgabe gasförmiger oder in Flüssigkeiten gelöster Stoffe, deren Transport zu den Geweben und Zellen, in denen diese Stoffe durch die Zellatmung verbraucht werden, sowie den Rücktransport (Ausatmung) der entsprechenden gasförmigen Stoffwechselendprodukte. Die äußere Atmung kann z. B. über Blätter, Haut, Kiemen oder Lungen erfolgen. Bei der Lungenatmung diffundiert der gasförmige Sauerstoff durch die Wandungen der Lungenbläschen, wird vom Hämoglobin der angrenzenden Blutgefäße aufgenommen und zu allen Körperzellen transportiert. Dort fällt er vom Hämoglobin ab und diffundiert aus den roten Blutkörperchen durch die Aderwandungen in die Zellen hinein. Das Stoffwechselendprodukt CO_2 wird auf dem umgekehrten Weg ausgeatmet, wobei es aber nicht durch Hämoglobin transportiert wird, sondern als Gas bzw. Bicarbonat im Blutplasma gelöst ist.

Blut (engl. *blood*)
Ein Organ. Die „Versorgungsflüssigkeit" des Körpers, vor allem der Wirbeltiere, besteht aus Blutplasma und Blutzellen, die sich wiederum aus weißen und roten Blutzellen sowie den Blutplättchen zusammensetzen.

Blutgerinnung (engl. *clotting of blood, blood clotting*) Kaskade enzymatischer Reaktionen im Blutplasma, welche die Bildung von Fibrinfäden zur Folge hat und so unter Einbindung von Thrombozyten Blutungen stoppt. Das Plasmaprotein **Fibrinogen** wird vom Enzym Thrombin umgewandelt (prozessiert), indem von dem langen Fibrinogen (341 kd) zwei kleine Peptide abgespalten werden, ein Fibrinmonomer, das flächig polymerisieren kann. So entsteht ein Gerinsel **(Koagulation)**, das durch den Faktor XIII stabilisiert wird und zusammen mit zellulären Blutelementen, den Thrombozyten, den Wundverschluss bildet.

Cellulose (lat. *cellula* Kämmerchen; engl. *cellulose*)
Primäre Stützsubstanz der pflanzlichen Zellwand; unverzweigtes Polysaccharid aus β-1, 4-verbundenen Glucoseeinheiten. Pro Jahr werden weltweit 10^{12} t Cellulose im natürlichen Kreislauf auf- und abgebaut.

Dialyse (griech. *dia* auseinander, *lysis* Lösung; engl. *dialysis*)
Durch eine semipermeable Membran können Moleküle bis zu einer bestimmten Größe und Ladung aus einer Lösung abgetrennt werden, wenn in der Lösung auf der anderen Seite dieser Membran eine geringere Konzentration dieser Teilchen vorliegt. Die Moleküle diffundieren ihrem Konzentrationsgradienten folgend durch die Membran. Maßgeblich dafür sind auch Unterschiede im physikalischen und osmotischen Druck auf beiden Seiten der Membran. In höheren Organismen fungieren vor allem die Nieren als Dialyseorgan (hier spielen primär Druckunterschiede an den semipermeablen Membranen der Nieren-Körperchen die entscheidende Rolle). Bei deren Ausfall können mit speziellen Membranen ausgestattete Apparaturen (Dialysegeräte) die Funktion der schadhaften oder fehlenden Nieren übernehmen.

Diffusion (lat. *diffundere* ausbreiten; engl. *diffusion*)
Konzentrationsausgleich von Molekülen in Flüssigkeiten und Gasen oder zwischen beiden, wenn unterschiedliche Konzentrationsbereiche nebeneinander bestehen. Aufgrund der wärmeabhängigen Bewegung tendieren Moleküle dazu, in Richtung der geringeren Konzentration zu

wandern. Beispielsweise diffundiert molekularer Sauerstoff in der Lunge durch mehrere Zellschichten hindurch in das Blut, dort wird der Sauerstoff durch die Zellmembran der roten Blutkörperchen hindurch von seinem Träger Hämoglobin aufgenommen. Durch die Blutzirkulation wird so der Sauerstoff zu Geweben transportiert, in denen eine niedrigere Sauerstoffkonzentration (niedrigerer Partialdruck) herrscht. Dort diffundiert er aus den roten Blutkörperchen durch die Zellschichten der Aderwände in das umgebende Gewebe ein.

Doping → 3 Nerven, Sinne und Hormone S. 71

Drüsen (engl. *glands*) Drüsen bestehen aus epithelialen Zellen. In ihnen werden Substanzen hergestellt, deren Abgabe (= Sekretion) an den Körper entweder exokrin oder endokrin erfolgt. Exokrine Drüsen entleeren ihr Sekret über einen ausführenden Gang. Zu ihnen gehören beispielsweise die Bauchspeicheldrüse (Abgabe von Verdauungssekreten in den Dünndarm) und die Schweißdrüsen.

Eierstock → Ovar (9 Bau und Funktion von Organismen S. 273)

Epithel (griech. *epithelein* auf etwas wachsen; engl. *epithelium*) Gewebe, das die innere oder äußere Oberfläche eines Organs oder Organismus bildet, z. B. Haut, Darm- und Lungenepithel.

Erythrozyten (griech. *erythros* rot, *kytos* Bläschen, Zelle; engl. *erythrocyte, red blood cell*) Rote Blutkörperchen. Hämoglobinhaltige Zellen im Blut von Wirbeltieren (Vertebraten), deren primäre Aufgabe der Transport von Sauerstoff mithilfe von Hämoglobin ist. Die Erythrozyten der Säuger haben keinen Zellkern.

Exkretion (lat. *e* aus, *secernere* absondern; engl. *excretion*) Die Abgabe von unverwertbaren oder toxischen Substanzen wie Harn (z. B. bei höheren Tieren über die Nieren) und Kot.

Gebärmutter → Uterus (9 Bau und Funktion von Organismen S. 274)

Gehirn → 3 Nerven, Sinne und Hormone S. 74

Gleitfilamentmodell (engl. *sliding filament model*) Theorie, welche die Muskelkontraktion durch Veränderungen innerhalb des Sarkomers, also der Organisationseinheit innerhalb der Muskelfibrille (Myofibrille), erklärt. Diese Theorie besagt, dass dünne Aktin-Filamente über dicke Myosin-Filamente hinweggleiten, wodurch sich das Sarkomer verkürzt. Durch die Verkürzung aller Sarkomere in einer Myofibrille kontrahiert die gesamte Myofibrille und damit der Muskel.

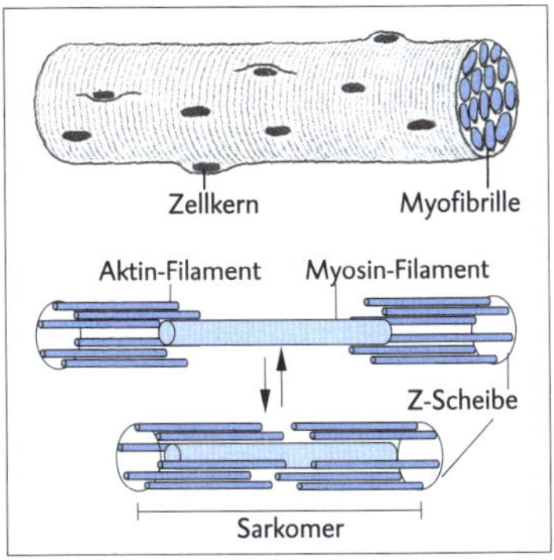

oben:
Darstellung eines kurzen Teils einer Skelettmuskelzelle oder Muskelfiber, die einen Durchmesser von 50 µm erreichen und bis zu einem halben Meter lang werden kann.

unten:
Gleitfilament-Modell der Muskelkontraktion. In den Myofibrillen gleiten die dünnen Filamente über das dicke Filament, ohne sich selbst zu verkürzen.

Gonaden, Keimdrüsen (griech. *gone* Geschlecht, *aden* Drüse; engl. *gonads*) Die Gameten produzierenden Organe der Tiere; die primären Geschlechtsmerkmale. Beim Männchen sind dies die Testes (Hoden) und beim Weibchen die Ovarien (Eierstöcke). Die Gonaden sind jeweils paarig vorhanden (allerdings besitzen Hennen nur ein linkes Ovar).

Hämoglobin, Hb (griech. *haima* Blut, lat. *globus* Kugel; engl. *hemoglobin*) Sauerstoff-transportierendes Molekül (64 500 d) der Erythrozyten. Ein zusammengesetztes Protein aus vier Proteinmolekülen und vier eisenhaltigen Ringverbindungen. Das adulte Hämoglobin **(HbA)** des Menschen ist aus anderen Molekülketten aufgebaut als das embryonale/fetale **(HbF)**. Der Grund für diese Veränderung des Hämoglobins liegt in der unterschiedlichen Stärke des Bindungsvermögens (Affinität) von Sauerstoff. Embryonales bzw. fetales Hämoglobin hat eine höhere Affinität (stärkeres Bindungsvermögen) für Sauerstoff als dasjenige Hämoglobin, das nach der Geburt vorliegt. Es erhält den Sauerstoff aus dem mütterlichen Blutkreislauf und muss daher in der Lage sein, diesen dem mütterlichen Hämoglobin zu „entreißen".

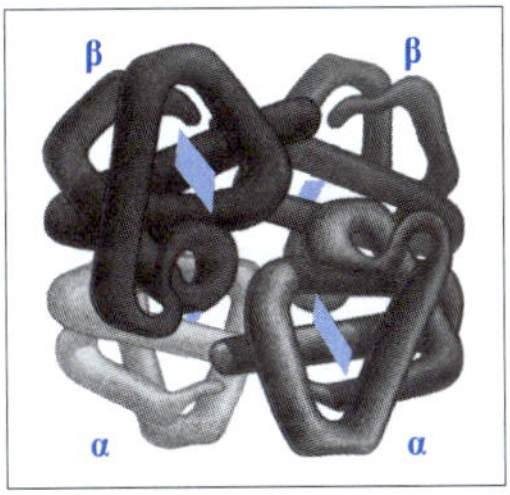

Modell des Hämoglobins eines Erwachsenen. Oben (dunkel- und mittelgrau) sind die beiden identischen β-Ketten und unten die beiden α-Ketten (hell- und mittelgrau) dargestellt. Die blauen Gebilde jeweils etwa im Zentrum dieser Untereinheiten zeigen die Lage der ringförmigen, eisenhaltigen Häm-Gruppen, an die je ein Sauerstoffmolekül gebunden werden kann.

Hoden → Testis (9 Bau und Funktion von Organismen S. 274)

Hyphe → 6 Ökologie S. 216

Hypothalamus → 3 Nerven, Sinne und Hormone S. 77

Keimdrüsen → Gonaden (9 Bau und Funktion von Organismen S. 271)

Kutikula (lat. *cutis* Haut; engl. *cuticle*)
Ununterbrochene wachsartige Schicht, die der Epidermis von Pflanzen aufliegt und diese vor Wasserverlust schützt sowie mechanisch stärkt.

Leukozyten → 7 Immunbiologie S. 239

Lymphe → 7 Immunbiologie S. 239

Monomer → Multimer (5 Genetik S. 163)

Morphologie → 2 Evolution und Taxonomie S. 54

Multimer → 5 Genetik S. 163

Muskelfaser (engl. *muscle fibre*) Ein aus zahlreichen Zellfusionen hervorgegangener, lang gestreckter Zellverband, der häufig so lang ist, wie der Muskel selbst. Innerhalb einer Muskelfaser befindet sich eine Anzahl längsverlaufender Fibrillen, welche wiederum aus den kontraktilen Proteinen (u. a. Aktin und Myosin) bestehen. Das sog. Gleitfilament-Modell erklärt, wie die Muskelkontraktion auf molekularer Ebene funktioniert. Im Skelettmuskel liegen die Muskelfasern parallel zueinander und können so bei Kontraktion die Kräfte der Einzelfasern addieren.

Myoglobin (griech. *myon* Muskel; engl. *myoglobin*)
Einheit (Monomer) des roten Muskelfarbstoffes der Vertebraten (Wirbeltiere). Es besteht im Gegensatz zum Hämoglobin nur aus einem Proteinanteil mit einem zweiwertigen Eisenatom. Myoglobin hat ein höheres Sauerstoffbindungsvermögen als Hämoglobin und kann daher den Sauerstoff aus dem Blut übernehmen. Das menschliche Myoglobin besteht aus 152 Aminosäuren. Das Myoglobingen enthält vier Exons und drei Introns.

Myosin (engl. *myosin*) Großes Protein in fast allen Zellen der Vertebraten (Wirbeltiere). Ein Myosinmolekül besteht aus zwei schweren Polypeptiden mit je etwa 2 000 Aminosäuren und vier leichten Ketten (je zwei mit 170 und je zwei mit 190 Aminosäuren) an einem Ende der schweren (langen) Ketten. Sein Durchmesser beträgt 2 nm, seine Länge 150 nm. Zusammen mit dem Aktin gehört es zum kontraktilen Apparat der Muskelzelle, der die Kontraktion ermöglicht.

Nebennieren → 3 Nerven, Sinne und Hormone S. 81

Organ (griech. *organon* Werkzeug; engl. *organ*)
Teil eines Tieres oder einer Pflanze, der eine strukturelle und funktionale Einheit darstellt (z. B. Leber, Blatt).

Osmoregulation → 1 Zellen und Stoffwechsel S. 30

Osmose → 1 Zellen und Stoffwechsel S. 31

Ovar, Eierstock (lat. *ovum* Ei; engl. *ovary*)
Das primäre Geschlechtsmerkmal (Gonade) eines weiblichen Tieres. Die weibliche Gonade produziert neben Eizellen vor allem die weiblichen Sexualhormone.

pH-Wert, pH → 1 Zellen und Stoffwechsel S. 33

Plasma (griech. *plasma* das Geformte; engl. *plasma*)
Flüssiger, wässriger Teil von Blut (Blutplasma).

Sekretion → 1 Zellen und Stoffwechsel S. 36

Serum (lat. *serum* Molke; engl. *serum*)
Flüssigkeit, die sich *(in vitro)* als Überstand nach der Blutgerinnung über dem sog. Blutkuchen (zelluläre Blutbestandteile) bildet.

Sichelzell(en)hämoglobin, Hämoglobin S, HbS
(engl. *hemoglobin S, sickle cell hemoglobin*) Hämoglobin mit abnormaler β-Kette. Anstatt Valin steht Glutaminsäure an Position 6 der Aminosäurekette. Diese Substitution beeinflusst die Löslichkeit des Moleküls bei niedriger Sauerstoffladung. Wenn die Sauerstoffkonzentration sinkt, bildet HbS Kristalle (Polymere), welche die Erythrozyten verformen. Die „Sichelzellen"-Gestalt ist der diagnostische Hinweis für Sichelzellenanämie. HbC hat eine ähnliche Mutation an Position 6 und verursacht ebenfalls sichelförmige Erythrozyten.

Spaltöffnung, Stoma (engl. *stoma;* Plur. Stomata)
Regulierbare Öffnungen in der Oberfläche (Epidermis) der Pflanzen, die einen Gasaustausch (auch Wasserdampf) mit der Außenluft ermöglichen. Der Öffnungs- und Schließmechanismus erfolgt über Druckunterschiede in den beiden, seitlich eines Spaltes angeordneten Schließzellen. Bei Erhöhung des Turgors dieser Zellen wird der Spalt geöffnet, bei Erniedrigung geschlossen.

Testis, Hoden (lat. *testiculum* Hoden; engl. *testis, testicle*; Plur. Testes) Paariges Organ der männlichen Tiere, das Spermien (Gameten) und Geschlechtshormone produziert; Primäres Geschlechtsorgan. Bei den

Säugetieren befinden sich die Hoden außerhalb des Abdomens (Bauchhöhle) im Hodensack, da die Reifung der Spermien nur bei 2–4 °C niedrigerer Temperatur als der Körperkerntemperatur stattfindet. Die eigentliche Spermatogenese läuft in den Hodenkanälchen ab. Die fertigen Spermien werden in dem stark gewundenen Nebenhodengang des Nebenhodens (Epididymis) gespeichert.

Thrombozyten, Blutplättchen (griech. *thrombos* Klumpen; *kytos* Zelle; engl. *thrombocytes*) Sie leiten zusammen mit verschiedenen Faktoren des Blutes die Blutgerinnung ein. Thrombozyten sind 1–4 µm große Blutzellen, von denen im menschlichen Blutplasma 158 000–400 000/ µl existieren.

Uterus, Gebärmutter (lat. *uterus* Bauch, Gebärmutter; engl. *uterus*) Erweiterter Bereich am Ende des Eileiters, in dem die weitere Entwicklung des befruchteten Eis stattfindet. Eine uterusähnliche Struktur findet sich bereits bei den Knorpelfischen. Bei Reptilien und Vögeln wird diese auch als Schalendrüse bezeichnet, während man i. e. S. erst bei den Säugetrieren von einem Uterus spricht.

Quellenverzeichnis

S. 4, 9, 13 unten, 17, 35, 40, 60, 112, 126, 145, 148, 156, 158, 161, 176, 189, 191, 193, 197, 234, 250, 260/261, 265: © Prof. Dr. Oswald Rottmann, Dr. Paul Höfer
S. 9, 71, 91, 111, 156, 161, 187, 198, 199, 200, 240, 252, 253, 260/261, 265: © Peter Kornherr, St. Wolfgang
S. 13 oben, 28 (links und rechts), 182 links, 271 oben, 271 unten: © Alberts, B. et al.: Molekularbiologie der Zelle. VCH Verlagsgesellschaft, Weinheim ³1997. Reproduced by permission of Routledge, Inc., part of The Taylor & Francis Group
S. 18, 86, 171: © Dr. Henning Kunze, Minden
S. 43: George Ledyard Stebbins: Processes in Organic Evolution (Consepts of Modern Biology), Prentice Hall (imprint Pearson)
S. 98: © Niko Tinbergen, Time-Life Redaktion: Tiere und Verhalten. Christian Verlag / Time-Life 1966, S. 67
S. 138: © Suzuki, D. T.: Genetik. VCH Verlagsgesellschaft, Weinheim 1991
S. 147, S. 237: © Dr. Albert Kollmann
S. 182 rechts: Passarge, Eberhardt: Taschenatlas der Genetik. Georg Thieme Verlag, Stuttgart 1994
S. 202 unten: © Institut für Humangenetik, Technische Universität München
S. 209: Schülerduden: Die Ökologie. 1988, Bibliographisches Institut GmbH, Mannheim
S. 210: © Müller, Ole, www.bioscience-art.de
S. 251 (Zygoten, Morula, Blastula): © von Frisch, Karl: Biologie. Bayerischer Schulbuchverlag, München 1967 (S. 327, Abb. 93)
S. 251 (Gastrula, Neurula): © Wehner, Rüdiger, Gehring, Walter: Zoologie. Georg Thieme Verlag, Stuttgart 1990
Umschlagbild: © Christian Delbert – Fotolia.com

Ihre Meinung ist uns wichtig!

Ihre Anregungen sind uns immer willkommen. Bitte informieren Sie uns mit diesem Schein über Ihre Verbesserungsvorschläge!

Titel-Nr.	Seite	Vorschlag

Lernen • Wissen • Zukunft
STARK

Bitte hier abtrennen

Bitte hier abtrennen

Zutreffendes bitte ankreuzen! Die Absenderin/der Absender ist:

- ☐ Lehrer/in in den Klassenstufen: ____
- ☐ Fachbetreuer/in
  Fächer: ____
- ☐ Seminarlehrer/in
  Fächer: ____
- ☐ Regierungsfachberater/in
  Fächer: ____
- ☐ Oberstufenbetreuer/in
- ☐ Schulleiter/in
- ☐ Referendar/in, Termin 2. Staatsexamen: ____
- ☐ Leiter/in Lehrerbibliothek
- ☐ Leiter/in Schülerbibliothek
- ☐ Sekretariat
- ☐ Eltern
- ☐ Schüler/in, Klasse: ____
- ☐ Sonstiges: ____

STARK Verlag
Postfach 1852
85318 Freising

20-V1T_NW

Bitte ausfüllen und im frankierten Umschlag an uns einsenden. Für Fensterkuverts geeignet.

Kennen Sie Ihre Kundennummer? Bitte hier eintragen.

Absender (Bitte in Druckbuchstaben!)

Name/Vorname

Straße/Nr.

PLZ/Ort/Ortsteil

Telefon privat

Geburtsjahr

E-Mail

Schule/Schulstempel (Bitte immer angeben!)

Unterrichtsfächer: (Bei Lehrkräften!)

(Bitte blättern Sie um)